编委会成员 （按姓氏笔画）

浙 江 殡 葬 文 化 丛 书

尘封的文脉

浙江省殡葬协会

浙江省历史学会 主编

浙江文化名人墓追踪

THE FORGOTTEN CULTURAL LEGACY

TRACING THE TOMBS
OF ZHEJIANG CULTRUAL CELEBERTIES

ZHEJIANG UNIVERSITY PRESS
浙江大学出版社

图书在版编目（CIP）数据

尘封的文脉：浙江文化名人墓追踪 / 浙江省殡葬协会，浙江省历史学会主编. -- 杭州：浙江大学出版社，2021.11
ISBN 978-7-308-20988-5

Ⅰ. ①尘… Ⅱ. ①浙… ②浙… Ⅲ. ①文化－名人－陵墓－浙江－文集 Ⅳ. ①K928.76-53

中国版本图书馆CIP数据核字(2021)第197847号

尘封的文脉：浙江文化名人墓追踪

浙江省殡葬协会 浙江省历史学会　主编

责任编辑　胡　畔
责任校对　吴　超
装帧设计　雷建军
出版发行　浙江大学出版社
　　　　　（杭州市天目山路148号　　邮政编码　310007）
　　　　　（网址：http://www.zjupress.com）
排　　版　杭州林智广告有限公司
印　　刷　杭州高腾印务有限公司
开　　本　710mm×1000mm　1/16
印　　张　30.75
字　　数　600千
版 印 次　2021年11月第1版　2021年11月第1次印刷
书　　号　ISBN 978-7-308-20988-5
定　　价　78.00元

序一

我这一生由于职业的特点（浙江大学教师）有较多的社会兼职，我最为看重的是曾经担任过的浙江省历史学会秘书长一职。秘书长不是"官"，而是"吏"，地位不能算高，但是只要与学会有关的，当然有会必到、遇事必干。我曾经由衷地感慨：学会会长是学会的旗帜，必须德高望重；而秘书长是旗手，关键是要能干活、肯干活。旗帜能举得多高，很大程度上跟秘书长有关。正因为此，秘书长可以从职务的角度名正言顺地处理学会的各种事务，实实在在地干一些自己感兴趣又力所能及的事，增长才干，展示才华；不仅如此，还可以由此接触一批志同道合者，相互学习，共同提升，还能赢得友谊，终身受惠。由此，我在任职期间，就跟浙江省殡葬协会的同行李钢先生产生了密切的联系。

通过李钢先生结识了浙江省殡葬协会执行会长陈景莲女士，由此了解到我们浙江殡葬工作者的辛勤，他们充满了对工作的激情，精力充沛，兢兢业业服务于每一位逝者。他们既严于律己，又热心公益，精益求精；还富有创新精神，善于发挥主观能动性。他们干一行，爱一行，默默奉献，在大家的努力下，浙江省殡葬协会事业有成。吸引许多即将走向生命终点的老同志的，不仅是陵园的环境美丽宁静，是理想的安息之地，陵园的设施到位，适合于人们表达自己的情感，设计理念新颖，让人们一变墓地阴森森的感觉为直观、生动，另外还有那样的殡葬业职工，热爱殡葬事业，对这一事业充满人文关怀。尊重、理解、关爱，无微不至：让逝者安息，让活人安心、放心，殡葬业职工最直接、最具体地表达了对生命的礼敬！自从跟省殡葬协会有了交往，我加深了对殡葬职业者的敬意。每次扫墓，看到墓园文化的日新月异，我由衷地感激殡葬业职工的劳动和他们的奉献。

我清晰地记得，2008 年 11 月 17 日，燕京大学首任校长司徒雷登的安葬仪式在杭州安贤园举行。整个过程井然有序，庄严肃穆。在这期间，安贤园的工作人员既讲政治——有礼有节，举止得体，恰如其分：司徒雷登这个文化人不是一般的文化人，他身上集中了强烈的政治的光柱；又讲文化——对这位"杭州荣誉市民"充满浓浓的深情，给我们留下了深刻印象。

现在想来，浙江省殡葬协会和浙江省历史学会的"缘分"在那时就正式结下了。此后双方频频合作，直到 2019 年底，双方商定编写《尘封的文脉——浙江文化名人墓追踪》。提出这个点子，又力促其成的有识之士中，就包括了李钢先生。

历时两年的奋斗，大功告成，编委会嘱我写一"前言"。我因为大致了解此事的来龙去脉，更因为有先睹为快的"福利"，便欣然接受。通读几遍以后，感慨不已。我的感觉，用现成的话概括，那就叫作"三言二拍"。"三言"是客观的，说的是收录此书的文章不长（每篇一般只有2000—3000 字），整本书的篇幅也不大，只能说"三言两语"；"二拍"是主观的，强调的是我的感受：一是拍手叫好，二是拍案称绝。

拍手叫好的是，收录在本书中的文章，一般都文笔优美，情感充沛，充满正能量。写作者又善于表达，要言不烦，寥寥几笔，就把人家一生中最精彩的部分勾勒出来。哪怕你跟墓主毫无关系，只要你愿意读，你一定会津津有味地读下去。所以，在扫墓的时候，花点时间，读上几篇感兴趣的短文，你就会知道，你家先人现在跟哪些文化名人为邻。这些"邻居"，生前未必相识，死后却朝夕相处，这不也是缘分吗？

而拍案称绝的是，这本小书居然创下了"第一"：从组织的角度，它是浙江省殡葬协会与浙江省历史学会紧密合作的产物。殡葬从字面来看，即"出殡和埋葬"，属于民政部门的活动，围绕人死后展开一系列活动，直接成果便是陵园建设。浙江省历史学会则是学术团体，与考古学等学科相联系，虽跟殡葬关系并没有那么密切，但殡葬也是历史的载体。

百年来殡葬事业发生了天翻地覆的变化。先前，人死后"土葬"，讲究的是"入土为安"，墓志铭不可或缺。发现古墓，考古学家就大有了用武之地。现在，基本上是"火化"，讲究的是绿色、环保和科学，墓碑必不可少，墓碑形状越来越生动活泼，要与环境和人文相和谐。但不管过多久，现代陵园无论如何也不再会成为考古的对象了。

不过，浙江省的两个团体（殡葬协会和历史学会），将"民政"与"学术"联系起来，让那些长眠于地下的一部分人（当然不是所有的人），通过本书的编写，获得永恒的生命。这是有益的尝试。

本书的关键词有三：浙江；文化名人；墓。

1. "浙江"。是说这些"先人"不管籍贯为何，是何处人士，生前主要活跃于何地，一定要死后"埋"（哪怕是树葬、水葬、衣冠冢）在浙江，最后的归宿从地理的角度只能在我们的省份，永远地安息在浙江大地。在这个意义上，本书可以成为"乡土史"教材的补充读物，生动而又具体。

2. "文化名人"。首先是"名人"，其次还得是"文化名人"，而不是别的领域的"名人"。这就必须反复考量、仔细甄别。

"文化名人"是分层次的，不能一概而论。葬在浙江大地的"名人"具有严重的不平衡性：葬在省城的多，葬在重要城市的多，葬在"穷乡僻壤"的少。审时度势，编者只能采用"双重标准"：杭州地区抬高"门槛"，在本行业或本学科在国内外具有一定地位和影响力的文化人士才能收录；而在其他地区，只要对本地区及其以上的社会文化或某一领域内具有较大贡献者即可。通过这一双重标准，统筹兼顾，基本解决了地域的不平衡性，使得浙江省殡葬协会和浙江省历史学会合作的书能够顺理成章地写成并得以出版。

3. "墓"。因为是殡葬协会主编的，当然以安葬于经政府批准的经营性公墓（陵园）内为必要条件。正因为此，这些历史人物必须是活动于近现代、安葬在浙江公墓中的文化名人。

我们浙江的文化名人实在是举不胜举。例如，大名鼎鼎的上虞春晖中学（曾与北方的南开中学齐名），提倡"与时俱进"的校训，一度名师荟萃（本书中国真空电器之父王季梅先生一文中对他的中学母校有较详细的介绍）。其创始校长、我国著名教育家经亨颐先生（1877—1938），新中国成立后首任校长胡玉堂先生（1918—1988），均长眠在曾经工作过的春晖校园里，因不符合"安葬于经政府批准的经营性公墓（陵园）内"的条件，我们很遗憾未能将他们的事迹收录在本书中。毕竟，没有规矩何以成方圆，只能忍痛割爱。

今年是中国共产党百年华诞。"中国共产党领导中国人民走过的百年历程，是光荣辉煌的一百年，也是艰苦卓绝的一百年；是奠基立业的一百年，也是开辟未来的一百年。在一百年的接续奋斗中，党领导人民创造了伟大历史，铸就了伟大精神，形成了宝贵经验，使中华民族迎来了从站起来、富起来到强起来的伟大飞跃，创造了中华民族发展史、人类社会进步史上的伟大奇迹。"[①] 浙江省的殡葬事业，要从一个独特的视角，展示这一伟大变化，我们编写本书的初衷，就在于此。收录在本书中的先人们，除了个别中国近代史上的人物外，都是这一历程的参与者、见证者。他们有的生前是中国共产党人，有的是民主党派（或无党派人士）。不管他们的政治面貌如何，他们曾经拥有的生命都被卷入了时代的洪流，与我们党的历史交集在一起。这些已故的浙江文化名人成功地挑战自我和命运，在历史的抉择中，最后胜出，创造了灿烂的人生轨迹。他们在人生的道路上，扮演了先进人物的角色。革命战争年代，英雄辈出；和平年代同样需要英雄情怀。"一个有希望的民族不能没有英雄，一个有前途的国家不能没有先锋。"

所以，并不是所有的人死后都是"死者长已矣"。一切为党、为国家、为人民做出奉献甚至牺牲的英雄模范都将"永垂不朽"。著名音乐家、本书收录的墓主周大风在解释"余热"时用朴素的语言说到了"虽死犹荣"："人死了之后，他的思想、学说、成果、道德、作风等等，依然为生者所应用、所享受、所崇尚、所学习，这才是真正的余热。"收录本书的墓主，不管生前的具体职业为何，一定做到了这一点，而且是佼佼者。

我们一致的想法，要把本书作为中国共产党百年华诞的献礼，让英雄精神和先进思想在新时代绽放更绚烂的光芒，让他们的崇高品格成为后人永恒而宝贵的精神财富。发扬他们的精神，汲取奋发的力量，从而在"加强革命传统教育、爱国主义教育、青少年思想道德教育，把红色基因传承好，确保红色江山永不变色"[②] 中发挥应有的作用。

---

① 中共中央印发《关于在全党开展党史学习教育的通知》。
② 习近平：《用好红色资源，传承好红色基因，把红色江山世代代传下去》，《求是》2021年第10期。

尤有甚者，习总书记一再告诫我们，"革命博物馆、纪念馆、党史馆、烈士陵园等是党和国家红色基因库。……讲好党的故事、革命的故事、根据地的故事、英雄和烈士的故事……"①习总书记的讲话，就是这么充满睿智。在英语中，"故事"就是"历史"。"故事"写作 story，而"历史"则是 history，词根都是 story，区别在于 history 有个前缀 hi-。所以，如果我们不拘泥于中文文字的理解，那么，"讲好党的故事"，就是学好"党的历史"；讲好"革命的故事"，就是学好"革命的历史"……

党史学习方式要更多元，要注重方式方法的创新，这是习近平总书记对党史学习教育提出的具体要求。我们通过这本小书，表彰千千万万先进人物中的一小部分，一斑窥豹，也算是对总书记号召的响应。

作为余绪，我还得说，每个活过的人都有自己的"故事"（也即"历史"）。人离去后留给在世的人很多的怀念。

我的奶奶顾织英、父亲计国桢，现在都安息在杭州南山陵园。奶奶是个普通的家庭妇女，她的名字就透露出绝对的性别信息（男耕女织）。我的叔父有文化，写信时常把祖母名字的"织"字改成"质"字，"文质彬彬然后君子"，这一改就散发出浓郁的儒家文化意味。父亲是 20 世纪 20 年代生人，适逢"北伐"战争（史称"中国的'大革命'"），整个社会充满了昂扬正气。他属于"国"字辈，"桢""栋"（我叔父的名字）都充满时代气息：国家的栋梁之材；维周之桢（《诗·大雅·文王》）。他们都是普通人。不过，在我们儿孙心目中，他们都有自己的故事。在特定的时刻（清明、冬至、冥诞、忌日……），我们喜欢讲他们的故事，听他们的故事。当然，不认识我奶奶、爸爸，或者跟他们关系不大甚至没关系的人，我想，对他们的故事恐怕就不一定会有兴趣，也没有必要有兴趣。

因而，我用哲学思考人生。法国启蒙思想家高举"人人生而平等"的旗帜，给人类带来了理性的光芒。但是死亡呢？司马迁用无韵的话说："人固有一死，或重于泰山，或轻于鸿毛"（《史记·报任安书》）；文天祥用诗歌的语言表达同样的思想："人生自古谁无死？留取丹心照汗青。"（《过零丁洋》）可见，死亡面前并不平等，也不可能平等。有的名垂不朽，有的转瞬即逝。

---

① 习近平：《用好红色资源，传承好红色基因，把红色江山世世代代传下去》，《求是》2021 年第 10 期。

这就激励我们活着就要努力。

按照儒家学说，凡符合"三立"（立德、立功、立言）者，必有"故事"。这样，"故事"就讲不胜讲。为了在有限的篇幅中记述尽可能多的"故事"，本书编委会就充分考虑了这一因素，反复抉择，选择"名人"而且必须跟"文化"挂钩，才予以收录。虽然我奶奶、我父亲都永远活在我们儿孙的心中，但是都不符合本书编者设定的"文化名人"的条件。

正因为入选条件苛刻，可操作性就存在一定的问题，挂一漏万，在所难免。好在我们的编委会很有雄心壮志，在编第一本的时候，就打出"浙江殡葬文化丛书"的旗号。我期待着。

浙江大学历史系教授　计翔翔

序二

一种怀念，一片砖瓦，一本教科书

一眨眼，又头尾过了七年，2015年我以《灵魂的归宿——浙江民俗文化的主题》为题，给浙江大学出版社出版的《浙江民俗文化》写了一篇序言。现2021年承蒙厚爱又要我为《尘封的文脉——浙江文化名人墓追踪》写一个序，与前书"主题"不同，而纯是"灵魂的归宿"。这本书笔下的一百多位"文化名人"的"灵魂的归宿"，只是从我们浙江的"公墓"中首批选择出来的一百多位，还有许多"名人"的"私墓"未选入，如闻名的"一代词宗"夏承焘先生，他就安养在千岛湖中的一个小岛上。在《20世纪浙江国学家》一书中，列出了57位（"几乎占了全国的半壁江山"），在本书"公墓"中仅上了6位，也就是说还有50位出头的"文化名人"在别处"归宿"。眼下这本书，犹如一个"大公墓"，一百多个灵魂，有一百多个故事，把中华文化网在其中，甜酸苦辣，呈现出五彩缤纷的近代历史，让人回味无穷。"在墓园里，不论是柔风荡漾的早春，还是烈日当空的盛夏，不论是金叶飞舞的秋天，还是白雪及膝的隆冬，穿行在曲曲弯弯的小路上，瞻仰一排排似无声而有言的墓碑，体验亡者生前的志愿和后人对先人的缅怀，诵读碑上如警世箴言的墓志铭，想到长眠于地下先人的艰苦或辉煌的一生，心浪翻滚，崇敬的感情便油然而生。"（高莽：《灵魂的归宿》"代前言"）我引用这段文字，是想让我们的殡葬文化，成为像俄罗斯的新圣女修道院"新圣女公墓"一样。我是去看看赫鲁晓夫和王明的墓地，进了这个"陵园"。很遗憾，我不能去瞻仰在这本书中说的一个个"文化名人"归宿的"灵魂"，只能从文字中去领受。

第一位进入我眼帘的是康有为。怎么一回事？康有为是广东人，猝死于山东青岛，怎么在我们"钱江陵园"呢？原来是将康有为与张光的墓碑树立在青山绿水之中的钱江陵园，墓碑上刻有康有为曾书写的"山最胜"三字，承续康有为对杭州的那份情缘，在延续与传承中进一步了解康有为的灵魂和精神世界，了解康有为的人生轨迹。本书中列入的一百多位，19世纪的有23位，他们是我们的前辈，离今天已一百多年了。康有为是1858年出生，本书中最老的几位之一，还有一位比康有为大一岁，是东阳的吴品行，咸丰六年（1856）生，是一位急公好施的"一代廉吏"。

排在下二位的是黄宾虹和刘绍宽。生于1865年的黄宾虹，那可是"一代画学宗师"，是我国近代集国学、哲学、画学、教育、金石、文字、诗词于一身，并于社会革命、画史画论、美学教育和绘画实践贡献卓越的一代宗师，在整个中国绘画史上堪称巨匠。另一位是1867年生的刘绍宽，他的墓被迁移至平阳松鹤园内按原形制复建，并在其迁建墓的左前方设立一座花岗岩碑亭，刘公作为温州地区的社会活动家、经学家和教育家，一生著述颇丰，流传至今有《厚庄诗抄》《东瀛考学记》《民国平阳县志》和《厚庄日记》，为当今学界关注，可誉为"跨越清季与民国时期的地方史料库，记录温州风云的乡土文献"。

接着，有1872年的徐申如、1876年的司徒雷登和1878年的何燮侯。生于19世纪80年代的有10多位了，1880年的钱家治、王福厂，1882年的蒋百里、马寅初、张宗祥，1883年的马一浮，1888年的盖叫天。生于19世纪90年代的有陆维钊、陈建功、罗宗洛、都锦生、何思敬、诸闻韵等。这一大批近代历史的名人，在浙江陵园中安息，我们后辈深为骄傲，其中特再提一笔的有下面几位：燕京大学首任校长司徒雷登、著名军事理论家蒋百里、研究人口图报国的马寅初、一代国学大师马一浮、江南"活武松"盖叫天、现代数学拓荒人陈建功等。司徒雷登是出生在中国的美国人，当过驻中国的美国大使，以《毛泽东选集》第四卷上《别了，司徒雷登》而出名。写有关司徒雷登的书不少，在这本书中，其中有短短的五六百字，把司徒雷登的史迹作了评述，简明、实在、有情。墓碑的主色为白与黑的强烈对比，体现墓主当年理想与现实的反差，当我们问为什么将墓放在普通百姓的当中，不单独另辟一地，回答说，司徒喜欢放在"人民"当中。有很多稿子是浙江大学老师提供的，写蒋百里先生的用了一个标题为"折冲方震东夷胆的军事理论家蒋百里"，内容用了四个小标题：

"幼时已立天下志、戎马倥偬半死生、著书立说阐新知、投笔从戎赴国难"。先生终生未指挥过一场战役，但他的军事天赋是众所公认的，他所著的《军事常识》是中国近代军事理论的开山之作，他的《国防论》被认为是中国近代国防理论奠基之作，成为中国抗日战争正面战场的主要战略指导思想之一。写马寅初先生的稿子，用了一个标题为"研究人口图报国"，马先生是同"人口论"交织在一起的，他用大量翔实的材料和生动的比喻，阐述了他在我国人口问题上的见解，主张必须实行计划生育和控制人口增长。他的《新人口论》是影响我国经济建设的经济学著作，被选入《绿色经典文章》。他是一位长寿老人，享年101岁，北京大学为马老塑造铜像树立在法学楼前。写马一浮先生的稿子也是浙江大学老师提供的，取题为"半泓湖水一浮生的国学大师马一浮"。他从20世纪20年代起就成为举世公认的"儒学大师"，他对于传统儒家文化，特别是宋明理学的研究和体验，为时人所公认。他从不标新，更不自构体系，而始终只是默默地潜心体究宋明理学，躬身践行中国传统文化的学人精神。尤其是六艺理学经义的研究，融会释道，海纳百川，其学问如汪洋大海，深不可测；其为人如巍峨山峰，沉稳踏实，笃厚安详。千年国粹，一代儒宗，现代中国的理学家。盖叫天的墓地，原先墓亭是马一浮题写的"慕侠亭"，匾额"学到老"是齐白石以甲骨文体书就，对联是吴湖帆用二匹布以瘦金体写的"英名盖世三岔口，杰作惊天十字坡"。在"文革"中被毁的墓地，在1986年重修，"学到老"的匾额由于被毁，幸亏黄宾虹题字尚存，对联也被毁，换成陈毅写的"燕北真好汉，江南活武松"题字，"慕侠亭"由沙孟海重书刻上。再一篇写陈建功的稿子，也是浙江大学老师提供的稿子，题为"现代数学拓荒人、教育家陈建功"。先生掌握六种外语（日、英、德、法、意、俄），日、英文熟练，三度留学日本（1913年至1929年），学成归国应聘到浙江大学任数学系主任，1931年在先生的建议下，聘请苏步青接替系主任，自此，陈建功与苏步青强强联手，创办了数学讨论班，创造了我国现代数学发展的"黄金时代"——主导并推动了函数论与微分几何研究进入世界一流行列，形成了国际上广为称道的"浙大学派"（史称"陈苏学派"）。

进入20世纪，在我们浙江的"公墓"中有近80位，大多是20世纪50年代前的"文化名人"，多数是20世纪30年代，20世纪初期的也有不少，近30位，其中任铭善、陈立、陈企霞、胡士莹、姜亮夫、徐瑞云、蒋礼鸿、马骅等先生均在杭州大学任教过，我这位85岁的执笔人对他们颇有亲切感，在他们在世时，我在其门下当过学生，一辈子为此感到骄傲。此外，陈训慈、姚水娟、顾锡东、余任天、王伯敏、郭仲选、宋宝罗、张闻天、诸乐三、潘韵、魏风江、贝时璋、张珏、陈玲娟等先生各有其特色，各有其对国家的贡献，各有给历史留下的痕迹。任铭善——古典文献学家，陈立——中国心理学科奠基人，胡士莹——以研究"话本小说"著称，赵冕——现代著名教育家，姜亮夫——敦煌学大家，徐瑞云——中国第一位数学女博士，蒋礼鸿——著名语言文字学家，陈训慈——《四部全书》守护者，姚水娟——"越剧皇后"，顾锡东——浙江著名戏曲家，郭仲选——著名（红色）书法家，宋宝罗——著名京剧老生（先生一生给毛主席演唱多达40余次），张闻天——我国无产阶级革命家、理论家，诸乐三——著名艺术大师，潘韵——中国新山水画先驱，邱星海——著名话剧导演，贝时璋——我国生物物理学的奠基人，张珏（张宗祥的女儿）——在宋庆龄身边长达15年，陈玲娟（陈训慈小妹）——徐悲鸿与林风眠的弟子。值得一提的是赵冕教授，他早年与我国社会教育界领军人物梁漱溟、晏阳初、陶行知、俞庆棠、孟宪承等一起为民众教育不遗余力，多有建树，是让世界对陶行知有全面、生动认识的第一位学者，具有历史开启之功。

书中还有几位年轻的"文化名人"：1950年的梁家骥、1954年的蔡克骄、1955年的彭明山、1955年的陈招娣、1957年的王一成、1963年的龚剑锋、1972年的张轶群、1976年的徐浪。众所周知，陈招娣是中国女排精英，徐浪是中国赛车名将，这几位魂归故里的"文化名人"，在他们短暂的一生中也给历史留下了痕迹，人们记着他们的名字。

这本书中记录的文化人虽非全部，但给历史增砖添瓦，向我们呈现一本另类的教科书。

浙江大学历史系教授　杨树标

目录

1

目录

| 3 |

尘封的文脉
——浙江文化名人墓追踪

衢州

杭
州

杭州简称"杭"，古有余杭、临安、钱塘之称，位于中国东南沿海，钱塘江下游，京杭大运河南端。浙江省省会，副省级城市，长三角的副中心城市。浙江省政治、经济、文化中心，中国东南重要交通枢纽。杭州经济发达，有"钱塘自古繁华"之称。全市下辖上城、拱墅、西湖、滨江、萧山、余杭、临平、钱塘、富阳、临安等十个区，桐庐、淳安二县及建德市，总面积16850平方千米，据2020年第七次全国人口普查，常住人口1193.6万人。

　　杭州经跨湖桥遗址发现，早在8000年前就有人类活动，5000年前的良渚文化已具备国家的雏形，有"文明曙光"之美誉。自秦设县治以来，具有2200多年历史，是中华民族历史上重要的文化、经济重心，欧阳修《有美堂记》说："钱塘自五代时，不烦干戈，其人民幸福富庶安乐。十余万家，环以湖山，左右映带，而闽海商贾，风帆浪泊，出入于烟涛杳霭之间，可谓盛矣！"吴越国和南宋曾在此建都。

　　杭州地处长江三角洲南沿和钱塘江流域，地形复杂多样，属亚热带季风气候。西有天目群山，东呈平原河网，地势低平，湖泊密布，物产丰富，风景优美，民风婉约，具有典型的"江南气质"，西湖就像一颗明珠镶嵌于杭州山水之间，人文景点如繁星相映，素有"鱼米之乡""丝绸之府""人间天堂"的美誉。杭州历史悠久、科教兴盛、文化多元，经东晋及南宋两次南北文化融合，汇聚于此，故文化丰富、人文荟萃，成为享誉海内外的历史文化名城和经济重心，也是近代革命的重要发源地之一。杭州古有白居易、苏东坡、范仲淹、朱熹等文豪于西子湖畔辉耀华章，近有李叔同、鲁迅、郁达夫、马一浮、吴昌硕、黄宾虹等大家留名寰宇。

　　杭州的殡葬事业发展经历了时代的变迁，在探索中规范发展至今。新中国成立后，于1951年由杭州人民政府创办了第一家殡仪馆，原名杭州火葬场，地处凤凰山的四明会馆，1953年搬迁至建国北路宝善桥羊千弄边的糜相公庙，1960

年搬迁至西溪路龙驹坞现址，1985 年更名为杭州殡仪馆。杭州市第一家公墓是南山公墓，成立于 1951 年，地处玉皇山南麓南宋八卦田附近，是杭州一家国有公办公墓，1961 年在此建立杭州市革命烈士陵园，1981 年经改造为南山陵园。杭州目前有南山陵园、钱江陵园、安贤陵园、半山公墓、龙居寺公墓、华侨陵园、杭州第二公墓、径山茶竹园等 20 余家。杭州的殡葬改革进程起步于 20 世纪 80 年代，南山陵园最早于 20 世纪 80 年代建设的壁葬是浙江乃至全国，最早尝试引进节地、生态概念的项目。1989 年开始在杭州钱塘江举行的骨灰撒江活动，至今举行了 27 次，2000 年 4 月 11 日在浙江安贤园举行的浙江省首届骨灰植树活动，标志着浙江省开启了绿色生态殡葬的新局面，2020 年 12 月在杭州钱江陵园举行的省红十字会生命礼敬园开园仪式，使浙江省生命教育和精神文明建设有一个新的提升。

半泓湖水"一浮"生的国学大师马一浮

一、少年天才，蟾宫折桂

1883 年的一天，四川仁寿县知县马廷培的家里，即将迎来一个新婴儿的诞生，在此之前，他已经有了三个女儿，而且都已经开蒙读书。但是在重男轻女的思想下，他迫切需要一个男嗣来延续家族的生命。他的妻子何定珠，也是名门望族出身，两人对于这个新生命，充满了无限的期望，他们日日焚香祷告，随着孩子呱呱坠地的啼哭声，他们悬着的心才总算落了地。正如他们所愿，这次是一个男孩，一家人喜出望外，马廷培给孩子起名福田，希望他可以广种福田，造福苍生。

这个孩子终于没有辜负父母和家族的期望，他后来改字一浮，成为中国现代著名思想家、诗人和书法家，与梁漱溟、熊十力合称为"现代三圣"，是现代新儒学的早期代表人物之一。

5 岁时，马一浮随父母返祖籍浙江绍兴东关长塘后庄村，父亲给他延聘了举人郑墨田，带其学习"四书五经"等儒家经典。马一浮聪明过人，过目成诵。在这段求学岁月里，他饱读诗书，时人都将他视为"神童"。

15 岁时，马一浮参加县试。等到发榜之日，他名列榜首。与他同时参加此次考试的考生，还有两位后来在中国影响巨大的人物，一位是年长马一浮 2 岁的周树人，即后来的鲁迅，他考了第 137 名。另一位是鲁迅的弟弟周作人，成绩是第 484 名。

主考官汤寿潜见马一浮文章气象非凡，大加赞赏，爱才心切的汤潜寿欣然把女儿汤孝愍许配给他。这一年，马一浮离开了绍兴，到上海学习英、法、拉丁文，这时的上海，正是中西文化荟萃之地，不少人从这里开始"睁眼看世界"。马一浮在上海，也见识到了水乡绍兴之外的另一个世界，他的思想迅速发生着转变。

三年后，马一浮与马君武、谢无量等人合办《翻译世界》期刊，介绍世界各国思想。正当马一浮在上海潜心创办刊物之时，他的妻子不幸因病逝世，马一浮痛哭不已，他立下誓言，终生不再续娶。

二、欧美游历，开眼看寰宇

1903年第十二届世博会在美国圣路易斯举办，中国首次以政府名义正式参加世博会。清政府委派贝子溥伦为团长，并选拔熟谙外文的人员，前去美国督建中国展馆事宜。时年20岁的马一浮由于出色的外语水平，获得了这次赴美的机会。

马一浮到达美国后，一开始他抱着欣喜、激动、期盼的心情，一心想学好外语，学好西方哲学、文学，他认为学习是他的第一乐趣。不到10天，他找到一处学英语的地方，每天只要花一个美元从师学习英语2小时，学习文法。不久，他翻译了《日耳曼社会主义史》《法国革命党史》《政治罪恶论》等书刊。他的第二个乐趣是购读了不少社会学著作和图书，他希望借此寻找解决中国内忧外患处境的道路。

这一看似纯属个人爱好的购书行为，却成为中国历史上值得大书特书的一件大事。1904年3月17日，马一浮购买到了一本让他特别高兴的书，他在日记中这样记录了自己当时的心情："今天下午我得到英译本马格士（马克思）《资本论》一册，此书求之半年矣，今始得之，大快，大快，胜服仙药十剂，予病若失矣！"这时马一浮正在患感冒，还发着高烧，然而这本书让他的病顿时好了起来。他认为，自己一定要把马克思的《资本论》这部巨著带回中国去，要在中国传扬马克思的《资本论》去唤醒中华民族的觉醒，才能使中华民族得以振兴。

马一浮在美国考察了社会的一些实际情况后，心情逐渐由原来的欣喜、激动、期盼变成了苦闷、悲愤、失望。他原以为美国是文明、民主的，实际上却是野蛮而专权的。特别使他不能忍受的是这时美国严重的排华倾向，他在日记中记录道："美人定华商赴会，须人纳500金圆，呈保书证明实系赴会，乃许入境，既到会所，则不得出会场一步，且西人之上等俱乐部概不许入，出会场者即按例收捕，送返中国，当处以流罪。"在他看来，这哪里是参展，简直是进牢笼。"闻圣路易斯大学等，皆以分割中国之当否令诸生演说。在戏曲舞台上，中国人亦被描绘成让人笑骂的无赖等等，为什么会造成这样？主要是清政府的腐败，中国人民尚未觉醒，而受美国歧视。"

马一浮又先后到德国、西班牙和日本求学，他主攻的方向是社会学，他认为西方与中国强弱之别的根本原因，不在于机器和制度，而在于社会。

三、著书授徒，成一代儒宗

1911年，结束了八年欧美游学的马一浮回到国内。这时辛亥革命爆发，他积极参加了孙中山先生领导的辛亥革命，撰文宣传西方进步思想。次年，马一浮应中华民国教育总长蔡元培的邀请，短暂出任教育部秘书长。这段为期不长的从政经历，让他目睹了中国官场的腐朽没落，他辞职而去，从此再也没有踏入仕途。马一浮来到杭州，开始了向往已久的陶渊明式"弃官归隐、田园为乐"的隐士生活。

这段时间，马一浮遍览《四库全书》，读书之多，罕有能比。同他交往的谢无量、熊十力、苏曼殊、李叔同等人，与他相互切磋，砥砺学问。

从20世纪20年代起，马一浮成为举世公认的儒学大师。他对于传统儒家文化，特别是宋明理学的深刻研究和体验，为时人所公认。他从不标新，更不自构体系，而始终只是默默地潜心体究宋明理学，躬自践行中国传统文化的为人精神。

马一浮主要是从四个方面来阐发他的理学思想的，他在《复性书院学规》中提出了"可以终身由之而不改，必适于道"的四点，即"主敬""穷理""博文""笃行"。他指出，"主敬为涵养之要，穷理为致知之要，博文为立事之要，笃行为进德之要"。

马一浮很好地融会程朱、陆王两派的思想、方法。他认为，"义理之学最忌讲宗派立门户……先儒临机施设，或有抑扬，皆是对治时人病痛，不可执药成病。程朱陆王并皆见性，并为百世之师，不当取此舍彼。但其教人之法亦有不同，此须善会，实下工夫"。

1936年，马一浮在马所巷

抗战爆发后，马一浮曾在浙江大学授课一年，后在四川嘉定乌尤寺创建了"复性书院"，担任主讲，讲明义理，选刻古书，培养了一批研究中国传统文化的优秀人才。可以说，整个抗战时期，也是马一浮学术活动最活跃的时期，他的主要学术思想著作都是这一时期发表的。

抗战胜利后，马一浮回到杭州，在智林图书馆继续选刻古书。新中国成立后，他先后担任了浙江省文史馆馆长、全国政协委员等职。马一浮倾毕生之力致力于我国传统学术思想，尤其是六艺理学经义的研究，融会释道，广纳百川，其学问如浩浩海洋，深不可测；其为人如巍巍山峰，沉稳踏实，笃厚安详。同为新儒家代表人物的梁漱溟称其是"千年国粹，一代儒宗"。周恩来总理称赞他"现代中国的理学家"。浙江省政府遵照周总理的指示，不以俗务打搅耄耋之年的马一浮，让他在西湖之畔的蒋庄安心著书立说，颐养天年。

四、求是情缘，树我之邦国

马一浮一生的大多数时间都是在杭州生活，算起来，与浙江大学皆比邻而居。可是他有"平生杜门""未尝聚讲"的守则，并不愿意在西式教育模式的大学授课。1937年日寇攻陷上海，逼近杭城，迫使马一浮携家人南渡避难。在国破家亡之际，马一浮打破了自己不授课的守则，出山讲学。

1938年，应浙江大学老校长竺可桢之请，马一浮来到江西泰和，为西迁至此的浙大师生授课。随着战事的扩大，马一浮随浙大师生西迁至桂林，又转至宜山，可以说，马一浮以近花甲之年，参与了浙大西迁的大部分路程，他是浙大文脉西迁峥嵘岁月的重要见证者。

马一浮的授课以特约讲座的形式开展，他认为这种形式，是儒家授课的传统，"其意义在使诸生于吾国固有之学术得一明了认识，然后可以发扬天赋之知能，不受环境之陷溺，对自己完成人格，对国家社会乃可以担当大事"。他将宋代大哲学家张载的四句话"为天地立心，为生民立命，为往圣继绝学，为万世开太平"来教浙大学生立大志，发宏愿，希望能够"竖起脊梁，猛著精彩"，"养成刚大之资，乃可以济塞难"。

马一浮在浙大的讲稿后被辑录为《泰和会语》《宜山会语》等。在此期间，马一浮挥毫泼墨，为浙大创作了古雅堂皇的歌词，后经著名作曲家应尚能谱曲，成为传唱至今的《浙江大学校歌》。每一位求是学子进入浙大的第一课，都要学唱这首歌曲，抱兼济天下志，立许党报国心。让我们再来领略一下马一浮笔下的汉字魅力：

大不自多，海纳江河。

惟学无际，际于天地。

形上谓道兮，形下谓器。

礼主别异兮，乐主和同。

知其不二兮，尔听斯聪。

国有成均，在浙之滨。

昔言求是，实启尔求真。

习坎示教，始见经纶

无曰已是，无曰遂真。

靡革匪因，靡故匪新。

何以新之，开物前民。

嗟尔髦士，尚其有闻。

念哉典学，思睿观通。

有文有质，有农有工。

兼总条贯，知至知终。

成章乃达，若金之在熔。

尚亨于野，无吝于宗。

树我邦国，天下来同。

马一浮先生于 1967 年 6 月 2 日在杭州逝世，安葬于南山公墓。

杨友鹏

马一浮先生墓

中国钱币界元老马定祥

名声在外的中国钱币界元老、上海博物馆顾问、上海市文史研究馆馆员马定祥先生（1916—1991），一生活跃于上海，1991年1月7日逝世于上海，但他的墓地却选在杭州玉皇山麓的南山陵园。叶落归根，魂归故土。他的墓地成为他留在杭州的三大文化实体之一。其他两个，就是设于浙江省博物馆的以他的名字命名的"马定祥中国钱币研究中心"和设在杭州历史博物馆的"马定祥陈列馆"。

马定祥的一生是传奇的一生。他出生于杭州马市街149号，毕业于杭州蕙兰高中。读书时就开始由集邮转向钱币集藏，17岁从名医陈绍裘学中医，20岁在杭州行医。谁也想不到，因抗战爆发，避难上海，这位青年医生从此在上海经营钱币业，成为嗜"钱"如命不为钱的专家。他的人生信条是："钱币是国宝，落叶要归根。"他收藏的钱币及有关钱币的资料共10万余件，装成74箱，全部赠给他的故乡杭州，其中有现在在日本也难以找到的日文版线装大型资料《昭和钱谱》《东亚钱志》等原版书。此时马定祥已病入膏肓，但他坚持到浙江博物馆杨陆建副馆长带人将资料装上卡车后才肯住进医院，两个多月后，他放心地闭上了双眼。

马定祥先生已离开我们多年了，但他的事业仍在继续发展着，在他的哲嗣与门生马传德、徐渊、朱卓鹏、屠燕治等新一代中延续着。他晚年坚信："中华钱学应该在世界上得到弘扬，我的知识应该有人传承。"他临终前与次子马传德制订了"马氏万拓楼丛书"的方案，这套丛书如同马定祥生命的延续，正在按计划与世人见面。继他生前出版的《太平天国钱币》《咸丰钱汇》之后，《马定祥批注本历代古钱图说》《老上海货币》《辛亥革命时期货币》等已陆续出版。

马定祥一生逸事很多。

马定祥曾因研究与整理太平天国钱币受过七个月的隔离审查。1963年，他开始撰写《太平天国钱币》。当时，他作为大收藏家李伟先的经纪人，帮助李伟先整理藏品并捐献给人民政府，受到上海市委书记陈丕显、市长曹荻秋等领导

马定祥先生纪念章

马定祥先生墓

同志的接见与宴请。1967年"一月风暴"造反派夺权之后，就将"陈、曹的接见"列为"马定祥十大罪状"之首，于1970年间受隔离审查七个月。次年被派到人防工程从事体力劳动，后又到上海工艺品进出口公司仓库红木班劳动。一直到粉碎"四人帮"后，落实政策调入上海博物馆。

马定祥于1938年间，常由夫人陪同在京沪线上走动。他们的钱币就藏在儿子的棉袄里或尿布里，或者藏在一个破面盆底的夹层里。有一次，他们把收集来的金银币缝在儿子马传德的内衣里，遇上在车站巡逻的日本宪兵，竟抱起孩子逗乐，幸亏此时传德哭了起来，还撒了一泡尿，日本兵扫兴地走了，就这样逃过了日本宪兵和伪军的盘查。

1945年夏天，马定祥和马定方去天津收购到一枚非常珍贵的大清金币，准

中国钱币界元老马定祥

备从青岛乘海轮返沪。当时从济南到青岛这一路也常有土匪、流氓拦路抢劫的事情发生，于是他们事先在一个大饼铺里定做了一个很大的饼，在大师傅和面的时候，把金币嵌进去，饼烙好后，特地在大饼边上咬几口。路上常碰到来路不明的关卡要敲竹杠，他们花了一些买路钱，靠着这个咬过几口的大饼，总算是把这枚光绪丙午库平一两的大清金币弄到了上海。

马定祥在彩色宽银幕故事片《古币风波》中饰演钱币鉴定师。《古币风波》其实就是 1989 年 3 月 27 日发生在上海大场镇的"古币大劫案"的电影版。马定祥在侦破这起劫案时向公安部门提供了破案的重要线索，将作案人缉获。上海宝山公安局决定向他颁发奖金，但被他婉拒。

马定祥的收藏中，最具象征意义的是一枚由南宋大将刘光世开铸的、曾经缓解了当时南宋王朝一次灾难的"招纳信币"。这枚罕见的信币是在西湖出土的，几经周折仍旧回到西湖。现在陈列在杭州市历史博物馆的"马定祥陈列馆"中。

马定祥墓本身也是一座很有文化特色的建筑物。该墓处于玉皇山山坡万绿丛中，高耸的墓碑上由沙孟海题"中国钱币学家马定祥先生之墓"。围槛的石柱上有一对造型古朴的石狮子，还镌有古钱币浮雕。

朱馥生

研究人口图报国的教育家马寅初

经商世家出才子

马寅初，1882 年 6 月 24 日出生于浙江省嵊县（今嵊州市）小皋埠村一个酿酒作坊主的家庭。父亲马棣生，原在绍兴酿造黄酒，因竞争激烈，将酿酒作坊迁到依山傍水、适宜酿酒的嵊县浦口镇。

12 岁时，马寅初进入浦口镇一所私塾读书，接受传统教育。不久，以康有为、梁启超为代表的资产阶级改良派的维新思想从上海传入浙江，马寅初受到影响，要求到上海去上洋学堂，而父亲则要他留在家乡继承家业，不让他离家。因此，他们之间发生激烈的争执，最后，父亲在朋友们的劝导下，请人带马寅初到上海中西书院读中学。

1905 年春，马寅初 23 岁。他怀抱实业救国的思想，考入天津北洋大学矿冶系。他勤奋努力，考试成绩优秀，取得了四年的公费资助。在校学习两年半时，通过了北洋大学的选拔，赴美留学，进入耶鲁大学，继续学习矿冶专业。

马寅初

立志救国之经济

马寅初到了美国之后，认识到实业救国的思想过于单纯，认为要拯救中国，还必须改造中国经济。他开始阅读一些经济学的书，对经济学发生了兴趣，产生了改学经济学的思想。因此，他一到校就向耶鲁大学申请改学经济学专业，毕业后又到哥伦比亚大学攻读硕士学位。

马寅初师从哥伦比亚大学著名经济学家赛利格曼教授。赛利格曼对他优秀的人格品德、刻苦攻读的精神和优异的成绩十分赞赏。在马寅初生活最困难的时期，曾经伸出援助之手对他进行资助，使他免于辍学。

通过收集充分的资料，统计分析，论述纽约市财政预算的编制、筹集、监督等方法，以及纽约市财政体制的优劣等问题，马寅初在 1914 年博士毕业答辩的题为《纽约市的财政》的博士论文在纽约出版，并成为哥伦比亚大学本科一年级的教学参考材料。

赛利格曼教授对于马寅初的学习成绩十分满意，希望他留在哥伦比亚大学任教。但是，马寅初回国心切，婉言谢绝了。赛利格曼教授只得恋恋不舍地握着他的手，希望他回到中国以后，能在中国财政改革方面做出贡献，而后也证明了他没有辜负教授的期望。

一毕业他就回到了祖国。回国后看到军阀混战，民不聊生，他宣布"一不做官，二不发财"，于 1915 年初到北京大学任教。两年后，他被评为北京大学经济系教授，还先后开设了多门实用的经济学课程，如"货币学""银行学""财政学""保险学""交易所论""汇兑论"等。

1923 年，马寅初与经济学界同仁在北京发起创立了全国性的经济学学术团体——中国经济学社。他长期领导中国经济学社的工作，先后担任副社长、社长，其间撰写《中国经济改造》专著，于 1925 年在商务印书馆出版。

爱国之教育学家

1918 年 11 月，第一次世界大战结束，马寅初在北京演说《中国的希望在于劳动者》。他用经济学理论来支持群众的反帝反封建斗争："欲求生产之发达，则贪婪跋扈之武人，在所必去，断无与劳动者并存之理。苟武力能除，则生产与储蓄之障凝已去，而劳动者，自有自由从事之机缘，故吾曰：中国之希望，在于劳动者。"

马寅初在北京大学经济系，积极贯彻校长蔡元培的"兼容并蓄"方针，持各派经济学说观点的，只要言之成理，持之有故，就允许自由争鸣，得到开课讲学的平等地位。此方针积极扶植民主主义思想，支持马克思主义思想的研究和传播，限制顽固陈腐的思想。从而，给北大带来了新思想和新潮流。而后，他也在上海、杭州等地多次演讲，表示支持五四运动。

抗日战争全面爆发后，当时的国民政府负责人为了封马寅初的口，派他赴美考察，他坚决拒绝。1938年，他受聘担任重庆大学教授。他大声疾呼，发表演说和论文，痛斥蒋宋孔陈四大家族倒行逆施、大发国难财的卑劣行径。

1940年春，重庆陆军大学邀请马寅初给将官班讲《战时财政问题》。他面对百余名戎装的将军们怒斥四大家族，将军们爆发出一阵阵热烈的掌声。这令当时的国民政府负责人大为震怒，对他恨之入骨。在软硬兼施均不见效以后，12月6日派宪兵闯入重庆大学，将马寅初逮捕。由于周恩来千方百计地营救，社会舆论的强大压力等因素，才被迫于8月20日宣布恢复马寅初等人的人身自由。

马寅初虽然出狱了，但仍被软禁在重庆歌乐山家中。他抓紧时间，继续写作，于1943年出版《经济学概论》，1944年出版《通货新论》。马寅初被释放后，仍不允许在大学教书，国民党报刊也不准刊登他的文章。这时周恩来指示道："马老是一位经得起考验的爱国主义者，必须给予支持。"他的《中国的工业化与民主不可分割》文稿被发表在重庆《新华日报》上。从此，马寅初同中国共产党结成了患难之交。

抗日战争胜利后，国民党反动派准备发动大规模的内战，马寅初坚决站在革命的一边，与国民党反动派开展了英勇顽强的斗争。1945年3月4日，马寅初在重庆作为题为《战后中国经济的唯一出路》的演讲，指出："战后中国经济的唯一出路是：一个是民主，一个是和平。"从此，他积极参加战后为民主和平事业的斗争。5月8日，他在重庆交通大学的演讲中指出，战后中国的建设问题，必须有个健全的政府、民主的政府做前提。12月1日，云南昆明发生"一二·一"惨案，马寅初闻讯后，致函昆明各大中学师生，深切悼念和慰问。1946年1月，旧政协在重庆召开期间，马寅初参加到浩浩荡荡的群众游行队伍之中。

1949年5月，杭州解放。8月，马寅初被任命为浙江大学校长。9月，他当选为中央人民政府委员和政务院财经委员会副主任，兼华东军政委员会副主席。1951年，马寅初回到北京大学任校长。1955年，马寅初当选为中国科学院哲学社会科学部首批学部委员。在向科学进军声中，他虽公务十分繁忙，但仍抽出时间，带头从事科学研究。1956—1958年，他先后发表两篇论述国民经济综合平衡理论和按比例发展规律的论文和《再谈我的平衡论中的"团团转"理论》等论文。

1959 年底，北大出现了大规模批判马寅初"新人口论"的恶浪。马寅初仍无所畏惧，据理力争。他在被围攻的困难日子里，考虑的不是自己的生命安危，而是如何为北大学生做榜样。马寅初说："我认为这不是一个政治问题，而是一个纯粹的学术问题。学术问题贵乎争辩，愈辩愈明，不应一遇袭击，就抱'明哲保身，退避三舍'的念头。相反，应知难而进，决不向困难低头。我认为在研究工作中事前要准备，没有把握，不要乱写文章。既写之后，要勇于更正错误，但要坚持真理，即使于个人不利，甚至于自己宝贵的性命有所不利，亦应担当一切后果。"在批判会上，马寅初一再声明："我勇于更正错误，但坚持真理，无私无畏。""不怕坐牢，不怕油锅炸，即使牺牲自己的性命也在所不惜。"1960 年 1 月 4 日，马寅初被迫辞去北京大学校长职务，离开了北大。

实至名归过晚年

"文革"结束后，经党中央批准，北京大学党委做出《关于马寅初先生平反的决定》，指出："强加给他的许多政治帽子纯属污蔑不实之词，应当一律予以推倒。"教育部任命马寅初为北京大学名誉校长。

1981 年 6 月 24 日，在庆祝马寅初百岁寿辰之际，北京大学出版了《马寅初经济论文选集》。

1981 年，中国人口学会在北京成立，大会一致推举马寅初为中国人口学会名誉会长。中国经济学团体联合会在杭州成立，他被推举为中国经济学团体联合会顾问。亚洲议员人口和发展会议在北京召开，他是中国代表团的名誉顾问，会议向马寅初发出了表扬信。

1982 年，马寅初病逝。1995 年，北京大学人口研究所为马寅初塑造铜像，树立在北京大学法学楼前。

《新人口论》的诞生

马寅初十分重视我国的人口问题。1953 年，我国全国人口普查后，他先后三次到浙江省考察，看到土地改革后经济得到发展，农民生活不断改善，文化水平提高，十分高兴。但同时也发现人口增长太快，如果不加以控制，将来国家负担会很重，势必影响工业化，因此他心急如焚。

1957 年，马寅初在北京大学发表人口问题演讲。他用大量翔实的材料和生动的比喻，阐述了他在我国人口问题上的见解，主张必须实行计划生育和控制人口增长。这个演讲稿经过整理成为《新人口论》发言稿，于7月5日在《人民日报》上全文发表。

在《新人口论》中，马寅初深刻地论述了我国当前存在严重的人口问题，分析了它的性质和表现形式，并提出解决的途径。新中国成立初期，人们都认为社会主义制度下不存在人口过剩的问题，马寅初是第一个指出我国的确存在严重人口问题的人。人口增长过快同经济发展之间存在着种种矛盾，它拖住了高速工业化的后腿。因此，控制我国人口增长是十分迫切的问题。马寅初提出了解决我国人口问题的根本途径：一是积极发展生产；二是控制人口数量；三是提高人口质量。

1979年，《光明日报》刊登了《为马寅初的"新人口论"平反》一文："二十年来的实践充分证明，马寅初先生的'新人口论'，是远见卓识的理论，是利国利民的理论……给马寅初先生的'新人口论'彻底平反。"

1999年，我国经济学界将马寅初的《新人口论》评选为"影响新中国经济建设的10本经济学著作"之一。马寅初的《新人口论》还被作为"现代意义上的环境保护中产生过重要影响的作品"，被选入《绿色经典文库》。

1982年5月10日，马寅初先生走完了一个世纪的人生，驾鹤西行，魂归道山，安葬于杭州的南山公墓。

丁律

马寅初先生墓

研究人口图报国的教育家马寅初

笔墨教育写人生的书法家马世晓

马世晓，男，山东滕州人，1934年7月出生。1960年毕业于浙江农业大学茶学系，1970年进入浙江农业大学工作，1987年受命组建浙江农业大学艺术教研室并担任主任。曾任中国书法家协会第三届理事，中国书法家协会第二、三届国展评审委员会委员，浙江省书法家协会第二、三届副主席，浙江省高校书法家协会名誉主席，浙江省钱江书画院名誉院长，国际书法家协会顾问等职务，被称为"当代草书第一人"。著有《马世晓行草二种》《马世晓草书咏菊绝句二十二首》《马世晓书法作品集》，主编《中国书法全集·刘墉卷》《历代小楷精选》，发表学术论文《张芝草书系列研究》等。马世晓是浙江大学人文学院退休教授，于2013年1月30日在杭州逝世。

当代狂草第一人

马世晓幼承家训，笃志翰墨，以书法为毕生追求，潜心研习，卓然成家。先生主攻行草书体，以大草为其代表。书法创作注重格调气韵，重移情入书，注重艺术传统，风貌多变。其作品清逸流荡、联翩飞扬或雄浑博大、苍劲深沉，形成独特书写风格，在草书领域里开拓了一个新的审美境界，被赞誉为"当代狂草第一人""当代最具价值传承的草书大家"。

马世晓曾先后求艺于沙孟海、陆维钊、陆俨少、林散之等名师，于20世纪80年代初期，即以极富个性的行草书法风格蜚声中国书法学界。当代草书创作都是"取纵势"，而马世晓却擅长"取横势"，字与字之间有连绵飞动的感觉。他的书法作品深得传统书法真谛，入古出新，别开生面，具有极强的艺术个性和鲜明的时代精神。年轻时曾得林散之先生"不魔怪，能写好"的嘉许。先生对张芝、二王、怀素等有非常深入的研究，尤其是对张芝《冠军帖》的研究堪称独步。他的书法作品在全面继承中国书法经典之基础上，亦广泛吸收中国传统书法的外在形式，达到意与古会之境，故被书法评论界赞誉为当代最具传承价值的草书大家。

　　马世晓先生作品入选全国第一、二、三届书法篆刻作品展，全国第一、二届中青年书法篆刻作品展及在日本、新加坡等地举办的大型书法联展。1987 年作为 21 名中方著名书法家之一出席"中日兰亭书会"。作品被收入多种书法作品专集，并为博物馆、艺术馆收藏或被碑刻。《中国书法》《书法家》等曾专题介绍其艺术成就。先生书法作品还曾先后被故宫博物院、中国美术馆、中国国家博物馆、中国人民革命军事博物馆、浙江省博物馆、浙江美术馆、徐州市美术馆等多家机构收藏。在中国杭州太子湾公园景区，"太子湾公园"五字巨制行书，亦是他手书大作。

马世晓先生书作

马世晓先生墓

砥砺铸就求是魂

1970年，马世晓先生回原浙江农业大学（今浙江大学）任教，长期从事书法教育工作直至退休，桃李满天下。在原浙江农业大学任教期间，马世晓先生开创了非专业艺术院校书法教育之先路。马先生作为书法教授，为当代书法创作进步与发展和国际书法艺术交流做出了杰出贡献。马老为人低调，关爱学生，给予了年轻一代的学生和书法爱好者细致入微的指导，为他们书法艺术道路上走向更高更远打下坚实基础。

先生是性情中人，平常喜欢饮酒，健谈、随和、为人率真，平时吃完饭就坐在桌前看书，他总是觉得时间不够用，"围着华家池校区走一圈半小时时间，他都舍不得"。大草是他的典型符号，他的书法在气息上沿袭了张芝一脉。正是这样的性情成就了先生挥洒的书风。浙江大学原党委书记张浚生在谈到与马世晓的交往时曾说："马世晓是我们学校的学生、也是我们学校的老师、教授。他非常热爱母校，我在与他的多次交往中，每一次他一定会提到'学校里如果有需要我做的事情，请一定跟我讲。如果要用我的作品作为礼品送给尊贵的客人，一定要跟我讲'。"

先生一生秉承求是创新精神，对浙江大学感情深厚。2017年5月21日在浙江大学建校120周年时，遵照先生遗愿，马世晓夫人马亚桢女士将共计81件（110幅）遗作捐赠给母校浙江大学，由浙江大学档案馆永久收藏。为了进一步弘扬书法草书艺术，加强草书艺术的研究，"马世晓书法作品捐赠展"在浙江大学西溪美术馆开幕，并成立了浙江大学人文学院马世晓书法研究中心，且捐资100万元用于奖掖后学。有人回忆马世晓先生时谈道："他创作的时候，纸放在桌上他不写的，和我们聊聊，他开心了，立刻就写。每次书写虽然他都是构思过的，但书写的状态却是一挥而就。他书写状态很动人，那是挥洒。"

2013年1月30日，马世晓先生与世长辞，经家人与位于杭州黄鹤山麓的浙江安贤园联系，在安贤园归来池畔，为先生建立了一座纪念式墓地，先生手握铁笔，凝视着远方，仿佛又一幅神来之作已在心中激荡。

樊婷

笔墨教育写人生的书法家马世晓

著名免疫学者王一成

他是一个海归学者，本可留在国外，过富足安逸的生活，却选择回国。

他是一个科研功底深厚的科学家，本可搞研究，出专著，却选择服务一线。

他是一个爱清洁成癖的人，却能长年与死猪、病猪打交道，坚持在血污恶臭的环境中工作。

王一成（1957—2017），男，浙江省温岭市人，1982 年毕业于浙江农业大学兽医专业，一直从事畜禽传染病防治技术研究工作，侧重于规模猪场疫病防控技术研究，曾赴美国和澳大利亚留学进修和合作研究多年。生前系浙江省农业科学院畜牧兽医研究所研究员、兽医研究室主任、博士后工作站导师，南京农业大学、甘肃农业大学兼职硕士生导师，浙江省畜牧兽医学会常务理事长，浙江省免疫学会理事，中国畜牧兽医学会传染病学分会理事。他先后主持省重大、省重点等各类课题 30 多项，发表论文 100 多篇，主持和参加完成的成果 9 项获省、部级奖励。2017 年 9 月 12 日，王一成因癌症去世。被追授为 2017 年度浙江省优秀共产党员，浙江省五一劳动奖章获得者，入选 2017 年度最美浙江人，被评为第六届浙江省道德模范。

如果留在国外，或许会有更好的发展，可他毅然归国转向猪病临床研究，最后成为业内公认的"名猪医"。

早在 20 世纪八九十年代，王一成先后留学澳大利亚、美国。1997—1999 年，他在美国阿肯色医科大学学习分子生物学技术，从事"冠状病毒 RNA 转录机理"课题研究，在病毒学领域国际顶尖杂志上发表了两篇高质量论文。"凭他的英语水平和专业研究能力，他完全有机会选择留在美国或者申请博士学位。"浙江大学动物科学学院原副院长方维焕教授说："如果回国继续从事基础理论工作，他一定会取得更高级别的研究成果，成为更有名的专家。"

21 世纪初，浙江连续几次暴发较大规模的猪病疫情，养殖户蒙受巨大损失，不少养殖场破产。浙江猪病临床诊断人才严重缺乏。当时农科院猪病研究实验室

王一成

条件较差，又缺乏经费。王一成刻苦钻研，主动设计，改善畜牧兽医的科研条件，提高诊疗水平。畜牧兽医所公共实验室和试验场疫病防控设施建设，从规划设计、施工监督到仪器招标采购和日常维护管理，都倾注了他的智慧和汗水。

猪病临床诊断需要往一线跑，往有疫情的地方跑，把实验室建在猪场。王一成觉得自己选准了方向，这样既可以实地诊断病情，还可以收集病料。从此，王一成奔波在农村，为养殖户服务，对养殖户有求必应。无论何时何地，只要出现疫情，他都会放下一切赶赴现场。

为了能将国外先进的基因工程疫苗应用到防治猪常见病中，王一成克服重重困难，在抗猪大肠杆菌基因工程疫苗、重组猪干扰素等研究中取得突破性进展。

王一成像个拼命三郎，哪里有疫病，他就往哪里跑。时任浙江省畜牧兽医局防疫处两任处长顾小根、陆国林都与王一成并肩作战多年。"只要省里有防疫需要，无论多么忙，他从不拒绝。"顾小根说，他总是奔波在第一线，到养殖场调查取样，在实验室开展科研攻关，为行业主管部门建言献策。

陆国林说："浙江省畜牧疫病病因都能很快查明，并迅速建立系列快速诊断方法和防控技术，帮助重大疫情控制和产业健康发展，王一成功不可没。"

养殖户的需要高于一切，他真诚服务，无私奉献，赢得了广大养殖户的信赖。

猪病防治研究课题组成员、南京农大博士生李军星仍清晰记得入职后第一次跟随王一成去农村猪场诊疗时的情景。2009年夏天，李军星乘王老师驾驶的小车，几小时的车程，一到目的地，马上向养殖户了解病情。随后王老师换上防化服走进猪圈，快速地挑选病猪，现场屠宰，解剖取样。没有解剖室，没有工作台，甚至连电风扇都没有，就这样顶着烈日，汗流浃背地工作。李军星说："王老师处处亲力亲为、埋头苦干，无时无刻不让我们感动。"

2004年，上虞养猪大户阮张峰的养猪场里突然暴发疫病，每天病死的猪比

著名免疫学者王一成

卖掉的还多。就在阮张峰一筹莫展之际，从防疫部门得知消息的王一成主动伸出了援手。更让阮张峰意外的是，防治疫病全过程，除了必要的试纸、试剂工本费，王一成没有收过他一分钱，每次都是开私家车来上虞。

多年下来，王一成先后跑废了两辆私家车，总里程超过 60 多万千米，但从来没有向单位报销过路费、油费。而王一成服务过的规模养殖场超过 1000 家，亲手解剖病死猪上万头。据统计，2008 年以来，王一成和他的团队共检测病原 5 万余项次、血清抗体 40 万多次，遏制了可能造成重大疫情的动物疫病扩散。在同行眼里，王一成和他的团队就是浙江畜牧产业的"活地图"和"数据库"。"名猪医"声名鹊起，全省规模猪场及养殖户遇到疑难猪病，大部分都送到该所进行检测诊断。及时为猪场提供了治疗方案和预防措施，为全省畜产品安全保驾护航。

2016 年 5 月，王一成被确诊患有胃癌。得知病情后，他做的第一件事是挨个给这些猪场打电话，交代养殖户落实下一步的治疗方案。"不向单位请假，瞒着家里瞒着同事，一些工作安排了之后再向我们讲，我们当时感到非常痛心。"省农科院畜牧兽医研究所所长鲍国连说。

"他的可贵之处在于，他把为农民服务高于一切，淡泊名利甘为人梯，他是我们精神的灯塔，是我们学习的榜样。"时任浙江省农科院党委书记汤勇说。

"生命诚可贵，事业重于山。"浙江省农科院党委书记、时任浙江省农科院院长劳红武说，"在他身上，我们看到了一位优秀共产党员的形象和优秀科技工作者的品质。"

恶臭中的馨香，平凡中的伟大，低入尘埃的崇高，凸显的是一个无私、忘

王一成先生墓

我、只知奉献、不求索取，把毕生精力和心血都献给农村养殖户的优秀科学家形象。

时任浙江省委书记车俊深为王一成的事迹感动，批示道："王一成同志是共和国培养的知识分子，学成回国后，多年如一日，心系百姓，忠于事业，一心为农，全身心服务于农民，献身于他钟爱的畜牧兽医业，作出了平凡而伟大的业绩，受到农民群众的欢迎。这种精神值得全省农业工作者、科技工作者和党员干部学习。"

郑妮妮

灿若花、思无邪的西泠大家王福厂

王福厂（1880—1960），名禔，原名寿祺，字维季，号福厂。又号屈瓠、罗刹江民，自称印庸，70岁后号持默老人。现代著名书法家、金石家。浙江杭县（今杭州）人。著有《王福厂书说文部目》《王福厂篆书咏怀诗》《麋砚斋印存》《说文部首检异》《麋砚斋作篆通假》等，并集各家刻印辑为《福厂藏印》。

王福厂生于一个世代书香之家，自幼受到了良好的家学教育，其先祖为书圣王羲之，他的祖父王言为嘉庆戊寅举人；父亲王同，字同伯，号肖兰，晚号吕庐志人，同治丁卯举人，光绪丁丑进士，无意仕途而留心学术，以著书教育为本，历任杭州书院、紫阳书院院长。王福厂随父在紫阳书院学习，耳濡目染，打下了深厚的学问根基。在浓厚的家庭文化环境熏陶下，他年仅12岁即沉醉于玩刀弄石。光绪晚期进学为秀才，并任教于钱塘学堂。其时，印人因风相聚，遂与丁仁、叶铭、吴隐于光绪甲辰（1904）年提出"人以印集，社因地名"的倡导，发起西泠印社于西湖孤山，"保存金石，研究印学"。

1920年，因唐醉石推荐到北京，与唐氏一同供职于国民政府印铸局。北京当时为政治、文化中心，冠盖云集。王福厂篆刻受到极大推崇，如陈宝琛、陈宝熙兄弟，溥氏兄弟，陈仲恕、陈叔通兄弟，罗振玉、马叔平等名流，皆为其文字至交。1924年，由担任故宫博物院院长的马叔平推荐，王福厂参加了故宫博物院清点清宫文物的工作，为当时故宫的专门委员会15人委员之一。新中国成立后，王福厂受聘上海中国画院画师、浙江省文史研究馆馆员。

福厂的篆刻，初从秦汉入手，旋深邃于浙派，兼及明清各家。前期创作面目众多，既有深厚苍劲如小松、曼生之作，又有稳健茂密如让翁、悲厂之趣。40岁以后，博采众长而逐渐形成自己的面貌，白文醇厚蕴藉，朱文秀逸圆劲，特别是铁线篆，凝练委婉如洛神临波，嫦娥御风，20年代即名震京华，对后学之影响甚巨，至今学习者遍布海内外。丁仁在《咏西泠印社同人诗》中赞其"运笔专研十四篇，莫将微技消前贤。好奇更有王都尉，中稳多从小印传"。现代诗人兼印人沈茹菘赞王福厂曰："工整庄严灿若花，文章如玉思无邪。端容振择江湖下，砥柱中流一大家。"

王福厂的书法也颇有成就，尤精于篆隶。凡金文、碣、玉箸、秦权、汉碑额无不涉及，特别是小篆，结体典雅朴茂，用笔遒劲馨逸，其所篆《说文部目》向为行家肯定，是学习秦篆的极好教材。其以小篆笔法写大篆书体，节涩不滑，刚柔相济，错落有致，别有一番韵味。其隶书取法汉碑，参以篆笔，故蚕头蓄敛，燕尾不露，苍古外观，隽秀内蕴，耐人寻味。

1949 年初夏，一辆奥斯汀轿车开进了上海四明村的弄堂。四明村经常有轿车进出，这辆车的到来并没有引起居民的特别注意。这让车上一位叫陈叔通的中年人非常满意。待车在法国梧桐下停了，走出车门的竟还有陈毅市长。陈毅引陈叔通走向四明村一幢弄堂房子的底层，叩开了篆刻家王福厂的大门。王福厂虽然没有与解放军和人民政府打过交道，但平津解放，百万雄师渡江作战，解放南京，解放上海……所到之处，解放军秋毫无犯，这些新闻他还是知道的。他见了陈市长略微有些意外，可他毕竟是经历过大世面的，他马上将贵客引进了客厅。

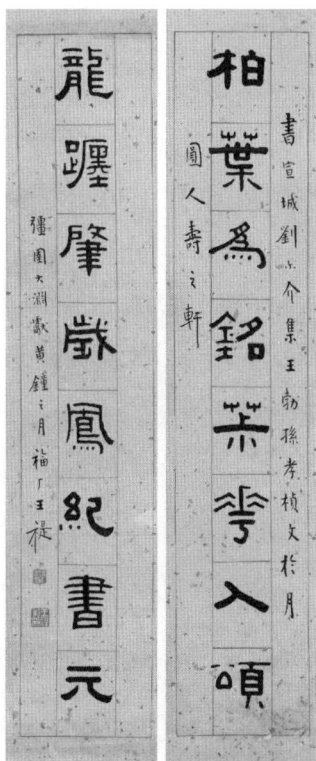

王福厂先生书作

灿若花、思无邪的西泠大家王福厂

27

陈毅用爽朗的笑声消除了王福厂的拘谨，介绍同来的陈叔通是政务院总理周恩来的特使，是专程从北京赶来上海请王先生出山的。陈毅笑道，进了上海一直忙得不可开交，还没有到府上来拜访王老先生，这是他当市长的疏忽了。王福厂想上海解放后百废待兴，陈市长怎么就有闲情来串门了。这时同来的陈叔通笑着用官话说周总理知道王老是中国最有名的篆刻家之一，特别是王老曾在北京担任印铸局技正，主持铸造并刻制了"中华民国国民政府印"。周总理派他来就是想请王老出山，这次是主持并刻制"中华人民共和国中央人民政府印"。

王福厂听了很是感动。那都是 30 年前的事了，那时他才 40 来岁，正值壮年，民国政府的那枚大印是他耗费了无数精力才铸造刻制成功的。可是国民政府的所作所为让他非常失望，看不惯官场的腐败，也由于秉性使然，此时王福厂的内心涌动起一股甘为闲云野鹤的情怀。1930 年底，王福厂决意引退，虽获上司再三挽留，而其去意已定。他将眷属悉数迁沪，在四明村置屋一所，久居上海，斋名为麋研斋，日夕钻研其间，所诣益进。此时所作"青鞋布袜从此始"一印传递了他的心态。他在是印的边款中刻道："庚午冬日，自金陵至沪，遂心闲神怡"。王福厂又在"不使孽泉"一印的边款中刻道："庚午冬月辞官来沪，卖字度日，刻此识之"。

那是段黄金时日，王福厂心无旁骛，专攻艺事，日臻完善。只是想不到周总理在百忙中还记得铸印的事儿，还想到了他这个年届七旬的老印人。他接过陈叔

王福厂先生墓

通递上的大印设计稿，见印文描摹的是宋体字而非他擅长的圆朱文小篆，脸上的神色便凝重起来。陈叔通马上解释说国印的设计稿原先有篆文的，可毛主席选择了宋体，说是要让所有人看得明白。王福厂放下印稿，思索了片刻说，刻这枚国玺责任重大，他年龄太大了，曾遭电击的右手握刀发不了力，再说刻宋体字也非他的强项。他推荐了在北京的弟子顿立夫来尽其所能刻制这枚新中国的开国大印。

就在王福厂去世前一年的1959年，他将毕生所刻精品闲章300余方捐赠给上海博物馆。1960年初春，王福厂辞世，艺林为之震痛。上海市文化局隆重为其治丧于龙华殡仪馆，四方前来追悼祭奠者逾千人。王福厂归道山后，安葬于杭州的南山公墓。家属遵其遗愿将其书、画、印、谱、扇面等2768件捐赠予他亲手创建又使他梦魂萦绕的西泠印社。

杭州南山陵园供稿

灿若花、思无邪的西泠大家王福厂

中国真空电器之父王季梅先生

王季梅生于 1922 年，祖籍浙江上虞。1946 年毕业于上海大同大学电机工程系。1947 年执教于交通大学。1957 年随交通大学西迁到陕西西安。从事真空电弧理论和熔断器理论研究 50 余年，先后获得全国科学大会等国家、省、部级奖 12 项，发明专利 6 项和国家级有突出贡献专家等称号。国内外刊物发表论文 320 余篇，出版专著 15 部。历任西安交通大学教授、博士生导师，美国 IEEE 高级会员。被业界誉为"中国真空电器之父"，为我国电器学科的发展做出了卓越贡献。

1935 年，王季梅就读于浙江上虞春晖中学，著名导演谢晋同年也在这上学。可见当时的春晖中学真是一座求知的殿堂、育人的学堂。它荟萃了一大批名师硕彦，如朱自清、丰子恺、叶圣陶、蔡元培、张大千等先后在此执教，推行新教育，传播新文化，留下了浓厚的文化底蕴，在这所学校他受到了近乎现代的教育，为他以后的科学事业奠定了基础。这个学校里提倡"与时俱进"的校训、"实事求是"的教育方针和"勤劳俭朴"的治学方针。从那时起这些就深深地烙印于他脑海，真是"近山者仁，近水者智"，故他从小就对科学产生了浓厚的兴趣和执着的追求。

1937 年日军全面侵华，战火所及，一片瓦砾。日本飞机屡屡侵犯南方上空，频频轰炸江浙一带城乡，终日风声鹤唳。在这种情况下，王季梅毅然决然要继续读书深造。1940 年 3 月 2 日下午，他乘的"景升轮"准备去上海念书，恰在此时，"呜——"，日机入侵的空袭警报声突然拉响了，岸上人马上砍断缆绳，船手随即发动轮机，船即离岸。此时潮水湍急，浪涛惊起，被砍断船缆的"景升轮"剧烈摇晃，船身倾斜，船底即刻朝天并迅速下沉。那时他年纪虽小但水性很好，一个翻身使劲地砸开船舱玻璃，奋力向岸边游去。须臾之间大部分乘客都遭灭顶之灾。亲历这件事后，他深深感到一个国家不强大就要被欺辱，更加坚定学好知识振兴中华的决心，更加坚定热爱祖国、热爱科学的信念！

1950 年，全国都在搞建设，恢复生产。安徽西北部界首要建电厂，应部队

王季梅（中）

野战军邀请，王季梅和何金茂老师冒着风雨交加的寒冬，来到界首和部队官兵一起日夜奋战，为界首人民建电厂。那年他28岁，风华正茂，用他自己的话说，能用自己知识为祖国为人民做些事，心中不知有多么高兴和自豪！临走时部队专门开了欢送会，表彰他和何金茂老师，并和官兵们留下了珍贵照片。

1951年，王季梅首创电阻材料氧化技术，填补国内空白，同年和王季襄翻译了《电力接线图解》一书。1953年，中国正稳步地从农业国转化为工业国，他看到当时国家还很落后，各种电力设施必须马上要上，要建立各式各样的电厂、输电网、输电站，那时很需要电气方面技术，为摆脱对外国的依赖，就要自力更生。于是他和柯士锵教授利用业余时间，不分昼夜赶写《变压器设计与制造》，书一出来很受电气工程技术人员青睐。

1964年，王季梅研制出我国第一台三相高压真空开关，开启了中国真空电器时代。1970年，研制成功6kV高压限流熔断器，填补了国内空白。1980年，在高校中第一个建立合成回路实验平台和可真空灭弧室。中国的真空电器事业从零开始直至发展到今天，王季梅创造了电器领域多个第一，可谓该领域的奠基者和开拓者。

为了我国电器企业发展，王季梅带领西安熔断器厂技术人员从英国Brush公司引进技术，并和他们一起动手，研制出了不少国家急需的多种熔断器，如快速熔断器、自复熔断器、全范围熔断器等科研项目，为国家填补了不少空白。王季梅又带领他的学生和西安开关整流器厂共同研制成功我国第一批6.7kV、分断能力为600A的真空开关。而后"大容量真空断路器的开断器""真空灭弧用拐臂式二级纵向磁场电极""一种高压限流熔断器的结构"等科研项目一个接一个地获得了国家发明专利；"3.6-12kv电动机变压器全范围保护高压熔断器""DXK1短路电流限制开断器""真空电弧理论及其应用"均获得国家科学技术奖一等奖。

中国真空电器之父王季梅先生

| 31 |

　　王季梅先生终身对教育事业充满着激情，他讲授过"电磁测量""电机学""高压电器""低压电器""供电概论及其电气设备""真空开关理论及其应用"等许多课程，为我国培养了一大批电气技术人才。1985 年，为中国培养出第一位电器专业博士，此后共培养了博士 27 名、硕士 25 名，本科生不计其数。他的学生遍布海内外，真可谓桃李满天下。学生中有两院院士、大学校长、企业总工、省部级领导，大部分已成为所在工作单位的骨干和中坚力量。

　　王季梅先生曾任国务院学位委员会电工学科评议组成员、国家科委电工学科组成员、中国电机工程学会理事、国际电弧电接触及其电器应用学术会议主席、国际熔断器学术会议委员会国际委员、国际真空放电及其绝缘学术会议委员会常务等职。王季梅先生作为学科主要带头人，带领西安交通大学电器学科一直保持着国内领先地位。西安交通大学电器学科既是全国首批博士点，又是国家重点学科，他在国际业界中也有很高的威信和很大的影响力。

　　1982 年王季梅被陕西省人民政府和中共陕西省委授予"陕西省劳动模范"称号，并荣获国家级有突出贡献专家称号，被授予 CSEE Fellow 荣誉称号。1996 年交通大学百年校庆时，王季梅又被授予"西安交通大学杰出教授"荣誉称号。

　　2006 年，王季梅先生荣获国际真空放电与绝缘领域杰出贡献 Dyke Award 奖。该奖于 1988 年设立，以真空绝缘领域做出突出贡献的 Walter P. Dyke 的名字来命名。此奖的授予需由国际科技委员会来决定，每次只颁发给一名在国际范围内认可的对真空放电和电绝缘领域做出杰出贡献的学者。之前已有 9 名国际著名专家获此殊荣，王季梅教授是第 10 名获奖者，也是第一位获得该国际大奖的中

王季梅先生墓

国人。

王季梅的一生都是在为中国电气事业努力奋斗，在荣誉面前从不张扬，总是严于律己，宽以待人。为了更好地发展电气事业，他将国家给予他的西迁补助费近八万元全部捐献给"王季梅奖学金"，获得国际 Dyke Award 贡献奖的全部奖金也捐献给"王季梅奖学金"，以奖励在电气工程领域做出成就的青年学子。这种为祖国无私奉献的人格魅力得到电气行业的高度认同，至今"王季梅奖学金"已有超过百万元的教育资金。

王季梅先生在西安交通大学执教一辈子，深深地热爱着这座美丽的高等学府，热爱着与他共事的老师，热爱着他教过的学子，与之有着深厚的感情。故我们在浙江安贤园的王季梅先生碑上，刻下了交通大学校徽，让他时时刻刻能看到、听到西安交通大学在不断前进的步伐！时时刻刻能看到、听到中国电气事业在蒸蒸日上地发展！

家属供稿

画史南山天地宽的著名美术史学家王伯敏

悠悠南山连玉皇，面钱江，邻西湖。古木遒劲，松柏苍翠，我的父母就安寝于此，作陪父亲的恩师黄宾虹老先生。镌刻于碑上的"画史南山"四个字，浓缩了父母为之努力耕耘的一生。他们携手相扶，勤奋不懈，父亲伏案灯下写作，母亲辛勤持家，他们的音容笑貌至今历历在目，深深地印在我们的心中。

我的父亲王伯敏，1924年出生于浙江台州。因遇灾年，落户太平（温岭）。有缘于书，幼入私塾，尊学孔孟，识字断句，背诵诗文。由于自小偏学文史，喜欢诗书画，以致孜孜以求，乐此不疲。待学业稍成，受聘于家乡学校，教授劳、音、美。时遇日寇侵华，战火连年，学校避难于仙居、天台、雁荡，教学秩序严重受挫。父亲在那时仍不辍读书研学，时时自习诗画文史。此时，恰逢避战的夏承焘、萧仲劼等先生，受教不少。

抗战胜利后，父亲为学业继续深造，游学于上海，并考入上海美术专科学校。那时的他，徜徉在艺术的海洋里，大开了眼界，对国学的再识，新学的开悟，使他如鱼得水，如愿以偿。同时，他跨业双修，对西绘粉彩、传统笔墨，都进行了系统的学习和认识，并打下坚实的基础，尤其对艺史画论产生了浓厚的兴趣。由于得到俞剑华、谢海燕、陈士文、汪声远等名师的教诲，又和同窗共习交流，使得思路豁然，初步定下一生为之努力的方向。

1947年，父亲从上海美术专科学校毕业后，继而北上，赴北平国立艺术专科学校徐悲鸿研究生班深造。其间，经黄震寰先生介绍进入虹门，拜黄宾虹老先生为师。在我父亲的记忆中，这是他平生最为难忘的事，为他日后步入中国美术史论领域，从事画学研究及笔墨实践，奠定了不可或缺的基石，也是形成他独立的艺术思想的关键。在北京还经常受到徐悲鸿、唐兰、韩寿萱等先生的教诲，使他受益匪浅。当时父亲的住所近北大，所以只要有机会，就去北大旁听，如饥似渴地汲取养分。用他自己的话说，"做学问少不了良师益友，往往一席话，可终生受用"。1948年在北京，"初生牛犊不怕虎"的父亲，竟开始动手编撰《中国画

王伯敏先生

史提要》，那是他在上海、北京苦读的收获。

他虽为一介书生，但一直关注国家的前途和命运。在沪、京求学期间，受环境和现状影响，同情革命者和进步学生，并参加学生游行，祭鲁迅，反腐败，还参与了北大民主广场墙报编辑。为他日后回到家乡，参加共产党的地下工作，奠定了一定的思想基础。

迫于时局动荡，父亲提前结束在北京的学业，辞师返乡，到家乡的师范学校任教。年轻的父亲，思想进步，创办学生读书会，组织进步学生反内战，筹集资金援助共产党游击队，给党组织传递重要情报，为迎接新中国的成立和家乡的解放，做了一系列的工作。新中国成立后，他曾任温岭文教卫局长一职。

1952年，因工作需要，父亲调动至杭州，在中央美术学院华东分院（今中国美术学院）任教，举家迁居栖霞岭，与黄宾虹老先生为邻，朝夕侍从黄宾虹老先生。也就在那时起，正式开始从事中国美术史论专业的研究。对父亲而言，他的所学所思，有了施展的机会和平台。于是，"勤读勤写，拂晓鸡鸣，三更灯火，历经酷暑，几经严寒"，成了他的生活常态。就是在10年动乱时期，学校停课，家里被抄，人人自危之时，他仍顶住重重压力，"偷得空闲"，抱怀自宽，躲进小楼，静思腹稿，从未放弃专业的积累和研究。"文革"后，喜得甘露，新著不断，辛勤耕耘，终得花开结果。

"华发虽满，秉烛不闲，焚膏熬夜，极日穷年"，因为对光阴的珍惜，成就了他的心愿。出经入史，引典考证，先后编著出版了《中国版画史》《中国绘画史》《中国美术通史》《中国少数民族美术史》《中国剪纸史》《中国民间美术》《敦煌壁画山水研究》《唐诗画中看》《中国画构图》《古肖形印臆释》《山水画纵

画史南山天地宽的著名美术史学家王伯敏

王伯敏画作

横谈》《黄宾虹画语录》《黄宾虹全集》《王伯敏美术史论文汇》等60多种专著，在国内外期刊发表200多篇学术论文，逾千万字之多，真可谓著作等身，有的专著还被多次再版及海外译本出版。其著作和研究成果，代表了20世纪下半叶我国美术史论的学术研究高峰，有的甚至填补了我国及东方学术的空白。他在中国美术史论研究范畴中，独步当世，为学林公推的巨擘，是我国美术学科的优秀带头人。

艺术史论的研究，不仅仅停留在读万卷书，更是要行万里路。父亲在长期读书和做学问的实践中，深深懂得这个哲理。于是，他极其重视深入社会生活，每次外出考察，长达数月，短则十几天，天山南北、河西丝路、高昌龟兹、敦煌榆林、塞外戈壁、秦楚齐鲁、云冈龙门、巴蜀三峡、阴山左江、纳西东巴、五岳匡庐……白水干馍，足迹遍及神州大地，边考证，边笔记，沉浸于"乐其中，博而引。苦其中，傍而证。学到老，考其迹。不知老，记其胜"之中。每到一处，进出博物馆、图书馆、画廊，读画赏瓷，倾心投入。光他做的学术资料卡片，数以万计，令人敬佩不已。我儿时印象极为深刻的是，每次他游历归来，总是绘声绘色地给我们讲山川古迹和所见所闻，兴奋之情溢于言表，至今仍历历在目。

父亲善画，名为学所掩。遵师教导，研究画史之余，从未放弃绘画实践。只要有空闲，研墨写生，亦作日课安排。晚年，更将其感悟，尽情在纸上挥洒。其画出于虹门，山水为主，闲写竹石。喜用松烟渍墨，尤善用水，自成一格；以朴为美，儒雅而成，有"学人妙造"之誉。由于精研画学，往往以题画诗作论。同时，他提倡诗书画并重，出版过诗集《柏闽诗选》，为文人画步入当代而不断实践和探索。

父亲从艺从教一生，得到国家和社会的认可。他生前为中国美术学院教授，美术学博士生导师，享受国务院特殊津贴。其为中国美术家协会会员，同时兼任国家画院院士、敦煌研究院兼职研究员、杭州画院院长、中国茶文化书画院名誉院长等。

作为我国著名的美术史论家、画家、诗人，1988年，由王伯敏主编的《中国美术通史》获国家图书奖；1992年，国务院授予王伯敏"有突出贡献的专家学者"荣誉称号；2000年，被浙江省评为"浙江省有突出贡献的老艺术家"；2009年，荣获国家美术最高奖"首届中国美术终身成就奖"。

"莫嫌湖上书楼小，子夜案头天地宽。"
"半唐斋里人长乐，壁上云山枕上诗。"

这是父亲两首自况诗的句子，不仅印证了他自己的一生，也昭示了一个学人的胸怀和治学精神。

南山的画史，给我们留下了最美好的回忆。

王大川

王伯敏夫妇墓

涛声依旧看潮涌的山水画家孔仲起

孔仲起，名庆福，字仲起，孔子第七十三世孙，原籍浙江慈溪，1934年生于上海的一个绘画世家。祖父孔子瑜、父孔小瑜、兄孔伯容均擅长花鸟博古画，有名于时。

孔仲起少年学画，17岁入上海英雄金笔厂当工人。其间发奋自学，1955年全国择优保送，入学浙江美术学院中国画系。1960年留校任教，直至1994年退休。历任中国美术学院教授、学位委员、浙江省文化厅高评会委员、中国美术家协会会员、东方博雅社执行社长、西泠印社理事、联合国国际美术协会理事，享受国务院特殊津贴。

2015年10月5日凌晨4时56分，孔仲起先生因病在浙江医院逝世，享年82岁，并于2016年3月25日安葬于浙江杭州安贤园泰和苑墓区。

孔仲起教授是当代杰出的山水画家，数十年来，他不但为中国美术学院的山水画教育付出了艰辛劳动，培养了一大批优秀的学生和青年教师，同时在山水画的创作实践上取得了异常丰硕的成果。

孔仲起教授的山水画雄健奔放，严密与阔略兼备，注重意境，追求真趣，他善画云水，江海波涛，能融古化今，中西并用，传达现代的崇高新意，他画江潮海浪的各种手法皆得自他对自然的深切理解，其发明的被称为"云皴法""弧勾法""短线法""水彩泼墨法"的技法，都能有效地表现江河湖海不同的真实动态与深远意境。他爱画水，且多画"动态之水"，填补了画史的空白，丰富了中国山水画"云水画法"的形式语言，传达了现代社会下的新意义。正因为在中国山水画表现技法方面所取得的开拓性成就，孔仲起教授获得了崇高的声誉。

20世纪90年代，曾赴日、法、美、英、朝、韩、泰等国访问，均载誉而归。

孔仲起教授的山水画，可以用"雄浑、正大、深厚、隽永"八个字来概括。

所谓"雄浑"，是指它的气势——笔墨阔略，画境浑成，气壮如山，先声夺人。这种摄人心魄的强大震撼力，与我们通常所说的张力不尽相同。张力往往流于表象，而这种力量既来自作者的禀赋、气度与胸怀，同时也与其山水画的另外两种品质——"正大"与"浑厚"紧密相关。"正大"自然是从作者的所学、所思以及他所信仰的中国传统儒家文化中充实而来，它包含了作者对于"真、善、美"这一信念的坚定操守。赏读孔仲起教授的画，人们能够感觉到这种理想给我们带来的心灵的力量。毫无疑问，"正大"这种品质是内在的，它与画面构图的稳定性无关，却又局部构成了孔仲起山水画的另一种品质，即"深厚"。"深厚"可以兼指内外两方面——笔墨的厚重沉着，是这种深厚的有形体现；而意蕴的庄重内敛，在孔仲起教授的作品中则是无形却可以感知的。正因为"深厚"，所以在他的画里看不到过于飘逸的才子气，他的画犹如千年古檀，气韵幽淡，久而弥香，耐人寻味——这正是"隽永"。可以说，这四种品质互为因果，构成了孔仲起山水画的涵浑意境。"画如其人"，如果把上文中提到的八个字移来品评孔仲起教授本人，无疑也是十分贴切的。的确，像孔仲起教授这一代画家留给年轻一代的不只是作品，更重要的是品质，那就是他们对待艺术、对待生活的真诚态度。其《浙江潮》是人们喜闻乐见的作品之一，既是对自然景观的赞叹，同时也折射出当今蓬勃昂扬、勇立潮头、奋进向前的时代精神。

中国当代绘画艺术大家、中国美术学院教授孔仲起先生，以画为魂，造化天境，心追先贤，名动四方，于 2015 年 10 月 5 日化羽归仙。为感怀先生之不朽功业，常驻先生之神采气象，诚感先生家人之殷切祈盼，欣得中国美院龙翔教授之匠心独运，先生纪念塑像终于在他曾经留下脚印的地方浙江安贤园落成了，他的英灵也永恒地留在他情之所归的杭州山水中。

孔仲起先生魂系山水，艺术留馨。

钮素芬整理

孔仲起先生

涛声依旧看潮涌的山水画家孔仲起

孔仲起先生画作

孔仲起先生墓

兰幽竹闲一坤翁——花鸟画家卢坤峰

坤峰先生为当代名家，论其画者多矣，我每欲附骥为论，因吴（战垒）、徐（建融）二公已有华文在前，我想说的，二位多已涉及。因此，每欣然命笔，草成数笺，却以乏新意而不得不慨然辍管。今年，值先生古稀，因此述文言事，非仅论艺，亦假此以为先生寿也。

我虽早知坤峰先生的画名，却未识其人，三年前客杭，假座湖畔"恒庐"，在读鉴才兄所书战垒先生的《恒庐记》时，见文中有"五老"之说，而五人中的最长者，即坤峰先生。后来，因鉴才兄介绍，遂得识，从此，交谊日笃。其先，拙文《重评"保守"》及《中国画学术语释微》刊于《中国花鸟画》杂志，先生读后，以为不谬，且复印分赠同道。得知后，我窃引为知音。

先生生于北（山东平邑），而客于南，所以他的话，似鲁似浙、非鲁非浙，即所谓南腔北调。操着这腔调，他虽"糊涂"论事，却入木三分。故人谓其有大智若愚之概。

清人沈宗骞云："南方山水蕴藉而萦纡，人生其间得气之正者，为温润和雅，其偏者则轻佻浮薄。北方山水奇杰而雄厚，人生其间得气之正者，为刚健爽直，其偏者则粗厉强横。"（沈宗骞《芥舟学画编》）坤公籍北而寓南，天工陶泳，得其正气，免于偏，可谓"北人南禀"，"南人北禀"（引同上）。内养如此，故外发于笔墨，"温润和雅"而无"轻佻浮薄"之气，"刚健爽直"而无"粗厉强横"之弊。

坤公的工笔，追"黄"而不染艳柔之习；写意，虽笔墨恣纵，而不流于过度开张。他既擅工精，复妙豪逸，徐、黄之意，俱出笔下，可谓"工不失于拘，写不流于野"。

写竹、写兰，已有千二百年的历史，白居易曾赋《画竹歌》报萧悦，其中有"人画竹身肥臃肿，萧画茎瘦节节竦"之句。东坡《文与可画筼筜谷偃竹记》，述及"四方之人，持缣素而请（与可竹）者，足相蹑于其门"，当时风气，即此可见，这种在千百年中只攻习少数物类的风气，在世界画史上，实属罕见。因之，

卢坤峰先生

愈至后来，愈难从事，因为，种种技艺、种种风格，前人都习染殆尽，后来者几乎无下手余地。坤峰兄的"竹"，有萧悦"瘦""竦"之风，极富"幽闲"意韵（《宣和画谱》："松竹梅菊……必见之幽闲"），后来出新，实为不易。

竹有枝而兰无，兰有花而竹无，故画竹易板滞僵硬，而以"劲"中含"逸"为高。兰无枝，故画兰易流于弱软，而以柔妩中不失"劲"为高。坤峰兄早岁遵师命，以描线为日课，这正是他晚年成功的根基，观其大作，兰、竹、荒草、老松，都是"线舞"，这种创作上出入自由的化境，正是早岁描线之功所奠定的。

坤公的画，尚简求韵。笔墨落纸不多，而意韵悠长。山水家有"边角"美谈，花鸟家有孤鸟片叶妙构，而梅则不然，金农的"梅"，老干繁花，以"满"著称，而坤峰兄的"梅"零花孤干，以"简"求韵，此所谓各领风骚也。

坤峰的画"韵"，乃由其诗情化出。文人画是诗化的图绘。从事于斯道，而不知诗，是致命的内伤。此所谓"诗情"，不是指佯装风雅，拼凑五言八句以标榜自炫的俗怀。能凑几句"诗"者多矣，然了无性情终属掩俗之术。画家的"诗情"主要是指胸襟的脱俗，是指心灵的艺术化，只有这样，才能以有象之形去寄寓无象之诗。坤公的诗，诚如战垒兄所评，不仅渊源有自，且皆出于其性情。多情人审事观物，自有"悲欢离合"溢荡胸中，因此，下笔即有"感慨"（龚自珍诗云：略工感慨是名家）。诗家不必娴于丹青，而丹青家断不可少了诗情。坤公的画，不仅题诗是诗，画也是诗。我与此老相识数年，深觉其人有洒然出尘之气，战垒兄文中所引坤公《蝶恋花》，即置之唐宋人佳作中，亦无愧色，今转录以飨读者：

　　一夜潮声听起落，十载春深，那问人离索。画里家山看又错，寸肠空断云中鹤。　　几树柳烟楼影薄，数尽阑干，只悔从前约。江上愁心难更托，夕阳渐下沉沉幕。

　　诗（词）托出了画，寄寓着情。工于诗，是画家内修养的首功！无诗情的画家，骨子里便俗了，还能求其画中有诗吗？懂诗法的人很多，而有诗情者寥寥无几。

　　花鸟画因纸面显现的，非"花"即"鸟"，所以最以餍凡眼，亦最易堕俗淖。因此，花鸟画难在于格高，贵在于格高。题材是"君子"，而格调却等乎市井恶少的"花鸟画"还少吗？如徐健融先生所云，坤峰的"花鸟"，格调古雅（《卢坤峰画集·序》）。"古"别于时趋、"雅"异于流俗，中国画的品评标准，从来就是神、妙、逸、能；艺术品的优劣，只取决于是否美妙，而不能以新、旧去论衡。只要美妙，不论其新旧、古今，皆为上乘，否则，恶画而已。

　　坤峰兄出于名师门下，谨守师训（潘天寿先生反对中国画"洋"化），50年间，精勤不苟，他的画法是严谨的、古典的作风，他在守"旧"中出"新"；不守"旧"则"新"无从出，愈欲出"新"，愈当守"旧"。焉能斩断统绪，凭空妄造。

　　坤公以印入画，不忌其多，可谓出新。钱杜《松壶画忆》云："唐、宋皆无印章，至元时有之。"元人唯赵松雪及倪云林有数方可称佳。明、清间，印学勃盛，俨然与书、画驰驱艺坛，于是，以印入画，遂成定例。从此画家钤印，渐从简单的、实用的信证转变为审美意匠，不仅印文五花八门，且印形也随之繁多。画家以印钤已作，必精心意匠位置以使印、画一体。印虽属微制，但因系朱色，故在水墨、青绿间，尤显鲜活。钤印是作画的最后程序，故尤难，否则，一印之误，前功尽弃。但画家钤印甚少。至多，只以闲章补白。明、清间，因收藏风气甚炽，于是，藏家好以印补他人之画。乾隆时，内府有所谓"十三玺""八玺""五玺"的收藏印，凡所藏佳作，无不钤印，往往一幅画上，布满大小不等的印，印迫画的情形，十分突出。如元代画家钱选的《浮玉山居图》，被钤上的收藏印、鉴赏印竟有三百左右！这种用印的意图自然有别于作画者。坤公作画，善用印，《汕头双鹅》钤印三十八，《云梦沧州》钤印十五。因系当事者自为安顿，不仅印、画两益而不互损，且因之增别趣。这正是当事者从旧籍中妙悟出的新意，谓之为化"腐朽"为"神奇"亦可。钤上三十八印的画，恍若清内府珍藏的名迹，古珍之感十分强烈。我每读此画，窃叹坤兄仿真作"伪"手法高明。而此种作"伪"，即出新也。

卢坤峰先生墓

　　"花鸟"即花花鸟鸟，花鸟色繁，赋彩不同，流派遂别。坤峰先生的写意"花鸟"，不追繁艳，似投映于素壁白屏上的物影，而非物的实在身。《香色空境》《寒塘秋韵》似花非花，似雾非雾，"空境"之空，"秋韵"之韵，赖如幻如梦的淡薄色调，得以妙现。色虽淡力却沉，荷干、秋草，劲节铮铮。淡色见笔，尤显功力。至于工笔，赋色亦不求繁艳，钩染一丝不苟，可谓"工"矣。《华木鸣禽》色调温雅，敷粉点丹，染翠施墨，精工之至。观此佳作，能不赏心悦目？公性兼豪谨，故能游刃工意，无障无碍，如行空之天马也。

　　先生生前得诸乐三师教诲，生后亦与师为伴，于2018年4月5日去世后，安葬于浙江安贤园。

姜澄清

中国近代教育先驱司徒雷登

2008年11月17日上午9：30，在杭州的安贤园举行了一场迟到半个世纪的特殊活动，这就是原燕京大学校长、中国人民的老朋友司徒雷登先生的安葬仪式。这天前来参加仪式的有美国政府驻华大使馆、杭州市政府、美国驻上海领事馆、浙江省人民政府外事办公室、杭州市民政局、杭州市园文局、司徒雷登家属、美国百人会、原燕京大学老校友、杭州名人纪念馆和安贤园等来自社会各界的代表共50余人。安葬仪式由杭州名人纪念馆主持，时任杭州市副市长佟桂莉女士、美国驻华大使雷德先生、傅泾波之子傅履仁将军分别代表杭州市政府、美国政府和司徒雷登先生后人发表了讲话，对司徒雷登先生的历史功绩，对中国人民的友谊给予了充分肯定和高度赞扬。最后由傅履仁将军和燕大校友亲手把骨灰放入墓穴中。司徒雷登先生的灵骨终于回到了他阔别70年的故土杭州，也由此架起了中外友谊的一座桥梁，从此中国与世界各国的距离不再遥远，让世界丰富灿烂的历史文化实现了对接和交融。

1868年，约翰·林顿·司徒与妻子玛丽作为美国南长老会第一批派往中国的传教士来到了中国的杭州，除了教会工作，同时也通过创办学校来传播文明，他们的家就在杭州的天水堂，即今天的杭州下城区耶稣堂弄，并育有四个儿子，司徒雷登是老大。老司徒在杭州传播福音，走遍了乡村和城镇，很多地方都留下了他的足迹，老司徒夫妇死后安葬在杭州九里松的基督教墓地（现不存）。司徒雷登就是在这样的环境下，于1876年6月24日出生在这里。因此在孩提时代，司徒雷登常与街坊里的中国孩子一起玩耍，说得一口流利的杭州话，也对杭州的自然山水留下了难以磨灭的记忆。他在《在华五十年》一书中回忆道："我们经常进行短途旅行，游逛杭州的各个风景区，在那里举行野餐，采集野草莓。春天，漫山遍野开着杜鹃花；夏天，我们在山顶上一座阴湿的古庙里避暑。"

司徒雷登小时候对传教没有兴趣，为了让他们接受美国教育，1887年父母把他与弟弟送回了美国。在美国文化的影响下，慢慢地开始改变了对宗教的认识。1899 年司徒雷登进入神学院学习，并加入了"学生海外志愿传教运动"组织，开始热心于传教活动。1904 年司徒雷登携新婚妻子艾琳回到了离开多年的中国，跟随父亲到各地传教，还担任湖山堂牧师和任教弘道女学，并参与了之江大学的筹建工作。作为一个开明的传教士，他认为传教的主要责任在于培养学生的人道主义精神和为社会服务的技能，希望通过办学将培养教会工作人员的旧式神学院改变为造就社会高素质人才的新式大学，因此他随后开始以教育为主导的社会活动。1908 年任职于南京金陵神学院教授希腊文，1910 年任南京教会事业委员会主席，辛亥革命时兼任美国新闻界联合通讯社驻南京特约记者。在南京的 11 年中，经历了辛亥革命、中华民国成立、袁世凯称帝、张勋复辟、北洋军阀争斗等一系列社会的变化，也深谙中国社会的政治形态，并发表了多篇论文，完成了他从单纯的传教士向影响中国近现代教育的思想转变。1919 年出任燕京大学校长，真正开始了他的教育实践，为此亲自制定了"因真理，得自由，为服务"的校训，这也成为他的办学理念。

1919 年 3 月，中国第一所教会创办的大学——燕京大学在北京东城的原盔甲厂旧址上成立，司徒雷登为首任校长。随后司徒雷登设法在海淀购买下一片土地，历时四年建造了许多座朱栏碧瓦、雕梁画栋、色彩纷呈的宫殿式教学楼和宿舍，大门高悬由蔡元培题写的"燕京大学"四个大字，大家都称为燕园。在燕京大学存在的 33 年中，培养了中科院院士 42 人、工程院院士 11 人，并云集了一批著名学者如陈寅恪、郑振铎、冰心、钱玄同、费孝通、顾颉刚、张友渔、斯诺等。在司徒雷登的主持下，积极支持学生的爱国主义活动，"五卅惨案"爆发后，燕大发表宣言；九一八事变后，司徒雷登带领学生上街游行抗议；1934 年支持学生南京请愿，并在全校大会上说："如果此次燕京大学学生没有参加请愿，那说明这些年来我的教育就完全失败了。"因支持抗日运动和不合作态度，1941 年被日本宪兵逮捕，直至 1945 年抗战胜利。1946 年出任美国驻华大使，同年被授予杭州荣誉市民称号，并应之江大学校长李培恩的邀请，参加之江大学百年校庆，在演讲中说道："民主是以人民为主，因人民是国家的主人。今日中国在实业、商业、交通等都需要建设，人民的心理更需要建设。中国今后的革新任务就是中国这一代青年的贡献。我希望诸位共同为中国努力，建立和平、统一、自由、独立、康乐的新中国。"在人民解放军即将解放全国之际，时任美国驻华大使的司徒雷登通过自己的学生、解放军南京军管会代表黄华同志表达了希望留在中国的愿望，但是由于众所周知的原因，于 1949 年 8 月 2 日黯然离开了中国。

回到美国后，美国政府禁止他公开发表言论，并限制一定的自由。晚年由其秘书傅泾波照顾，后因抑郁导致半身不遂，于 1962 年 9 月 19 日在华盛顿去世，享年 86 岁。生前留下了希望回到中国的愿望。

2007 年由外交部牵头，浙江省外事办公室负责联系安排司徒雷登先生骨灰安葬一事，经时任杭州市民政局社会事务处陈景莲处长的推介，大约在 2007 年的 8 月，在浙江省外办、杭州市民政局和名人纪念馆有关人员的陪同下，司徒雷登先生的秘书傅泾波之子、美籍华人傅履仁将军前来杭州挑选墓地。傅履仁将军一行来到浙江安贤园后，在浙江安贤园原副总经理陈金娟女士的带领下游览了整个园区，傅履仁将军被安贤园的独特环境和人文气氛所感染，当即决定选择在安贤园。本来我们想为这位对中国近现代教育做出杰出贡献的伟人专门安排一处单独的区域来为其建造墓地，以供后人敬仰和凭吊。但是傅将军说司徒雷登先生是中国人民的儿子，死后也要与杭州的百姓在一起，所以最后确定为现在这块墓地。

司徒雷登先生的墓碑由安贤园来承担设计任务，我们的设计理念基于司徒雷登先生的特殊经历和传奇人生，以及他秉承父亲的遗志，希望用教育来唤起世界的文明，把和平、幸福的人生价值向世人传递，并且在那个混乱的年代以坚韧不拔的毅力一以贯之的努力。因此，我们设计的这个方案主色为白与黑的强烈对比，体现出司徒雷登先生当年理想与现实的反差，白色部分用透明玻璃衬托出信仰的坚定和对世界文明的献身精神，白色立柱上以浮雕的手法雕刻飞翔的白鸽，象征对世界和平的美好心愿。黑色花岗岩制作的主墓碑上简单地刻上"司徒雷登——燕京大学首任校长"几个大字，以此彰显主人翁对中国近现代教育的不朽功绩。

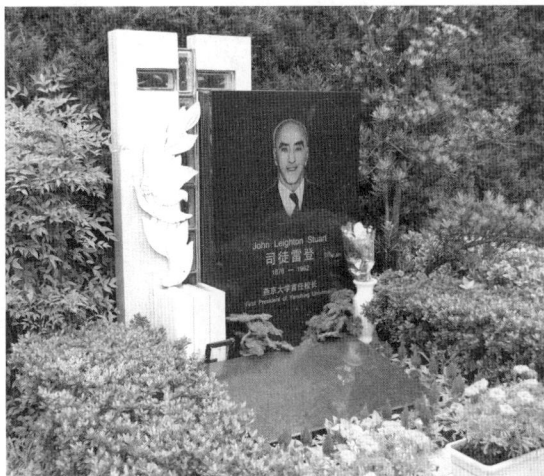

司徒雷登先生墓

　　司徒雷登先生终于回到了自己为之奉献一生的中国，长眠于他出生的地方杭州。我们相信今天富强繁荣的中国，一定是司徒雷登先生心中所希望的。

　　安息吧！司徒雷登先生，中国人民没有忘记您，杭州人民没有忘记您！

李钢

古典文献学家和语言文字学教授任铭善

先父任铭善，字心舒，以"无受室""尘海楼""爱斋"名其斋，又称叔子。江苏如皋双甸（今属如东）人，生于1913年。祖父是早期中国赴日本留学生，归来兴办新学。父亲在家乡接受了初等教育，后考入当时蜚声全国的南通中学，遇到了不少优秀的老师和同学。同桌易企衡，出身名门，后来留学英国，回国后创办了南通发电厂，并任总工程师。

南通中学毕业后，父亲考入了之江大学，这是美国基督教长老会办的一所大学，以国文、英文、史地等学科的优秀学术力量和师资，在全国享有盛名。其校舍位于杭州钱塘江边的秦望山麓，环境极其优美。校舍出于美国建筑设计名家之手，是19世纪末新建筑风格的代表作，现已经列为全国文物保护单位。

父亲先入英文系，旋即转入国文系。教师中有著名哲学家钟泰、词学家夏承焘等。同桌是朱生豪，嘉兴人，因为性格相投，经常切磋。另有女生宋清如、张荃，皆有才学。当时之江大学国文系、教育系一批爱好文学的同学，在夏承焘等老师的支持下，组成了"中国文学会"。文学社由一位主任、三位干事作为领

任铭善先生

导班子，从现有的资料看，父亲至少做过两届干事。"之江诗社"是文学会里的，当时朱生豪、宋清如、张荃和父亲都是诗社骨干，因为共同爱好经常在一起唱和，关系十分融洽。

父亲读书时即才华展露，颇受诸师称赏。据上海吴广洋先生述，钟泰先生开文字学课时，父亲已能够在课堂上就某些字讲述自己独特的见解，钟先生很惊讶，后来就索性让他讲"《说文》部首"的课程。而当时父亲还只是一个本科学生。马叙伦先生是国内研究文字学的泰斗，对父亲也有不少赞扬、鼓励。

父亲在之江毕业后即留系任教。当时蒋礼鸿低两个年级，徐步奎更低，所以他们都听过我父亲讲课，算是师生，但后来大家在一起做学问，亦师亦友，交情深厚。蒋礼鸿的书斋自名为"任怀斋"，即有此原因。

抗战烽起，学校迁到上海，父亲在阁楼上读书著述，直到深夜。王元化的父亲是清华大学的英国文学教授，那时举家来到上海，为了不让他学业荒废，母亲桂氏通过老朋友之江大学的教务长胡鲁生，介绍了父亲做元化的家庭教师。父亲做事认真，一开始就约法三章，要求王元化认真学习。王元化那时就参加了共产党的地下活动，有好几次因为抗日救亡工作而未准时来上课，父亲不知内情，就走到他家，留下"久候不至"的字条，并当面批评。王元化对父亲讲的《说文解字》和《庄子》印象深刻，感到很有收益，同时对自己的迟到一直感到内疚，很多年之后还常常说起。

上海三口之家的日子，过得艰辛而甜蜜。但不久日寇占沪，母亲带着孩子回到苏北老家，一方面避战，一方面她要继续工作，而孩子正可以在双甸祖母家和丰利外祖母家得到照应。父亲在上海"已经无法安放下一张课桌"的情势下，转移到位于福建的"江苏学院"任教。时局混乱，尤其是从杭州开始没了火车，去福建要跋山涉水，从严州经丽水、松阳一路南下，途中十分辛苦。但是在这条唐宋诗人多有提到的路上，却能见到许多山水胜境。旅途美景和风土人情触发了他的诗兴，许多见闻、感受，都落入了诗行之中。

江苏学院迁至福建，也是避战乱。父亲在这里教书时间并不长，但在教学和研究上也给学院留下了很好的印象。前几年该校编校史，还专门来函索取父亲的资料。之后，也曾到无锡国专任教，这是个书院式的学堂，聚集了不少"章黄弟子"，学术声望很高，当时有"北有清华研究院，南有无锡国学院"的说法。父亲在这里结识了几位很有学问的人，如王蘧常、朱继海。王蘧常时任教务长，精通史料，又是沈曾植弟子，书法名家，父亲与他探讨文献校勘、版本之学，相交甚笃。父亲去世，王蘧常送来亲书的挽诗。朱继海是黄侃末代弟子，曾著《楚辞通故》，学问极好，性格孤傲，不趋时流，他与父亲却谈得来，后来也互通书信，探讨学术。

浙江大学为避战乱，大部分迁到贵州湄潭一带，而文学院迁到了龙泉的山区。这个地方现在叫"芳野"，是当时浙大文学院院长郑晓沧取的英文名Fine yard的汉语音译。此英文名和汉译皆切合当地特征风貌，又别具文学色彩和浪漫意味。由于过去的几位老师和旧友在浙大，父亲应邀来到这里教书。

龙泉浙大分校任教，是父亲思想活跃、精神开朗的一段日子。但毕竟物资供应极其匮乏，也是生活十分艰辛的一段日子。当时院部是在一座乡绅遗落的曾家大院内，教室、食堂也在其中。教师宿舍则在一里开外的一片高地上。松树掩映中，几间旧屋而已。但这儿却有一个雅称："风雨龙吟楼"。风雨一至，松林作响；高士雅居，时有吟诵，故而得名。当时在文学院任教的夏承焘、徐震堮、胡伦清、孙养癯、王季思和父亲都住此楼，还有一位王敬五曾在双甸我外曾祖陈国璋处，求学并协理事务。王老诗文俱佳，父亲以"父执"待之，常在一起唱和共饮，交谊颇深。50年代后王老归居老家海宁硖石，还常常拎着酒壶、提着酱麻雀和野兔来到我家，和父亲对酌，畅叙往事。

"风雨龙吟楼"中，常有分韵唱和的雅集。夏承焘乃诗词大家，自然出口成章；徐震堮研究《世说新语》，参透世事，有几份魏晋风度；王季思说解《西厢记》，善析人性，别具浪漫意味；父亲平日埋头钻研经学、考据，治学严谨，却借助诗文畅叙胸臆。在这远离都市，生活艰辛，无甚文娱活动的穷乡僻壤，文人们这样唱和，成了当时最重要也最值得珍视的精神交流了。诗作一多，就集成了一部《风雨龙吟楼诗集》，在师生中传颂交流，乐在其中。可惜当时传抄仅数册，现在已很难见到全貌了。文学院院长郑晓沧，虽是从美国留学回来的教育家，但旧学功底深厚，擅长诗词，故也参加唱和，后来郑老的诗词也有结集。

学生中也有参与者，如吴广洋，原来是义乌一名公务员，亦当过小学教师，酷爱诗文。闻浙大招生，以优异成绩考入文学院师范班。广洋从父亲学习《庄子》和《说文》，也常以诗词求教。父亲见其因家境贫寒衣着寒酸，一日招其入室，拿出一双新鞋，连说尺寸太小，要送与广洋。广洋后来才体悟到，父亲是为了让他能够接受赠予而又不失尊严，才故意说自己不能穿的。广洋笃实勤奋，一直视师如父，求教不已，关心不已。

还有一位女生施亚西，因其舅父在龙泉分校任职，故也常住风雨龙吟楼。施亚西专心于诗文，又喜爱绘画。一日面对屋外松树写生，父亲正好路过，见其画的不错，称赞之余也指出不足之处，后来还赠诗一首。施亚西一生勤勉治学，正直为人，在教学、科研和编辑方面的成绩为人称道。晚年重操画笔，创作了不少佳作。

浙大分校在抗战胜利后即迁回杭州，仍在大学路一带。父亲教授文字音韵学、训诂学和"三礼"，并且指导研究生。新中国成立前后这段时间，父亲住在西湖边的"罗苑"，也叫"哈同花园"。这是浙大文学院的又一处教师宿舍，住着中文系和教育系的教授，如夏承焘、徐震堮、王季思和陈学询。父亲的住房靠着西面，临湖的一间，后来他将继母缪氏从老家接来，接着又来了大伯家的几个人，等我母亲也来到杭州，这里简直都挤在一块，部分床就搭在了过道和客厅。从孤山前的罗苑到浙大所在的大学路去上课，之间路途实在不短，当时父亲去学校，路上花的时间可想而知。

浙江大学那时已经被卷入全国高校改革的热潮，改革的一项重要举措是"院系调整"，这显然是受了苏联教育体制的影响。浙大的文理部分成为浙江师范学院，农则浙江农业大学，医则浙江医科大学，浙大则以工科、理科为主体。由于浙江师范学院的文理力量强大，后来就演化为综合性大学——杭州大学。

父亲当时40出头，在学术发展和生活状态比较窘迫的状况中一下子迎来了新中国的诞生，自然是十分兴奋的，这批"旧知识分子"的爱国之心、民族文化自尊心，其实非常强烈。一个崭新的社会给他们带了全新的感觉、全新的希望。50年代初期，父亲受命担任浙师院的副教务长，教育部下了委任书，是一个副校级的职务。当时同坐副教务长交椅的是从英国留学归来的比较教育专家王承绪。父亲分管全院的教学，就要对课程安排、师资配备有一个全盘的考虑。他认为要让学科发展与世界同步，就要更新教学内容，而改善师资结构，广纳人才，是学校发展的必要步骤，父亲为此耗费了大量心血。在他的努力推动下，中文系先后引进了姜亮夫、吕漠野、任明耀等先生。

据韩常先老师回忆，当时教务部门工作人员不多，而父亲又往往事必躬亲，常常忙得不可开交，早出晚归，几乎没有休假日。过度的劳累使得胃病益发严重，好几次大吐血，人们将他从办公地点或教室里直接送到医院。几年里就因胃溃疡动了三次手术，胃被切除了三分之二。

父亲又是个在自身学术研究上不肯放松的人，除了继续从事经学、小学的研究，还对现代汉语、语言学理论进行探索，写了不少论文。在40年代，他就参与了文字改革和汉语拉丁化运动，新中国成立后，他进一步意识到，要发展当代语言学科，不能像做传统学问那样，只搞文字、音韵、训诂。而是要将视野扩大、方法更新。当时苏联比较语言学对中国影响很大，父亲努力学习这些新的知识，并且"顺藤摸瓜"，研读了国外学者索绪尔、布隆菲尔德和乔姆斯基的英文原著；为了多了解一种语言，便于交流，甚至还学了一段时间俄语。那些年浙师院引进了几位苏联专家，有一位就住在我家对门。

50 年代，他就在中文系首开"语言学概论"的课，并且撰写了《马克思主义语言学和中国语文教学问题》《中国语文的基本问题》等文章，发表在《语文教学》《新中华》等杂志上。他还将学术研究与社会运用结合起来，与基础教育结合起来，应杭州市教育局之邀，他多次为小学骨干教师做汉语语法讲座。

另一件由父亲主持的工作，是浙江方言调查。显然，当时教育厅将此任务委托于父亲，是由于他在传统音韵训诂学方面的深厚功力以及在现代汉语方面的学术造诣。为了这一对于地方文化建设和实验语言学有重大意义的工作，父亲从方案设计、方法制定到工作步骤都做了精心思考和安排。当时教育厅指派了鲍士杰、蔡勇飞，浙师院指派了傅国通、颜品仁等教师参与此项工作，学生中有这方面特长的也一起参加工作。据鲍士杰和傅国通回忆，当时已经对一些地区做了田野调查，找了有代表性的群众记录了语音、词汇，做成了部分卡片。父亲撰写了《浙江地方方言（杭州、嘉兴、绍兴）的语音》一文，以做示范，学生徐云写了《湖州地区方言调查》。这项有意义的学术工作正待深入，却由于"反右"开始，方言调查的发起人、教育厅厅长俞子夷和父亲，皆遭时祸，而不再进行下去。

50 年代初，中文系培养的研究生主要是古典文学和古汉语。父亲是古汉语这个导师组的，祝鸿熹、邵荣芬后来成为著名的古汉语专家，那时都受过父亲的教诲。

1957 年，在"大鸣大放"的形势下，大多数热忱的知识分子感到为党建言献策、为国家贡献才智的机会到了，作为民进浙江省副主委和省政协委员的父亲也毫不犹豫地投入大鸣大放。他以一个知识分子的报国之心和对党的忠诚信念，提了一些意见建议。大致是这么几点：学生要加强基本功的训练；教师应提高业务水平；专业要由专业人士管理，不由"小辫子"说了算；龙泉古塔文物遭到破坏，是当地不懂文化的干部瞎指挥，应该批评改正。这些言论在今天看来毋庸置疑，但在当时完全可以被说成"鼓吹外行不能领导内行"的右派言论。加上民主派的头头本身是查办的对象，同时也不排除个别人出于私心，乘人之危泼上几瓢污水。父亲是一位耿直、率真的人，在学术上看不得有人弄虚作假，在工作上也不允许不负责任，所以难免会得罪一些人，运动一来，有的人就会以"积极"面孔作祟。当时《浙江日报》曾经连载所谓揭露父亲的"章回小说"，胡编乱造一通，十分可笑。在"左"的思潮泛滥时，人心善恶显露无遗。对于一位从新中国成立开始就满怀热忱为新中国、为学校建设发展忘我工作的人来说，万万没有料到会受此厄运。我当时还在幼儿园，不谙世事，但有一个情景永远不会忘记。在杭大河南宿舍 6 幢 2 号我家的阳台上，夏天的月光泻满一地，父亲像是问我，又像是喃喃自语："难道我成了敌人？"无尽的不解与难言的无奈历历在目。

中文系资料的工作，父亲同样做得非常好，做出了一般人难以达到的专业高度。本来，父亲就是文献学专家，精于目录、校勘、版本之学，也在新中国成立之初为温州瑞安玉海楼藏书转入浙师院图书馆做了积极的工作，而面对中文系资料室的许多善本，父亲精心整理并且编写了善本书目。年轻教师做研究，他仍然热心地提供答疑。夏承焘先生一直对父亲的才学极为赏识，那几年，他请父亲写了《论白石此词谱中之折字》《跋白石琴曲侧商调说》等文章，发表时用了"缪大年"的名字。当时夏先生考虑的是，父亲音乐学的专长不能荒废，而稿酬收入又能贴补家用。蒋礼鸿先生说："二篇收入《姜白石词编年笺校》，具名缪大年，时有畏，故谬之为名。其云缪者，借舅家之姓也。"

1962年，周总理专门布置《辞海》的修订工作，为编成一部百科性的大辞书，国家有关部门在上海设了编写组。这时，浙师院已改成杭州大学，学校派出父亲、蒋礼鸿、祝鸿熹、曾华强等参与工作。那年父亲已经"摘帽"，但在辞海编写组仍然没有给他一个正规的头衔，才学在这里得到应用、得到发挥，他认为已经足够。《辞海》修订工作前前后后延续了好多年，而修订版正式出版时，父亲已经不在人世，在后来的版本中，已经在语词部分主要撰稿人中加进了父亲的名字。

1962年之后，待遇逐渐好转，也恢复了教授职称，重又回到了教学科研岗位，作为学者，这就已经令人满足。当然，能够感觉到他看清了许多世态，不再像以前那样激昂。虽然，上课时依然声如洪钟，但平时收起了锋芒。姐姐因为受牵连而未能上大学，一直在南京炼油厂工作。每年回来，父亲都要和她交流交流，谈谈学习和生活。有一次我随父亲送姐姐返回南京，从火车站回来时踏着薄冰和微雪，月色洒满路边的田野。父亲在送走亲人后心境自然有一点凄凉，而此时的景色又与这种心境相近相融。我不记得他当时对我说了什么，但我因为感悟到了这种心境而益发感受到他的不易。

父亲用严谨的态度治学，在学术面前他总是坚持真理，而不畏权威。他曾经对清代段玉裁的一些说法进行质疑，对郭沫若的《先秦学术述林》中关于《周易》的年代、关于公孙尼子与音乐等一些较为武断的说法进行了批评；同道之中，虚心交流，但也不讳言避近。在老浙大时，他写文章与缪钺商榷《诗经》中的问题，对王国维论"礼"的观点提出不同意见，而徐步奎先生关于汤显祖作品如《牡丹亭》的校注，则由于父亲的审阅得以订误。在心情抒写方面，则多见于诗词和书画篆刻的创作。

从中学时期开始，父亲就有诗歌创作，目前能见到的早期诗歌，是一些新体诗。从之江大学的诗社开始一直到他生命的最后几年，诗词都有创作。龙泉浙大分校之前，大抵与友人唱和较多，后来亦有赠答之作，后期则多为应约题赠。曾由其学生陈从周以高丽笺属蒋礼鸿书就《尘海楼诗词》长卷，并全国诸名家题跋，藏于南京博物院。

父亲的书法、绘画、篆刻成就，与早年家庭熏染有关，也与后来交往金石书画界友人有关。每年春节，我都看到父亲会用朱红画一幅梅花，题上一首诗。

他广交文友，陆维钊先生就是其中之一。他调入浙江美术学院后，受潘天寿校长之托，有一个收购书法资料的任务。他常常约父亲同去杭州旧书市场，挑选碑帖拓片，共鉴优劣真伪。所以目前在美院珍藏的这些书法文化遗产，有不少也是父亲"经眼"的。陆先生一直视古典文学为主业、正业，而调入美院搞书画，虽兴趣相合，却并非一生的志向。旧文人持这样的观点是很正常的。父亲送印，句子虽然是毛泽东的诗句，但其中深意亦可体悟。后来，陆先生还是自己证明了此路并非有差，而是才华得以更大的发挥。许多年之后，父亲已经不在人世，我还常去陆先生处求教。陆先生将珍藏的这方印郑重地交付与我，我一看，上面多了他刻的一篇边款。当时我感到一阵心酸，又升腾起一阵暖意。文人都知道，自己迟早也要离世，而友人的"手泽"若让其喜好文艺的子嗣保管传接，是再合适不过的。

父亲和浙江文史馆的馆长郦承铨交谊也很好。郦文史渊博，书画尤精。互相酬唱赠答之外，父亲的梅花、郦先生的山水，都是互为珍视收藏的。杭州还有一位书法家朱家济，后来也成为美院书法专业的教师，对父亲的学问非常钦佩，曾拿了亲书的扇面来赠；韩登安是西泠印社的秘书长，和父亲当时居住的"罗苑"很近，亦常来往谈书论印，互赠印作。沙孟海先生新中国成立前即在浙江大学文学院担任考古方面的教学，应是同事。但在院系调整时，沙先生被调到浙江博物馆，做文物鉴定和调查的工作，后担任浙江省文物考古委员会的主任。当然在浙大文学院的教师中，还有另一种说法，认为沙曾经当过蒋介石的秘书，而沙又无高等学历，不少人颇不以为然，所以才被调出。但从我父亲给沙孟海的信中可以看出，他对沙先生很器重。他知道沙先生写过一些训诂学的论文，对文字学研究别有心得。当时浙江省语言学会初创，父亲作为负责人在考虑第一次会议的参加者，认为沙先生是必不可少的，所以在致沙的信中多有恳请。大约是对书法篆刻的共同爱好，又加上在语文研究上有共同志趣，所以他们交谊一直很好。沙先生曾经赠送父亲一方印石，为寿山上品，其薄意雕刻出自名家，父亲故去后数年，建墓于杭州南山，沙先生还亲手书写了墓碑，如今，南山之冢，沙孟海、陆维钊、徐震堮等我父亲这些老友，皆成邻里，也是一段缘分。

"文革"之前几年，父亲的学术研究逐步进入轨道，他多年从事经学中的

"三礼"研究和文字音韵学研究，在这段时间先后在《中华文史论丛》上发表了《经传小辩》《颜之推音论述评》等文章，并与蒋礼鸿合著了《古汉语通论》。

父亲的学术著作计划，当有与北师大俞敏教授合作的《汉语史》，有关于"五礼"的综合研究，只可惜"文革"的来临和英年早逝，皆成了宏伟之构思。

"文革"前，有一个"社会主义教育运动"，根据浙江省委的部署，杭大干部教师参加的社教工作组，主要在诸暨农村，当时父亲就被安排去诸暨枫桥，差不多有 3 个月。与农民同吃同住同劳动的同时，了解调查农村开展社会主义教育的落实情况和干部违纪问题。不管这个运动的真实意图和效果怎样，对于父亲来说，了解民情，接触社会，都是他非常乐意的，所以那段时间他的心情也还不错，感到有做学问之外的收获。但"文革"的火药味已渐渐浓了起来。

差不多在"文革"一开始，父亲就被打成"牛鬼蛇神"。因为曾被划成"右派"，当然在批判对象之列。所以，他成了最早被关"牛棚"，最早受大字报批判、受红卫兵批斗的人物之一。当时，杭州大学欲揪出大走资派、大学术权威，限期"林夏战役"，林淡秋是校长，夏承焘是全国闻名的教授，打倒林、夏，当然显得战果最为显著，而此二人与父亲皆关系不错，自然他也受到了牵连。

1967 年，父亲被确诊为肝硬化。虽不再被关牛棚了，但仍然是批判对象。我像当时所有青少年那样，被"左"的思想迷惑着，虽然深知父亲不是坏人，但还是在"阶级斗争"的观念下，在床头贴了一张毛主席语录，以表明自己的"革命立场"。造反派来抄家，拿走了父亲积累多年的几千册古籍。记得当年有个人拿走一本《毛诗》，说这本不是封资修，可以留下。可笑的是他根本不知道这是毛氏注的《诗经》，还以为与毛泽东有关。虽然这些被抄走的书后来大部分还了，但还是少了一些，例如马叙伦先生的手稿已经不完整了。当时父亲已经离开好几年，那天我踏着三轮车运回这些书，心想父亲一生读书写书，即使在最困难的时候也没有舍得卖书，结果书在一夜之间被洗劫一空，他的精神家园被毁了，心里是何等痛楚。

被确诊为肝癌，父亲才 54 岁。医生说这和当年严重的胃病有一定关系，而我知道，"文革"批斗的摧残和心灵的创痛，无疑加剧了病变。但父亲一直顽强地与病魔抗争，经常迈着沉重、疲弱的步子，去浙江中医院看病取药。他还向我表哥沈旭借来《本草纲目》，研究中医药。母亲为了买到一些难得的药，也不顾高血压去很远的郊区寻购。

1967 年 11 月 11 日，父亲在浙江中医院已濒临最后的时间，我们陪护在他的身旁。至 12 日凌晨，父亲离开了，因病重没能说什么话，但目光里充满了不屈和期望。

殁后，骨灰盒先在凤山门殡仪馆存放，后建墓于临平小林山上，1982年移到南山公墓。

1979年，中共浙江省委发文件为父亲平反，纠正了划右派的错误，并且由杭州大学党委补办了追悼会。

父亲去世后，其遗著陆续出版，有《小学语法讲话》（浙江教育出版社）、《古汉语通论》（浙江教育出版社）、《礼记目录后案》（河南人民出版社）、《汉语语音史要略》（齐鲁书社）、《无受室文存》（浙江大学出版社）、《经学论丛》（浙江大学出版社）等。

任平

任铭善、马素娥夫妇合墓

无言无憾的国药守护者冯根生

这里，静静地长眠着一位德高望重的老人。

他1934年7月出生，籍贯浙江宁波，娶上海女生赵人贞，养育三子。

他14岁子承父业，作为1949年前的一名末代学徒，进入名药号胡庆余堂。

他1960年加入中国共产党。

他1972年出任杭州第二中药厂厂长；1992年组建中国青春宝集团，升任集团董事长兼正大青春宝药业有限公司总裁；1996年，青春宝集团接管胡庆余堂后，担纲新一代掌门人。

他获奖无数，荣誉等身，是首届全国优秀企业家、全国五一劳动奖章及全国经济改革人才金奖杯获得者；荣膺全国劳动模范、党的"十三大"代表、改革开放三十年功勋企业家、风云浙商终身成就奖、浙商总会顾问、第一批国家级非物质文化遗产传承人。

他是历史，经历新旧社会，跨越半个多世纪，一生浓缩了中国改革开放从起步到推进的全过程，是中药历史发展的见证人和创造者。

冯根生先生

他是传奇，作为国有企业的"常青树"，在位39年，以罕见的胆魄与远见卓识，一直屹立于时代潮头，搏击在改革的风口浪尖。

他是国宝，情系传统，潜心开拓中药现代化。所向披靡，成就"国宝青春"大业；公心作盾，重塑"江南药王"地位。

他是赤子，毕生秉持"规规矩矩做人，认认真真做事"的家训，仗义执言，勇于奉献，务实坚守，磊落坦荡，以69年的中药生涯，完美地诠释生命的意义。

他就是冯根生。

最后一次与冯根生老总见面是在今年五一前夕。那天，刚从国外回来的马云提出一同前往医院看望冯总。穿过三个大门，上了两次电梯，走进一条长长的过道，很静，没有嘈杂的声音，只有闪着绿色光亮的各种仪器，还有匆匆来回的白衣身影。

重症监护室，是死亡和天使的谈判室，随处的极限威胁，满心是生存希望。

过道的尽头，是冯总的病房，青春宝的胡书记在门外引导我们去见冯总。

他平躺在床上，微黄的面孔，平静安然，像熟睡又像沉思。冯总的无知无觉状态已有一些时日，唯有护工与他交流才有微弱的反应。

护工伏在他耳边轻声地说："马云来看你了。"

冯总的脸似乎动了一下。

马云连忙走到床前，用手轻轻抚摸冯老的手，说："冯老，你一定听到我的声音了，我是马云。"

说着，马云不由自主握紧了冯老的手，这手很软，手心似乎沁出了汗，感觉温暖，却又不像当年那样有力。

马云对冯老继续说道："记得创业之初，我去找你，既兴奋又紧张，你说马云放心，我老冯最喜欢支持青年创业，你们代表未来，如果没有安身之所，就到我老冯这里来。说完话，你还一把将我拉到身边，就像现在一样。"

马云分明感觉到冯老的回应，在生命体检测仪的屏幕示波上，他看到了冯老的脉动，接收到了冯老意志的反射，就在手握手之间，马云切切实实地感受到了冯老的力量所在。

马云回忆着，对随行的人说：早年，还是创业之初，在一次政商座谈会上，大家发言，我也是张嘴就来，讲了一下税收的问题、创业环境的问题，结果被另外一个官员代表当场批评，说我是不知天高地厚，盲目干预行政。没想到边上有个人"嗷"的一声拍着桌子站起来，我当时给吓晕掉了，一看，站起来的是冯老。

他说：这是什么话，不是建言献计吗？凭什么马云不能讲，他也是政协委员，哪怕他有什么东西讲得不对，大家也可以听一听。就这样，冯老足足讲了15分钟，

无言无憾的国药守护者冯根生

冯根生先生墓

替一个无名小辈，一个年轻人讲话。当时我心里非常的感动和感激。

马云接着说：那时候我啥也不是，只是提了意见，提的方式方法和用词用句，现在想想可能确实有问题。但是，其他没有人说，只有冯老是站起来，拍着桌子替我讲了15分钟。所以我觉得那个时候，他给了我很多的鼓舞和勇气。一直到现在，我不仅仅记得冯老帮了我，而且记得他对年轻人的态度，他那天不仅在帮我，我认为他是在帮年轻人。

马云的眼睛湿润了，他望着躺在病床上的冯老，满怀感恩之情，一遍又一遍地说：冯总，你要站起来，就像当年一样"哐"的一下站起来，我们扶你，我们抬你，我们需要你，盼望你站起来。

冯总的脚，轻轻地抖动了一下。

这是一双踏遍青山的脚，如今站立不起来了。而当年，冯总曾经助力过多少人站立起来。

午后，我们一行与冯老道别，由胡书记陪送着，离开了病房。

走过来时的那条过道，还是闪烁着绿色光亮的仪器和匆匆来回的白衣身影，还是对于生与死的抗争以及生命意义的深层思索。

人生最大的慰藉，莫过于在临终的时候，意识到自己已把全部的青春力量都献给了永不衰败的事业。

根者，归也；生者，寄也。冯总是浙商传承的轴心，冯总虽然无言，但，他一定无憾。

人生有下辈子吗？有的。如果我们毕生造福了千家万户，惠及了子孙后代，生命就会通过他们得以延续。

一代国药之巨匠，慈城之子冯公根生，于2017年7月4日作别人寰，离尘而去，羽化归仙，采集南山。众深感冯公之厚德博望，仰视浙水商界之大旗猎猎，故友朋学子数百人，于是月初二辰时，黄鹤山下，泣拜冯公灵前。

禾文

唯真名士自风流的西泠孙晓泉

当下如日中天的著名金石篆刻社团、"天下第一社"——西泠印社，坐落在美丽的西子湖畔。回顾它的发展史，1979年是一个特殊的年份，因为它代表了这一百年名社的重生，并孕育了之后30年的辉煌成长。

1979年西泠印社成立75周年大会。"文革"十年，是西泠印社又一次蛰伏的十年。1979年，春风又绿西湖岸。西泠印社召开了"文革"后第一次大规模集会。过去的十年里，西泠印社的雅集活动几乎绝迹，而"文革"一结束，杭州又一次成为全国书画印学界注目的焦点，很多书画印学方面的专家纷纷赶赴西子湖畔。

当年西泠印社的副社长、杭州市文化局副局长孙晓泉至今回想起来，大会的盛况似乎都还在眼前。他指着当年社员的合影照片告诉记者，这是在孤山社址的题襟馆前拍的。这个是沙孟海，那个是启功。在那届大会上，沙孟海当选西泠印社第四任社长。从那以后，孤山社址后山的杜鹃每经历5次花开花落，西泠印社就会召开一次盛大的社员大会。1983年、1988年、1993年、1998年，在每一届的社员大会上，进行修改章程、审议工作报告、选举产生新的领导班子等社务。不过无论是规模还是参加会议的人数，都是一届盛于一届。这一切，与孙晓泉这个名字是分不开的。

孙晓泉，著名书法家，黄宾虹艺术研究专家，1919年生于山东临沂。曾读私塾、中学，爱好文学、书法。1944年参加革命，1949年随军渡江南下，杭州解放后一直留杭工作。曾任中共杭州市委宣传部副部长、杭州市文化局长、浙江省文联副主席，中国作家协会浙江分会副主席；并曾担任《西湖》主编、西泠印社副社长兼秘书长等职，1999年离休。生前为杭州黄宾虹学术研究会名誉会长、杭州徽州学研究会顾问、西泠印社社员。

孙晓泉先生

不辱西泠使命　甘为幕后英雄

说起孙老，有多个冠以"第一"的荣誉，他担任新中国成立后第一任西泠印社副社长兼秘书长；第一次建立杭州市文联，创办杭州第一本文艺刊物《西湖》，首创西湖诗社和书画社；建立第一个杭州杭剧团、京剧团、曲艺团、杂技团、艺术研究所……使杭州文化掀起了新中国成立后的第一波高潮，涌现出《西湖民间故事》等广为流传的优秀作品和不少优秀文化人才。孙晓泉对于杭州乃至整个浙江文化的建设和发展，功不可没，他是浙江甚至全国文化发展的先行者和见证者。

在西泠印社的恢复创建中，由市委挂帅，孙晓泉曾两度临危受命，克服了巨大的困难，将一个满目疮痍、无人问津的旧摊子，逐渐扶植发展成为今天的"金字招牌"。早在1959年西泠印社拟恢复活动，省里就将管辖权下放至市文化局。当时，市文化局在湖滨刚成立杭州书画社，西泠印社在孤山也有一个经营部，由于经营范围和主要人员的重合，所以市文化局就决定将西泠印社经营部与杭州书画社合并经营，这为恢复西泠印社活动及日后印社藏品的丰富提供了有力支持。

时任杭州市文化局局长孙晓泉先生，受命于省、市领导，成为西泠印社恢复活动和杭州书画社成立重要的实施者，他指出光有西泠印社一个名称，没有坚实的文物收藏、没有学术交流等是不行的。为此其专门指派杭州书画社王树勋主任和韩登安先生去上海动员西泠印社老社员张鲁庵的家属捐献极其珍贵的150多部印谱和一大批印章。这批珍贵的文物日后成为西泠印社重要的社藏基础。当时，上海市文化局不放行，认为这批文物应该留在上海。孙晓泉先生亲自去上海，请当时华东局政法委书记曹漫之先生与上海市文化局协商，最终这批藏品顺利庋藏西泠印社。后又通过杭州书画社门市陆续收购了一大批名家创作的字画，

唯真名士自风流的西泠孙晓泉

极大地丰富了西泠印社的收藏品种和数量。

1978年伊始，他更是以全部身心投入印社的恢复工作中去，仅用了两年时间，便基本治愈了"文革"创伤，全面铺开了诗、书、印、画的工作。正如上文提到的那样，当年著名的书法家沙孟海和启功两位书界泰斗，任西泠印社社长一职，便是孙晓泉先生亲自邀请。孙晓泉先生还是研究国画大师黄宾虹的学者，因他与黄宾虹的夫人宋若婴交往颇多，故能知道黄宾虹先生在创作时的真实情形，如创作思想、笔墨技法等等，能探寻到真实的黄宾虹，这是现在研究黄宾虹的学者搜集资料的重要线索。所以，孙晓泉先生是一个世纪的"活文献"。

广结各界艺缘　提升自我修为

在文化系统的战线上，孙晓泉接触最多的就是文艺家。他与文艺界大家们的交往，在杭城早已传为佳话，有目共睹。像余任天、潘天寿、黄宾虹夫人等等，他们可是在"文革"中最落魄或生活最窘迫时期文人之间的患难真情。原杭州市作家协会主席薛家柱回忆说："作为文化局长的孙晓泉，一贯礼贤下士，尊重文人，不拘一格选人才。他不光对一些国宝级的大师关怀备至，与他们结下深厚友谊，如黄宾虹、潘天寿、马一浮、盖叫天等；即使对被'左'倾思潮视为'另类'的也同样尊重，如刘海粟、余任天、沙孟海、黄源等等。更为难得的是：在反右以后和'文化大革命'时期，竟大胆地把陷在政治漩涡底层的名人子女安排到杭州文化界工作，让他们有安身之所，如：巴金的女婿、谢晋、程十发的儿子、徐平羽的媳妇……这些人当时被称为'黑帮子女''小牛鬼蛇神'，要使用他们，要有多大的勇气、顶住多大风险啊！"（《工人日报》2008年1月25日）

2007年1月20日，孙晓泉诗词书法展在西泠桥畔的中国印学博物馆开幕。作为杭州文化发展的历史见证人，孙晓泉从历史纵深处走来，纪念由此开始。作为杭州市第一任文化局长兼党委书记，并曾任西泠印社副社长，孙晓泉是杭州文化发展的历史见证人。他两度恢复杭州文化工作和西泠印社工作，全面开展诗、书、印、画等印社活动；创办了《西湖》文学杂志；收集、整理和保存西湖民俗文化，他主编的《西湖民间故事》（郭沫若题写书名，程十发插图）一书广为流传；恢复、建设各剧团、剧种，使京剧、杭剧、越剧、歌剧、话剧、滑稽剧、曲艺杂技从此在这个城市延续发展。孙晓泉对中国戏曲、诗词、楹联都有深入的研究，这天展出的60幅诗词作品，给孙晓泉的艺术造诣做了诠释。开幕式上，原浙江省文化厅厅长钱法成，原杭州市政协副主席沈者寿，杭州市文化广电新闻出版局局长陈建一，杭州市文联主席陈一辉，中国美术学院教授、著名书法家、篆刻家

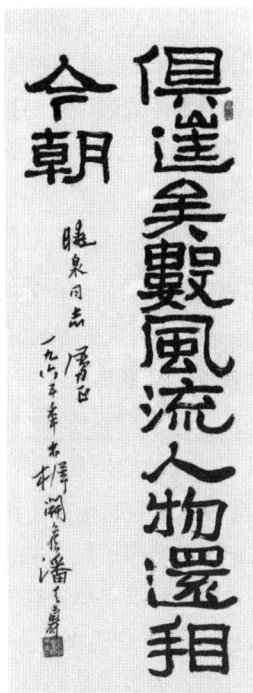

俱逢美麒风流人物还看今朝

晓泉同志属

一九九五年春末浮满庵潘天寿

潘天寿赠孙晓泉书作

刘江，省作协副主席、著名作家王旭烽，西泠印社主任包正彦等为此次展览进行了剪彩；由原省作协副主席、市作协主席薛家柱主持；刘江先生致开幕词；著名书画家、艺术家周沧米、诸涵、钱大礼、郁重今、丁茂鲁、林乾良、吕国璋、吴光烈以及西泠印社拍卖有限公司总经理陆镜清等也都积极参加了此次活动。在座谈会上，王旭烽、陈建一、钱法成、沈者寿、吴莹（中国印学博物馆副馆长）、余胜（余任天之子、省报刊局局长）、陈谊君（原杭剧团著名演员）、胡永吉（杭州徽学研究会会长）、仇名虎（杭州徽学研究会秘书长）、王义戈（杭州黄宾虹学术研究会副会长）等人发言，大家给其以很高的评价。钱法成先生认为："孙老虽已退下多年，在九十大寿时仍有这么多人来衷心祝贺，足见他在位时的功绩非同一般，更见他的为人极富号召力、感人力。"戴盟老先生特书大字："何止于米，相期以茶"（古人称88岁为米寿，108岁为茶寿）；世界实业家艺术家联合会副秘书长翁诚刚先生祝藏头诗一首并谱曲唱道：孙翁铿锵九十整，晓光辉映杭州城，泉水滋润西泠印，泰山北斗人仰敬！著名书画家程助特地从上海赶来，代表住在上海华东医院的父亲程十发，激动地在大会上发言；巴金的女儿李小林从上海寄来了《巴金纪念集》，特别夹上一张巴老的手迹"巴金感谢你们！"；浙江电视台、杭

唯真名士自风流的西泠孙晓泉

州电视台、《杭州日报》、《浙江日报》、《美术报》、《浙江广电报》、《钱江晚报》、《每日商报》、《浙江工人日报》、《湖州日报》、《齐鲁晚报》、亚洲财富论坛、国际艺术界网、搜狐网、博艺网等各类媒体均做了专门报道。

人与书俱老　彰显德艺双馨

孙老8岁上私塾。读"四书五经",练毛笔字是必修的功课,小描红要天天写。至16岁从师3位老师,对其影响最大的是临沂清末进士、著名书法家王思衍。培养学生书法,启蒙之师授课先从欧体入手,熟临《九成宫》《化度寺》《皇甫碑》。在练出一点样子后,有人提出应当学柳公权的《玄密塔》。帖临出点头绪,又有人讲最气魄、最厚气和博大的应当是颜体,于是临摹了颜真卿的《多宝塔碑》。王思衍先贤注重书体结构、运笔的稳重与流畅。在杭州市的三位有影响力的书法家——郭仲选、商向前与孙晓泉,同为临沂老乡,他们也都受王思衍的书法影响,在他们的作品里都可以见到汉字那独有的稳健与庄重。

在参加革命前,孙晓泉基本练完了作为文化人必须经历的毛笔字基础训练。参加革命后,在炮火连天的岁月里,缺少了精心写字的时间。不过,行军每到一个驻地他都会受命在墙上刷标语,印象最深刻的是写"坚决彻底干净全部地消灭蒋匪军!"由此锻炼出了粗犷和大胆、自由与奔放的风格,为再习行草奠定了坚实的基础。

孙晓泉写字,性情第一,从不计较报酬,是圈内公认的德艺双馨的文化名人。2000年元月,在海上明珠大酒店朋友们聚会,孙老应邀前往,并在宴后泼墨,共书20余幅。写完第一幅即有人赞赏,鼓掌。时年,孙晓泉八十又三。在场者有浙江开明书画院顾问、浙江省政府参事室副主任金士希、浙江省广播电视厅原副厅长梁雄、浙江省反贪局原局长杨夏柏,还有浙江省经贸委人事处长王益民等同志。写到最后,孙老书风一转,刚劲地写下了"是大英雄能本色,唯真才子自风流"对联,受者说:"真有沙孟海的风格。"称赞声迭起:"好!"掌声四起……欢呼及掌声伴随着孙老的泼墨和收笔。有人称赞为"龙飞凤舞",有人说是"铁画银钩",现场看孙老泼墨书写,是一种视觉艺术的享受。

2007年1月20日,在秀美的西泠桥畔的中国印学博物馆,杭州市文化广电新闻出版局、西泠印社、杭州市文联共同主办,杭州黄宾虹学术研究会、中国印学博物馆、杭州市艺术创作中心共同承办"孙晓泉先生诗词书法展"。活动在专业的印学博物馆开展,既是业内对孙晓泉书法专业水平的认可,也是他数十年书法积累后成果的一次集中的体现。

乡梓情深　回报父老

因为孙晓泉老人是山东临沂走出来的三位著名文化名人之一，临沂电视台的"琅琊风云榜"栏目专门派出记者远赴浙江杭州对其进行了专访。专访中，面对摄像机镜头，孙晓泉依然能够忆往昔峥嵘岁月，向家乡人诉说从临沂这块艰苦的土地上参加革命并在文化战线上为国家努力贡献的不平凡的生涯。

5月18日，这一天是国际博物馆日。孙晓泉之孙孙宏受孙晓泉先生委托，向临沂市博物馆捐赠书法作品80幅，《中华乐安孙氏总谱》一套（32卷），这使乡梓人感到孙晓泉先生无私的奉献精神和爱乡之情，为家乡的文化艺术事业的繁荣做出了贡献。2015年9月29日，为展示和宣传孙晓泉先生的书法艺术成就，体现他热爱家乡、关心家乡的文化建设，临沂市文广新局特主办了"孙晓泉书法作品展"。适逢纪念中国人民抗日战争暨世界反法西斯战争胜利70周年，市文广新局联合临沂市博物馆于国庆节期间特别推出"孙晓泉先生捐赠书法作品展"，成为山东临沂这个"书圣之乡"当时具有特殊意义的事件！

孙晓泉先生于2015年逝世后，葬于余杭基督教公墓。

刘方　孙赛初

孙晓泉夫妇墓

唯真名士自风流的西泠孙晓泉

纪念为中国革命贡献一生的何思敬

何思敬生于 1896 年，浙江余杭塘栖人。1907 年其父去世，使贫寒的家庭雪上加霜，后经父友安排到上海世界社书店和通义银行当学徒。当时的世界社和通义银行是中国同盟会成员的秘密活动机关。辛亥革命思想影响了少年时期的何思敬。

1911 年，何思敬由父友张静江出资赴日本京都中等美术工艺学校学习西洋绘画。1916 年春，何思敬进入仙台第一、二高等学校，1920 年以优异成绩毕业，同年，何思敬依靠自己的刻苦努力考上官费进入东京帝国大学。东京帝大是日本著名高等学府，校内各种学派林立，学术气氛浓厚，政治环境相对宽松，俄国十月革命对进步学生有相当影响，何思敬常同日本马克思主义者、著名经济学家河上肇教授等切磋学问，曾受到河上肇教授的赞誉。帝大图书馆藏书十分丰富，何思敬利用课余时间如饥似渴地阅读了大量马、恩德文原著和其他进步图书，为他此后的人生积累了丰富的马克思主义理论和其他学科的知识。何思敬在东京帝国大学及其研究院共七年学习生涯中，在文学院和社会学院攻读了德国文学、美学、法律学、历史学、哲学、社会学各学科，他的日文、德文、英文十分流畅，

何思敬先生

学术知识渊博。在日期间，何思敬常同中国共产党人来往，以何畏笔名向郭沫若、郁达夫、成仿吾主编的"创造社"投稿，成为该社不可或缺的成员，从此也与成仿吾结为挚友。1925 年，经人介绍，何思敬与华侨王凤飞长女、毕业于东京御茶女子高等师范的研究生王艾英结婚。

1927 年初，广州国民政府邀何思敬回国任大学教授。何思敬先后任广州国立中山大学法学院教授、法科副主任、文学院哲学系主任、政治系代主任。何思敬能胜任多门跨学科授课，足见其学问之高深广博。同年 4 月 15 日，国民党右派在广州发动反革命政变，对中共党员和进步学生进行搜捕和镇压。在白色恐怖环境中，何思敬以高度的政治智慧和大无畏的革命热情营救和保护了中共党员和进步学生，表现出他信仰马克思主义和忠于中国共产党革命宗旨的精神。由于何思敬宣扬革命和抗日救亡的思想，亦被称为红色教授。

1931 年，日本侵占我东北后，进一步蚕食我国大片疆土，何思敬对蒋、汪政府的"中日亲善""攘外必先安内"等卖国反革命政策给予强烈谴责，联合中大等高校百名教授向全国发出"反对中日亲善之通电"，义正词严，推动了全国抗日救亡运动。

1932 年，何思敬在上海以社会科学家联盟总干事身份参加由宋庆龄、鲁迅发起的"反帝大同盟"抗日救亡运动，他在中华民族危亡和白色恐怖盛行的时刻，毅然加入中国共产党并同特科指定人员单线联系。他遵照上级党组织的指示，以"略带灰色身份，重回广州中大任教，继续从事党的秘密活动"。何思敬利用三尺讲台，引经据典将马克思主义理论结合当时抗日形势和红军长征等激动人心的话题向学生们宣传中共抗日主张。何教授的演讲理论联系实际，十分生动，学术性强，不仅激起了本校文理科学生们的浓厚兴趣，而且还吸引了其他院校的学生来听课。他鼓励同学们走出课堂，投身于抗日救亡的实践运动中去。许多有志青年学生在何教授的指引下，纷纷走上革命道路，乃至成为新中国成立后，广东省（市）党、政、军、法律高级领导干部，对广东地区革命工作做出了杰出的贡献。

1934 年，何思敬代表国立中山大学赴日本，要求日本政府退还部分庚子赔款，同时拜见孙中山的日本好友梅屋庄吉先生，感谢老先生出资铸造四尊各三米高的孙中山青铜像赠予中国，其中一尊成为中山大学的地标，其余三尊分别屹立于南京中山陵、黄埔军校内以及中山县城内。何思敬冒着生命危险在东京收集日本军国主义进攻中国的战略情报以及进攻苏联的军事技术准备资料，回国后及时向共产国际驻华机关作详尽的书面汇报。

1935 年，北平发起"一二·九"学生抗日救亡运动，何思敬在广州领导发起以中大为主的学生运动，南北呼应。

　　1936 年 1 月 9 日，在广州学生举行支援北平学生"一二·九"运动的游行示威前，国民党当局陈济棠决定秘密逮捕何思敬，经爱国人士及时密告，何思敬当即离开广州，避居香港。在香港，他继续担任全国抗日救国总会驻港南方总会负责人，其间他忠实地宣传和执行了中共抗日救国十大救国纲领，并率团赴南宁，根据党中央关于建立抗日统一战线的精神，为和平解决"两广事件"而工作，促成全国各界团结一致抗日目标做出重要贡献。

　　1937 年 8 月 13 日，日军侵略上海。何思敬几经周折于 1938 年春抵达延安，毛泽东亲自主持数千人的欢迎大会。在讲话中，毛主席称赞何思敬教授不顾国民党的威胁利诱来到延安，说何思敬教授"有正义感、有勇气、有学问"。何思敬在延安历任陕北公学教授、抗日军政大学教授和延安大学首任法学院院长、陕甘宁边区参政委员和法学会会员。何思敬一生对研究和翻译马克思著作倾注了极大的心血和热情，他夜以继日地潜心翻译并在延安发表了《哲学的贫困》等多部马、恩著作。何思敬深刻地体验到只有马克思主义理论与中国革命实践相结合才能取得革命成功的真理。

　　在延安，由毛泽东亲自发起"新哲学研究会"，推荐艾思奇为会长、何思敬为副会长。何思敬还曾受命翻译和讲解德国军事专家克劳塞维茨的名著《战争论》，历时两个多月。讨论会先由何思敬讲解，之后大家自由讨论提问，其中毛泽东发言提问最为活跃。这次讨论，为他的《论持久战》提供了参考。

　　何思敬立场坚定，旗帜鲜明，对王明之流的谬论进行面对面斗争，维护毛泽东的战略思想和党内的领袖地位。何思敬与徐特立、成仿吾等无产阶级革命家就马克思主义理论与中国革命实践、社会科学等诸多领域彻夜长谈，并同他们结下深厚的革命友谊。

何思敬纪念馆

在延安，中央军委根据我党争取和瓦解敌军的政策，决定于 1940 年成立日本工农学校，委派中央军委编译处研究员何思敬、王学文向日本战俘学员以流利的日语讲授马克思主义社会科学知识，经过一系列的教育学习，学员们的世界观、人生观起了很大变化，全部成为"反战联盟"成员，有些还担任八路军干部，和八路军指战员一起投入抗日战争和瓦解日军军心的工作中。抗战胜利后，不少学员返回日本，为推动民间中日友好做出贡献。

1945 年 3 月，何思敬作为候补代表出席中共第七次全国代表大会。1945 年 8 月，何思敬以中共代表团法律顾问身份与毛泽东、周恩来一起参加重庆国共谈判。其间，何思敬据理批驳了国民党的"五五宪草"。何思敬在重庆、南京以中共法律顾问身份，通过多次举行中外记者会或发表文章，阐述中共争取和平、民主和联合政府的政策，揭露国民党政府假谈判、真内战的虚伪面貌以及美国政府蓄意制造"安平事件"，干涉中国主权内政，博得中外记者和国内各民主党派的广泛支持和理解，起到了团结各方力量的效果，为中共赢得了有力的法理地位。

1948 年，当我军在解放战争中节节胜利而蒋介石政权即将垮台之际，时任中共中央办公厅法律组副组长的何思敬随中央机关迁往河北西柏坡，奉命协助周恩来为全国政协起草作为新中国的临时宪法的《共同纲领》。何思敬作为知识分子代表参加全国第一届政协会议，《共同纲领》于 1949 年 9 月 29 日获全国政协第一次全体大会一致通过，后于 1949 年 10 月 1 日被全国政务委员会通过。下午三时，毛泽东在天安门城楼宣告中华人民共和国成立。举国欢腾，世界瞩目，《共同纲领》不仅是新中国体制的纲领性重要文件，而且向全世界昭示"中央人民政府是唯一合法政府"。1954 年，何思敬参加了新中国宪法的起草工作，为新中国法制建设做出了不可磨灭的贡献。

新中国成立，百废待兴，全国各高校，各省市党、政、军、法急需大量党纪法律人才，何思敬矢志从事马克思主义法律教育，于 1950 年 11 月起，何思敬任中国人民大学党委委员、法律系主任，之后任哲学系主任、马列主义发展研究室主任等职。他在中国人民大学期间，一方面将华北正定大学的本科生如孙国华、黄顺基等两个班约 60 人转到人大研究生部，作为研究马克思主义理论的高端人才亲自培养，为新中国马克思主义理论研究人才一代又一代传承发挥了至关重要的作用。另一方面，对来自全国各高校（法律系）的教师、部队和地方基层的党政干部采用短期培训方式，经过几个月的强化培训后，请他们仍返回原高校、部队和地方基层，继续从事党纪法律教育和领导工作。当时的人大被称为"法学家的摇篮"，何思敬呕心沥血为国家培养了一批又一批具有马克思主义理论水准的教师和从事党纪法制工作的领导干部，他当年播下的革命种子如雨后春笋般地成为中国社会主义革命和建设的中坚力量。他们中有多人是全国人民代表大会对我国宪法修改，民法、刑法、婚姻法、物权法、诉讼法等法律制定工作的参与者，这些成就与中国人民大学首任法学院院长何思敬及其传承者们殚精竭虑的付出紧密相连。

1954年，全国人大一致通过中华人民共和国第一部宪法，由毛泽东主席亲自颁布，何思敬为此在《光明日报》发表署名文章表示："能协助毛泽东主席治国平天下出力感到无比喜悦……"

追溯我国第一部宪法的诞生，可分四个阶段：1. 根据毛泽东"建立新政权，没有法制不行"的指示，于1941年成立中央法制委员会，何思敬任中法委副主任。自中法委成立之日起，何思敬就注意研究宪法，在陕甘宁边区政府担任参议员期间，亲自起草中共中央"关于废除六法全书，确立在解放区六法原则的指示"文件，他成为不破不立法治建设的践行者。2.1946年，何思敬以中共代表团法律顾问身份参加重庆国共谈判期间，据理力争，批判国民党的"五五宪草"，为废除旧中国不合理的法律条款不遗余力，为制定新中国第一部宪法扫除了障碍。3.1948年，何思敬奉周恩来之命在西柏坡为全国人民政协起草《共同纲领》，《共同纲领》实质上是我国的第一部宪法的雏形。4.1949年，中共中央调何思敬到平山南庄和谢觉哉一起为起草新中国的"五四宪法"召开讨论会。无论工作多么繁忙，他都风雨无阻前往参加。他参阅了俄、英、美、法、德、日各国宪法，从我国革命实践出发，逐章逐条进行修改，十几年如一日，孜孜不倦，充分体现了他对我国第一部宪法的高度责任感。

何思敬以马克思主义法学观为普及和创建新中国的法制教育培养了大批干部人才，为使宪法以通俗易懂的方式成为每个公民的行为准则而努力。"四人帮"在"文革"十年动乱中，倒行逆施，任意践踏宪法。邓小平复出后，为适应新形势发展，对宪法修改工作作出"以五四宪法为蓝本为宜"的指示。何思敬作为我国第一部宪法的参与者，堪称新中国法学界的泰斗。

何思敬一生除抗日救亡工作和法律的研究及制宪方面做出贡献外，对马克思主义的翻译和宣传工作投入了大量的精力和时间。其中，难能可贵的是他根据中国革命的实际提出了重要的实事求是的观点。

1956年，何思敬曾提出一些关于马克思主义理论说的心得，即"无产阶级夺取政权后，阶级斗争应向社会主义经济建设战略转移""教育必须与工农业生产、社会革命实践相结合""科学技术是直接生产力"等学术观点。的确，在全国的民族民主革命胜利，封建阶级、列强势力和反动的政权已被推翻而人民已牢牢地掌握政权后，大规模的阶级斗争已不必要。但由于50年代中叶，"左"倾思潮活跃并日益强化，何思敬被调离中国人民大学法律系。"文革"后，中国共产党及时纠正错误，实行改革开放。40多年来的社会变革和实践证明，何思敬当年的学术观点具有前瞻性和科学性。

何思敬在极左思潮狂热的形势下，不顾年迈体弱，视力衰退，仍遵循列宁"关于不懂黑格尔就不懂马克思哲学"的教导，将黑格尔的著名巨著《大逻辑》德文原著翻译成中文，并由中国人民大学油印出版。

1966年，"文革"风暴席卷中国，"四人帮"及其爪牙对年逾七旬的何思敬进行极其野蛮的批斗和迫害，何思敬的居所遭遇九次抄家，家中的票证、钱物，尤其珍藏的马、恩原著和翻译手稿被践踏丢弃一空，令人痛心愤恨至极！1967年4月14日，何思敬遭"四人帮"在中国人民大学的爪牙殴打，致颅内窦状体破裂，导致脑出血而去世。

1978年3月，中共中央决定对何思敬平反昭雪，推倒一切诬陷不实之词。1979年12月3日，追悼会由王震同志主持，成仿吾致悼词，次日，《人民日报》头版报道追悼会实况。

2007年5月26日，何思敬、王艾英夫妇部分骨灰在长女何理良、次子何健文护送下，魂归故里，长眠于超山公墓。

今天，一个法治、民主、富强的中国已经建立，这是对为新中国法制工作作出重要贡献的英灵最好的告慰。

何理良　何勤伟

何思敬夫妇墓

丹心报国留青史——北大首任校长何燮侯

何燏时，字燮侯，1878年（清光绪四年）8月10日出生，浙江省诸暨市赵家镇花明泉村人。父亲何颂华（字蒙孙）为晚清秀才，近代著名书法家、教育家。

一、何燮侯先生的学习经历

先生幼年读孔孟之书，学八股制艺，后渐悟其非。15岁，从蒋观云先生习古文，喜读史书及宋儒著作。16岁，又从赵缵侯先生学数学。甲午战后，遂萌发学习科学，发展实业，以图救国的理想。1897年浙江维新派人士在杭州建立求是书院（浙江大学前身），先生为该书院第一届学生。

1898年清政府选派学生留日，先生以优异成绩入选。到日本后，先进预备学校学日语，1899年入东京第一高等学校学习，1902年考进东京帝国大学工科采矿冶金系。1905年7月，先生从东京帝国大学毕业，获工科学士学位，为中国留学生在日本正规大学毕业第一人。

二、何燮侯先生与北京大学

1906年春，先生回国，任浙江省矿务局技正。同年冬，调北京任学部专门司主事兼京师大学堂教习。1907年，先生升员外郎，奉命到日本考察大学制度，筹划图书设备及建筑事宜，历时数月。返国后就任京师大学堂工科监督（即工学院院长），兼新校舍建筑主任。先生性格刚毅，行事果决，一扫旧日官场拖沓之风。在先生主持下，1908年开工兴建京师大学堂德胜门外新校舍。尽管校舍后移作陆军讲武堂之用，但北大由此得到政府另建新校舍的承诺。1910年2月京师大学堂在先生等人筹划下正式成立经、法政、文、格致（即理科）、工、农、商等七科,始具备大学规模。

1911 年 10 月辛亥革命,1912 年 1 月民国政府成立,先生就任工商部矿政司司长。1912 年 5 月京师大学堂改称国立北京大学。这年 12 月,先生因筹办京师大学堂有年,熟悉大学事务,受命接任北京大学校长。

先生上任后,首先解决经费问题。他以校长名义向华俄道胜银行借款白银 7 万两,学校才得以按时开学;又以个人去留向当局力争,议定每月经费按预算发放,学校经费问题从此得以解决。其次整顿校风,严格规章。北大前身为京师大学堂,学生多为谋求仕进的权贵子弟,多年来校纪松弛,学业荒废,少数学生纵情声色,相沿习成。先生接任后刻意整顿,严格规章制度,建立教育秩序。至 1913 年春,学校初上正轨,开始组织春、秋两季招生。

这年秋天,教育部为减省经费,几次要停办北大,欲将之并入天津北洋大学,遭到先生及全校师生反对。先生向上呈文曰:"办理不善,可以改良;经费之虚靡,可以裁节;学生程度不齐一,可以力加整顿,而唯此一国立大学之机关,实不要遽行停止。"由于先生和师生的坚决反对,以及社会舆论的压力,裁并北大的企图被打消。然而先生由此与教育总长发生龃龉,并不满袁世凯独裁,遂萌生退意,于 1913 年 11 月提出辞呈,并于 1914 年 1 月由胡仁源正式接任。

先生任职京师大学堂和北大,正值北大逐步走向正规大学的关键时期,学科的设置,校舍的兴建,经费的筹集,风纪的整顿,学制的改革,学校的保全,先生皆与有力焉。先生又以校长之力,延揽许多人才到北大任教。沈尹默以及马裕藻、沈兼士、钱玄同,皆由先生与胡仁源延揽入北大。另外,先生在主持北大期间,不乏上下其手之机,但先生自律甚严,廉洁奉公,在旧式官场中难能可贵。

三、何燏侯先生与民主革命

1931 年先生偶于友人处见美国人艾迪博士所著《苏联游记》,遂对于苏联革命后所采取的政治经济措施,以及建设的突飞猛进,极为赞许和向往。当时,国民党政府对于共产主义诸书禁人阅读,无从购买。先生遂往上海日本人开设的内山书店,搜觅马列理论著作,如《资本论》《列宁主义经验批判论》《辩证唯物论》等书,旁及中外凡关于苏联之游记、著述、杂志、五年计划各书,始了解共产主义为救济人类之最新学说。

1932 年伪满政府成立,旧友郑孝胥、罗振玉欲罗致先生出任伪教育部长,为先生所拒。先生对国民党"攘外必先安内"的政策亦表不满,国民党要员中有不少同学故旧，邀其出来做事，为先生婉拒。

七七事变后，先生避居乡间，积极从事抗日民主活动。1939年，周恩来来浙视察，先生前往欢迎，互叙世谊，晤谈甚欢。1941年，四明山金萧支队在诸暨打游击，先生遂与金萧支队领导蔡正谊等相识，往来密切。

抗战后期，何燮侯不辞年高，奔波跋涉于会稽四明山区，他在新四军游击队同志的保护下常到附近各县活动，宣传中共的抗日主张，发动群众支持抗日队伍，并对国民党官员进行统战工作。

先生因积极抗日，被推举为浙东游击区人民代表，两次参加浙东各界人民代表会议。1945年1月，他带病冲破国民党、敌伪军的重重封锁，渡过曹娥江，到四明山区梁弄镇参加会议。中共浙东区委书记、纵队政委谭启龙等领导人对他十分尊重，交谈莫逆。这次会议开了十天，何燮侯在会上慷慨陈词，严厉批评国民党消极抗战、积极反共的错误政策，拥护中共"坚持抗战，反对投降；坚持团结，反对分裂；坚持进步，反对倒退"的主张。他在会上的讲话受到大家热烈欢迎，并当选为副议长（议长为谭启龙），还被推代表浙东人民赴延安汇报，后因交通不便未能实现。

1945年8月，何燮侯第二次去四明山参加代表会议，适逢日本天皇宣布无条件投降，会议停止召开。中央为顾全大局，新四军浙东游击纵队和党政干部奉命北撤至长江以北，因先生年近古稀，不便随行，中共区委决定要他留在当地坚持斗争，并请他同国民党交涉，保护留下的伤病员、抗日军人家属和民众的安全。

何燮侯一生中两次逃亡、两次入狱。约在1922年，诸暨农民吴贵法等造反，被当局诬为"土匪"，先生说："什么土匪土匪，都是国家有用之人。"消息传到省里，有人污蔑何通"匪"，派密探跟住他。先生在亲戚的苦劝下，出逃到杭州躲在湖墅傅瑞和家中。1945年8月，何燮侯由四明山返回诸暨，人未到家，就被国民党诸暨县党部派去的特务拘捕。后经好友、曾任浙江法政专科学校校长的周子豪营救脱险，得以返回家乡。何燮侯在家乡感到环境恶劣，乃作避居杭州之行，他在车站下车时被浙江省保安司令部绑架入狱并交秘密法庭审讯，友人许寿裳等闻讯急电蒋鼎文与陈仪营救。陈仪与先生是同一年去日本的浙籍留学生，陈仪等致电浙江省主席黄绍竑及国民党第三战区司令长官顾祝同疏通，同时参与营救的还有邵力子、翁文灏等人，当局迫于舆论压力方予释放。先生出狱后定居余杭。解放战争期间，先生与中共地下党仍保持秘密联系。

四、何燮侯先生与新中国

1949年5月杭州解放，何燮侯迎来了政治上的春天。在此以前，他是一个被限制居住地区的人，在余杭与人合资开设一家小镬厂，铸造食锅、农具，以维持生计。杭州解放后，何燮侯以71岁高龄作为特邀代表北上参加中国人民政治协商会议第一届全体会议，当选为政协第一届全国委员会委员，10月1日下午，他登上了天安门城楼，观礼开国大典，见证了新中国的诞生。

新中国成立后，先生历任中央人民政府监察委员会委员、华东军政委员会委员、政协浙江省委员会副主席、中国国民党革命委员会中央委员等职。

五、与世长辞

1961年4月21日，先生因感风寒，引发心脏病、肺炎，在杭州逝世，享年83岁。先生辞世前不久曾用铅笔留下一份遗嘱，文曰："一、火葬，仅穿长衫，或新制一身白布斜领长衫，长过两脚，以绳缚之，不必穿袜矣。二、骨灰能散置海宁钱塘江边最好，否则携归埋于先茔旁边。三、身后遗物由阿五（先生女儿幼娟）召集兄弟姊妹公分，穷者多得。四、孙子女、外孙子女中有能力者应各家通

何燮侯夫妇合墓

力尽量培植之，为国家培植英才，为社会培植劳工。五、宗族戚友中之贫乏者，如其人非反革命，不问其阶级出身，力所能及应尽力救济之。应以善恶是非为准则，不问阶级，盖地主阶级早经消灭，不使子孙永袭也。"

在南山公墓内，每年清明，何燮侯墓前，一束束鲜花寄托了后人的思念。

陈会贤

低学历的知名学者何方

何方 1922 年 10 月 18 日生于陕西临潼，14 岁小学毕业，初中上了一年多，就被革命浪潮卷到了延安。18 岁当上抗日军政大学政治助教。29 岁被任命为中国驻苏联大使馆研究室主任，成为外交部几个主要的"笔杆子"之一。57 岁进入学术界，当过中国社会科学院日本研究所所长、国务院国际问题研究中心副总干事。65 岁发表有关时代问题的研究心得引起广泛关注，是俄罗斯科学院远东研究所 1994 年授予其名誉博士学位的主要依据。77 岁开始研究中共党史，83 岁写完的专著得到较高赞誉。2007 年被中国社会科学院评选为首届荣誉学部委员，学术领域专长为两项：国际问题，中共党史。

资中筠先生在 2011 年 10 月 19 日举行的一个座谈会上说："特别佩服何老的，就是他的读书。他的学历是我们在场的人中最低的，但是他读书是最多的，至少是最多的一个。从文化底蕴这方面，是很少有人能够达到的。所以后来他思想能够发展到现在的这一步，也是跟学而思分不开，而且永远坚持独立思考。"

何方先生

何方去世后，文史学者吴迪教授也写过类似的话："在'三八式'一代知识分子中，何方的学历如果不是最低的，也是最低的之一；而在'两头真'的老革命中，何方的著述如果不是最多的，如果不是最深的，那么，也是这最多最深的之一。在一些重大问题上，他道人所不曾道，言人之不敢言。从最低到最多最深，靠的是什么？是自学。"

正如吴迪教授所言，何方所以能够取得成就，靠的就是长期坚持不懈的刻苦自学。可以举个例子。《红楼梦》里的诗词和回目，何方几乎全能背下来。这早在外交部就出了名。1954 年何方随同中国代表团参加日内瓦会议。一次周恩来总理和大家一起吃晚饭，乔冠华向总理介绍说，何方可以背《红楼梦》。何方赶快申明，顶多能背百分之八九十的诗词和回目。在座的王稼祥夫人朱仲丽不信，要何方背林黛玉的《桃花行》。何方立刻开背，背了一半，大家叫停才止。那么，何方是在什么情况下开始看和背《红楼梦》的呢？是在延安劳动的间隙。连抬粪时也拿着，路好走时看书，路难走时背书。何方在一生中把《红楼梦》连看带背地读了好几遍。

1987 年何方曾应约写过一篇《也谈点自学的体会》，被收入《名家谈自学》一书（兰州大学出版社 1988 年版）。何方在这篇文章里谈到，除了强烈的求知欲、广泛的兴趣、"挤"和"钻"的精神、养成习惯持之以恒、善于适应环境和学用结合这几条，自学的动力还来自巨大的工作压力。

"抗大"毕业后留校当政治助教，同学的文化程度普遍比何方高。为了能辅导理论学习，何方只有拼命读书，硬是在十七八岁上啃起了《资本论》。他说，不一定都能读懂，却因此逐渐养成了自学的习惯。

更大的工作压力来自 1950 年进入外交部工作以后。研究国际问题，不仅专业性强，而且知识面要广。何方自学的劲头更大了。

何方在两个学术领域所取得的成就，都离不开张闻天。在国际问题研究上，张闻天给何方当了 10 年导师。何方晚年改行专攻中共党史，出自他对张闻天的内疚之心。

何方研究国际问题，是由张闻天领进门的。张闻天是位学者型领导人。耿飚、伍修权和周培源等党内老革命和老教授都说张闻天有学者风度。这一点，张闻天早在延安负责宣传教育工作时已有充分展现。后来，无论在东北做地方工作，当驻苏联大使，还是当外交部常务副部长，他都继续强调学习的重要性。当大使时，他按水平把所有工作人员分成高、中、低三组，分头学习理论、国际法、历史地理、俄文和文化知识等，还组织由水平高一些的去辅导水平低一些的。当副部长时，他创办了国际关系研究所和外交学院，在部内建立教育委员会，要求干部们人人参加各类学习。张闻天也让何方帮助他组织这些学习活动。直到生命的最后几年，张闻天本人更是一直学习到老，在流放地肇庆写出多篇具有真知灼见的理论文稿，包括《无产阶级专政下的政治与经济》这篇重量级专论。

能在外交部当上张闻天的主要助手，是何方得天独厚的机遇。可以说，何方是张闻天带出来的一个研究生。张闻天对第二次世界大战后国际形势的总发展方向有自己的基本判断，对我国应该奉行什么样的外交路线有自己的系统看法。在把张闻天的这些思想一一变成文字的过程中，何方的认识水平得以不断提高。

对于这样一位有知遇和长期教导之恩的导师，何方却在 1959 年的反右倾运动中违心地参与了对张闻天的错误批判。从 1960 年开始，何方就为此深感愧疚，有时竟不能自已。为了赎罪补过，在完全卸去国际问题研究的职责之后，何方全力投入了中共党史研究，研究重点就是恢复张闻天在中共党史上的真实地位。

何方当过第七和第八届全国政协委员、中苏（苏联解体后是中俄）友好协会副会长、中国战略学会高级顾问和北京大学等高校的兼职教授。何方的学识加上有话直说的作风，使他在同国内外学界和公众人士的交往中赢得了尊重和友谊。下面举两个例子。

有泽广巳先生是日本学术院院士，在日本广受尊敬。有泽先生相当看重何方，何方也把有泽先生视为异国忘年交。这和何方陪同有泽先生游览杭州的愉快经历不无关系。何方和有泽先生谈论问题的内容广泛，包括随口背诵和议论中国古人赞颂西湖的诗词。两人谈话投机，有泽先生很是高兴。

何方在参加全国政协活动时，不仅在五花八门的问题上都能直截了当地表明自己的态度，更常能提出别人还没有看出或虽已看出但不敢谈论的问题。在

何方先生墓

1990年的人大和政协两会期间，何方在小组会上讨论国际形势时提出"苏共气数已尽"的论断并作解说，让同组人大吃一惊。何方在小组内得到了"炮筒子"的称谓。在何方参加的最后一次会里，几位老大姐颇为惋惜地说，以后没有何老参加，我们这个组开会也就没劲了。

何方早在2008年就决定身后把遗体捐赠给协和医学院供教学之用，不留骨灰。感谢新华社名记者唐师曾、在杭州的抗战老兵后裔吴缘和安贤园负责人李钢的大力帮助，使何方竟能于2019年8月24日落葬在安贤园名人苑内的张闻天座像旁。在何方的骨灰盒里安放的是他的著作，这正是他受教于张闻天和向张闻天赎罪补过所取得的成果。

何方的墓碑上写着："曾论证世界早已进入和平与发展时代，如何判断关系国家走向；在党史研究中考察了延安整风运动的意义和影响。作为张闻天在国际问题和政策研究上的主要助手，1959年庐山会议后随张闻天蒙冤，1979年随张闻天平反。为还原张闻天在中共党内曾任总书记并发挥过重要领导作用的真实历史，做出突出贡献。"能在这里和他的导师永远相伴，对何方的在天之灵是莫大的安慰！

宋以敏

寂寞楼居 40 年的艺术全才余任天

余任天（1908—1984），字天庐，浙江诸暨人。余任天先生是中国现代绘画史上有重要位置的一位画家，是浙江近现代中国画体系和新浙派绘画的重要奠基人之一，为数不多的集诗书画印之大成的艺术大家，猛利一派印风的代表。

余任天先生一生命运坎坷，经历多种磨难。但他对艺术的追求殚精竭虑，勤奋创作，耕耘不辍。经过 60 余年的磨砺，终成大业，在绘画、书法、篆刻、诗文、鉴赏及书画理论研究等方面成就卓著。他生前渊默深稳，不求闻达，却以特有的艺术魅力和伟岸人格，赢得了刘海粟、赵朴初、潘天寿、沙孟海、启功等艺术大师的激赏。

余任天先生 1908 年 11 月 9 日出生于浙江诸暨浬浦一个贫苦的农民家庭，西施故里诸暨，山清水秀，人杰地灵，历代书画名家辈出，元代大画家王冕、书法家杨维桢、明代画坛宗师陈洪绶都蜚声中外，家乡深厚的历史文化，浓郁的乡土艺术和中国书画的熏陶，给予余任天丰富的滋养。

余任天先生

余任天先生幼年时就开始学字，11 岁开始作画和刻印，17 岁能填诗词。1924 年，年仅 17 岁的余任天为求深造，负笈杭州，先后就读于浙江美术专门学校和浙江艺术专门学校，但终因家贫，无力缴纳学费，仅在校读了两年半就辍学回乡。但他从未放弃对书画艺术的不懈追求，在漫长的岁月中，先后在诸暨、萧山、杭州等地的中小学任美术教师，也曾在诸暨、杭州鬻画，以维持生计。

1940 年余任天先生经朋友介绍与随国立艺专内迁途经永康的潘天寿、吴茀之等先生相识。潘天寿先生比余任天年长 11 岁，他们一见如故，谈文论艺，促膝长谈，他们的书画情谊从这个时候开始建立。余任天先生一直尊潘天寿先生为师长，而潘先生也一直把余先生视为挚友。

1945 年，余任天与当时浙江大学龙泉分校的金维坚先生等人一起在龙泉创办了印学团体"龙渊印社"。"龙渊印社"成立于抗战黎明前的黑暗之时，当时社员们镌刻"抗战必胜""光复河山""胜利第一""永奠世界和平"等印文，如一条条抗战标语，鼓舞着民众。印社后发展社员至全国多省，社员达 100 余人，出版了由潘天寿先生题写刊名的"龙渊印社月刊"，月刊的集稿、编选、刻印、发行均由余任天一人承担，"龙渊印社月刊"是我国篆刻界最早的印章学术专刊之一，"龙渊印社"在我国的印学史上有着光辉的一页。

1945 年后，余任天定居杭州，他先后在浙江西湖博物馆、省立民众教育馆任职。杭州的文化艺术氛围浓厚，他接触更多、见闻更广，尤其与黄宾虹、潘天寿、张宗祥等先生相交游，问学请益，使余先生的艺术有了质的飞跃。

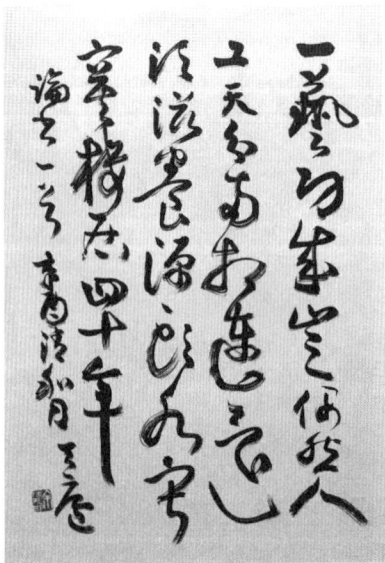

余任天先生书作

1949 年，余任天在杭州设立了"余任天金石书画工作室"，他每天在工作室为生计而辛勤操劳，同时也为艺术不断拼搏。虽然工作室经营惨淡，但他始终以诗书画印为自己的追求目标，日夜勤学不辍，以此为乐。他利用工作室的有利条件，广泛收集古今书画碑帖，研究学习鉴别书画的真伪，考证碑版。他从各方面吸收艺术营养，常常通宵达旦、废寝忘食。潘天寿先生对余任天先生的勤奋敬佩不已，曾赠送对联："蜗牛入席问奇字，鸿雁窥人识夜灯"，褒奖余任天的勤奋好学精神。

1956 年，余任天的国画作品《黄宾虹纪念馆》参加了第二届全国国画展览。1957 年在浙江省首届国画展览会上，作品《黄宾虹纪念馆》被评为一等奖。1957 年他创作的巨幅作品《四明山雄姿》《四明山风雨出击图》同时入展纪念中国人民解放军建军三十周年全国美术展，其中《四明山雄姿》后被中国人民解放军总政治部收藏，现藏于中国人民革命军事博物馆。

余任天的心始终和时代的脉搏一起跳动，这一时期一大批充满时代气息的作品《钢城伟观》《深山探宝》《鉴湖风光》等在余任天的笔下描绘出来，他旺盛的创作热情和流畅的笔墨、娴熟的技艺，通过作品展现在人们的眼前。

1959 年，经当时浙江省委宣传部长陈冰的推荐，余任天成为浙江省国画创作研究室第一位专业画家，从此结束自设"余任天金石书画工作室"的日子，有了相对稳定的经济来源，解除了后顾之忧。他的艺术创作也进入了一个新时期，《丹山赤水》《石梁飞瀑》《富春江畔》《钓台青秋》等作品不断问世。他的作品也先后刊登在《人民日报》《美术》等报刊中。

1960 年，余任天的巨幅作品《富春江严陵濑钓台》经过层层选拔，和潘天寿先生的国画《映日荷花别样红》脱颖而出，入选北京人民大会堂，悬挂北京人民大会堂浙江厅达 35 年之久。这时期，他的作品《丹山赤水》《钓台青秋》还曾出国巡展，他还创作了反映新时代新面貌的《敢教日月换新天》等一大批巨作及毛主席诗词画《雄关漫道真如铁》《无限风光在险峰》等。

正当余任天勤于创作，努力争取多出作品时，他的眼睛突然患了陈旧性视网膜脉络膜炎，经专家会诊，在当时无法治愈，只能延缓失明的时间，这一沉重打击，并没有使余任天悲观、气馁，更没有精神崩溃，他勇敢面对现实，决心另辟蹊径，坚持不懈走自己的从艺之路。因视力只有 0.01，他被迫放下天天握在手中的心爱刻刀，从此不再刻印。楷书、隶书书写已经很困难，他就专攻张旭、怀素的狂草，凭借多年来的功力，用手触笔、笔触纸的感觉，仍挥洒自如。作画则全凭手指着力的感觉来进行，画面染色则由夫人在旁指点，他没有被病魔吓倒，而是顽强地和命运抗争。就是在"文革"被停发生活费的极其艰难困苦的日子里，他也没有停止过手中的画笔，没钱购买纸笔，就用 7 分钱的毛笔和 4 分钱的皮纸，继续写字作画。

1976 年，阳光终于驱散阴霾，艺术的春风吹暖了余任天先生的心田。他眼睛虽然没有好转的希望，但他仅凭感觉而就的书画作品，已经达到了很高的境界。他精心创作的巨幅山水《青山不老》《思源图》《万山润春雨》等作品，突出反映了他"老骥伏枥，志在千里。烈士暮年，壮心不已"的抱负和雄心。

1984 年 3 月 2 日，当梅花盛开之际，余任天先生悄悄地离开了我们。沙孟海先生赠送挽联："卅年论交道，四绝压群伦。"余任天先生归葬杭州南山陵园，与黄宾虹、陆维钊等先生为邻。时任全国人大常委会副委员长胡厥文先生书碑表，沙孟海先生书墓碑，陆俨少先生书碑额，张慕槎先生撰并书墓志铭。

2006 年家乡诸暨市人民政府为其建造"余任天纪念馆"，2008 年浙江省文化厅在杭州举行"余任天百年诞辰系列活动"，召开纪念会、研讨会，出版画集。2018 年家乡诸暨为余任天先生建造了纪念亭。

余任天先生走过了 76 年的人生道路，在他从事书画艺术的 60 多年历程中，布满坎坷和荆棘，但他用勇气和毅力，在为诗书画印艺术而走过的道路上，留下了坚实而鲜明的脚印。

余任天先生墓

余任天先生是浙派文人画的重要传人，也是当代中国山水画继承中力求创造的一位独辟蹊径的开拓者。他的画格调清逸，意境高远，尤其山水画受王石谷、石涛、八大山人、黄宾虹的影响，花鸟画学王冕和高其佩，人物画有费晓楼、陈老莲和任伯年的韵味，他在兼收并蓄中融会贯通，注入了自己的意蕴和创新，落笔圆润，用墨厚重，气势磅礴，并于笔墨的构思中产生自然、空灵与淳厚的风骨，独树一格。他的书法得张旭、怀素之气韵，米南宫、祝允明之神采，不雕不饰，形成了自己的独特风格，晚年草书更见老辣坚韧。他的篆刻出入汉印，方圆兼济，于朴质中见巧智。马一浮、张宗祥、沙孟海先生都喜爱他的金石，潘天寿先生所用近40方印章皆出自他手下，其中"强其骨""一味霸悍""知白守黑"等印广为人知。

余任天的诗词朴实无华，具有浓郁的时代感、田野气和哲学味，在淡泊中见质朴，于醇厚间寓真挚，他一生留有遗诗两千余首，无论是状物寓意，论画述怀，皆能发人深思。他为艺之超常，还表现在他精于书画金石的鉴赏。他毕生敝衣粗食，对前人佳作日夜研摹，披沙淘金，呕心沥血，抢救下无数珍贵的艺术遗产，其间之艰辛，难以言表。

余任天先生一生坚守"立身唯直、处世唯真、待人唯诚"的原则，"守清贫、甘淡泊"，"宁寂寞、忘荣辱"是他律己的箴言。他曾作自勉诗曰："一艺功成岂偶然，人工天分两相连；还需滋养源头水，寂寞楼居四十年。"这是留给我们的最好的座右铭。

余任天先生的一生，为山河写照，为时代传神，他将毕生的精力奉献给了诗书画印艺术，他一生精湛的艺术创造是留给后人的宝贵的艺术遗产。

浙江省余任天艺术研究会供稿

寂寞楼居 40 年的艺术全才余任天

| 87 |

韶华逝去再难来的古建筑专家吴寅

　　1999 年 10 月 7 日，当游人陶醉在西子湖畔的金秋美景时，95 岁高龄的著名建筑专家吴寅先生如一叶秋桐无声飘落，在静美祥宁中离开我们，离开了他耗尽一生心血而精心雕琢的西湖园林。

　　吴寅，字敬楼，1903 年 1 月 23 日出生在浙江松阳县的赤岸村。曾任浙江省政协委员，杭州市人大委员，九三学社浙江省委常委、顾问，杭州土木建筑协会理事，杭州设计院副院长，西泠印社社员。

　　吴寅先生生长在一个思想开明、家风谨严的书香门第，父亲吴寇甫年轻时饱读诗书，并考取晚清秀才，但面对清政府的腐败没落，报国振兴之心强烈，遂留学日本，并在日期间接受革命思想而加入同盟会，是早期同盟会成员之一。辛亥革命成功后回国报效祖国，曾在国民党外交部任职。吴父思想开明，为人正直，作风严谨，家教甚严。吴寅先生幼年时深受其父影响和传统文化熏陶。

吴寅先生

吴寅先生年轻时满怀科技救国的远大抱负，就读于上海交通大学的前身上海南洋路矿专门学院，攻读土木建筑专业。在校期间学习刻苦，成绩名列前茅。在五四运动中积极投身社会活动，参与学生反帝反封建的活动。吴寅先生立志于城市建设，梦想用自己一身才学造福于社会，毕业后在杭州独立开设一家私人设计事务所，从事城市建筑设计。吴寅先生没有想到当年他设计的首届西湖博览会如今已成为杭州文化的重大活动。抗日战争全面爆发后，吴寅先生以民族大义为重，参加抗战工作，先后负责浙江、江西、福建的军事工程设计，为抗击日寇侵略做出了积极的贡献，并获得抗日胜利的勋章。抗战胜利后，吴寅先生满怀重建祖国的希望，又以极大的热情投入城市建设中，曾任杭州工务局副局长等职。然而面对国民党的腐败政治和忙于内战，他深感痛心和失望，把国家兴盛的希望寄予共产党身上，从而拒绝国民党让他去台湾的邀请，暗中抢救和保留了大量珍贵的城建技术资料，为新中国的建设做出了巨大的贡献。

新中国成立后，吴寅先生心情舒畅，热情高涨，精力旺盛，把自己交给了杭州城市建设事业。1953 年与苏联专家等共同对杭州城市建设设计进行总体规划，吴寅先生提出利用自然河道走形，保护修缮名胜古迹，根据自然景色特点设计景观建筑等建议，得到专家的赞赏和政府的重视。现今杭州的城市基础建设格局和西湖景观配置仍然以当时的设想为基础。

吴寅先生曾在多种场合与梁思成先生共同呼吁城建必须与城市文化保护相配套，并先后参与六和塔、保俶塔、灵隐寺、苏堤、白堤的修整、重建工作。在对灵隐寺大殿的翻建中大胆设计了现代科技与保护原样相结合的方案，解决了一大建筑难题，使这一案例成为建筑史上的典范。在修缮保俶塔的过程中，他查阅

吴寅先生墓

大量的历史资料，精心设计，方案严谨，并不顾七十高龄爬上塔顶现场勘测，确保了保俶塔工程的原样恢复，令当时的参与者至今都不能忘怀。

吴寅先生以自己丰富的文化内涵和专业的学识，为西湖的新景点建设呕心沥血，功绩卓著。如今当我们在西子湖畔欣赏优美、秀丽的湖光山色时，都能目睹吴寅先生的设计杰作。吴寅先生独创设计的湖滨公园沿湖铁链栏杆与远方的保俶塔构成一幅绝妙景色，已成为游客驻足留影的佳地，而旁边枝繁叶茂的大树也正是吴寅先生当年亲手种植的。

钱江海塘经历年复一年的大潮奇观，仍然无法清洗吴寅先生为建设海塘留下的无数脚印。西山公园桥曲亭秀、锦鳞留波，仿佛一直在等待吴老先生重回故里。"苏堤春晓鸟知音，醉吟回盼断桥影。青峦碧水傲冬雪，西霞长伴故人行。"吴寅先生没有离开我们，吴寅先生的灵魂与西湖同在。每当我们走进安贤园，站在吴寅先生的墓前，我们都会向他老人家讲述西湖的新变化。

李钢

情系桑梓的爱国书生陈训慈

陈训慈，字叔谅，1901 年出生于浙江慈溪，是中国近代著名史学家、图书馆学家，曾任浙江大学教授、"清理战时文物损失委员会"副主委、浙江省文物管理委员会常务委员、文史资料委员会委员、浙江省博物馆顾问等职，是浙江省政协一至六届委员和文史资料委员会委员。父亲的一生为教育文化事业服务，尤其是为浙江教育和图书文化事业的发展做出了重大贡献，是爱国奉献的一生。

1919 年 9 月，父亲考入南京高等师范学校后又修满东南大学学分，1924 年毕业获文学学士学位，师从柳诒徵、竺可桢等名家。在校期间，父亲潜心向学，积极参加各种社团活动，是当时南高师校内重要学生团体史地研究会的核心人物，曾任总干事和编辑主任等要职。在紧张的学习生活之余，父亲积极写作，求学期间发表了数十篇论文，在史学界崭露头角。

大学毕业后，父亲曾短暂入职上海商务印书馆编译所，从事编译工作。离职后，父亲执教于宁波效实中学，创办了《爱国青年》，也曾建议宁波市政府建设宁波公共图书馆，这也成为父亲后来被委任为浙江省立图书馆馆长的重要原因。1927 年，父亲离开宁波，在杭州任教于浙江省立第一中学（今杭州高级中学）第二部。1929 年春，父亲被国立中央大学（今南京大学等）史学系聘为讲师，讲授中国近代史和西洋近代史。当时各大学西洋近代史课程一般由欧美留学回国者担任，他不甘示弱，备课、编讲不遗余力，讲课效果颇获史界好评。最终积劳成疾，于 1931 年 8 月辞职回慈溪老家休养。

1932 年 1 月，父亲出任浙江省立图书馆馆长。在任上，他以"如慈母一样的和蔼，如学生一般的勤慎，如赤子一样的热忱，如战士一样的牺牲精神"，锐意开拓进取，不断改进和提高各项业务工作，开创了诸多图书馆事业中的第一。在全国率先日夜开放和开架借阅，扩大馆外图书流通，实行省内通讯借书和市内递送借书。在普及社会服务的同时，积极倡导学术研究，创办了《浙江省立图书馆月刊》《文澜学报》《图书展望》等刊物，以及附于杭州《民国日报》发行的《读书周报》。其中尤以《文澜学报》以"三高"（作者知名度高、文章学术性高、读者品位高）的特点名噪一时，迄今在海内外犹有影响，虽只出了七期，已重印数次。父亲还十分重视文献图书征集和展览，在他短短几年任内，举办文献展览不下十余次，较大规模的有丁氏文物展览、本馆文物展览，其中尤以1936年举办的浙江文献展览会，影响广泛而深远，展出文物六千余件，吸引观众七万六千余人次，各地嘉宾，如于右任、邵元冲、张元济、蒋复璁、马衡等也纷纷从京沪等地赶来，成为当年轰动全省、影响全国的一大盛事。卢沟桥事变爆发，父亲联络浙江大学和西湖博物馆、国立艺专等单位，出版了《抗敌导报》，自任主编，亲撰《我们愿是全国总动员中的一员》等文章，在抗战救亡运动中起了积极的作用。凡此在父亲率领全馆人员的努力下取得的业绩，使得浙江省立图书馆在全国图书馆界的地位和影响力得到很大提升，成为全国第一流图书馆。著名图书馆事业家顾廷龙先生就认为，民国时期"省立图书馆作出较大贡献者，当推先生（柳诒徵）主持之江苏省立国学图书馆，陈叔谅先生主持之浙江省图书馆，经费不腆，人员寥寥，而成绩可观，为学术界所赞扬"。

抗日战争全面爆发后，父亲毁家纾难，竭尽所能地保护浙江省立图书馆馆藏资源，尤其是文澜阁《四库全书》等善本古籍，为此他四处举债，到处找人，最终才解决了阁书顺利转移所需要的经费和交通工具两大难题。父亲在运出《四库全书》等善本古籍后，又冒着生命危险返回杭城，将大批线装书和外文图书运出，他最后撤出杭城，三天后杭州就沦陷了。除了保护浙图馆藏外，父亲也为宁波天一阁藏书的转移付出了巨大心血，正是他的致函，教育部长陈立夫方才电令浙省协助转移天一阁藏书。

父亲勠力于运书护书的国家民族大事，牺牲的是小家。他为全身心投入工作，与母亲商量，只留老大在身边，让已怀孕七八个月的母亲带领五个孩子回乡避难。由于旅途劳顿，母亲回乡就小产血崩，性命攸关，幸有舅家鼎力相助，始得延医治病逐渐康复。可以说，正是由于父亲的努力，现在我们方能看到文澜阁《四库全书》和天一阁藏书等存留于天壤之间。亲历阁书运迁和保管始终的毛春翔先生在《文澜阁四库全书战时播迁纪略》一文评曰："……八载深锢边陲，卒复完璧归杭，是谁之力与？曰陈叔谅先生之力居多。……皆赖先生主持维护于其间，前丁后陈并垂不朽。"而今文澜阁《四库全书》西迁沿线城市如富阳、桐庐、建德、贵阳等地纷纷建设纪念馆与央视相关纪录片的摄制就是对父亲这一贡献的最大肯定。

父亲在服务于浙江省立图书馆同时，1936年秋受聘浙江大学兼职教授。1938年4月，浙图运书告一段落，教育厅准其"停薪留职"，即应聘浙大史地

陈训慈先生

学系专任教授，随浙大西迁辗转江西泰和到广西宜山，在三个学期中有二学期皆任课三学程。1938 年 8 月兼任图书馆主任，此外代编《校刊》两个月，并为抗日宣传刊物《国命》供稿。其能力和敢于担责的精神深受竺校长肯定，于 1939 年 2 月指派他去浙江筹办浙大分校。7 月上旬，父亲勘定龙泉南乡坊下村（今称 "芳野"）曾家大屋为浙大浙东分校校舍；7 月下旬，在永康主持了龙泉分校招生考试事宜。8 月初，竺可桢先生正式函聘父亲为浙江大学龙泉分校主任兼教务主任。1940 年 3 月，因学生等因素，父亲辞去龙泉分校一切职务，也婉拒了校长竺可桢的挽留，远赴重庆。虽然离开了浙大，但父亲和浙大的情谊一直存在，无论是学校经费还是学校发展，父亲都竭尽所能。1944 年 12 月初，日军西进，危及湄潭，浙大面临再迁，教育部朱家骅有停办浙大并入中大之议，12 月 11 日竺可桢先生收到了这份电令，这于浙大师生来说犹如晴天霹雳。为浙大前途计，当晚竺可桢致电父亲了解相关情况，知道战事有转机，陈布雷主张浙大留在原处。蒋介石已照准拨给浙大 1000 万元，只待教育部命令处置，电报也已发出。听闻此高层消息后，竺可桢对于如何应对教育部电令已然很是从容了。

在重庆期间，父亲除了帮助兄长陈布雷处理各类文教事务外，也曾任 "清理战时文物损失委员会" 副主委。该会是为了调查战时中国文物损失而设，这为日后从日本接收战时被劫夺文物提供了依据。由于战后复员等因素，"清理战时文物损失委员会" 人员一直未能到位，会务工作也未能有效开展。为了顺利推进该会的各项工作，在教育部长朱家骅多次敦请下，父亲克服各种困难出任该会副主

情系桑梓的爱国书生陈训慈

任委员（朱家骅原拟聘父亲为主任委员，父亲坚拒之）。因为主任委员杭立武是教育部次长，长期在南京，难以有效主持工作，所以会务运作和人员安排等方面工作都是由父亲筹划。父亲积极筹划，多方联络，有力推进了会务工作。虽然战后物价飞涨，生活困苦，但会中工作人员依旧满怀爱国热情，认真细致地做好战时文物损失情况调查，最后统计结果是：

历史古迹类：受损 741 处

书画类：公、私损失 15,000 多件

古器物类：公、私损失 16,000 多件

碑帖类：公、私损失 9,300 多件

图书类：公、私损失 300 多万册

杂件类：公、私损失 60 多万件

由于美国的偏袒，在日本的被劫文物接收工作并不顺利，而"清理战时文物损失委员会"也在 1947 年 4 月结束了它的历史使命。

新中国成立后，父亲被聘为浙江省文物管理委员会常务委员，任文管会的保管组组长兼图书资料室主任，主要负责征集有用图书。现存不少太平天国史料与"吴煦档案"等就与父亲有很大关系。1956 年 8 月，父亲在《杭州日报》发表《关于西湖古墓古迹》一文，对一些拆除西湖周边坟墓的意见提出了批评。父亲认为："第一，按照国家有关法令，古墓是不得随意拆除或改建的；其次，在坟墓的形式上，是有讨论的余地，但并非一律都是浇上水泥或三合土的；第三，纪念历史人物的方式，我仍然把古墓方式肯定，再用别的形象补充。"这无疑对保护西湖周边名人墓葬起到了一定作用。

父亲在繁重教学和图书文化工作间，也勤于著述。早年编撰和翻译了《五卅痛史》《近世欧洲革命史》《世界大战史》《人类的故事》《中国近世史》，还发表了《清代浙东之史学》和《史学蠡测》《浙江图书馆小史》等一批论文。在重庆期间，撰写发表了《清代的粮食政策与今日的粮食问题》《论文物的收复与对日的索偿》等数十篇文章，并与人合作校点、节编《宋元学案》一书。1980 年，父亲退休家居，但他并没有闲下来，和方祖猷合作编撰了《万斯同年谱》，整理印刷了堂兄陈屺怀的《晚山人集》和《天婴诗辑》，撰写了大学老师柳诒徵和竺可桢的回忆文章，并向他们后人和相关研究机构提供了许多自己珍藏的历史资料。对于青年后学，他也循循善诱，诲人不倦，做到了有求必应。这对于一个八旬高龄的老人来说是非常难能可贵的。

1991 年 3 月末，为了起草一个政协提案，父亲一再推敲，再三删节，一直写到午夜，突发脑血栓而陷入半昏迷状态，口中尚反复不断说"政协提案、政协

提案……"，急送浙江医院抢救后苏醒。在此后的 40 余天里，他依旧念念不忘起草三个提案：一是请扩建浙江省图书馆馆舍案；二是请把浙江博物馆馆藏反映历史的展品和反映自然的展品分为两个馆，另建自然博物馆案；三是在孤山重建对兴办新教育有功的林启墓葬案。三个提案没有全部完成，他就已心力不支倒下了，于 1991 年 5 月 13 日病逝于浙江医院，享年 91 岁。

父亲逝世后，多位党和国家领导人发来唁电或送来花圈，遗体安葬于南山公墓，老友沙孟海题写墓碑碑文。父亲的逝世，令文史学界、图书馆学界和博物馆界与父亲的学生们悲痛万分。除了发来唁电、敬献花圈、参加追悼会外，他们还纷纷撰写纪念文章，回顾与父亲交往点滴，浙江省博物馆将之结集为《陈训慈先生纪念文集》，后来浙江省图书馆在父亲百岁诞辰之际又召开了父亲百年诞辰纪念会，王效良编纂了《陈训慈先生百年诞辰纪念文集》。

父亲的一生，是光明磊落、淡泊名利、赤诚报国的一生。无论是在学校，还是在图书馆、文管会、博物馆，乃至退休之后，他都是兢兢业业，竭力贡献自己的才情。他的一生，是情系桑梓的一生，是爱乡爱国的一生，是为爱国一书生。

陈思佛

陈训慈夫妇合墓

文学家、教育家陈企霞

　　陈企霞先生（1913—1988），浙江鄞县人。称其为先生，并非一般的尊称，因为他确实曾一度是我的老师。20世纪60年代初，他是在原杭州大学历史系等几个系科教授公共写作课程的中文系教师。在陈先生最初走进我们课堂之前，就隐隐约约地听到过关于他的一些特殊的传闻。至于对于他的生平业绩乃至人品的了解和敬仰那是以后的事了。

　　陈企霞1925年入宁波甲种商业学校。1927年外出谋生，历任银行练习生、工场工人、布店雇员。1931年开始发表小说、散文，次年来到上海。在那里结识作家叶紫，合作创办无名文艺社，出版《无名文艺》旬刊、月刊，不久加入中国左翼作家联盟。1933年到沪西郊区从事工农教育，加入共青团。后两次被捕，出狱后继续从事抗日救亡工作，组织进取社、读书社和抗日救国会。1935年在上海加入中国共产党，1940年赴延安。先后在中央青委宣传部、《解放日报》副刊部

陈企霞先生

工作，参加延安文艺工作座谈会。1945年参加华北文艺工作团，华北文工团并入华北联合大学后，任联大文艺学院文学系主任，参与编辑《北方文化》《华北文艺》等刊物。

新中国成立后，陈企霞曾历任全国文联作协秘书长，《文艺报》副主编、主编、中国作协第二、四届理事。1955年因"丁玲、陈企霞反党集团"冤案而受到错误处理，1958年后调任杭州大学中文系教师。直到1979年得以平反，恢复名誉。1980年后历任中国作家协会浙江分会副主席、北京《民族文学》杂志主编，著有评论集《光荣的任务》等。1988年在杭州去世（享年75岁），安葬于杭州南山陵园老干部园区。

正是"丁陈反党集团"一案，使陈企霞长年蒙受莫大的冤屈。陈慕怀（陈企霞之子）在回忆这段往事时是这样写的：新中国成立后的文艺界并不平静。《文艺报》作为文艺评论的一个重要阵地，从它创办伊始，就经历了不少磨难，成为政治运动中最为敏感和最不平静的是非之地。陈企霞作为《文艺报》日常编辑工作的主要负责人，工作并不怎么顺利。对《文艺报》和他个人的批评直到后来的批判斗争，可以说是步步紧逼，步步升级的。所谓丁玲、陈企霞的问题，发生在1955年作协机关肃反运动中。开始是追查一封向中央反映有关《文艺报》问题的匿名信。用匿名信的方式向中央反映问题，从方式方法上说并不一定对，但也说明了一个问题，即那时党章中规定的民主渠道不那么畅通，有些问题反映不到中央，所以有人才用此迫不得已的"下策"。当时文艺界的主要负责同志根本不研究讨论一下"匿名信"反映的问题是否属实，是否有道理，不仅不从自己的角度检查一下领导作风和工作缺欠的问题。反而在追查它的作者方面大做文章，急欲用对待敌人的方式，对反映问题的人处理整肃，杀一儆百。应该坦率地承认，父亲在"匿名信"问题上是有一定责任的。信虽不是他自己写的，但信中的内容确是他提供的。他的意图很显然，过去对《文艺报》处理不公正，希望中央重新考虑纠正。中国作协党组为此先后召集了16次党组扩大会议，约70人参加，最后向中央写出了《关于丁玲、陈企霞等进行反党小集团活动及对他们处理意见的报告》。报告中列举了"丁陈集团"在《文艺报》搞"独立王国"、"抗拒领导"、"不执行党的文艺方针"等一系列"反党罪行"。自此，作为这一"反党集团"的头目之一的陈企霞陷入了政治泥潭而难以自拔，不久又被戴上"右派分子"的帽子。

想来20世纪60年代初陈企霞作为写作课教师走进我们的课堂时，正是在遭此劫难后的不久。然而当时在讲台上的陈先生，纵有汹涌波涛在心中，却仍是那样的自信不惊、坦然执教。一头向背后梳理得十分光洁的发型，配以一副金丝边眼镜，讲课时，略显清瘦的脸庞上偶尔会掠过一丝莫测的笑容。一次，他大

文学家、教育家陈企霞

概对我交上的一篇习作较为重视，在批语中还特地写了要我去他住处河南宿舍 X 幢 X 室一趟，我当然是遵嘱如约登门拜访，尽管那次聆听陈先生面授时间短暂，给我留下的印象却至今不忘。

"文化大革命"风暴骤起后，就因姚文元的一句"不要忘了杭大还有一只死老虎陈企霞"，陈先生再一次无辜遭受劫难。后来听毛昭晰先生谈起，那时陈先生在每次挨批斗后，陈师母总是烧好一只鸡在家等他回来一道用餐。幸好有师母的抚慰和悉心照料，终于使陈先生又一次从劫难中挺了过来。20 世纪 80 年代初平反后他返回北京，曾任《民族文学》主编等职。

"我无能于花言巧语而背弃真理"，是陈企霞先生一生的真实写照。

盛久远

陈企霞先生墓

现代数学拓荒人、教育家陈建功

陈建功（1893—1971），字业成，浙江绍兴人，杰出的数学家、数学教育家，现安葬于杭州南山陵园。早年在浙江大学数学系任教 20 余年，后入复旦大学执教，后曾任杭州大学副校长。研究领域涉及正交函数、三角级数、函数逼近、单叶函数与共形映照等，是我国函数论研究的开拓者之一。

陈建功出生于浙江绍兴府城里（今浙江省绍兴市），为家中独子，有六个妹妹。父亲陈心斋是城中慈善机构同善局里的一名小职员，家境贫寒。陈建功 5 岁时开始附读于邻家私塾。他聪颖好学，几年后就进了绍兴有名的蕺山书院。1909 年，考入绍兴府中学堂（现绍兴市第一中学），受教于鲁迅先生。1910 年，进入杭州两级师范的高级师范求学。

陈建功从小好学，一向是文理兼优的好学生，数学尤其突出。1913 年至 1929 年，陈建功三次东渡日本求学，1929 年获得日本理学博士学位，成为 20 世纪初留日学生中第一个获得理学博士学位的中国人，也是在日本获得这一荣誉的第一个外国科学家。

陈建功先生

辛亥革命后的 1913 年，胸怀"科学救国""教育报国"强烈愿望的陈建功虽然家境贫寒，仍自筹路费去日本留学。1914 年，陈建功取得官费待遇考入日本东京高等工业学校学习染色工艺，然其数学志趣不减，同时又考取了一所夜校——东京物理学校。于是，他白天学化工，晚上念数学、物理，夜以继日地在两校发奋学习。1918 年，他毕业于东京高等工业学校，翌年春天又毕业于东京物理学校，满载学习成果回到祖国，在浙江甲种工业学校教染织课程。虽然教学任务繁重，但陈建功对数学的爱好有增无减，在教学之余发起并指导了一个数学兴趣小组。

1920 年，归国不久的陈建功第二次到日本，考进日本东北帝国大学数学系。次年，还是一年级学生的陈建功，在日本《东北数学杂志》上发表了他的第一篇论文《关于无穷乘积的几个定理》。这是中国学者在国外最早发表的一批数学论文之一，是标志着中国现代数学兴起的一件大事。在此期间，为了解国际数学界的最新动态，他努力学习外文，掌握了日、英、德、法、意、俄六种文字，并能熟练运用日文和英文。1923 年，陈建功在东北帝国大学毕业后，回国任教于浙江工业专门学校，次年应聘为国立武昌大学数学系教授，从此开始了他的大学教学生涯。

1926 年，陈建功第三次东渡日本深造数学，进入东北帝大数学系跟随博士生导师藤原松三郎，致力于三角级数论的研究。当时，世界上许多一流的数学家都在极力企图解决一个难题：如何刻画一个能用绝对收敛的三角级数来表示的函数。1928 年，陈建功独立地证明了这类函数就是所谓的杨氏卷积函数。他的论文《论带有绝对收敛的傅氏级数的函数类》发表在《日本帝国科学院院刊》第 4 卷上，令国际数学界为之瞩目。1929 年，他通过答辩取得在日本极为难得的理学博士学位，成为日本授予博士学位的第一个外国人。同年，在日本数学界已闻名遐迩的陈建功以"我来求学，是为了我的国家，并非为我自己"的初衷谢绝了师

陈建功先生

友的诚挚挽留和高薪聘请，怀着科学救国的理想，毅然回国。

为感谢恩师的教诲，1930年，陈建功在自己研究工作的基础上，综合当时国际上的最新成果，用日文撰写了专著《三角级数论》，首创了许多数学用语和译语，一直沿用至今，此书也成为国内外重要的参考文献。

学成归国的陈建功，应聘到浙江大学，任数学系主任、教授。1931年，在陈建功建议下，浙大校长聘请留日归国的数学博士苏步青任浙大教授，并接替陈建功任数学系主任。自此，陈建功与苏步青强强联手，创办数学讨论班，创造了我国现代数学发展的"黄金时代"——主导并推动了函数论与微分几何研究进入世界一流行列，20余年里，为国家培养了程民德、谷超豪、夏道行、王元、胡和生、石钟慈、沈昌祥等大批数学家，形成了国际上广为称道的"浙大学派"（史称"陈苏学派"）。

1937年，抗日战争全面爆发后，浙江大学从杭州出发，不断西迁，历经浙江建德，江西吉安、泰和，广西宜山，辗转跋涉五千里，于1940年2月先后抵达贵州遵义、湄潭，并在两地分别建立起浙江大学工学院与浙江大学理学院。在生活极端困苦的情况下，他的数学研究与教学仍然弦歌不辍。他表示"决不留在沦陷区"，"一定要把数学系办下去，不使其中断"。

陈建功不但是一位数学家，也是一位杰出的教育家。他早年提倡国语讲学，自编中文数学教材，是最早把西方现代数学较全面地引入中国的先驱之一。他历任复旦大学教授、杭州大学副校长等职，是中国科学院数学物理化学部委员。40余年来，他一直从事教育和科研工作，为祖国培养了大批数学工作者，他的不少学生，已是我国数学研究部门和高教战线上的学术带头人和骨干。

1952年，全国院系大调整，陈、苏二人及其弟子连同浙大数学系一起进入复旦大学数学系，在复旦大学建立起一支数学队伍，他指导研究生，着重培养和训练学生的独立研究能力和基本研究方法，使他们尽快进入科研领域。

1955年，陈建功当选为新中国中科院首批学部委员（院士），数学研究所研究员。1956年，陈建功同吴文俊、程民德、华罗庚等人代表中国参加苏联和罗马尼亚数学会议并作大会报告，函数论的成果受到国际同行高度赞誉。

1958年，杭州大学成立，陈建功被任命为副校长。繁重的行政事务丝毫没有减弱他对数学事业的追求和热情。他系统总结了新中国成立以来函数论的研究成果，为学科建设指明了方向；同时，编著出版了《直交函数级数的和》《三角级数论》《实函数论》等书，成为中国数学的宝贵文献。

长期从事数学的教学和研究工作，对函数论特别是直交函数级数论、三角级数论、单叶函数论和函数逼近论等方面理论问题的解决做出了重大贡献，他和华罗庚、苏步青一起被誉为中国当代三大数学家。

为纪念陈建功，在故乡绍兴当地政府设立了建功中学，在母校绍兴一中建有建功楼，为国家源源不断地输送优秀人才。

今天，中国的数学再次迎来发展的"黄金时代"。陈建功所开创的事业、未竟的梦想正在一代又一代数学家的努力下继往开来、蓬勃向上。

王卓尔

陈建功夫妇合墓

满腹才华付文坛的戏曲家、教育家陈楚淮

浙江瑞安林垟，是一处典型的江南鱼米之乡，这里水网交错，阡陌纵横，风光秀丽。1908年，一代剧作家、语言学大师陈楚淮正是诞生于此。

陈楚淮，字江左，笔名阿淮、秋蘅、蘅子，自小天资聪颖、勤奋好学。青年时期，他尤爱戏剧创作，被文学史研究者誉为新月派戏剧创作中的一枝独秀、唯美派的剧作家，同时也是我国30年代探索试验现代戏剧的代表人物。后来他转战英语教学研究，为浙江省的英语教学和英语人才培养做出杰出贡献。

才华横溢的戏剧家

陈楚淮自幼喜读古文杂书，就读于瑞安县立中学。1924年，陈楚淮考入南京东南大学（后改为南京国立中央大学）预科班，后就读于外文系。在这里他大量阅读中外文学作品，开始对戏剧产生浓厚的兴趣，并与同学一起组织"香泥文

陈楚淮先生

社"和"樱花剧社"等文学社团，在学校组织排演戏剧并尝试创作。而这一时期外文系主任正是新月派主将、著名的爱国诗人闻一多。闻一多很快就发现了这个瘦瘦高高、拥有强烈艺术感受力和文学创作力的学生。在他的介绍下，陈楚淮认识并得到了诗人兼美学教授宗白华、美籍小说家赛珍珠，以及诗人徐志摩，剧作家洪深、余上沅，文学批评家梁实秋的赏识和指点。1928年，陈楚淮的首部戏剧作品《金丝笼》发布在胡适、闻一多、徐志摩等创办的《新月》杂志上。随后一发不可收拾，他又创作了多部作品并发表，成为《新月》杂志发表话剧最多的一个，而陈楚淮也被自然而然地列入了新月派的文学圈子。

1929年大学毕业后，经闻一多先生介绍，陈楚淮先后到江苏东海中学、山东省立第一中学、山东戏剧实验学校、上海暨南大学任教。任教期间，他仍坚持创作。1930年，中华书局出版了陈楚淮的第一本戏剧剧本集《金丝笼》，收有四篇剧作《金丝笼》《药》《韦菲君》《幸福的栏杆》。这一时期他还创作了独幕话剧《桐子落》《浦口之悲剧》《骷髅的迷恋者》等，成为新月派后期戏剧创作中的一枝独秀，而这一时期也是陈楚淮戏剧创作的第一个高潮。

抗战全面爆发后，陈楚淮在"八一三"炮火中匆匆离沪，他回到浙南，先后接受迁址青田的温州中学、丽水碧湖联合高级中学之聘，在青田、碧湖任教，并担任《战时中学生》杂志特约撰稿人。1940年，浙大龙泉分校主任郑晓沧邀请他去龙泉分校任教。战争的炮火让陈楚淮目睹了被蹂躏的中国人民深重的苦难，怀着强烈的爱国主义热情，陈楚淮迎来了他的第二个创作高潮。从1942年至1944年，他共发表了五部抗日戏剧:《铁罗汉》《周天节》《血泪地狱》《黑旋风》和《有刺的玫瑰花》，揭露日本侵略者的骄横和凶残、汉奸们的卑鄙无耻，并塑造一系列爱国的中华儿女和大义凛然的抗日英雄形象。特别是《铁罗汉》《血泪地狱》曾在温州一带多次演出，激励了一方人民的斗志。随着1941年他的最后一部戏剧《黑旋风》的发表，陈楚淮的第二个创作高潮也就结束了。从此，陈楚淮的话剧创作就此封笔，只是偶尔写一些散文、随笔以及诗作。

纵观陈楚淮的话剧作品，早期的陈楚淮体现出更多对社会人生的热切关注。他的《药》和《浦口之悲剧》都表现出了对底层劳动者悲剧生涯的同情，而《金丝笼》和《韦菲君》则以现代知识分子为表现对象。《金丝笼》讲述了主人公茹心对个性自由、婚姻自主的追求，对封建伦理家庭的反叛。《韦菲君》则展现了一个性格纯良的现代知识女青年韦菲君在都市文明中迷失，掉入痛苦深渊的悲剧人生。二者都反映了陈楚淮对现实社会的关切，对民众生存环境以及由生存环境变化所导致的内在心灵冲突的关注。抗战时期，陈楚淮则一改其社会剧的创作倾向，用手中的笔刻画出了一批批有血有肉、有爱有恨的抗日志士。他的《铁罗汉》《周天节》《黑旋风》，高扬爱国杀敌斗志，主人公大多舍生取义，不畏日寇，誓死捍卫民族尊严，具有强烈的宣传鼓动性。而《血泪地狱》则是一部从更广阔的社会层面，波澜壮阔地展示了中华儿女同仇敌忾、反抗侵略的爱国史诗剧作。除此之外，陈楚淮创作最成功的便是象征剧《骷髅的迷恋者》和《桐子落》。这两部作品更多地反映了人的精神世界，采用超越现实主义与浪漫主义的艺术设计。《骷髅的迷恋者》让诗人、仆人、歌女、死神一起出场，反映出陈楚淮对生命本真的严肃思考，具有浓厚的先锋色彩。而《桐子落》充满凄厉、阴森的氛围，从更深层次展现了旧社会在底层劳动者身上所加诸的苦难和烙印。

　　作为一名话剧家，陈楚淮的创作时间并不长，主要集中在 20 世纪三四十年代，但他的作品数量并不算少，总共有 3 部多幕剧，9 部独幕剧，共 12 个剧本。他的作品中张扬着独特的创作个性和审美特征，反映出时代的生动呼吸与脉搏，蕴含丰厚的民主进步思想与爱国热情，作为中国现代戏剧的一颗闪耀明星，陈楚淮应该被铭记。

大名鼎鼎的外语教授

　　与短暂的话剧创作相比，陈楚淮在外语教学和人才培养方面可谓倾注了毕生心血。1944 年，浙江大学龙泉分校主任路季纳第二次邀请他赴龙泉分校任教。抗战胜利后，他便随浙江大学一起迁回了杭州。

　　新中国成立后，以工科为主的浙江大学，急需培养一批懂翻译的专业人员。此时的陈楚淮考虑到党和国家对人才的现实需要，毫不犹豫地压下了创作欲望，全身心投入浙大外语系的建设中去。他自学俄语，并挑起俄语教研室主任的重担。60 年代随着中苏关系转变，浙江省要求浙大办英语和德语教师培训班，陈楚淮再一次响应号召，重新回到英语教学工作岗位。从此他与外语系青年教师一道办了一期又一期的外语师资训练班，培训出一批又一批优秀的外语骨干。

　　已近花甲之年的陈楚淮，精神矍铄，腰板笔直，他上课声音洪亮，中气十足。当时前来培训的学生英语水平普遍较低，听力尤差。陈楚淮却坚持全英文授课，刚开始受到了学生们的反对。但一段时间后，绝大多数学生都逐渐听懂了。正是在陈楚淮认真严格、自成一派的英语教学中，培训班的学生英语水平大大提高，他们有的后来回到本地成了当地中学外语教师中的中流砥柱，有的则留在浙大，成为浙大英语教学的优秀骨干。

　　陈楚淮的英语水平极高。他不仅语言知识丰富，而且对英语语法和惯用法

满腹才华付文坛的戏曲家、教育家陈楚淮

的教学和研究有其独到之处。正是凭借其深厚的英语功底，他常常能将复杂的语言现象讲得通俗易懂，使学生毕生难忘。此外，陈楚淮还充分发挥其文学专长。他常常与学生们分享希腊神话，以扩展学生的文化视野；也常常朗诵英语诗歌，带学生走进英语世界的文学殿堂。他反对学生死背单词，希望学生在英语的自然语境中去学习。

退休后的陈楚淮仍心系英语教学的发展。每每系里的晚辈前去拜访，他总是热情接待，殷切嘱托，叮咛晚辈不仅要教好书，更要做好教学研究工作。他一生埋头治学，心无旁骛，时常手不释卷、孜孜不倦。在陈楚淮的书上，到处都能见到他写下的批注，一字一句，一圈一画，都是平时刻苦积累、勤勉治学的见证。正是因为陈楚淮渊博的知识积累，丰富的英语教学经验，1971年退休后他迁居安徽合肥，之后仍被教研室同仁邀请回杭州，给年轻教师义务答疑。许多年轻老师还时常上门求教，向陈老请教一些英语语言问题，问一些冷僻的英语词语。而这时，陈老往往能脱口而出，可见其英语词汇积累之丰厚，被时人誉为"活字典"不无道理。

陈楚淮的一生，年轻时醉心戏剧创作，后半生专攻英语教学。在他的笔下，留下了一部部脍炙人口的作品，一段段可歌可泣的故事，成为灿若星河的中国现代文学史的一颗闪耀明星。而他从教五十余年，对英语教学始终执着追求，对教书育人坚持久久为功，同样值得后人称颂和纪念，杭州南山陵园陈楚淮的墓地，也成为学子们的缅怀之所！

张文馨

回忆我的导师陈立先生

"我爸今去世了，亦平。"

短短8个字的手机短信，看了好几遍，我的大脑才把这8个字的精确含义告诉我：从现在开始，我再也听不到那位老人慈爱、有时带点严厉的嘱托和教导了———我的导师，陈立先生去世了（亦平大姐是先生的长女）。

虽然明白生老病死是自然规律，但我仍难以一下子接受这个事实，因为先生是我心目中的奇迹。

陈立先生

初识先生

1996年初夏的一天，我来到杭州大学（1998年并入今浙江大学）心理系参加研究生复试。当时我报的是管理心理学专业，但事情发生了难以预料的变化。

系里的一位老师先找我谈话，说是95岁高龄的陈立先生要招我入他的门下学习，专业改为教育心理学。

还没等我完全理解这件事情，在一间整洁的办公室里，我见到了一位精神矍铄的老人——陈立先生。

看着当时什么都一知半解的我，先生带着浓重的湖南口音清晰而恳切地解释了自己招生的原因：那些年，社会上流行各种早期教育计划，先生认为，其中很多是把应试教育提前施加于低龄儿童，有些甚至提前到出生前。先生痛感其违背儿童心理发展规律，拔苗助长，误人子弟，于是决定力拒俗流，深入研究并提倡真正的素质教育。

那以后，我时常惊叹于这位年近百岁的老人有着那么清晰、活跃的思维，而且，他总能了解到学科的最前沿发展。

1997年，先生在《心理科学》杂志上发表了振聋发聩的《平话心理科学向何处去》一文，引起了心理学界对心理学发展方向的大讨论。

颜回景仰孔子的那句话："仰之弥高，钻之弥深，瞻之在前，忽焉在后"，用在我对先生的景仰上，是再合适不过了。

叹为奇迹

让我叹为奇迹的还有先生健康、灵活的身体。

先生一生喜爱运动，甚至到了老年，只要有机会仍要活动一下筋骨。在96岁之前，每到夏天他都要坚持游泳。正因为爱活动爱自由，印象中，先生隔几年就会摔一次跤，但一般都无大碍。

第一次听说先生摔跤是在读研第一年的寒假。

那天，我打电话问候先生春节好，先生直白地回答："我不好。摔了一跤。"

我当时吓了一大跳，以先生的年龄，摔一跤可不得了，于是赶紧返校看望先生。

一到先生家里，我又呆了：情况完全不是我想象的那样！先生已经恢复如常行动自如了。

陈立先生

还有一次，是2001年夏秋之交，我陪着先生和师母，参加《时报》组织的一次活动——十八对有情人重走梁祝十八相送路。

当时为了等"大部队"随后赶到一起活动，我先陪着先生和师母在湖畔居茶楼喝茶。在大厅里，我扶着先生，两人都贪恋着窗外的西湖美景，疏忽了脚下，一不小心，两人一起摔倒！我当时脑袋"嗡"的一下，大大晕了一把：闯了大祸了！

哪想到，先生爬起身来，掸掸灰尘，没事了！而且随后的活动中，先生又努力争取独立活动。在万松书院的山脚，我拉都拉不住，先生执拗地非要攀那高高的台阶。叫人怎能不佩服！

最近的一次，也是我所知道的先生最后一次摔跤，是在2002年夏天。这一次比较严重，骨折了。但是，手术之后不久，先生又可以下床活动了。

酷爱自由的先生又一次胜利了！

慈父之爱

令我深深感叹的还有先生的慈父之心。

在先生家中，我常可以看到一个高大英俊、满脸天真的中年男人，总是沉默着。有一次，我和先生正在聊天，他跑过来亲昵甚至嗲声嗲气地说："爸爸，这是我这个月的工资，交给你。"

陈先生心疼而慈爱地接过钱："娃娃真乖。"然后很自豪地向我介绍，"这是我的大儿子亦凡，已经快退休了。他在工厂里工作，很认真的，他车出来的零件个个符合标准”。

原来，在抗战时期，先生携全家随浙大西迁，在贵州一个叫湄潭的地方，当时还是个孩子的亦凡发了高烧，因为条件所限耽误了治疗，亦凡于是永远留在了孩提时代。

在国家困难时期，工厂精简人员，亦凡回家了。

不能让孩子无所事事。先生一方面和工厂商量，让亦凡无偿为工厂干活，另一方面，为了不伤亦凡的心，先生每月从自己的工资里拿出 20 元钱请工厂作为工资发给亦凡。就这样，亦凡实际上无偿为工厂工作了 20 年。

对于大儿子亦凡，先生虽然觉得很惋惜，但他仍很自豪，因为亦凡尽力做到了最好。

赤子之心

和先生交往的这些年，有一件事情对我的心灵震撼极大。

那是 1999 年春暮夏初的一天，突然听到骇人的消息：中国驻南联盟使馆被炸！匆匆赶到先生家，先生正在看新闻，神情凝重。我不敢多说什么，默默地在一旁陪着。

陈立夫妇合墓

猛然地，先生一把抓住我的手，痛哭起来。一开始，我完全不知所措：百岁的老人家痛哭流涕，我该如何劝慰呢？

　　镇定了一下，回想先生为了振兴祖国留学海外、学成归国奉献终身，我开始理解一位老人的赤子之心！

　　现在，先生带着一颗赤子之心永远离开了，终于在南山陵园得以长眠。

　　但我似乎觉得，先生依然像往常那样在家里，或者疗养的医院病房里，精神矍铄地如约等我去看望他。

　　如果先生不在那熟悉的靠背椅里，或者病房里，那一定是我没有事先约好，先生趁空出门散步去了。

　　等会儿吧，等会儿，先生就回来了。

胡晓蕾

一生真善美、百岁精神气的陈玲娟

母亲陈玲娟，画名令九，1914年5月15日出生在浙江宁波慈溪（今余姚）三七市镇官桥村的名门之家。早年毕业于杭州艺术专科学校（现中国美院），后考入国立中央大学艺术系。毕业后在成都南虹艺专（现四川美院）等校任教，1946年应徐悲鸿邀请赴北平艺专任教（现中央美院），毕生从事美术教育，是著名美术教育家、国画家。美术界评价：陈玲娟先生用一生的求学、一世的传授，勾连起中国最重要的三所高等美术院校，见证和推动中国近现代美术史和美术教育史的进程和发展，是中央美术学院、中国美术学院、四川美术学院最长寿的老校友。

母亲从小生活在诗书氛围浓厚的大家庭中，深受中国传统文化熏陶。外祖父陈依仁乐善好施，开办学堂，族中邻村儿童免费就读，开农村办学之先河。家族中父母兄长的爱国爱乡情怀和对文化的热爱，母亲从小耳闻目睹，深深影响着她的一生。正如许嘉璐先生在给母亲的百岁贺诗所写："三代英才欢煞人，风风雨雨历多春。欣逢盛世仁者寿，更愿丹青垒后薪。"

母亲自幼聪慧好学、喜爱美术。她在宁波甬江女中初中毕业后，考入中国近代第一所自办女校上海务本女子中学高中部。她在上海读书期间，积极投身抗日救亡运动。1931年九一八事变后，她与同学们一起登上拥挤的火车赴南京请愿，要求政府对日宣战。1932年日本发动了武装侵略上海的"一·二八"事变，驻守上海的十九路军奋起抵抗，她最要好的同学徐瑞云的父亲徐嘉礼得知抗日勇士双脚受冻，立即捐献厚毛袜6000余双，徐瑞云和我母亲等护送毛袜到前线慰劳抗日将士。她高中毕业后在上海其美小学任教三年。1935年实现自己的心愿考入杭州艺术专科学校，师从林风眠先生。在艺专读书期间母亲曾多次聆听林风眠校长谈蔡元培倡导的美育办学理念，为此她撰写了《西湖美学》，并与在浙大数学系的老同学徐瑞云合撰《数学美学》，得林校长鼓励。林风眠先生还在母亲笔记本上赠言："老老实实做人，勤勤恳恳画画。"校长的厚爱温暖了她一生。

1937 年 8 月初，为杭州文澜阁《四库全书》免遭日寇劫掠焚毁，在时任浙江图书馆馆长、她的四哥陈训慈的感召和指挥下，母亲参加了阁书大转移的紧急行动。与馆员一起将珍藏在浙图孤山分馆红楼二楼 94 个书橱中的《四库全书》和其他善本搬出，登记造册，小心装进 228 个书箱。为防止书箱受潮，她想方设法到艺专找来油画布垫箱底，又去街上购买樟脑丸和纱布，将樟脑丸装进缝制的袋中，放入书箱内。从 8 月 1 日至 4 日连夜奋战，使珍贵的国宝安全转移到抗战库书西迁首站富阳渔山秘藏。母亲晚年一直热心搜集、宣传文澜库书抗战西迁史和沿线秘藏地的保护。希望更多人铭记这段历史壮举，被媒体称为参加抗战烽火护宝最后的亲历者。浙江图书馆在唁电中评价母亲："玲娟老师曾参与在孤山红楼《四库全书》装箱清点之整个过程。此举既是受叔谅先生为图书馆文献保护殚精竭虑精神之感召，也是她在家国劫难时期，对祖国文化遗产深沉护爱之使命担当的必然行动。"

　　1939 年她考入了国立中央大学艺术系，师从徐悲鸿、张书旂等先生。在读期间，母亲的作品入选第三次全国美术展览会。1940 年底至 1941 年初张书旂在重庆创作了抗战名画《百鸽图》，作为世界和平信使，送给时任美国总统罗斯福。张先生创作时正值日军飞机对重庆疯狂轰炸，她与班里同学积极为张先生当助手，一遇空袭警报就迅即收拾作画用的宣纸、颜料转移到防空洞，师生之间在战火中结下了深厚的友谊。2016 年 G20 杭州峰会召开前，已 103 岁的母亲怀着对恩师张书旂先生真挚的师生情谊，向杭州湖滨街道思鑫坊张书旂故居捐赠珍藏历史资料。在中大艺术系，有一次徐悲鸿授课时要求以李清照《如梦令》创作一幅国画作品，母亲把诗词中"争渡、争渡，惊起一滩鸥鹭"的意境作为主题作画，徐师甚为赞赏说："玲娟构思精巧，切题达意"，亲书李清照《如梦令》赠她并勉励："愿诗情画意伴你一辈子。"在漫漫岁月中，恩师口耳相传的教诲"诗情画意"让母亲受益终身。1944 年毕业前夕，徐悲鸿先生亲赠寄语"尊德性，道问学，致广大，尽精微，极高明，道中庸"勉励她。现"尽精微，致广大"已成中央美院校训。母亲一直铭记恩师教诲，以此作为自己在艺术追求之路的座右铭。

　　成都南虹艺术专科学校是母亲大学毕业后在美术教育岗位的首站。在四川任教期间，她还通过在重庆育才学校任教务主任的中大同学梅健英捐画筹款，去育才学校短期义务教课，支持陶行知先生办学。1946 年正在上海市北中学任美术老师的母亲应徐悲鸿先生邀请，赴北平艺专任教。行前临时受命，护送徐悲鸿先生的 20 箱珍贵书画作品从上海搭乘英国轮船运至秦皇岛，再由火车转运至北平。因是战乱时期，途中险情不断。先是面对一群陌生人围着暂堆放在码头上的书画箱指指点点，企图乘乱劫走之危机，母亲反应机敏，避免了损失；后又巧对傲慢

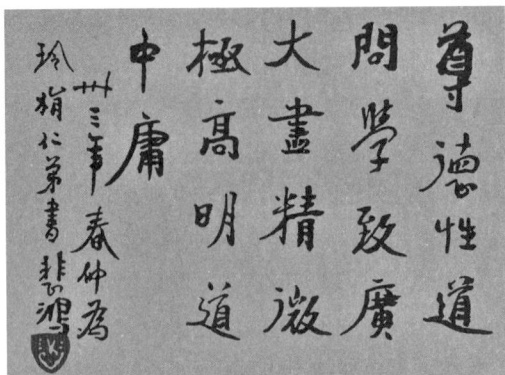

1944 年春，徐悲鸿先生亲赠寄语勉励学生陈玲娟

的英籍船长，争取到有力帮助。途中火车险些被炸。她一路机智果断，沉着应对，终完好无损运达北平。徐悲鸿称赞她："玲娟遇大事能沉住气，做事认真牢靠又有热情。"2000 年徐师夫人廖静文来杭州举办徐悲鸿画展时对我母亲说："悲鸿很感谢你，当年这二十箱书画，现都成了悲鸿纪念馆和中央美院旧藏。"1946 年母亲同吴作人、艾中信、李苦禅、董希文等著名画家一起参加由徐悲鸿先生倡导成立的北平美术家协会，即后来的中国美术家协会。

1954 年，父亲从教育部调浙江师范学院，不久母亲也随之到杭州旅游职业学校（原杭八中、杭州市综合中专）任美术教师和英语老师。同时还在杭二中、杭四中代美术课。她热爱艺术，倾心教育，充满爱心，言传身教。十分注重户外写生和动手能力练习，常带学生去梅家坞写生采茶，与学生一起动手制作教具和小手工艺品。在几十年美术教师生涯中，发现和培养了不少优秀的美术人才走上艺术之路，深受一届又一届学生的爱戴。不仅有在校直接传授的学生，还有更多在园艺、规划城建、文化旅游部门工作自学成才的学生常来请教，她都热情指导、鼓励。母亲长期供职的杭州旅游职业学校校网评价：陈老在师生中口碑极佳。

母亲百岁时，浙江省委书记赵洪祝送花篮贺生日，浙江省政协主席刘枫书赠母亲百岁贺词："桃李满天下，盛世老寿星，大齐从头越，健步到茶城。"杭州市长代表市政府向她敬赠"期颐之贺"印章，称百岁寿星是杭州城市之宝。中国美院、杭州市民进、市教育局和杭州旅游职业学校、宁波慈湖中学等发来贺信，海内外亲友欢聚杭州为她祝寿。106 岁那年，母亲荣获了中共中央、国务院、中央军委颁发的"庆祝中华人民共和国成立 70 周年"纪念章。

2018 年 3 月中国美院 90 周年校庆，母亲作为 30 年代的老校友，向国美捐赠了珍藏 80 多年的一批艺专老照片，中国美院举行了隆重的捐赠仪式，母亲在仪式上发言："我精心挑选了一批八十年前杭州艺专校园生活照送给母校，尽一个老校友的责任和表达对母校的热爱。"院领导在会上对母亲给予很高评价。

2018年12月中央美院百年校庆，她决定将恩师徐悲鸿赠予她的真迹题字精心制作成木刻匾，委托儿子专程送到北京。中央美院举行了隆重的"陈玲娟先生捐赠仪式"。中国美术家协会主席、中央美院院长范迪安先生在致辞中说："在央美百周年校庆之际，以这种隆重而简朴的方式举办陈玲娟先生捐赠徐悲鸿老院长题字木刻牌匾的仪式，有着重要意义，让我们美院人感受到来自历史、来自老校友对央美深深情感中的一份温暖。"范迪安在捐赠仪式上说："感谢前辈艺术家陈玲娟先生无私奉献的精神，得以让央美在继承和发扬优秀文化传统中发挥重要作用。我感受到百岁陈老对徐悲鸿先生由衷的敬意，感受到她高尚的人生志向和高远的艺术追求。"

母亲不仅教书育人，还创作了不少作品。著名书法泰斗沙孟海先生评论她的作品"设色妍雅，捧趣天然，是玉莹妙品"。美术界评价母亲作品用笔明快、利落，有大师风范。造型准确生动细腻，富于变化。涉及国画、版画(木刻)、水彩等多种绘画语言和山水、花鸟、人物等多种表现技法。她的作品多次在各地参展，部分作品被美术馆、博物馆、院校收藏，被国家画院收录结集出版。2015年她被推选为杭州尽致画院名誉院长。她关心浙江地域美术史的研究，积极推动举办黄公望与《富春山居图》国际研讨会。步入百岁行列之后，更是老当益壮。2019年已105岁高龄的母亲还以《浅论两董诗画人生》为题在"首届全国董邦达、董诰学术研讨会"上委托我发言。她以践行蔡元培先生当年提倡的美学教育为己任，建议在学校开设"美学美育"课程。向西湖文化研讨会提出研究《西湖美学》的课题。还潜心研究《生命美育》，重视对生命的尊重。她希望美学(育)能得到越来越多的人重视，走进课堂、走进社区、进入寻常百姓家。她关心家乡的发展，通过杭州市民进组织提出有关杭州西湖名胜区规划建设的建议，她把宁波河姆渡和田螺山遗址文化编印成卡片寄赠海外亲友。坚持用自己微薄的工资帮助有困难的学生完成学业。她经常参加各种公益事业，每逢她生日，总要参加杭州日报捐种梭梭树的活动，为甘肃民勤植树造林尽微薄之力。她向北京、贵阳、宁波、杭州、富阳、桐庐、建德、余姚、龙泉、江山等地博物馆、档案馆、图书馆、学校、街道、乡镇村等捐赠珍贵历史资料和作品。退休后她默默地坚持义务打扫楼道多年，感到很开心。2019年12月，母亲努力为中央美院和桐庐搭桥，促成叶浅予奖学金建立。母亲的爱心和奉献受到社会各界的赞誉，被称为"一个充满阳光的老人""她的每一天都是新的"，她的事迹被编入"浙江好故事"。被浙江省文明办等部门主办的"最美浙江人"大型公益活动推荐为身边的"活雷锋"。2020 年 2 月 18 日，《北京日报》用一个整版刊发了《陈玲娟：期颐之境忆风华》，全国 50 多家网站转载。回眸往事，母亲是幸运的，遇上了国内最好的学校和徐悲鸿、林风眠、张书旂等顶尖的大师级艺术家。她百岁后每年自制感恩贺卡，感恩所有关心、鼓励她的人。

2020 年 3 月 28 日母亲在杭州逝世，享年 107 岁。从首都到地方许多部门和海内外亲朋好友纷纷发唁电、寄唁函、送挽联、献花篮。正值疫情中，虽限定仪式人数，仍有领导、师生、亲友等百余人与母亲作最后痛别，令人感动。浙江图书馆全体馆员"柔荑握椽笔图山川草木惟美惟善育英才，仔肩守文脉护典籍书画不惊不怒尊范型"和杭州市旅游职业学校"一世为人师表，百年丹青永存"的两幅挽联是对她一生的生动总结。中央美院唁电中说："陈玲娟先生的离世是中国文艺界的重大损失，她以精深的艺术造诣得到了国内外同行的广泛认可，同时更以谦逊、善良的为人品格受到大众普遍颂扬，作为国画家，先生毕生的创作实践积淀更是硕果累累。先生业绩将载入史册，先生精神会昭奋来者。"媒体评价："陈玲娟的爱国情怀、责任担当、勇气智慧、对文化的热情和自觉追求，如一泓清泉，细水长流贯穿她的一生。对文化的自觉和热情，来自对中华文化的自信，这股清泉始终有坚定的流向和既定的轨道，她的内心和行为完美融为一体。"母亲与父亲合葬在杭州南山公墓，墓碑碑文是老友沙孟海早年题写的。

母亲百年来，谦和淡泊、无欲有为、诚以待人、踏实做事为乐道，家传厚道仁爱为始终。代表几届学生送的一副挽联上写道："一生真善美，百岁精神气"，我把这 10 个字作为纪念慈母陈玲娟小记的标题了。

赵一新

我把招娣留在安贤园

![云纹装饰]

陈招娣（1955—2013），出生于浙江杭州，原中国人民解放军总政治部宣传部副部长、少将，原中国排球协会顾问，中国前女排国手，第六届全国人大代表，获运动健将称号，荣立一等功，两次获得国家体育运动荣誉奖章，业内有"独臂将军""拼命三郎"之称。

陈招娣

千言万语想对你说……

山涧的傍晚是那样安静，只有溪水在哗哗地流淌，落日中的绿叶在轻轻摇曳，没有一丝丝声息。夕阳已至，人群散去，带走了世间的虚华与浮躁，一切又回到了大自然，回到了生活的起点……墓碑在逐渐逝去的余晖中静静地伫立着，身着10号运动服的青铜塑像，凝视着远方蜿蜒曲折的京杭大运河，安详自然。

陈招娣、郭晓明夫妇

现在这里只留下我和你，在寂静的落日中相视相依……安贤园——这里是招娣最后的归宿，也是我未来的终点。

只对你一个说……

1979 年冬天我们相识时，你一阵风似的闯到我的眼前，一身绿军装，高高的个子，冻得通红的脸上嵌着个小酒窝，你不断地打量我，没有任何羞涩，倒是我有些不好意思了。我们认识了，相爱了，那一刻把我们今生后世联系在一起，永远不分离。记得 1983 年你离开中国女排，我们准备结婚时，你郑重其事地问我："你下决心一辈子跟我过了吗？"当时我很惊讶，我们恋爱五年了，怎么才想起问我这个问题？你走了，我才深深地体会到你问我的含义！我要告诉你：我们永远不离不弃，永生永世。

1987 年我们有了小郭晨。你一直怨我生郭晨时没在你身边，其实是你叫我去搬家，我怎样解释你都佯装不知道故意气我，让我总是感到亏欠你和郭晨。我们一起给女儿起了很多名字，都觉得不满意，最后我说干脆就用咱俩的姓吧，你说对。在报户口的时候你把"郭陈"的"陈"改为"晨"。郭晨小的时候我和她常为看电视"打架"，一个把着遥控器一个捂着电视机互不相让。你劝我叫郭晨看我不听，你又对郭晨说爸爸比你小你让着爸爸，她也不听。你乐得哈哈笑说："两只兔子大没大样小没小样……"这些小事你还记得吗？往事历历在目，恍若昨天。你在国家队，好不容易有个假日，我们定好去香山看父母，我很粗心，没考虑你训练时的辛苦，提出骑自行车去香山，你顺从了，结果骑了一半你实在骑不动了，停下来休息时，一场瓢泼大雨把我们淋成落汤鸡，回到家里你在我爸爸妈妈面前撒娇告我的状，叫他们把我一通数落，结果老爷子开恩，用车把我们送回来。那时我们是那样朝气蓬勃，充满着青春活力，没有痛苦没有忧伤，今天你已离我而去，只离下我独自回忆那些只有你和我经历过的、永远不能忘却的往事……

那是我们曾经许下的约定

4月1日在你去世周年，按照你生前的愿望我把你送回了杭州。那天来了很多人，宋世雄、孙正平、洪钢、刘之冰、曹慧英、沈散英、大胡、宝华……还有很多你生前的朋友和不认识的杭州群众。大家都是自发赶来送你最后一程，还有很多朋友不能前来参加葬礼发来唁电。来的和没有来的人对你的一生给予了极高的评价，听着他们的回忆，我的心灵被一次次地震撼。他们所讲的、所写的都是普通的小事，你却能一件件、一桩桩踏踏实实去做好，你用一支平凡的笔抒写了自己不平凡的人生，你用自己的足迹告诉活着的人：人生道路是没有捷径的，我们每天都在书写着自己的历史，只有扎扎实实地努力，才能无愧于自己的人生。

招娣你知道吗，看到你那堆满鲜花的墓地，我真为你感到骄傲和自豪，你的人生是短暂的，却在历史长河中留下了自己的足迹。这些鲜花中没有权势，没有金钱，只有社会对你的认可和人民群众对你的怀念。你的一生是平凡的，但在平凡中包含着伟大，是你用奋斗的一生换来的，被社会、被人们认同的伟大。你说："如果说夺冠是运动员的执着追求，当将军是士兵的光荣梦想的话，那么

陈招娣墓

我现在真的是梦想成真了。不过对于我个人而言，这既是一种鼓励，也是一种鞭策。"你就是这样永远把成绩和荣誉当成对自己的鞭策，不断进取，不断追求，把自己的事业扎根在祖国、军队的四化建设中，你无愧于祖国，无愧于人民，无愧于人生！

招娣，我明天就要回北京了，我知道隆重的安葬之后一切又都会恢复到平常，眼前的鲜花也会逐渐枯萎、凋谢，只有你一人孤零零地留在了安贤园，伴随着青山绿水和永远的寂寞、孤独！一想到这我心如刀绞，不忍离去。我会常回来看你，陪伴你，不叫你孤独。招娣，我暂时走了，我把你留给我的嵌着咱俩照片的吊坠带在身上，让我们俩永远在一起。再见了！

郭晓明

梨园美髯公、德艺不老松：京剧老生宋宝罗

毛主席在 20 世纪 50 年代末到 70 年代初，曾经多次来到杭州小住。在闲暇时，除读书、散步或爬山之外，偶尔也跳舞和看戏。1963 年 12 月 25 日深夜，工作之余毛主席邀请杭州京剧团的老生宋宝罗先生唱戏，当时宋宝罗先生唱了一出《朱耷卖画》。宋宝罗先生边唱边画，平时宋先生连唱带画一般要唱八句原板才能画完一幅画，这天因是给毛主席唱，精神十分饱满，只见笔随音动，铿锵有力，运笔提声，一气呵成，只唱到四句，一只雄鸡，独立石上，昂首高歌的国画就已画好。这时毛主席已来到他旁边，连连赞赏道："宋宝罗真是多才多艺，运笔非常准确，好！好极了！"随后宋宝罗在唱声中用毛笔在画上写下"敬献给毛主席"六个字。唱完时毛主席又对宋宝罗说："你可以写上一句'一唱雄鸡天下白'吗？"宋宝罗立即题上，四周一片掌声响起，这幅作品也被毛主席带回了北京。先生一生给毛主席演唱 40 余次，也结下了戏曲情缘，成为一段佳话。毛泽东首次看宋宝罗先生的戏，可追溯到 1954 年，当年宋宝罗先生受李万春先生的邀请，加入了北京的李万春剧团，并成为该剧团的台柱之一，曾到怀仁堂为中央领导唱戏。1959 年 4 月周恩来总理来杭州开会，一天晚上周总理对工作人员说，我们晚上到胜利剧院去买票看看戏。这天晚上在胜利剧院由宋宝罗先生领衔演出《杨家将》，总理看得聚精会神，津津有味。因毛主席喜欢听高派唱腔，周总理就向毛主席推荐了宋宝罗，于是有了上面边唱边画的故事。

宋宝罗先生 1916 年出生在北京的梨园世家，乳名季生。据说因其父信奉基督，又给他取了一个教名保罗。父亲宋永珍，艺名毛毛旦，是著名的河北梆子刀马花旦，母亲杨凤云，早年唱河北梆子青衣，艺名金翠凤，后改京剧丑行彩旦，是著名坤伶北京第一名丑，当年孟小冬、孟丽君等都拜在其门下，有戏曲界的"名妈"之谓。宋永珍、杨凤云夫妇育有四子二女，长子宋紫君、二子宋遇春、三子宋义增、五女宋紫萍、六女宋紫珊，皆工戏曲。宋宝罗先生六岁就开始学戏，拜雷喜福、黄少山为师，始工汪桂芬、刘鸿升一派的老生，后学高庆奎先生

宋宝罗

的高派，兼学花脸、老旦。因功夫扎实，七岁就登台表演，一时轰动京城，八岁就与孟小冬同台献艺，被誉为"神童"。1924年，冯玉祥把宣统赶出了故宫，在中秋节连唱三天大戏庆功，七岁的宋宝罗粉墨登场，一出《击鼓骂曹》，引得台下一片叫好声，冯玉祥大为开心，请他坐在自己和夫人中间，还抓了一大把花生和糖果给他，夫人李德全也赏了他两块大洋。

宋宝罗先生唱戏的功夫得到京城的热捧，在15岁时就开始组团演出，并改名为宋宝罗。17岁时，宋宝罗先生因劳累和变嗓而不能演出，于是开始练字抄写旧剧本。先生从小喜欢戏曲、说书、绘画和篆刻，离开舞台后，专心学画与篆刻。当时宋宝罗先生的家住在北京的琉璃厂附近，也就有了大量的时间和机会学习，有一位故宫博物院的理事叫马湛汀，是个画家，他很喜欢小宋宝罗，经常带着他到故宫去看画，这让宋宝罗大开了眼界。在北京中山公园的水榭林园里，经常有画界的先生在此聚会，并时有名流如徐悲鸿、张大千、陈半丁、齐白石、于非闇、徐燕荪、金北楼等光顾。经马湛汀先生介绍，拜于非闇先生为师。宋宝罗先生在其早年学花卉的前言中说："17岁那年春天，他（于非闇）借我一本册页，是他早年的工笔百花图，叫我临摹，嘱咐要保管好。当时喜欢极了，不知道浪费了多少纸，用了一年左右的时间，总算完成了。自己觉得很得意，拿给老师看，顺便把册页还给老师，心想老师会表扬我夸赞一番。可没想到他看了之后，摇摇头。后来他说着色还可以，像是女孩子画的，问题是笔力差点，尤其叶子的勾茎没有力，以后多画点白描，要天天写字。"宋宝罗先生就是在老师这样严格的要求下，经磨炼而成其艺术风范。在跟于非闇学画的同时，他得到齐白石、陈半丁等名师的指点，虽主攻工笔花鸟，也兼写山水、书法及篆刻。1934年春，许多画家在一起合作了一幅丈二的《大地回春图》，徐悲鸿先生开笔画了几只麻雀，最后落款时，悲鸿先生忘了带印章，机巧的宋宝罗先生就在水榭附近买了一块印石，立马刻了一方"悲鸿"印，徐先生看到异常开心，说："哎呀！小宋刻得很好，将来你刻章治印一定有前途。"此后徐悲鸿先生的很多画都用了这方印章。以后先生又加入了天津赵松声画社，学习画松。并在天津挂牌刻印以维持生计，曾为齐白石、徐悲鸿、李苦禅、张大千、孔祥熙、梅兰芳、程潜、周信芳等刻印，并结识了陈宝琛、金锡侯、徐世昌、于右任、张伯苓等名流，当时有"刻字大王"之称。宋宝罗先生曾把自己的印谱留存三份，一本由张伯苓先生写的序中说："吾友宋宝罗天赋奇才，于艺术无所不能。书画之外尤精刻石，运刀成风，一丝不走，堪与郢匠同其技。每一作品告成，见者无不叫绝。"杨宝森题签曰："直追秦汉"。还有一本是于右任题的"金划银钩"四个字，可惜其中两本印谱毁于特殊年代，现仅存一本。

七七事变后，宋宝罗先生又重返舞台唱戏，曾与梅兰芳、程砚秋、金少山、周信芳等大腕同台共演，由此名声大振。据宋宝罗先生回忆，当年赴东北唱戏两年，还制办了全堂的行头，轰动三省。后来因戏中有反日内容，又碰到日本人抓壮丁，宋宝罗先生连夜化装逃回华北，但是全堂戏装却在山海关被日本人扣押，两年的心血化为乌有。24岁的宋宝罗先生来到上海，在上海的天蟾舞台、更新舞台和黄金大戏院演出，并在27岁时成立了宋宝罗剧团，他自任团长兼主演，辗转于华北、华南各地演出，大受欢迎，从此红遍大江南北，直至1958年参加杭州京剧团。宋宝罗先生的戏，唱腔饱满，吐字圆润，戏路宽广，气口运佳，声声入耳，余音绕梁，名动江南。民国时蒋介石、宋美龄、马歇尔、宋哲元、张学良、何应钦、陈诚、周至柔、于右任、程潜等都曾看过宋宝罗先生的戏。

新中国成立后，宋宝罗先生的戏曲生涯又一次获得了新生，其戏曲和绘画艺术也得到了全国各界的赞赏，毛泽东、朱德、刘少奇、周恩来、陈毅及外国领导人金日成、胡志明等都看过宋宝罗先生的戏。然而自1966年开始，宋宝罗基本停止了唱戏，他大量的戏服、手抄剧本、名家字画、照片及故宫的文字图片资料都被付之一炬。自己也被下放到柯桥监督劳动。因1970年毛主席到杭州来，过问此事，才免受苦难。于是在家以画画、刻印为消遣，其印章达数千枚之多，仅毛主席的37首诗词，就刻了近六百方。

粉碎"四人帮"以后，由叶剑英同志为其平反，宋宝罗终于又回到自己心爱的舞台。那时，宋宝罗先生虽已年过花甲，依然以饱满的热情，奔走于上海、江西、江苏、浙江各地巡回演出。叶剑英、邓小平、李先念、陈云、陈再道、许世友、朱镕基、李瑞环、李岚清等党和国家领导人先后接见过宋宝罗先生，可见先生在京剧界的影响力依旧如初。宋宝罗老先生在舞台上嘹亮的嗓音，使人感受到戏曲的魅力，给大家带来无穷的快乐。

先生与浙江的艺术界交往频繁，与潘天寿、诸乐三、陆俨少、陆抑非、沙孟海、郭仲选等艺术界名流也保持了深厚的友谊，我与宋宝罗先生就是在纪念诸乐三诞辰100周年的活动上相识。记得2002年在浙江安贤园举行诸乐三塑像揭幕式当天，有中国美院教授刘江、叶尚青、洪世清、诸涵、马其宽、徐银森、戈宝栋、毕彰等众多诸乐三的弟子与宋宝罗先生一起参加笔会，活动中，宋宝罗先生的一幅《青松图》得到大家的一致好评。

宋宝罗先生于2017年9月2日离开了我们，享年101岁。生前曾获得杭州市先进工作者、全国十佳健康老人、京剧艺术终身成就奖等荣誉。先生生前一直希望百年后能陪伴双亲，为此家属为其选购墓地。由于先生的威望，上海、杭州等地纷纷表示愿意为其提供佳地。大约在2012年，我与宋宝罗先生之子宋德宝一起陪同老先生来到安贤园，当老先生看到许多当年艺术界的同道和好友的墓，就表示百年后要和他们在一起为邻，并叫家属专程到北京和苏州，把父母的灵骨分别迁到安贤园，为杭州又留下了一处历史遗迹，一处社会各界缅怀纪念的供奉之所。如今，先生虽已作古，但先生的飘然高德与绝妙艺术，却永远地留在人间。

李钢

宋宝罗墓

浙派人物画"开山五老"的宋忠元

宋忠元（1932—2013），男，浙派人物画代表人物之一，上海奉贤人。1953年毕业于浙江美术学院，留校任教。历任中国美术学院教授、副院长，中国美术家协会理事，浙江美术家协会副主席，浙江省文联委员等职。是首批获国务院政府特殊津贴的教育专家。

50年代初，浙江美术学院为改变传统中国人物画脱离生活、脱离社会、脱离政治的不良倾向，对传统的中国人物画进行了脱胎换骨的改革，委派朱金楼先生担任浙江美院国画系主任，并动员宋忠元、李震坚、顾生岳、周昌谷、方增先等五位画油画的高手，改换门庭，改学中国画，充实国画系的师资力量。五位先生共同努力、默默耕耘，果然不负众望，创作了大量的优秀作品，开创了中国人物画的新时代，确立了浙派人物画的丰碑。宋忠元、李震坚、顾生岳、周昌谷、方增先五位先生被尊为浙派人物画的"开山五老"。

宋忠元

宋忠元初学油画时，有严谨的造型能力，后转攻中国画，潜心研究中国传统绘画。在这期间，他大量临摹敦煌、永乐宫等壁画，打下了坚实的传统绘画基础。他的作品构图简洁，色彩变化自如，极富意趣。多表现现实生活，具有鲜明的时代气息和浓郁的生活气息。他所创作的《游春图》获全国第六届美展优秀奖，其作品被德国柏林国家博物馆东方艺术馆收藏。

宋忠元先生师承潘天寿、吴茀之、诸乐三等名师，留校任教的同时担任很多行政职务，做到为政为教二兼顾，笔墨尘缘寄苍生。宋忠元的作品大致可分为三个阶段，分别代表了他不同时期的创作观念和形式风格。从早期以傣家青年男女和村姑为题材的工笔肖像，到为杭州岳王庙绘制的大型壁画《郾城大捷》，吸取了山西元代永乐宫道教壁画的重彩装饰风格，再到20世纪80年代后期转向描绘青年学生、浙江蚕农、姑苏少女等等。他的作品《全家福》等，具年画的喜庆风格，画风工意兼糅，用色单纯清丽，造型简洁概括，富有表现力，具有典型的江南特点。以虚简为旨的绘画手法，用色薄而透，色块对比明显，使画面洋溢着温润的氤氲之气。在高手如林、风格各异的工笔人物画领域中独树一帜，另出新杼。20世纪90年代，曾担任中国美术学院出版社社长一职，在他的主持下，编辑出版了《中国艺术教育大系》100卷，填补了中国艺术教育无教材的空白，为中国艺术教育的教材建设做出了重大贡献，有效地促进了中国艺术教育的健康有序发展。享誉画坛，影响深远。

宋忠元画作

2013年5月23日17时，宋忠元先生因肺癌在杭州去世，享年82岁，现安葬在杭州钱江陵园。

宋忠元先生的一生，是坚持党的文艺方针，坚持从生活到创作，坚持一元为主、多元发展的一生，是平和慈祥的一生，是平易近人的一生，是不断创新锐意改革的一生，是与时俱进、支持年轻人大胆探索的一生。宋忠元在确诊为肺癌晚期后，仍然坦然处之，心态乐观，坚持与学生交流，仔细观摩中国美院的毕业季作品展览，并逐幅做出点评，颇有大家风范。生性耿直的宋先生，十分支持和关注年轻人的艺术创新。在那个依然保守的年代，"85新潮美术运动"备受争议，时任中国美院副院长的宋先生，坚持站在艺术创新的立场，支持青年艺术家的创作实践，扶助了谷文达等一批蜚声国内外的当代艺术家。他桃李满天下，尉晓榕、程宝弘等一大批活跃在当代画坛的国画家，都曾受教于他。宋忠元一生淡泊名利，他的作品很少在市场上流通，他把自己的代表性作品全部捐赠给中国美院和浙江画院收藏。宋忠元的人格和他的艺术作品一样永远活在人们心中。

宋忠元先生千古！

宋忠元的艺术之树长存！

毛翔先

浙派人物画："开山五老"的宋忠元

慧眼识贤能的著名学者、教育家沈善洪

一本书、一支烟，这是亲朋好友眼中最熟悉的沈善洪。他是一名学者，学识广博，长期从事中国哲学和中国文化史研究；也是一校之长，朝乾夕惕，曾为杭州大学转型发展殚精竭虑十年。

1931年出生于浙江平湖的沈善洪，有着历史学和哲学双重文科背景，曾历任杭州大学哲学系教授、浙江省社会科学院院长、杭州大学校长等职。

专心学术重人文

沈善洪一生博闻强记，皓首穷经，具有深厚的人文素养和中国文化底蕴。1956年从中国人民大学哲学研究生班毕业后，他开始执教于杭大，之后又前往浙江省社会科学院开展研究，有专著、论文、编著百余种。

沈善洪

新中国成立初期，学术界对马克思主义哲学的研究主要以宣传普及马克思主义哲学基本知识为主，1957 年沈善洪出版的《唯物辩证法基本规律》即是这一时期的典型代表。20 世纪八九十年代，他又与王凤贤先生先后合著了《王阳明哲学研究》《中国伦理学说史》两部开风气的研究型巨著。其中，前者较为全面地论述了明代心学大师——王阳明的思想内涵及有关研究，并基于前人成果提出了作者颇具启发性的识见，是浙江省阳明学研究的第一本专著，也是"文化大革命"后大陆学术界对王阳明进行重新评价的首部专著。《中国伦理学说史》以广阔的学术视角和深邃的思想力，对上迄春秋战国下至五四运动长达两千多年的中国伦理思想学说进行了系统梳理，博采众家，缜密诠综，语出有源，论出有据，充分展现了沈善洪、王凤贤二人深厚的学术功力、勤勉的治学态度、新颖的思想见解，该书也被时任中国哲学史学会会长张岱年称为"传世之作"。1985 年至 1994 年，《黄宗羲全集》12 册相继出版。该书历经十年编撰，先后有省内外 20 余名专家、学者参与其中，沈善洪作为主编，曾多次召集编校协调会议，并为全集撰写长序。这是国内首次对黄宗羲著作进行全面整理，受到学术界的广泛欢迎和高度评价。此外，年近八旬的沈老仍笔耕不辍，亲自主编《浙江文化史》，他对学术研究有自己的心得体会，认为做研究就要甘坐"冷板凳"，沉得下心，俯得下身，耐得住寂寞，苦心锤炼，万不可急功近利。

在沈善洪先生的家中，除了书，别无其他，他的夫人乐月华就常常称他为"书呆子"。家中装修极为简单，墙面全无装饰，甚至连一件考究的家具都没有。但正是在这样简朴甚至堪称简陋的家中，却常常鸿儒集聚。大约每半个月，沈老就会约上三五同仁与学生前来家中，大家交流畅谈近期的学术成果和方向，名曰"家庭读书会"，这是沈老长久坚持的一个学术研究习惯。在这里名家大师谈笑风生，各类观点竞相激荡，正应了那句"斯是陋室，惟吾德馨"。

不拘一格纳人才

1986—1996 年，沈善洪出任杭州大学校长。其间，沈老以开阔的眼界、坦荡的胸襟以及对中国高等教育发展趋势的敏锐洞察开诸多高校办学之先河，为杭州大学发展苦心经营十载。其中最令同仁及后辈津津乐道的便是沈老对青年人才的爱惜与培养。

与其他高校一样，经历了十年"文革"浩劫，20 世纪 80 年代的杭州大学，面临的最大困难便是教师队伍的青黄不接。据统计，20 世纪 70 年代，学校教职员工共 1758 人，仅有教授 24 名、副教授 49 名。许多教师因为"文革"荒废了业务，年轻人才则完全断层。在此情况下，初掌杭州大学的沈善洪以过人的胆识、卓越的眼力，坚持以学术立校，一方面重视发挥各学科原有中老年教授、副教授在教学科研领域的带头作用，另一方面大力扶持年轻教师成长，主张不拘一格，广纳人才。

1987 年 6 月，在沈善洪的主持下杭州大学开始实行职称破格晋升，这一举措在当时全国高校走在前列。在职称评聘上，学校主张对青年教师倾斜，坚持公开、公正、公平原则，不搞论资排辈。许多青年教师学历不够，但学术研究能力出色，学校着眼于年轻学者的学术素养和未来，重视青年人才的潜力和发展，不以学历为标准，大胆引进，破格擢升，为大批青年才俊的脱颖而出提供了宝贵的机会。据统计，1987—1995 年，有 180 多人次破格晋升教授、副教授，其中 40 岁以下的教授 21 人，35 岁以下的副教授 93 人。经过数年努力，当初严重制约杭大发展的教师队伍问题得到了妥善解决，全校主干课程已形成年龄结构、知识层次更加合理的教学梯队，硕士点、博士点绝大部分已建成老中青结合、朝气蓬勃的学术梯队，许多得到提拔的年轻人在之后学校的各项事业中积极发挥中流砥柱作用，不少人业已成为各领域翘楚。这一切都与沈校长及其手下一众班子成员重用青年人才、敢于大刀阔斧革新学校政策密不可分。

平时的沈善洪不苟言笑，一脸威严，在不少人眼中甚至有些不通人情。即使在路上碰到，他也不会主动寒暄。若有无才阿谀之辈上门拜访，想开后门，则只能吃闭门羹。"望之俨然，即之则温"说的就是沈善洪，他对于真正有学术潜力和学术志向的优秀人才，总是求贤若渴，青眼相加。有一次，一位老师对沈老大发雷霆，甚至严重到拍桌子、扔东西的程度。这位老师性情古怪却很有才华，事后沈老并不跟他计较，还跟人说"不要介意"，充分展现出一位高校教育家对学者的包容和尊重。正如他的妻子乐月华所评价的："他看人，就看这个人是不是有才，如果有才，不管你对他好不好，他都会对你好，并且在学术上，能帮则帮。"有系主任就曾评价，沈校长有时候比他们这些系主任更了解一些青年教师的潜质与动向，如谁发表了重要文章、出版了优秀著作他都了如指掌。

高屋建瓴办大学

沈善洪出任校长期间，是杭州大学实现高质量发展的十年。与今天相比，当时的办学资源短缺，体制约束严重，沈善洪带领学校班子成员以超前的办学眼光和巨大的战略勇气，克服重重阻力，坚持以学术为本，鼓励和支持教师潜心治学。在短时期内使杭州大学从具有浓厚师范院校特色、以教学为中心的高校，转型为教学科研并重、文理为主、多学科协调发展的综合性大学，可谓筚路蓝缕，辛苦非常。

沈善洪高度重视学科院系建设，治校期间，一是注重调整、保护和提高传统文理专业，发挥传统基础学科优势，不断提高专业水平；二是优先发展一些具有前沿性、应用性的专业，以适应社会发展需求，特别是着重发展了旅游、财政、经济、法律、新闻等学科，其中旅游经济学成为我国的第一个硕士学位授权点；三是加大扶持重点学科，确定校级重点学科，自筹资金，专款扶持；四是尝试实行新老专业的交叉与文理渗透，以适应未来科技发展的最新趋势，新建了环境科学、生物工程、材料科学等学科专业。同时还进一步调整了学科结构布局，实行学院制。1994 年，杭州大学被国务院学位委员会授予具有自行增列博士生指导教师的权力，当时具有该项权力的地方性高校只有两所，而以沈善洪为领导的一众班子成员则是这一项改革措施的重要发起者和推动者。

此外，沈校长重视对外交流，他具有超前的国际合作意识，很早就开始了与国外知名学者和高校的互动交流。当时受名额限制和经费问题掣肘，地方院校想要派教师出国学习非常困难。为了给青年教师创造更多的出国访学机会，学校独辟蹊径，采取规模对等的方法，根据双方花费对等的原则，由杭大派出相应人员到对方学校进修访问，同时负责对方来华人员的在校学习费用，几年里安排了不少青年教师走出国门。早在 1988 年，沈校长就开始接触韩国著名的专家学者，并在中韩尚未建交之前，争取有关部门支持，在杭大举办了首期韩国人士汉语培训班。之后学校进一步加深中韩交流，于 1992 年建立起国内最早的韩国研究所。到沈老卸任前，杭州大学已和 12 个国家近 50 所高校建立合作关系，派出 1100 多名教师去国外进修、攻读学位、合作研究和讲学，同时也聘请了数百名国际专家来校任教，这一举措在当时国内地方高校颇具引领性。与此同时，沈校长自己在出国访问时，也经常给国外高校师生做中国和中华文化的学术报告，大力弘扬民族传统文化，积极提高杭大的知名度。

沈校长为人真诚坦率，丝毫不为己谋利，也不特殊照顾自己所在的系科。为了向上级和社会争取办学资源，敢于据理力争，绝不唯上是从。当时高校出版社非常少，但对于学术研究意义重大，考虑到杭大未来发展，学校专门向上级部门申请开办出版社，却遭到了严词拒绝。为此沈校长有理说理，宁愿自己辞职不干也要坚持开办出版社，最终获得有关领导的理解和认可。

沈善洪夫妇墓

沈老的十年校长之任为杭州大学赢得了高质量发展的黄金期，却因为公务繁忙严重影响了自己的学术研究进程。有人曾问过他，是否为此感到惋惜，沈校长却说："我不这样想，一个人的能力是有限的，能做好两三件事就不错了。"其投身教育、无悔付出之精神可见一斑。

沈善洪的一生是知行合一的一生。他精研学术，开诸多研究领域之先风；他筚路蓝缕，精心成就杭州大学的十年辉煌；他踏实勤勉，毕生躬行爱国爱校惜人才的济世情怀。其倥偬一生，堪称华章珠玑放异彩，鞠躬尽瘁死方休！

南山悠悠，情之所终。

张文馨

翰墨铸诗魂的书法教育家陆维钊

陆维钊（1899—1980），原名子平，字微昭，晚年自署劭翁，浙江平湖人，浙江美术学院（现中国美术学院）教授。1925 年毕业于南京高等师范，曾任清华大学国学研究院王国维先生助教，后先后执教于松江女中、上海圣约翰大学、浙江大学和杭州大学，潜心中国文学的教学和研究，尤工汉魏六朝文学及清词。教学之余，酷爱书画，借以修身养性。1960 年应潘天寿院长之邀，调入浙江美院中国画系，并主持创办全国第一个书法篆刻本科专业，1979 年招收我国第一批书法篆刻专业研究生，为现代书法高等教育的先驱者之一。

先生自弱冠之年始，酷爱诗词，他曾回忆道："余年十五始学为诗，盖初入嘉二中时也。其后与徐声越、胡宛春相唱和，乃请业于嘉善张天方、乍浦钟子勋、江山刘子庚三先生，凡四年而分袂。"1920 年他考入南京高等师范，当年的南高师大师云集，如史地部主任柳诒徵，不仅是著名的历史学家，而且诗词、书

陆维钊

法也"俱足名家";又如史地部教授王瀣,与柳诒徵并称"南雍双柱";还有史地部教授吴梅,都是著名的国学大家,一代宗师。他们不仅学富五车,著作等身,而且潜心教育,教书育人,培养出了一大批文史精英。1924年春,由吴梅先生发起,南高师学生成立了"潜社",这是南雍师生自己的人文学社,"潜"取意"潜心学术"。先生是该社的积极成员,他善弹琵琶,也会吹箫,众人唱,他伴奏。直至毕业后到松江女中工作,他还约王季思先生一起,回母校参加"潜社"的聚会。

1938年4月先生逃难到上海,先教中学国文,后受聘于圣约翰大学,任中文系副教授。在此期间,他加入了沪上的词人集社"午社"。正是通过这个词人社集,他结识了叶恭绰先生,并于1942年下半年开始协助叶先生编纂《全清词钞》。当年参与收集清词,进行筛选、校订的襄助者,在录的有55人之多,然"能终全其事者,唯陆维钊一人"(叶恭绰语)。《全清词钞》最终于1975年由中华书局香港分局正式出版,可惜此时叶先生已经仙逝,未能目睹其成,50余位襄助者中,存世的也仅有夏瞿禅、唐圭璋、黄君坦、陆维钊等寥寥数人,且均垂垂老矣,令人不胜感慨!

1960年潘天寿院长调先生去浙江美院,初衷是请他去给中国画系学生开设古典文学课,主要讲授诗词题跋。潘院长认为:中国画应该与西画拉开距离,走"传统出新"的道路,即通过提高学生的传统文化素养,特别是提高诗词题跋能力和书法水平,将诗、书、画、印有机结合,融诗情画意于一体。

先生在新中国成立前创作的诗词,从内容看主要有三类:一是忧国忧民,感时论世的;二是记游写景,师友唱和的;三是抒情表爱,吊亡感伤的。"文革"期间,由于众所周知的原因,后两类诗作被视为"格调不高","不合时宜",故"文革"开始后,他便让女儿清晨生煤球炉时将这部分诗稿偷偷地烧掉了。现在我们见到的线装本《陆维钊诗词选》(西泠印社出版社2005年版),是吴广洋先生后来四处收集整理而成的。翻开《诗词选》,先生于1918年仲秋曾登上杭城宝石山,俯瞰西湖夜景,吟诗一首曰:

> 云淡星稀玉笛清,一山歌唱动秋声。
> 总缘怕负团圞节,特向西湖拜月明。
> 暮烟开处月华明,独唤轻车驻水滨。
> 曾记狂吟登绝顶,万山青拥一诗人。

当时年少气盛,以诗人自许,豪情满怀。然时光流逝,岁月无情,一个甲子过后,先生在病榻上留下的却是《减字木兰花》:

当时年少，月夜登临秋皓皓。

意气纵横，万山青拥一诗人。

而今老病，重到西湖秋有影。

依旧诗人，江水东流不忍听。

作为诗人，他临终时的失落和悲哀，可以想见。

先生一生酷爱书画，但调入浙江美院之前，始终视书画为业余爱好，课余遣兴，修身养性而已。他兴致来了，便铺纸磨墨，边挥毫边欣赏，口中还吟着诗，很是自得其乐。论绘画他并无师承，早年受祖父影响，热爱丹青，后全凭自学，临摹古画。至于书法，先生晚年追忆道："余之学书，实绍兴潘锦甫先生启之，学颜《多宝塔》，时余年十二，其后崇明陆柏筼先生则教余篆隶，终身不能忘也。"

在临习篆隶的同时，先生非常注意收集碑帖，关心新出土的彝鼎碑石、帛书竹简，研究汉文字的演变发展，并且在圣约翰大学和浙江大学都开设过"文字学"课程。晚年所创之非篆非隶、亦篆亦隶的"扁篆"，以隶入篆，以篆入隶，用隶书的体势，写篆书的结构，加之草书的气息，融篆、隶、草于一体，便是其对字体演变长期研究的结果。

20世纪60年代初，随着钢笔、圆珠笔的普及，年轻人已基本不用毛笔书写，以致美院中国画系有的学生不敢在自己的画作上题跋，需请人代笔。为此潘天寿院长在多种场合大力呼吁，培养书法接班人已刻不容缓。1962年，全国高等艺术院校教材编写会议在杭州召开，潘院长在会上再次大声疾呼："书法是我国的传统艺术，目前老书法家寥寥无几，而且年龄多在六十岁以上，如果我们现在不重视培养书法接班人，将会后继无人！"文化部重视潘院长的呼吁，不久便指示浙江美院试办书法篆刻专业。美院随之决定在中国画系成立书法篆刻专业筹备组，由潘院长亲自挂帅，成员包括吴茀之、陆维钊、诸乐三、沙孟海、朱家济、刘江等，并指定陆维钊具体负责筹建工作。

但是，我国传统的书法传承，均是由师傅带徒弟，现代学院式的书法教育，史无前例，白手起家，困难可想而知。从确定专业课程、合理分配课时，到聘请专业教师、制定教学大纲；从采购图书资料、添置教学设备，到拟订招生计划、正式开办专业，每次筹备组开会，潘院长都积极参与，大家集思广益，群策群力。他还将自己珍藏的包括宋代米芾、明代董其昌的古代名家书法作品20余件，捐赠给学校，供教学观摩。特别是1963年他作为中国书法代表团副团长访问日本归来，便向陆维钊详细介绍了出访的心得体会，以激励先生办好书法专业。他

翰墨铸诗魂的书法教育家陆维钊

说："到机场迎接中国书法代表团的日本书家，人数之众，令人惊讶，而且其中还有不少女书家，可见书法艺术在日本的普及程度。如果我们再不重视培养书法接班人，将后继无人！若如此，我辈将愧对先人，也愧对子孙后代。"就这样，1963 年 9 月我国第一个高等教育书法专业正式诞生了，首届招收学生二名，次年又招三名，本科学制五年。然而好景不长，1966 年 6 月 "文革" 开始，学校被迫停课。更为不幸的是，潘院长于 1971 年含冤离世，老先生们也于 1975 年被迫退休，五年的教学计划只进行到一半，半途而废，很不甘心，然无可奈何。

"文革" 结束以后，美院于 1978 年 10 月收回了先生的退休证，让回学校准备招收研究生。经文化部审定，成立了研究生指导小组，成员有陆维钊、诸乐三、沙孟海、刘江和章祖安，先生任组长。并于 1979 年 6 月招收了我国第一批书法篆刻专业研究生：朱关田、王冬龄、邱振中、祝遂之和陈振濂。研究生入学后，先生与之逐个谈话，帮助选定研究方向，制订研究计划，终因劳累过度而再次住院，医生确诊为前列腺癌骨转移。1980 年元旦过后，先生在病房给研究生讲最后一课，他说："不能光埋头写字刻印，首先要紧的是道德学问，少了这个就立不住。古今没有无学问的大书家，我们浙江就有这个传统，从徐青藤、赵撝叔到近代诸家，他们的艺术造诣都是扎根在学问的基础上的。一般的人只知道沙孟海先生字写得好，哪里知道他学问深醇才有这样的成就。'字如其人'就是这个道理。"他还说："书法先求平整通达，以后再求变化创造。要淡于名利，追求名利就不能静心做学问。……我一生的工作只做了一半，现在天不假年，无能为力了，寄希望于你们，大家要努力呀！"此前一年，先生曾作《金缕曲》一首书赠沙孟海夫妇，词中有 "而今重累君能倚" 之句，说明他已有预感。此时自知病危不治，他把五位研究生托付给了沙先生，希望这批学生将来都能成才，成为我国书法教育事业的新一代。

1980 年 1 月 30 日，陆维钊先生逝世于杭州浙江医院，由沙孟海先生书写墓碑，安葬于玉皇山麓之南山公墓。

1981 年 1 月，在纪念先生逝世一周年的座谈会上，姜亮夫先生满怀深情地发言道："陆维钊先生一生治学态度老老实实，他于文学、书法、绘画，以至音乐、医学，无所不精，而且能融会贯通。他要全面地掌握中国文化的精华，他的艺术是完整的。他是综合中国文化艺术精华的可贵的人。"

1990 年 1 月，在先生逝世十周年的纪念会上，沙孟海先生发言说："浙江美术学院书法专业由陆先生负责，开始是招大学本科生，以后招研究生，他花了好多心血，打下了基础。在中国书法史上开办书法专业，陆先生立了第一个大功。陆先生的书法，在国内外享有盛誉。他的文学、金石学基础很厚，搞书法当然轻而易举。他有个人独创，一种驾于篆隶之上的书体，从前有人写的是圆的，他写成扁的，我称之为蝶扁体，这是第二个大功，所以我非常敬佩他。"

　　然而，先生临终前曾连声长叹曰："想不到最后落了个书画家的下场，真可谓一事无成，一事无成啊！"我们回顾先生一生，青少年时他以诗人自许，然晚年自焚诗稿，"江水东流不忍听"；他毕生从事国文教学，然主业乏善可陈，默默无闻，反倒业余爱好被称为"家"，可不悲哉！记得先生生前曾说过："人在世时，人们的评价是不作数的；故世三百年后，如果人们还记得他，怀念他，那时的评价才是客观、公正的。"我们相信：三百年后，陆维钊先生作为书法教育家，在中国书法史上一定有其一席之地。

陆昭徽

陆维钊夫妇合墓

翰墨铸诗魂的书法教育家陆维钊

著名话剧导演邱星海和话剧演员哈国珍夫妇

父母家中墙上的黑边木质镜框里，镶嵌着一幅略略泛黄的黑白照片：男人浓眉大眼、鼻梁挺直、脸部轮廓棱角分明，头发梳理得一丝不乱，呈现出一股豪爽和英气；女人轻描蛾眉、略施粉黛、明眸皓齿、温文尔雅，消瘦的面颊配上深陷的眼窝，竟有一丝异域风情之美。这就是我的外公——著名话剧导演邱星海，和我的外婆——著名话剧演员哈国珍。

外公外婆的故事，要从 20 世纪 30 年代的大上海说起。

1913 年 2 月出生在江苏苏州的邱星海，于 30 年代初来到了号称"东方巴黎"的摩登上海。穿着旗袍的女性，身着洋装的职员，卖花卖报的孩童，大街上的电车与黄包车铃声交织，一片眼花缭乱，处处莺歌燕舞。外公运气不错，凭着对时尚的敏锐和艺术美感，进入了以经营"环球百货"为特色的上海永安公司当练习生。永安公司以高雅、时尚、尊贵而闻名于民国时期的上海滩，其建造的那幢 22 层楼高的七重天大厦，至今仍矗立在热闹的南京路上，浅米色的精致西式建筑依稀透露出当年十里洋场的流光溢彩。

邱星海、哈国珍夫妇

这期间，我的外公结识了酷爱戏剧艺术的同道好友蓝马、石挥，并与之在往后的话剧生涯中一同奋斗。石挥，原名石毓涛，天津人，曾被冠以"话剧皇帝"之美称，梅兰芳曾为他的演技动容流泪，才女张爱玲也为他的表演心动；蓝马，原名董世雄，是石挥的同学，曾历任总政治部文工团副团长兼话剧团团长。

之后，外公又结识了昆仑影业公司的导演应云为。昆仑影业公司是早期中国民营电影企业。在中国共产党地下组织领导下，由一批左翼电影工作者蔡楚生、阳翰笙、史东山等人组建，拍摄了当时著名的影片《八千里路云和月》《一江春水向东流》《三毛流浪记》《乌鸦与麻雀》等。这些作品在中国电影发展史上都占有重要地位。

经应云为介绍，外公加入了上海同茂话剧社。该剧社贯彻"勤业、勤学、交朋友"的宗旨，是当时中共地下党领导下的一个极有影响力的话剧团体。主要演员有冯喆、卫禹平、黄宗英、张可、吴湄、上官云珠、孙道临等曾在中国电影历史长河中留驻芳名的大家。

40年代初，我的外公步入了人生中最重要的时刻——加入了在中国话剧史上留下辉煌篇章的中国旅行剧团（简称"中旅"）。在剧团里，外公结识了一位气质高雅、温柔贤惠、喜欢安静读书的女子。她，就是我的外婆——中旅的年轻演员哈国珍。外公英俊洒脱、风趣幽默，外婆知书达礼、平和淡然，他们志同道合，不久结为夫妻。

中国旅行剧团，是中国现代话剧的第一个职业性团体，开职业话剧运动之先河。所谓职业性团体，是创始人唐槐秋借鉴欧洲旅行剧团的形式在中国成立的民间职业剧团。唐槐秋早年留学日本，结识了中国话剧的奠基人之一欧阳予倩，演剧的兴趣蕴藏心中。留洋法国之后回到上海，正式开启了他的话剧事业，成立了中国旅行剧团。中国旅行剧团14年的风雨历程，推动了中国话剧演出职业化的进程，扩大了话剧的社会影响，撒播了话剧的艺术种子，为话剧事业培养了唐若青、孙道临、陆丽珠、赵慧深、舒绣文、陶金、白杨、章曼苹等一大批极具才华的演员。《义勇军进行曲》歌词作者、著名剧作家、文艺活动家田汉先生，曾在《新闻报》上发表文章称"今日中国戏剧电影界最活跃也最有成绩的主要演员，几乎十之七八系中旅（中国旅行剧团）旧部"。

在这当中，外公的老师欧阳予倩还介绍外公参加了田汉先生领导的南国社。南国社是以戏剧活动为主的进步文艺团体，其宗旨是"团结能与时代共痛痒之有为青年作艺术上之革命运动"。主要成员有田汉、欧阳予倩、徐志摩、徐悲鸿、周信芳等。欧阳予倩还对外公系统传授了俄罗斯斯坦尼导演体系理论，积极推动了外公后来导演事业的发展。

哈国珍

中旅成立于上海，初露头角是在北京和天津。后来受川岛芳子的迫害，又转道于上海，在上海、南京、武汉、广州等地巡回演出。在南京，还与应云为（时任南京国立戏剧学院首任教务主任）等人组成"中国舞台协会"，筹划公演田汉、曹禺、巴金、老舍的作品。唐槐秋是将曹禺的《雷雨》《日出》《原野》进行改编并搬上舞台的第一人，对外公产生巨大影响，使他在导演生涯中对曹禺的作品情有独钟。

随着"全面抗战"的爆发，1939 年 12 月，中旅为了团员的安全，分为两支队伍。一部分人去了重庆加入"三厅"，即国民政府军事委员会政治部第三厅。另外一部分有蓝马、舒绣文、项堃、邱星海、哈国珍等 12 名骨干去了广州、香港，并与中国话剧元老欧阳予倩一道，成立了"中华艺术剧社"。为了加强进步剧运的力量，在周恩来的倡议下，之后又由夏衍等人在"中华艺术剧社"的基础上，成立了"中国艺术剧社"，简称"中术"。

在广州、香港的日子是异常艰苦的。听外婆说，外公等人白天在街头卖大碗茶，一分一厘地补贴剧团的生活，晚上马不停蹄又在香港大剧院出演《雷雨》《日出》《北京人》《复活》等话剧。每次演出，必定座无虚席、喝彩声不断。

真正的艺术家，在乎的是他们的作品，在乎的是精神世界的富有，对于物质条件要求极低。那时候广州、香港的大小报刊，都在醒目版面上刊登了他们演出的广告和报道。记得有一份香港报刊是这样描述外公的："邱星海爱戏剧，就像爱他的生命"，"'只要干，认真地干，这就是最大的收获'，从这句话，我们看到邱导是怎样对付他的工作的。他沉默地工作，就足够诉说了一切"。

期间，由外公执导、外婆主演的曹禺先生剧目精品迭出、盛况空前，赢得了大批剧迷。外公的执导，活化了人物的性格，情节跌宕起伏、扣人心弦，让观众为之痴迷；外婆的表演，演活了戏剧中的人物形象，神形兼备、入木三分，给观众留下了深刻印象。连曹禺先生都为之欣赏、称赞和大力支持。

新中国成立后，外公外婆加入了中国人民解放军华东空军政治部文工团（南空）。该团体是一个具有光荣历史、享有盛誉的军队文艺团体。外公邱星海担任导演，外婆哈国珍担任演员。1950年，外公响应党的号召参加了抗美援朝志愿军，并荣立二等功，获得奖章一枚（可惜"文革"中被抄家而遗失）。

1952年6月，由于地方上需要专业的话剧人才，外公外婆一起转业，先后在江苏省话剧团和浙江省话剧团工作。外公一直担任导演，尤其是曹禺的经典剧目，总是剧团的压轴大戏；外婆为主要演员，最为出色的是扮演《雷雨》《日出》《胆剑篇》里面的人物，演活了繁漪、侍萍、翠喜、句践夫人这样的经典形象。除了传统的话剧剧目之外，外公外婆还创作、排演了许多面向工农兵、歌颂社会主义建设事业的话剧，如外公与省文联的作家们一起在四明山创作了《四明风云》，首次将新四军三五支队的事迹搬上了话剧舞台。

除了从事话剧事业，外公在当时的艺术界也享有盛誉。1965年，浙江美术学院（现中国美术学院）院长潘天寿先生，多次邀请外公赴美院授课，并且还亲笔作画赠予外公。

天降厄运，"文革"开始了，外公外婆都被打成了"牛鬼蛇神"，关入"牛棚"。外公更是多了一条"反动学术权威"的罪名，日日被游街批斗，尊严顿失。1968年7月21日，外公邱星海在"牛棚"遭受迫害而死。当时，极左路线肆虐，外公尸骨无存，并且连一些珍贵的照片和资料也在"文革"中被烧毁，非常令人痛心和惋惜。而今，在杭州南山陵园他的墓中，安放着一本曹禺先生的剧本《雷雨》，以告慰这位将戏剧视为生命的殉道者。1982年11月上级部门发文对外公外婆给予了平反。这场浩劫毁了多少好人，毁了多少家庭。魂兮归来！我心悲苦，哀思无涯。

外公去世后，外婆哈国珍面对世俗的歧见，怀着对丈夫的思念，坚强地生活着，一人承担起了对子女们的抚育。尽管遭受了世上太多的不公平，但外婆心如止水，从不争名夺利。她在话剧《雷雨》《日出》《胆剑篇》《家》《曙光照耀莫斯科》等舞台上所创造的经典艺术形象给观众留下了极为深刻的印象，而在平日里则低调谦和，只喜于教导晚生后辈们。她作为浙江话剧团的语言老师，培养了无数至今仍活跃于话剧界、影视界的优秀学生。外婆敬业勤业、德艺双馨、坚守崇高艺术理想，一直是浙江话剧文艺界的楷模。

"文革"过后，外婆还涉足了影视领域，在《法庭内外》《百岁飞渡》《人非草木》《老房子新房子》等诸多电影、电视剧中出演重要角色。人们经常会在银幕中看到一位银发烁烁、和颜悦色、气质高雅、平淡祥和的老太太。是的，那就是我的外婆——哈国珍。

我的外婆还是中国戏剧家协会会员、中国影视家协会会员，浙江省《从事话剧艺术50年纪念奖》获得者。一生荣耀无数，绚烂之后终归平淡。外婆很享受晚年子承膝下、儿孙满堂的日子，开心的时候，会说一说与外公当年的故事或者哼一曲京韵大鼓。

2009年5月15日，我的外婆哈国珍因病去世，终年92岁。

在外婆的追悼会上，她的子孙们为她炽热的艺术人生、精湛的艺术造诣献上了一副挽联（藏尾诗）：

　　　　人生舞台几经《雷雨》，无怨无悔总凭赤诚报国。
　　　　舞台人生再逢《日出》，且影且视长为艺苑添珍。

思念外公外婆，更为他（她）们对中国话剧艺术事业的执着和奉献所感动。物我两忘，浩然南山。

傅涛

邱星海、哈国珍夫妇合墓

大风起兮乐飞扬的音乐家周大风

"溪水清清溪水长，溪水两岸好呀么好风光……"

每当我们听到60多年来广为流传的优美而充满江南韵味的《采茶舞曲》，都会想起它的词曲作者周大风先生，2016年中国杭州G20峰会，文艺演出《最忆是杭州》表演的《采茶舞曲》惊艳世界。

周大风，原名周祖辉，1923年6月出生于上海，浙江省宁波市镇海人。1938年起在上海、香港、广州做学徒并学习艺术、开始创作。之后在江西、浙江等地从事音乐、美术教育。1950年任宁波地委青年文工团团长。1952年任浙江省文工团乐队队长。1953年任浙江越剧二团艺术室主任兼作曲、音乐研究组组长。1976年任教于浙江艺校。1980年省艺术研究院任一级作曲、研究员。

1979年任浙江省、杭州音乐家协会主席（连任几届），1985年任中音协常务理事及音乐教育委员会副主任。1992年起享国务院有特殊贡献专家津贴。国家

周大风

143

教委《中国音乐教育》副主编,《中国大百科全书戏曲音乐分支》副主编,浙江省创造学研究会副主任,2002 年获"浙江省有突出贡献老文艺家"称号、浙江省政府颁发"鲁迅文学艺术奖"最高荣誉奖,获首届浙江音乐奖荣誉奖。

周大风是我国著名音乐理论家、作曲家、音乐教育家。音乐作品通俗易懂,朗朗上口,饱含深情,具有鲜明的地方风格和时代感。他在 18 岁时创作的《国际反侵略进行曲》被确定为国际反侵略运动大会总会会歌,被翻译成多国文字在 60 多个国家传唱。1958 年创作的代表作品《采茶舞曲》,婉转细腻、清新动人,以越剧音乐曲调为基础,结合浙江地方音乐特点,勾勒出江南采茶画卷,1983 年入选联合国教科文组织编选教材。

他带领浙江越剧音乐改革,创建了男腔新基调的"男调",形成"同腔异调""同调异腔""同调同腔"三种男女对唱方法,解决了男女演员同台演唱的问题。创作《罗汉钱》《五姑娘》《两兄弟》《风雪摆渡》《江姐》《斗诗亭》等男女合演越剧和四百多部音乐作品。

周大风长期从事音乐研究和创作,著有《越剧唱法研究》《越剧音乐概论》《越剧新基调的创作》《越剧流派唱腔研究》《欣赏音乐的知识和方法》《简明音乐知识》《周大风音乐教育文集》等多部专著和数百篇论文。

周大风还致力于音乐教育的普及工作,创办刊物《中小学音乐教育》,创办了浙江大风音乐艺术专修学校等。任杭州大学兼职教授 7 年,每周六节课。并经常到省内外的大学、专科学校、中学等讲课。为普及正派的音乐艺术,经常带队及讲解由音乐家组成的丝竹小组或个人独唱等,赴各地举行公益性音乐会。

周大风谈如何发挥余热的问题时说:人死了之后,他的思想、学说、成果、道德、作风等等,依然为生者所应用、所享受、所崇尚、所学习,这才是真正的余热。

在他的书房里,挂着鲁迅先生的语录:"人的年龄大了,开始去学习或继续学习,绝不是羞耻的事。"他是位充满睿智、博学多才、健谈热情的老人,也是对年青一代寄予厚望的老人,听他的谈话,总是令人心头热乎乎的,促使你为国家、为社会、为人民不懈奋斗!

2015 年 10 月 11 日,周大风在杭州因病逝世,享年 93 岁。追悼会有数百人参加,送花圈三百多个。

2015 年浙江安贤园办了"音乐家周大风纪念展",并于冬至在安贤园首次举行特殊的、隆重的音乐葬礼,多位艺术家在葬礼上深情表演,表达了对人民音乐家周大风先生的敬仰和怀念。

浙江安贤园与周大风先生生前有缘,为周大风先生精心设计制作了含音乐家音乐作品曲谱的特殊墓碑。

周大风先生为我国艺术领域和音乐教育事业做出巨大贡献，为时代谱曲，为人民写歌，为中国传统音乐、音乐创作与音乐理论研究方面做出的卓越成就，已经成为我国音乐事业中的财富，为后人的研究提供了宝贵的经验，被誉为音乐界的国宝，是一位值得永远铭记和学习的音乐家。

周小风

周大风夫妇合墓

大风起兮乐飞扬的音乐家周大风

绘就万千气象的山水画家周沧米

中国美术学院教授、我国著名国画艺术家和美术教育家周沧米先生，又名昌米，号雁荡人。1929 年 12 月出生于浙江省乐清雁荡山下的大荆镇，与浙派人物画大家周昌谷先生为堂兄弟。当时周家在大荆镇是有名的书香门第，绮丽隽秀的雁荡山与周家结下了不解之缘，并最终成就了两位大画家。出生那年乐清正逢百年不遇的旱灾而颗粒无收，人们求雨盼粮心切，于是家人为其取名曰昌米。雁荡山以奇秀闻名天下，其山水俊雅，皆入画理，历代文人墨客曾留迹于此。得此独厚，周昌谷、周昌米两兄弟幼小的心灵就孕育了艺术的萌芽，并相继于 1948 年考入杭州的国立艺专（现中国美院）。当时他们都以人物画为主，周昌谷喜欢花鸟，周昌米喜欢山水，这为他们后来在人物画之外的绘画风格奠定了方向。1951 年为响应国家的号召，周昌米先生在校入伍，并于 1955 年退伍后重回美院学习，毕业后留校任教，可见先生对艺术不离不弃的情缘。周沧米先生早年主攻人物画，主要作品有《春江归牧》《甲午战争》《送儿当红军》《夺得红旗破浪归》《迎亲图》《春山引渠》《天山鹰》《蒲松龄》《在阳光下》《饮马伊犁河畔》《哈萨克民歌》等，并多次获得大奖，影响广泛。周沧米先生的人物画由工到写，由实到意，由造型到笔墨，由现实到心境，并逐步走向一条从人物画进而变化到山水画的过程，且书画并举，书入画理。中年后以山水画为主，兼顾花鸟、书法。周沧米先生年轻时就对山水画情有独钟，这与雁荡山自然山水在其幼小的心灵中生发为一种流淌于血脉中的温情，由此孕育的天性与灵感是分不开的。周沧米在《我的简介》中说道："我的故乡是浙江南边的雁荡山，由于我生长的地区和其他一些原因，从小就喜欢山水画。"在美院读书时，非常钦佩黄宾虹、潘天寿等老一辈艺术大家，特别是黄宾虹先生的绘画艺术对周沧米先生的山水画艺术影响至深，使其得益匪浅，受用终生。1954 年的冬天，周沧米先生退伍后回到杭州，专程到栖霞岭去拜访了仰慕已久的黄宾虹先生。1962 年赴四川写生数月，在此期间尝试以粗碳精勾画大幅速写，完成了人物画力作《在阳光下》的初稿，同时游历蜀中大山大川，逐渐感受到当年黄宾虹先生入蜀得道的真谛，并有缘结识了陈子庄先生。回来后向潘天寿师汇报，并请潘师观览陈子庄的作品，因潘师不熟悉陈子庄，就推脱说不看了。周沧米先生坚持请潘师看看，展开后，潘天寿先生大吃一惊，连说不得了，四川竟有此等人物。

　　周沧米先生对山水画的情缘，除得益于家乡雁荡奇秀灵毓的自然气象熏染，也源于其内心澎湃激扬的气质所动，与自然山水之烟岚浩荡相合而汇成源源不断的生命体征，更因宾翁浑厚华滋、道生万法而涌动的文化取向而一发不可收。由此先生足迹涉于大山大川之间，三上黄山，四入巴蜀，西攀华山，北登长白，纵览岱华胜景，探海峤诸幽，敞开胸怀，天泻童真，下笔浑朴苍茫，写尽氤氲浩渺，立意心中雄奇之象，抒发水墨气势磅礴，并参悟书法笔意和墨色纷呈，成就自家风骨。特别是晚年更是洗涤尘沙，回归本性，忘却忧愁，自立气象，并将宾翁画理画论之精要化于纸上，独具高尚，达到从自我到自由的艺术境界。退休后，对家乡雁荡思念更切，每年多次往返于杭州和雁荡，并于1990年在故乡营造"荆庐"一处，每日与雁荡为伴，静心作画，日观烟岚山色，夜听山风雨打，潜心画学，感悟人生，他的很多经典力作如《石门潭写意》《寒潭凝碧》《雨农堂》《烟峦滴翠》《雁荡云深》等都出自该处。著名人物画家吴山明先生说："作为艺术家，最不易的是一直能保持对生活的满腔激情，这种激情是艺术家追求艺术真、善、美的原动力。沧米先生就是一位难得的一直对生活充满真情和激情的画家。"正是出于这种对生活的热爱和对艺术的虔诚，周沧米先生在临终前将其一生的作品全部捐给了美术馆。

周沧米

绘就万千气象的山水画家周沧米

周沧米画作

2003年我受邀参加杭州黄宾虹学术研究会的年会，周沧米作为协会的顾问出席，遂与先生相识。2007年经孙晓泉先生的推荐，我兼任黄宾虹学术研究会秘书长一职，于是经常向周沧米先生请教。先生不耻下问，待人和蔼，对书画艺术和美术理论研究颇深，特别是对黄宾虹艺术见解独到，体会深刻，故受教匪浅。2005年我参与中国著名艺术家潘韵先生诞生100周年纪念活动的组织工作，为此成立了筹备小组，记得有王伯敏、郭仲选、孔仲起、周沧米、曹文驰、徐银森等美术界的前辈参加，在他们的热情帮助和指导下，在中国美术学院举行了隆重的纪念展，其间多次向周沧米先生请示并探讨。2008年2月9日周沧米先生的夫人陈琼芬女士因病去世，周沧米先生与夫人情深意笃，一起相持相扶走过了无数个春夏秋冬。周沧米先生就夫人的后事与我商议，我根据殡葬文化的特点和对杭州墓地的具体分析，提出了参考建议。在杭州市政协宋涛主任的帮助下，我陪同先生来到安贤园。先生与安贤园的艺术氛围和设计理念甚为契合，选择了一处依托自然环境的心属之地，自己精心设计了墓碑，其碑文由周沧米先生亲自题写，以寄托对夫人的感情，同时也以此作为夫妻情缘的永恒印记。根据周沧米先生的意见，墓碑设计以简洁规整为特色，与周边环境形成统一的整体，并由此烘托出主碑及其主人。

主碑由周沧米先生亲笔题写了极具韵味的四个大字"魂依兰石"。旁边数行墓志铭情真意切：

1948年戊子之春，余就读温岭师范，与琼芬相识相亲，遂结连理。而后六十春秋，互励志向，共蹉艺事，进取求索，矻矻穷年，雁峰巍巍，携我攀援，甘辛备尝，心肺相连。晚景桑榆，本应携手朝暮，讵料于今戊子正月初五日芬先我而逝。叹人天遽隔，魂梦难凭，欢笑再无当时，哀痛何及。今择域于此，背旁黄鹤山，面向超山道，幽谷苍葱，青鸟殷奋，爱妻端静贤淑，素喜自然。今得泉石之胜，安息斯土。我心托明月，永寄相思。

二〇〇八年戊子清明　周沧米撰并书

先生之情不能自禁，伉俪之情依依难舍，惟此文书，可鉴天日。其文稿为先生用情之笔手书，现藏于浙江安贤生命博物馆。

2011年3月6日，周沧米先生与爱妻相会于浙江安贤园，化蝶双飞。

李钢

周沧米夫妇合墓

绘就万千气象的山水画家周沧米

为理想砥砺前行的美学理论家杨成寅

杨成寅先生（1926—2016），是我国著名的美术理论家和雕塑家，其在理论研究、翻译、教学、刊物编辑以及雕塑创作等多方面有卓越建树和丰硕成果，为现代中国美术学理论建设和美术事业的发展做出了重要的贡献。

1954年，杨成寅先生毕业于中央美术学院华东分院雕塑系，之后作为研究生继续攻读美术理论，1956年毕业后留校任教。像同为学雕塑出身的王朝闻先生一样，他应新中国美术事业发展在学术建设方面的迫切需要，义无反顾地搁下自己的雕塑创作，而把精力和热情更多地投注在理论研究方面。

杨成寅先生的学术道路是从理论翻译起步的。凭借优异的俄语能力，他在学生时期就成为学校编译组的成员，承担了翻译俄文美学著作和美术理论文章的工作。他最早翻译的《苏联美术学院绘画教学大纲》和《契斯嘉柯夫素描教学语录》等文献，为新中国成立之初的美术教学以至现代美术教学体系的建设提供了来自苏俄的经验文本，在高等美术教育领域产生了广泛而深远的影响。20世纪50年代以来，杨成寅先生先后翻译了涅陀希文的《艺术概论》、列斐伏尔的《美学概论》、苏联艺术科学院的《马克思列宁美学概论》、贺加斯的《美的分析》、万斯洛夫的《美的问题》等经典著作，以及数十万字的美术史论和美术评论文章，为中国现代艺术理论建设起到了积极的推动作用。理论译介工作固然需要高强的语言转译能力，然而对理论话语准确、深入的把握，则要靠译者的综合学术素养。杨成寅先生日后的艺术美学研究，与他早年在理论译介方面的出色工作有着密切的关系。

改革开放后，由人生逆境走出来的杨成寅先生，依然怀着社会责任感和对美术事业健康发展的期望，以理论家理性而敏锐的眼光关注时代变革背景下的艺术思潮以及艺术家的思想与实践。他旗帜鲜明地表明自己坚持贯彻马克思主义美学思想、坚持社会主义意识形态的立场；主张艺术规律性与正确社会目的性的统一，主张弘扬民族文化和中西优势互补；强调美术创作应该积极反映时代，应该

杨成寅雕塑作品

为人民大众服务，应该具有健康向上的精神面貌，应该体现鲜明的本土文化特征和民族风格。在披沙拣金的艺术批评或去伪存真的学术探讨中，个人的观点或主张固然需要时日和实践来验证，但像杨成寅先生这样敢于在是非论辩中亮明自己的思想立场，始终如一地坚持自己的信念目标和观点主张，不投机取巧、幡然改途，不曲意逢迎、随波逐流，表现出一种可贵的学者品格和学术风骨，其为追求真理而砥砺前行的卓绝努力值得尊敬。

进入 21 世纪，杨成寅先生以其中西贯通的学养和艺术实践经验，转向更为深广的基础理论研究，在美学、艺术哲学和美术理论甚至语言学方面取得丰硕的学术成果，出版《石涛画学全解》《太极哲学》《艺术美学》《太极美学》《新编艺术概论教程》《黄宾虹画学解析》《先秦两汉魏晋南北朝书法理论评注》《宋代书法理论评注》《雷圭元图案艺术论》《刘开渠雕塑艺术论》《现代汉语句型概论》等著作，并主编《毛泽东美学思想概论》《美学范畴概论》《中国美学命题概论》等。他的这些基础性研究，透着系统追求美学和艺术理论中国化的宏大学术理想。他希望结合马克思主义哲学思想和最具中国文化特征的太极哲学，"探索马克思主义唯物辩证法与中国太极阴阳和谐辩证法的完美融合"，并以此为基础，构建中国特色美学和艺术理论体系。《太极哲学》和《太极美学》，集中体现了杨成寅先生希望将早先梳理的众多范畴概念及系统性结构整一化的学术宏愿。前者围绕"元范畴"（太极）和"元命题"（万物负阴而抱阳，冲气以为和），对太极哲学"一本万殊""多样统一"的基本内涵及"生生不息"的潜存意蕴展开多方面的

杨成寅墓

研究；后者则在前者基础上，从历史和理论两个维度梳理和诠释中国美学史的既有美学命题，以期整饬中国古典美学思想和艺术理论，形成逻辑自洽的体系化理论结构。而《黄宾虹画学思想研究》一文则源于阴阳鱼太极图的哲学内涵，阐述黄宾虹的画学思想及画学要义，揭示了黄宾虹关于"太极图是书画秘诀"的精神实质。从其晚年撰著或主编的诸多鸿篇巨制来看，可以鲜明地感受到这位老人为体系化、中国化的理论建设而殚精竭虑、孜孜以求的勤勉治学状态。面对眼前这些等身的建设性成果，无论其整饬理论大厦的蓝图描绘到了怎样的程度，杨成寅先生坚持中华文化立场，为马克思主义中国化而践行，奋力于理论体系建设的勇气和精神都是令人敬佩的。

　　1991 年 10 月，受文化部派遣，杨成寅先生作为中国文艺评论家代表团成员，赴日本进行为期 14 天的文化交流。访日归来在《美术》上发表《佐腾忠良与日本当代雕塑》等两篇文章。2000 年 1 月，应法国巴黎国际艺术城之邀去巴黎举办个人艺术展，开始进行为期半年的学术艺术访问交流。其间，应邀到比利时国际太极哲学会访问，遍访法国、德国、意大利、荷兰等国美术馆。回国后发表美术论文多篇。获巴黎市政府和中国驻法大使馆联合颁发的"法中文化交流特别荣誉奖"。

　　杨成寅先生的多部学术专著如《太极哲学》《太极美学》《石涛画学全解》等为美国哥伦比亚大学东亚图书馆、法国法兰西学院以及法中文化艺术交流中心所收藏。

由于其卓越的学术成就，杨成寅先生 1992 年获国务院颁发的 "为中国文化艺术事业做出突出贡献专家" 证书并获政府特殊津贴。2002 年获 "浙江省有突出贡献的老文艺家" 称号并获金质奖章和证书。2004 年由中国美术家协会授予 "卓有成就的美术史论家" 称号。2004 年专著《太极哲学》获浙江省第十二届哲学社会科学优秀成果专著类一等奖。

2016 年 6 月，杨成寅先生因病在杭州逝世。是年 8 月，安葬于杭州玉皇山南麓的南山陵园。2017 年 6 月，作为对先生周年祭的庄重献礼，中国美术学院举办了 "学而不厌——杨成寅纪念展"，同期举行了 "道技圆融——杨成寅学术研讨会"。

杨成寅先生的人生经历可谓栉风沐雨，并非一径坦途。然而，终其一生，他不以物喜、不以己悲，始终怀抱理想，不懈地探求学术真理。其可贵的人格精神和治学态度，永远值得我们学习。

吕品田

丹青为魂的百岁老人岳石尘

一位老人在宁静中走过了 102 个春秋，一位艺人用笔墨把对家乡的情感尽付纸上，一位智者以平凡、朴实的生命融于画卷之中。他就是我国著名的小写意画家，百岁高龄仍然笔耕的传奇人物岳石尘老先生。

岳石尘，字曼倩，号翠冷居士、隐庐主人，晚称肯堂老人。1902 年生于浙江桐乡，为岳飞二十八代长孙、文史学家岳柯之后，苏州画院画师，吴门画派和鸳湖画派传人，浙江省文史馆馆员、浙江美协会员、嘉兴市美协名誉主席、桐乡市文联名誉主席。

岳石尘老先生性情敦厚，心胸豁达，淡泊明志，志趣高雅。一生以画笔为友，田园为伴，化生命为彩蝶，寄心境于画中。是一位因画而生，在画中寻仙而去的痴情民间老艺人。岳老先生生前常说："我是无意中从自然中来到这个世界的，我迟早要回到这山石的自然中。"他名为"石尘"，意为石上一微尘，也希望自己百年后如微尘般自然地落于石上。2004 年，百岁老人终于放下陪伴自己一生的画笔，驾鹤仙去。

岳石尘

我与先生相交多年，仰慕老人德高艺精，也深得老人信任，生前他即委托我安排百年之后事。好友们根据他生前的心愿，由其长子岳功立与我协商先生的后事。为此聘请了雕塑家陈枫先生，在安贤园精心设计了岳石尘老先生的墓地造型。一块取自苍幽深谷中的天然奇石，以石为碑，雕琢精湛的先生铜质头像镶嵌于石上，像下为岳老自书"岳石尘"三字，石碑后环形石砌，上刻著名美术史论家王伯敏手书的"武穆遗风，丹青报国"八个雄浑大字，构成了一件极具艺术神韵和天然情趣的杰作。

　　岳石尘早年父母双亡，生活颠沛流离，过早地领略到人世的艰辛困苦，但其天性质纯，心清气雅，从书画的痴迷和田园的清新中，进入一个艺术的世外桃源。经源远流长的民族文化浸染和博大精深的精神意境所陶冶，追求书画理想而一发不可收拾。曾师从鸳湖派名家仲小某习画，复远宗明代周之冕、清代王武，近得乡贤张熊、朱咏和王礼精髓，擅人物、仕女、山水，尤工花鸟。其作线条洗练苍劲，点笃浑厚，设色清丽，结构严谨，天机造化，从民间艺人中脱颖而出，尽脱艳俗媚气，自成一家清丽淡雅画风。著名美术评论家邵洛羊先生称其为："劲秀磊

岳石尘画作

落，严谨中有古逸气。"王伯敏先生更赞之曰："人物有神，山水清丽，花鸟多趣。"

岳先生既承师学，又取法自然，创新之意随心而出，运笔灵动，如行云流水。常临景观摩，不落俗套，以乡村田园野趣为对象，内心灵性跃然于笔下。岳老先生长于守志，心气独运，抗战前已名动江南，与夏贞叔、夏惠民、仲泳沂等组成"梅经书画社"而享有盛名。岳老先生深受中华文化的熏陶和岳氏家风教化的影响，颇有武穆遗风和高士气节，一生追求高尚的道德修养和高远的精神意境，视名利如浮云，发仁慈于内心，甘愿于平淡中独享自由王国，并把毕生的经历奉献于书画艺术之中，用一支画笔尽情表现岳家的傲骨正气和文人心韵。

岳老先生始终对岳氏祖先十分敬仰，曾于 2003 年在我陪同下参加了杭州岳庙的祭祀活动，与省市老领导一起以笔寄情。一生以祖上精忠报国为立身行事之准，不与世俗为伍，不计较个人得失，不攀附权贵，清白一生。老先生不仅自律有节，而且家教甚严。据其子岳功立老师回忆：当年在从事地质工作时，也爱好书画，父亲知道后就对他说："练习书画是身心道德品性的修养过程，要认准自己的目标，淡泊名利，不畏困难，坚持不懈，必有大成。"如今岳功立书画艺术也颇有成就，得益于父亲的引导和自身的勤奋。

岳石尘先生以画为生，以笔代言 80 余年，付润求画者络绎不绝。但老先生却从不以画炫示，坚持艺术求道、书画养性的原则，凡有社会公益和生活无助之事，则慷慨解囊，赠画无数，不收分文，故为社会各界人士所敬重。美术史论家柯文辉先生曾赠诗赞曰："碧水悠悠十二桥，苍藤深处响兰晓。丹青不识先生老，人世浮名一羽毛。"

岳石尘墓

为了表达社会对岳石尘先生的敬仰之情，2004 年 4 月 25 日在浙江安贤园举行了隆重的安葬仪式，2004 年 4 月 30 日在杭州举行"岳石尘遗作纪念展"开幕式。参加纪念活动的有省、市各级政府代表，社会各界代表和亲朋好友三百余人。人们为老人一幅幅精彩纷呈的沥血之作赞叹不已，为老人执着淡泊的人生历程感叹不已，为老人黯然长世、归寂林深幽境而感怀不已。岳石尘的百年人生诚如其诗："风风雨雨路，勤勤恳恳人。丹青一世纪，淡泊自安宁。"

李钢

丹青为魂的百岁老人岳石尘

为国育才的中科院院士罗宗洛

罗宗洛，植物生理学家、中国科学院院士。1930 年获日本北海道帝国大学农学部博士学位，1948 年选聘为中央研究院院士，曾任中国科学院上海植物生理研究所研究员、所长，1955 年选聘为中国科学院院士（学部委员）。现安葬在杭州南山陵园。

罗宗洛 1898 年出生在浙江省黄岩县一个小康商人家庭。6 岁丧母，由祖母、继母抚养长大。1911 年，罗宗洛进入杭州安定中学学习，次年转学上海南洋中学。1917 年在校长王培荪鼓励下，他踏上了前往日本的求学之路。他勤奋刻苦，远渡重洋求学期间，英语、德语及理科各科都打下了坚实的基础。入学第二年，师从著名植物生理学家坂村彻教授，从此，他便以植物生理学为终身事业。1925 年 3 月大学本科毕业，他申请入该校的大学院当博士研究生，用 4 年多时间完

罗宗洛

|158|

成了博士论文。1930年6月北海道帝国大学教授会全体通过他的博士学位申请，获得农学博士。他是中国留学生在日本的帝国大学获得博士学位的第二人，受到日本各大报广泛报道。

1930年受广州中山大学之聘，罗宗洛结束日本留学生涯，学成回国，先后任广州中山大学理学院生物系教授、系主任，上海暨南大学理学院教授兼中华学艺社总干事，中央大学（1949年更名为南京大学）生物系教授，浙江大学理学院生物系教授，尽心尽力，鞠躬尽瘁，为祖国培养了一大批生物系英才。他在中山大学、中央大学、浙江大学任教期间，都在学校创办了植物生理实验室，坚持开展研究工作，发表了20多篇学术论文，作了许多场精彩的学术报告，受到科研工作者的一致好评。1936年日本一批生物学家到实验室参观访问，回国后在刊物上专门登载了罗宗洛在实验室进行研究操作的照片，赞誉其工作具有较高的学术水平。

1944年8月，罗宗洛以中国植物生理学界泰斗的身份，出任设在重庆的中央研究院植物研究所所长。1945年8月，日本侵略者宣布无条件投降，抗日战争取得全面胜利，罗宗洛以台湾教育复员委员会主持人的名义出席日本投降仪式，并以教育部台湾特派员身份，接收台北帝国大学（现为台湾大学），1946年接收完毕后任代理校长。1947年2月，罗宗洛任教育部学术审议委员会委员。1948年当选为中央研究院院士。

中华人民共和国成立后，科学事业迎来了新的春天。1953年，罗宗洛担任中国科学院植物生理研究所所长，以其深厚的植物生理学理论与渊博的植物学知识，承担了水分生理和抗性生理的研究工作，奠定了该领域的发展基础，促进了

罗宗洛（右一）

环境生理和环境保护的科研工作。此外，除为本所聘任新的研究人员外，还在北京大学、北京农业大学、天津南开大学分设植物生理的工作组，聘请那里的植物生理学教授为兼任研究员，给工作组增拨研究经费，使他们得以顺利地开展工作，促进研究所与大学之间、大学与大学之间在科研与人才培养方面的相互协作。

在罗宗洛多年的精心领导下，中国科学院植物生理研究所已成为拥有众多人才、成果累累的全国最重要的植物生理学研究中心。1955年，罗宗洛教授当选中国科学院学部委员（即中科院院士），出席了首届学部委员大会。1956年，在全国人大和政协会议上，他提出了培养科学人才的建议，受到陈毅副总理的高度重视。1957年受聘为日本植物学会名誉会员，同年当选苏联列宁农业科学院通讯院士。1963年，为了推动我国的植物生理事业，罗宗洛与汤佩松、殷宏章等共同发起创立了中国植物生理学会，被选为第一届和第二届理事长，并担任《植物生理学报》主编。他还曾任全国政协第五届委员等职。

罗宗洛的第一篇论文，是在1925年与他的老师坂村彻合作发表的，题为《不同浓度的氢离子对植物细胞质的影响》。1925—1931年，罗宗洛在坂村彻实验室从事植物溶液培养的研究。1934—1937年罗宗洛在南京中央大学开展无菌条件下玉米离体根尖的研究。他和清华大学的李继侗是我国植物组织培养方面的先驱和倡导人。从1935年起连续发表了3篇论文，引起国际上的重视，并邀请

罗宗洛夫妇合墓

他撰写一篇综合性的论文。我国的组织培养研究，后来之所以能够得到日益蓬勃的发展，不能不追溯到当年罗宗洛的肇始工作及培养的人才。

1940年起，罗宗洛开始研究微量元素的生理功能，先后发表了8篇论文。他在这方面的研究成果，在当时是一个创举。1958年，罗宗洛开始进行高等植物辐射生理研究，他开展此项工作是为了在理论上了解生物对不良环境的适应过程，在实践上探测减轻辐射伤害的途径。为解决农林业生产建设中发生的一些实际问题，罗宗洛亲自安排调查研究，提出解决问题的方案。他在苏北海岸营造防风林，开展水分生理和抗性生理的研究。他去西北考察干旱区和盐渍土壤植物生长情况，开展抗性生理研究。他赴海南岛和雷州半岛防治橡胶树寒害，并在辐射生理学等研究方面，倾注了大量的心血。

罗宗洛为人直爽，敢于坚持真理。1978年春，罗宗洛到北京出席全国科学大会，回上海后已经病重，仍于4月17日在上海植物生理研究所全体会议上做了贯彻大会精神的讲话。他还结合研究所的实际，提出一些需要着重解决的问题。但此后即卧病不起，不幸于同年10月病逝，国家失去了一位卓越的科学家。罗宗洛在创建和发展我国植物生理学事业方面所做出的多方面功绩，将永远留在人们心中。

张晓昀

一生尽瘁为教育的赵冕教授

父亲赵冕，字步霞，浙江嘉兴人，生于 1903 年 10 月 24 日。早年毕业于南京高等师范，1941 年获美国芝加哥大学文艺硕士，后考入美国哥伦比亚大学，师从杜威教授，获教育学博士。毕生从事教育事业，是中国现代著名教育家。

他生于书香之家，祖父赵云荪是晚清举人。不满四岁时祖父去世，家境日渐衰微，赖祖母周巧云含辛茹苦，抚养长大。因而父亲从小就生活在贫苦民众之中，养成了坚毅的性格和同情劳动人民的品质。他读书聪颖过人，但生活尤为艰难，靠东凑西借完成高中学业。考入南京高等师范后，因经济困难，曾休学一年，前往安徽最北部宿县的省立第四农业学校任教，积蓄教薪后复学就读。

父亲青年时期面对军阀混战，民不聊生，列强侵凌，国势垂危，就立志教育救国。受五四新文化运动影响，他积极参加校内外社会活动，组织新嘉兴平民社，出版《嘉兴评论》，抨击社会腐败。

他大学毕业后，有志于振兴中国教育，先后在东南大学附属中学和河南开封省立第二中学任教，后应近代教育家经亨颐校长之邀来到浙江省立四中任分部

赵冕

主任，践行经校长倡导人格教育的办学理念，视学生如家人子弟，视教务如家务。他创造性地开展教学活动，赢得经亨颐校长和全校师生称赞，24 岁调入浙江省教育厅任视学。这三所中学是父亲初涉教坛的一段重要经历和探索。

父亲长年生活在工农民众之中，对民众教育有一种天然的热情。为遵循孙中山先生"唤起民众"的发展社会教育的精神，曾在江苏省立教育学院任实验部主任和实验区总干事。他非常重视实践，负责黄巷实验区和北夏民众教育实验区的工作。深入区乡的学校和农户，与农民交朋友，在实践中寻求普及民众教育制度和方法。

1929 年父亲任浙江教育厅第三科科长，主管社会教育，指导省和各地民众教育馆（校）开展工作，主持创设浙江省民众教育实验学校，聘请孟宪承为校长。协助孟校长选址筹办建校事务，制订教学规划和管理方案，为全省社会教育（民众教育）事业做出很多可圈可点的贡献，使浙江的民众教育走在全国前列。20 世纪 50 年代父亲从陈训慈先生处得知，杭州文澜阁《四库全书》抗战西迁中，浙江沿线阁书秘藏地的民众教育馆校负责人冒着危险把阁书秘藏在馆校内或落实安全秘藏处，他为自己倾力从事的民众教育在抗战时保护国宝发挥积极作用而骄傲。

父亲在育人的田园上不断耕耘，艰辛地探寻适合国情的教育之路，他从没停止过对教育理论与实践相结合的思考和创新。1931 年父亲深受著名社会教育家俞庆棠赏识，俞庆棠邀请他再次到江苏省立教育学院任教。他与俞庆棠等共同发起成立中国社会教育社，俞庆棠为总干事，父亲等被选为常务理事。他认为民众教育存在于生活之中，其主要对象为社会地位较低的成人。民众教育的范畴与生活需求的范畴是一致的，包括：1. 保健教育；2. 谋生教育；3. 家庭教育；4. 社会相互关系教育；5. 公民教育；6. 科学教育；7. 语言教育；8. 艺术教育。他撰写教育专著，主要有中华书局出版的《民众教育》《民众教育纲要》，商务印书馆出版的《社会教育行政》，人民教育出版社出版的译作《世界教育史纲》《教育学》《汉英翻译理论与实践》等。他还在海内外杂志上发表近百篇论述教育的文章。

父亲是一位理想主义者，更是位脚踏实地的实践者。他积极投身抗日救国运动，中国近代著名教育家梁漱溟、晏阳初、陶行知对他的热情、才华、踏实作风、创新精神充分信任。梁漱溟先生邀请父亲担任山东乡村工作人员训练班教育主任，他以满腔爱国热情，不避艰险，把乡村建设与抗击日寇密切结合，服务于神圣的抗战事业，一次父亲陪梁先生下乡时险遭空袭炸弹。不久晏阳初先生又邀请父亲南下参加平教会，任研究员，推行平民教育，筹办重庆北碚巴县歇马场的乡村育才院和乡村建设学院，任教授、教务主任。他不辞劳苦，日夜忙于营建学校和重庆等地的招生工作。积极组织教学和教务班子，自己也开课，使学校迅速

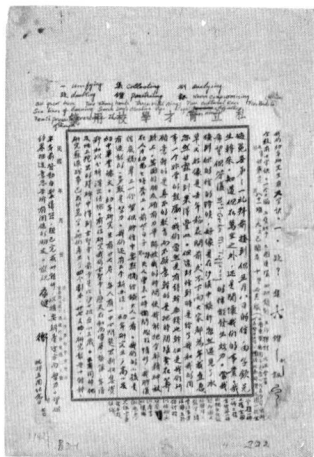

1942年陶行知先生致赵冕教授信

走向正轨。父亲就这样辗转奔波在抗日救国第一线，经受锻炼，也体会着知识报国的快乐。父亲一直对恩师陶行知先生十分敬仰，听说陶先生在重庆创办育才学校遇到困难后，他发挥自己在美国留学和任教时的知名度，四处募集资金。1942年陶先生给父亲信中写道："赵冕吾弟：你在万里之外，还是关怀我们的事业，当我接到你信的时候，好像在沙漠中忽然遇到了水草，又好像是去年稻花开前，久不下雨，大家都为年成焦急，忽然甘霖来到，果得丰收。你的来信给了我和我的同事们一个非常大的鼓励。"陶行知先生曾不止一次地说："赵冕热爱教育事业又有才干，若有机会像金海观先生创办湘湖师范一样创办一所学校，肯定很精彩。"在梁漱溟、晏阳初、陶行知、俞庆棠等先生的直接指导下，父亲有幸成为近代中国教育改革实践运动的主要组织实施者。如今重庆育才学校旧址不仅是全国重点文保单位，还是重庆市爱国主义教育基地。可告慰父亲的是他们那一代爱国知识分子追求的理想早已成为现实。

　　1941年父亲留学美国和在怀俄明大学任教时，应邀在美国一些城市组织演讲。他谈吐幽默风趣，吸引众多听众。他向美国公众介绍中国悠久的历史和灿烂的文化，介绍陶行知等现代教育家的事迹。演讲中他充满自信地说："在促进世界文化和教育合作运动中我们中国必然从'旁听生'变做'正式生'，不但眼到，止于观察，也得口到，更将'一鸣惊人'。"他所到之处当地报纸刊登演讲情况和照片，电台还把演讲灌成唱片。他在哥伦比亚大学的博士论文《民主中国的教育》，显示了他对中国教育事业的深入观察和远大眼光，更凝聚了他对祖国的无限热爱。近年来我国教育界对父亲这篇教育学博士论文给予很高评价，认为这是在国外发表的第一篇研究陶行知教育思想的论文，有着历史开启之功，让世界对陶行知有更全面、生动的认识。

　　1947 年，父亲毅然放弃美国大学的高薪聘请，回祖国在中大（后改南大）任教育系教授和研究所主任，继续奋战在他热爱的教育战线。1949 年后，组织上选派他到华北人民革命大学学习，毕业后被委任为中央人民政府教育部参事，参与全国教育工作的规划、制定。其间受我母亲学美术专业影响，建议教育部要重视美学教育。1954 年，父亲从北京应邀到杭州大学（原浙师大）教育系、外语系任教授。从北京回到阔别已久的家乡，父亲非常兴奋，常常伏案工作到深夜。他对恩师郑晓沧教授和好友金海观先生非常敬重，常去拜访请教。那时，刚就读小学的我，常常被父亲的热情、创新以及他和师生朋友之间纯真的情谊所吸引。父亲的同事和学生回忆，他在浙师院教育系任教，先后担任了中文、数学等八个系科的教育学教学任务。他教学方法灵活，对不同系科总是结合专业单独编写讲稿。重视启发学生的积极性，课堂气氛十分活跃，开拓了学生的视野，深受学生欢迎，有学生一直珍藏着上他的课时的笔记。校系领导和师生一致称赞他为人正直、热情，待人真诚、随和。教学水平高，成效显著，教学方法令人耳目一新。由于当时政治上的原因，他遭受了不公正的待遇，被送到金华农场劳动，面对逆境，教了一辈子书的父亲，不能再上讲台授课非常痛苦，但没有丝毫消极情绪。之后他被分配在教育系资料室，认真为授课老师和查阅资料的学生服务，设计制作出一整套非常实用的学习卡片和盒子，深受师生欢迎。后被分配到外语系，只能做教辅工作，帮助别的老师批改作业，针对学生的薄弱环节编写了《英语应用文》。此时他还在为杭州这座城市操心，建议外语教育要从娃娃抓起，创建杭州外国语学校。当时家里经济很困难，房间除了书还是书，没有一件像样的家具。父亲向木工师傅请教，利用包装箱和边角料，自己动手制作了桌、凳和书架，至今我们还舍不得丢掉。

赵冕（左）与家人合影

父亲一生始终不渝地致力于他挚爱的教育事业，培养了一大批优秀人才。他与学生们一直保持密切关系，深受爱戴。如今他的学生在世的都已八九十岁，他精彩的课堂语言、待学生如家人般的情感、带领学生实习时的谆谆教导，至今仍被他们津津乐道和深深缅怀。当年的实习生回忆在杭州女中、二中、七中、八中时的实习说："赵冕教授白天一堂接一堂听课，当晚一对一指导学生写教案，忙到深夜不以为苦。"我还记得 60 年代初父亲朝北斗室的床上常坐满了畅怀谈笑的学生，杭大操场上父亲与学生打篮球得分获得声声喝彩，辅导学生排练英语剧等温馨画面，至今仍历历在目。父亲逝世多年，仍不断有学生写怀念他的饱含深情的文章。一位中大毕业生回忆，1948 年父亲在中大教育系当主任，助人为乐，有口皆碑。当时有"毕业即失业"之说，但凡有学生就业遇到困难时，他常常尽力相助。学生患病他去医院陪护，学生经济上有困难，他会拿出自己的工资接济，当年的许多学生至今还非常感谢父亲。整理父亲遗物时，一封封来信中夹带着学生就业获奖、结婚生子的照片，表露对父亲的感激和真情。这深厚的师生情谊总让我为之感动。

父亲一生坎坷，中年时家人遭遇船难，悲痛欲绝。1964 年又不幸患癌症住院，面对一次次的打击，他乐观豁达，从未被击垮。在生命的最后时刻他抓紧每一分钟，把病房当课堂，承受着病痛的折磨坚持上课，为医护人员和企业技术人员补习英语。父亲的坚强令人感动落泪。当父亲嗓子失声，还坚持用笔为医院和企业翻译国外的医学著作和工业技术资料。父亲仰卧在病榻上，病服已经盖不住瘦骨嶙峋的身躯，但笔却依然未停，直至 1965 年 6 月 1 日，父亲在杭州逝世，享年 62 岁。弥留之际他深情地对看望他的老同学、同乡挚友陆维钊和一直陪伴在身边的我母亲说："我才 60 岁刚出头，还有很多很多事想做。"一个让人崇敬的生命就这样不甘地归去了。华东师大首任校长、父亲的老师孟宪承评价他："步霞正直、务实、诚恳、热情而有很多理想，是一位行动着的思考者。"父亲安葬在能眺望钱塘江的杭州南山公墓，老友沙孟海题写了墓碑碑文。杭大校领导和师生，曾经医治过他又听过他课的医护人员和工厂技术员，在父亲的告别仪式上一片抽泣声。那一年的我，从此长大。

父亲离开我们已 56 年。他用一生去实现振兴中国教育的理想，在中国近现代教育史上，已深深地刻印上他为祖国教育事业默默奉献，浓墨重彩的奋斗篇章。每当我看到"春蚕到死丝方尽，蜡炬成灰泪始干"这句诗时，依然会情不自禁地怀念父亲。

赵一新

父亲赵延年创作木刻写生纪事

![cloud ornament]

一

1973年，我在农村插队。父亲对我说，学点画，以后会有用的。于是我回家待了一阵子，每天跟着他去美院画素描写生。果然，第二年在评法批儒中派上了用场，还挣了不少工分。这是后话。当时父亲已恢复工作，在带工农兵学员。所谓画素描，模特儿早被废除了，石膏像也全被敲碎了，就是摆几件实物照着画。这天，父亲从空空荡荡的教具室找来了一只水鸟标本，说要同我一起画。可他手里拿的不是画板和铅笔，而是木板与刻刀。

说到写生，人们总觉得那应该是纸和笔的事，不外乎铅笔、钢笔、毛笔或是马克笔，抑或铅画纸、油画纸（布）、宣纸等等，很难想象成了木头和刀子的事。18岁的我反正对刻木刻不怎么感兴趣，就顾着自己画，也没多注意父亲的举动，只是偶尔探过头去看看。等水鸟精精神神地跃然于那块巴掌大的木板上后，父亲又给它营造了一个舒适的生境。教室里安安静静。我不知道，父亲正默默地在开拓一条他独创的版画创作、教学之路——木刻写生。

二

其实，早在1959年，父亲就开始了探索。当时，他带浙江美术学院版画系的学生到富春江水库工地去实习，曾在工地现场试刻过两张小景。他在1980年发表于《版画艺术》创刊号上的《略论木刻写生》一文中写道："这两张东西很不像样，但是我过去每一次翻到的时候，总感到其中有点东西值得探讨。因为，这是在现场刻的，那感觉比画了速写回家来刻的更生动、更有表现力"，"可惜这两张习作也同其他不少作品一起在'浩劫'中被搞光了"。

赵延年

水库工地，是父亲爱去的生活素材搜集地，那里有热火朝天的劳动场面，生动多姿的民工兄弟，还有气势各异的工程景色。他去过省内的（建德）新安江水库、（桐庐）富春江水库、富阳皇天畈水库、永康杨溪水库等，还去过在湖北的葛洲坝水库。这是他1979年在永康杨溪水库工地现场写生创作的情景。从最终拓印完成的作品可以看到，糙砺嶙峋的山石展示了一个厚重艰难的环境，而读者的目光必然穿越过巨大的黑洞，直接透至远处的光明。静止的画面里分明有内在的力量在涌动。很难想象，如果没有画面四周这些由现场感受驱使的狂野凿刀，这幅作品还能剩下些啥。从那个年代过来的人们，你懂的！照片上，55岁的父亲笃定而沉稳。他给出的标题是《征途》，而这又何尝不是他自己的艺术征途。

不少人对父亲木刻写生的理解仅仅局限于室内的人物刻画，就连为他出版某大型画册的编辑们，也在该单元里只选了一幅外景，而那幅外景恰恰不是父亲的现场写生。也怪不得他们不熟悉，因为除了赵延年，没人这样干的。这也是我取本文标题之义。

创作于1982年的《重阳》，是在乐清大荆镇刻的。手里刚刚有了点闲钱的山民们，在陈旧的小村子里建新房，满是秋日里温暖、静谧的基调。当地一位陪父亲采风的版画家黄叔叔，后来每每同人讲起这幅画，总会乐呵呵地朗声说道："赵先生在（那里）刻的时候，我就站在他旁边。"父亲对他的学生们曾经讲过："木刻写生我会继续下去，到实地，就地取景，就便刻制。比起搞油画的，带木刻板不多，并没有增加太多的麻烦。你们以后也不妨去试试。"

三

1978年，浙江美术学院版画系第一次招收研究生，并确定由我父亲和赵宗藻先生共同作为指导教师。第二年4月下旬，研究生班排的课是人体素描。父亲在授课的同时，也带上了自己的木板、刻刀，与研究生们一同坐在教室里，做各自的作业。

顺便插个话题：这几年我一直在整理父亲调到浙江美院后的工作笔记。在1964年9月18日这天，笔记本上记的是传达文化部关于废除美术部门使用模特儿的通知，里面认定有这样三条：一、严重脱离实际、脱离群众；二、腐蚀青年思想，破坏道德品质；三、妨碍社会治安，影响社会治安。就此过了十多年，直到恢复高考，教学步入正常，全国美术院校才陆陆续续重新安排了这一教学内容。

不同于本科教学，父亲对研究生们在木刻技法上的拓展精进自然是寄予了厚望的。课间，他和同学们聊到："我一直在琢磨着想直接对着对象刻木刻，或者叫木刻写生。这样做的好处在于有对象作参照，触景生情，该如何下刀，不必去凭空想象，而是按照感受和对象给予你的启示下刀。这生动性是其他办法所不能企及的。但跟着的问题，是不能跟着对象走，去照搬照抄对象，或无所适从，不敢下刀。因此，作木刻写生照样有个艺术处理的问题，该是黑是白，该大刀小刀，一定要掌握主动。要随时看效果，千万不要一埋头，刻到底，到一定程度时，适可而止，做到艺术上的完整即可。"

父亲当时完成了一批人体木刻写生。有一幅刻的是位年长的男性，虽然精瘦，但不虚弱，从手臂暴突的青筋和不见赘瘤的躯干，一看便知他来自生产劳动之中。细看肋部的用刀，有人可能会以为是小三棱刀纵向排刻，其实是父亲用大平刀横（或斜）向推刻出来的。父亲喜用大平刀，这样推，需用很大的力气，生生地把刀锋一边甚至两边的木纹撕裂，才能出现这般既可遇而不可求但又事先了然于胸的最终效果。

无论对己对人，父亲都非常强调，"（用）刀要进入（人体）结构"。因为他认为，艺术创作中的一切手段都是为了塑造和表现对象。父亲认为，刻木刻，必须熟悉手中的刻刀，这既是专业的基本功，更是追求艺术境界的必然手段。他晚年在同我闲聊时曾说过"用刀三阶段"（这五个字是我自己加的）：无刀有形；有刀有形；有形无刀。初学者对刻刀不熟悉，只求拿刀摹刻对象；继而掌握了刀的规律后，手段百出，求个痛快；必须等刻者悟道，方能做到刀刀入形，是刀不是刀。这些话，道出了木刻艺术的个中奥妙。所谓外行看热闹，内行看门道。能了解多少，能掌握多少，能发挥多少，就看各人的悟性了。

女人体用刀极为简练，大腿部位只用大圆刀刻了一刀，就将青春肌体的紧绷、光滑感表现得淋漓尽致。肢体暗部的轮廓线虽然极细，但运刀流畅、明确，没有停顿和犹豫，将结构交代得清清楚楚。从刀痕一边光、一边毛的效果可以看出，这里用的不是三棱刀，而是斜刀。二者相比，后者比前者的刀触变化多，所以父亲刻细线喜欢用斜刀，以致手边好几把斜刀的刃尾都成了弧形。

另一幅男人体作于1982年。弓起的背部与屈着的腿部形成的"S"形，展示出中年男性的力量感。稍稍圆润的身体结构处理，可以让人感觉到他的皮下脂肪比前一幅老年人要丰腴得多。画幅左侧松散的小淡灰色块同人体腰背部的处理互相呼应，使画面形成了丰富的黑白节奏。

四

木刻头像写生，属难中之难。这点无人否认，此前无人问津。父亲开始发起挑战。

1981年11月，父亲去南昌举办个人画展。因我母亲是南昌人，所以那里版画界的朋友们同我父亲尤不见外。他们已听说父亲在搞木刻写生，就要求父亲在展览期间作一次现场讲座。于是，父亲讲座上就刻作了这幅《江西老太》。作为一幅人物画像，其难点不在于"像""不像"他（她），而在于"是""不是"他（她）。面对不同模特儿各不相同的年龄、形象、个性、经历、气质，需要画家在有限的作业时间里去了解、理解、分解。而这回担此重任的，是一把大平刀。凡是用过大平刀的人对此会格外注意到：没有重叠、没有重复，一刀是一刀，刀刀进结构，将这位老太松弛的肌肤、皱锁的眉头、花白的头发、微拱的身躯交代得清楚分明。当读者同画面上的老太对视时，能体味到在漫漫人生路上，生活待她不怎么样。再看这两只手，一主一次、一上一下、一明一暗，不用一字说明，读者心里明白。如果说，从她脸上读到的是不如意，那么，这两只手道出的则是不容易。至此，这幅木刻写生也就完成了"是""不是"她的课题。

半年后，父亲完成了《陈奶奶》。同前图相比，不用说，这是一位幸福的老奶奶。于是，滋润、细腻成了这幅画的基调。为了表现对象细密、丰润的颜面，58岁的父亲这回用了三棱刀。作为一位艺术家，这个年龄正是他心力、体力、眼力同处高峰的阶段。用三棱刀排刻，是许多木刻作者常用的手法。父亲的排线刚柔相济，不僵硬、不生涩，线随结构而走，起起伏伏、松松紧紧，组成了丰富的黑白色调，与中国画里的"墨分五色"有异曲同工之感。面前的奶奶有些小紧

赵延年作品《沧桑》

张，凝视的眼神和紧抿的嘴唇透露出几分矜持，清爽的面容和齐整的发型展现了良好的生活习惯。由此，读者甚至可以猜测，这位奶奶的家庭生活一定优渥、美满，幼时应当读过些书，是不是像鲁迅笔下的长妈妈，也有一肚子的故事哦。

早此20年，父亲就做过这方面的尝试。1962年2月19日，浙江美院版画系三年级学生朱维明，在教室里观摩了父亲所作的一位化装老人木刻写生。他当时记下了父亲对同学们说的话："前提是研究对象，细致观察、交代结构；但又千万别拘泥于自然的每一个细节。对木刻来说，你一开始起稿，就要想着如何推敲，如何概括；突出什么，隐去什么；如何下刀：一块面，刻或不刻，刻几刀能奏效，有如庖丁解牛，一刀下去，见骨、见肉，软硬分明、分毫不差。""千万别表面地抄袭对象，要尽量去把握感受，在艺术处理上，是驾驭对象的主人，不要做奴隶，被现象牵着走。要做到既能深得进去，又可跳得出来。"

要做到"一刀下去，见骨、见肉，软硬分明、分毫不差"，这是有极高难度的。在父亲的木刻写生作品里，我特别喜欢这幅《沧桑》（又名《暮年》），觉得它甚至就是前面这句话最贴切的图解。纯黑的背景里，父亲用一道简单的轮廓光，便勾勒出了老者的漫漫人生。在这曲舒缓的旋律中，担任主奏、协奏的分别是斜刀和平刀。随着斜刀在父亲手中行进间的偏偏正正，老人由鼻到额的受光面也起起伏伏；平刀碎斫出的胡茬子似乎有些顽强地在同绵软的眼神相抵。最神奇的一刀在上眼睑，细细一条短线，准确无误地点出了"沧桑"的主题。不信的话，读者可以用手遮挡一下试试，看看是否效果迥异。我觉得，父亲在这幅作品里用刀解释清楚了木刻写生的内涵和外延。

五

父亲基本反对画家用照相机搜集素材。他这样考虑，主要是基于强调：画家必须亲自完成将眼前三维景象转化为手中二维图像的这一过程。而照相机轻易替代了画家面对活生生的事物进行分析、取舍、概括的能力，也就阻断了脑、眼、手这一不可分割的艺术创作自主活动链。父亲认为：木刻写生的黑白处理相较于油画写生的色彩处理，天生更具抽象性。他舍不得省略这一创造性的艺术享受过程。

1985 年秋，父亲在葛洲坝工地经过现场、驻地、现场几次反复后，拿下了《葛洲坝人》，使木刻写生从原来的习作属性升华至创作属性。主人公的形象结实、强壮、浑身是劲，神态腼腆、沉稳，憨厚中又带点狡黠，一顶闪着金属质感的头盔点出了国家重点工程的背景，一件手织的粗毛衣又露出了家人的牵挂。这正是改革开放初期从农村走出来迈向新生活的年轻一代。

2003 年 5 月，中央电视台《走遍中国》栏目摄制组来杭州采访父亲，当听说木刻写生后，临时提出要现场拍摄整个过程。于是，模特就由陪同摄制组前来的一位湖州版画家充任，父亲现找了一块木板，便在南山路家中逼仄的工作室里操持起来。在一旁的哥哥随着摄制组的工作，用小 DV 机留下了一段父亲木刻写生的宝贵视频资料。

2006 年 3 月，父亲向中国美术馆捐赠了 575 幅作品。在开幕式后的座谈会上，中国美术学院版画系主任张远帆教授说道：前两天，中国美术家协会艺委会艺术处的一位处长到我们学校参加一个版画活动，顺便到我们的木版教室里去。那里正在上木刻头像写生课。他当时非常激动：我今天在你们这里看到拿着刀，对着对象和木版直接干，很不容易，但是非常有意义。应该向各个学校好好地介绍一下。我就跟他讲："这个课，不是我们今天（开）出来的，那是赵（延年）先生 20 年前特别着力提倡的一个训练方法。我们今天还在沿用。赵先生（今天）展览上的一些作品就是木刻写生，你说它是习作，它也是创作，就是对着对象直接干的。'放刀直干'这几个字，我觉得在赵先生作品上是体现得最有特点、最完美了。"

一意孤行，是父亲在艺术世界砥砺奋进的自我境界。

木刻写生，是父亲亲手栽种的版画艺术新株。

在父亲 2009 年荣获首届"中国美术奖·终身成就奖"时，这成为其中坚实的块垒。

他走远了，走得很远了！

南山陵园成为我们来看他的最后地方。

回望后来者，他自是慰悦、欣喜……

赵晓

赵延年夫妇合墓

中国笛子艺术大师赵松庭

赵松庭先生，中国笛子艺术大师、赵派笛艺宗师、著名的音乐家与教育家，曾任中国民族管弦乐学会副会长、浙江省音乐家协会主席、浙江艺术学校（现浙江艺术职业学院）名誉校长、中国民主同盟浙江省常委，现长眠在杭州钱江陵园。

赵松庭，出身于浙江省东阳县(现东阳市）巍山镇赵姓家族，族中排行"初"字辈，乳名赵鹤初。东阳赵家源自北宋魏王赵廷美一脉，随宋廷南渡，迁至浙中定居。东阳位于层峦苍翠起伏的浙中丘陵，歌山画水，钟灵毓秀，人文荟萃，"形胜之美甲于他邦"。自东汉兴平二年（195）置县至今已有一千八百多年。唐宋时代，东阳已为"婺之望县"，今更有"教授县""博士乡"之称。巍山距东阳城 60 里，古称永寿乡。背依巍山，面对笔架山。两侧有白溪和渼沙溪蜿蜒合流而过。巍山自古以来学风蔚然，书院棋布，如环清轩、兴学堂、绿筠书院、林水斋、栗园和晚香居等。音乐则以丝竹著称，也是婺剧的发源地。这里的山水孕育

赵松庭

|174|

了一代代学子贤士，赵松庭的音乐文化底蕴，深受润泽于这片土地。

赵松庭之父赵宝卿，毕业于浙江政法学堂，曾负笈北上，师从梁启超。后开设当时尚不多见的律师事务所，在当地颇有名气，继而辗转任职司法部门。赵宝卿颇具文艺才华，闲来吟诗作赋，吹笛弄箫，著有《小园集》，文化艺术方面还可以说是赵松庭的启蒙老师。

赵松庭自幼接受中国传统文化熏陶，熟读儒道释经典，后又接受新学教育，曾先后就读锦堂师范和上海法学院。长辈希望赵松庭继承父业，专攻法律，但赵松庭酷爱传统戏曲，钟情民族音乐，最终放弃法律专业，选择音乐作为职业，1949 年考入解放军文工团，开始了 50 多年的艺术生涯。

1. 艺术成就

《早晨》是赵松庭笛曲创作和演奏的成名之作。1954 年，赵松庭在朝鲜战场负伤，回国在东北疗养，远离战场隆隆炮声，眺望窗外旭日东升，耳闻晨鸟啼鸣，江山如诗如画，此情此景给他带来灵感，由此创作出笛子独奏曲《早晨》。此曲的创作与演奏，以现代音乐理念和表现方法创造意境，结合中国竹笛南北两种风格表演技巧扩展笛子的表现力，笛曲既有舒缓悠远的优美旋律，也有上下起伏的音阶灵动，一改旧笛曲的风格，为前人所未闻。《早晨》可以称之为我国现代意义的笛子独奏曲的第一曲。

赵松庭从部队复员后在东阳婺剧团短暂任艺术指导。1955 年，浙江省文化局贯彻执行中央文化部组织民间音乐舞蹈队伍，次年赵松庭调入筹建中的浙江民间歌舞团（今浙江歌舞总团），成为浙江民间歌舞团的创始团员和元老。

赵松庭在浙江省民间歌舞团工作 20 余年，创作了《三五七》《鹧鸪飞》《婺江风光》《采茶忙》等十多首笛子名曲；同时在演奏技巧方面，借鉴唢呐气息控制方法创吹笛循环换气法；融合笛子北方南方笛子两种表现手法，达到刚柔相济，能抑能扬；发明排笛，拓宽笛子的音域和表现力。

1964 年，在第五届"上海之春"音乐会上，赵松庭演奏了笛曲《婺江风光》。著名音乐评论家李凌以《吹情》为题在上海《文汇报》撰文，赞美《婺江风光》是一首"以器乐写心灵"的杰作，认为它"音中有物，声中有情"。

此期，他还加入中国音乐家协会，并应邀到上海音乐学院兼课。录制了《早晨》《和平鸽》《牧羊歌》等唱片，出版了《赵松庭的笛子》一书。

赵松庭的笛子艺术成就，受到周恩来总理的赏识。周总理还曾邀请赵松庭和马连良、周小燕、黄虹、傅聪等几位文艺界知名人士到他家做客。在当年政治运动的不测风云中，赵松庭曾受周总理的关怀而改善了境遇，这令赵松庭一生念念不忘。他的笛曲《幽兰逢春》就融入了此感恩和思念的情怀。

兰花，花之君子，古代文人喜自比之。历代江浙文人爱兰花，赵松庭也爱兰花，曾抄录古人许多咏兰诗词。他的笛曲《幽兰逢春》，可谓其创作顶峰，一生的总结。他与老朋友、浙江的大律师曹星，共创此曲，他创意、构思了该曲，并谱写前半部"孤兰生幽园"的意境；曹大律师代他写"逢春"的喜悦部分。乐曲采用了昆曲的音乐素材，悠扬雅致，委婉抒情。该曲旋律，从低缓压抑到轻快舒展，以幽兰逢春的意境来暗喻个人际遇和对时代变迁的感怀。该曲创作于1979年，作者在该曲的题记中写道："周总理曾说昆曲是朵兰花。今天，兰花逢春，重放幽香。缅怀总理，仿昆曲情趣，作此曲。"

赵松庭于1976年调到浙江艺术学校任教，主业转向音乐教育，逐步淡出乐曲创作和舞台表演。

2. 教育树人

"文王拘而演周易，仲尼厄而作春秋"，以此道理类推赵松庭在音乐教育方面的成功，甚为直观。由于"文革"期间被取消登舞台表演的资格，赵松庭弘扬民族音乐的全部热情失去了倾注的出口，于是他把大部分精力转向了培养学生，以此寄托自己的心愿，延续自己的艺术生命。他对全国各地慕名而来求学的笛子爱好者，来者不拒，都是循循善诱，孜孜不倦，倾心指导，早期"业余"就成功培养出一批笛艺新秀。

到浙江艺术学校专职任教之后，笛子专业学生逐步增加，后来又相继应邀到上海音乐学院、中国音乐学院任客座教授，科班出身的笛子专业学生很多。他们学业有成之后，有的留校任教，成长为教授、博士生导师、硕士生导师；有的到各大音乐团体任笛子演奏员，成长为一级演员、笛子首席。赵松庭的这些弟子又带出自己的学生，一代传一代。现今，我国各大音乐学院、各大音乐团体的著名笛子专业教授、演奏大师，许多出自赵松庭门下。赵松庭成为中国赵派笛艺的宗师。他编写的笛子教程《笛子演奏技巧十讲》，成为笛子教材的经典。

3. 研究理论

赵松庭在音乐理论方面造诣颇深。"文革"期间，他还把一部分精力转向了声学研究。他的胞弟赵松龄是同济大学声学教授，曾任同济大学物理系主任。两兄弟合作研究管乐器的发声原理和实际制作。

古人云，"工欲善其事，必先利其器"。音乐也是如此，没有良好的乐器，音乐家也难出伟大的作品。中国民族音乐的一个严重不足或说短板，在于乐器。比较于西方长笛，赵先生常常感慨中国竹笛在音准、音域、转调、易裂等等方面存在的缺点，尤其是对音准，需要靠吹奏者气息控制和手指按孔矫正，完全靠经验，很不规范。为此他热心于乐器改革，发明排笛、低音弯管笛、同管双笛（雁飞篪）等，拓宽笛子的音域、音阶。更重要的是，他与胞弟共同研究温度、闭管、开管、管径、管壁厚度、开孔的位置、孔直径长短等等因素与频率的关系，前面各项因素发生变化及其互相影响，则频率也相应发生变化。这项管乐器的计算理论，在中国乃至世界都是最先进的管乐器科研成果。它从理论上解决了笛子、箫以及各种吹管乐器的频率计算问题。其重要论文有：《横笛的频率计算与应用》《温度与乐器音准问题》《一种古老而新颖的民族乐器——同管双笛》《同管双笛（雁飞篪）的性能及其实用设计》等。

赵松庭还对中国竹笛的源流、笛子艺术的继承与发展、笛子教学方法等进行深入研究，这些收录在其专著《笛艺春秋》中。

4. 墓志铭

赵松庭是豁达之人，既领会儒家"穷则独善其身，达则兼济天下"的人生哲学，也喜好道家逍遥游、顺其自然的思想，对释家思想也有所领悟。他的五十年艺术生涯，大起大落，时达时不达。面对荣辱，个人境遇的变化，他都会从儒道释哲学精华中找到个人的处世和为人之道，尤其身处不达甚至困境之时，做到独善其身，荣辱不惊，颇有古代士人的风格。

他爱好唐宋诗词，喜欢写律诗。1982年9月，赵松庭登上了泰山玉皇顶，感慨颇多，作五律一首：

> 志在玉皇顶，白头攀紫岑。
> 豪情随蹬涌，幽思逐云生。

历尽崎岖路，求来坦荡心 。

苍松万千树，无语却知音。

此诗乃赵松庭对自己一生追求弘扬民族音乐事业的述怀，也是他的墓志铭。

赵晓笛

赵松庭夫妇合墓

振西泠传承一世的文化大家张宗祥

张宗祥（1882—1965），原名思曾，字阆声，号冷僧，又署铁如意馆主。著名书法家、版本学家，亦善绘画，兼精岐黄之术。1882年生于浙江海宁硖石镇，是声名远播的江南文化名人。

张宗祥曾先后担任浙江高等学堂、两浙师范学堂教员，北京大理院推事兼清华学堂教员，浙江军政府教育司中等教育课课长，教育部视学，京师图书馆主任，浙江教育厅厅长，文澜阁《四库全书》保管委员会主任。中华人民共和国成立后，任浙江图书馆馆长、浙江文史馆副馆长、中国美协浙江分会副主席等职务。曾手抄古籍八千余卷，校勘《说郛》《罪惟录》《国榷》等十余种，编有《铁如意馆手抄书目录》，著《书法源流论》《临池随笔》《铁如意馆碎录》《临症杂谈》等。

张宗祥少时体弱但十分好学，与同邑的蒋百里交好，两人都勤学苦读，立志报国，后来各自成才，在硖石镇素有"文有张冷僧，武有蒋百里"之美誉。清光绪二十五年（1899）中秀才，光绪二十八年（1902）中举人，那时的张宗祥刚满20岁，其学识水平已远超大部分同龄人。光绪三十三年（1907），他应聘至浙江高等学堂任教，又兼教于两级师范学堂和杭州府中学。在两级师范，与鲁迅、许寿裳一起领导反对封建顽固的监督夏振武（绰号"木瓜"）的斗争，号称"木瓜之役"。宣统二年（1910）赴北京应试，得一等，任大理院推事兼教清华学堂地理课。辛亥革命后，在浙江军政府教育司工作。

1914年进京任教育部视学，与鲁迅、朱宗莱、单不庵等钻研古籍。1915年参加反对袁世凯称帝运动。后兼任京师图书馆主任，负责整理故宫移来的大量古籍，在此期间他做了三件大事：一是在整理敦煌写经七千余卷时，发现古人喜书素绢，实为爱用光纸之故，同时对中国古籍及其刻布流传、版本分目、分类管理做了系统研究；二是编写了《京师图书馆善本书目》，纠正了过去著录的不少讹漏，为后来研究者提供了一份极其珍贵的参考书目；三是校《嵇康集》，他在自己的日记中写道："所见奇书，实为毕生最富之日。"

1922 年南返杭州，任浙江教育厅厅长。鉴于文澜阁《四库全书》在战乱中受损，亟待恢复，乃奔走沪杭募款，组织人力去北京补抄。历时两年，抄得 4497 卷，补齐残缺。当时实行中等学校三三制，他悉心推行新学制，整顿教育，并筹建浙江大学。1925 年调任瓯海道尹。

1926 年冬，定居上海，专事抄校古籍。1931 年，赴汉口任平汉铁路局秘书。抗战期间随局内迁。后到重庆，任职于交通部，不久，入中国农民银行，并担任文澜阁《四库全书》保管委员会委员，对该书在抗战中安全转移和胜利后运回杭州出力不少。

新中国成立后，张宗祥先生应邀再次出任浙江图书馆馆长。这是他人生最重要的一个职位，也是他任期最长的一个职位。并且先后担任浙江省文史研究馆副馆长、中国美术家协会浙江分会副主席等职务。在这些岗位上，他致力于抢救和保存古籍，号召带动当地人向国家捐献家藏书，宁波的李氏萱荫楼、南浔的刘氏嘉业堂、长兴的王氏庄怡楼、象山的陈氏缀学堂等江南著名藏书楼，都向浙江图书馆捐出了大量古籍善本。到 1952 年底，馆藏总数增加一倍以上，达到 70 余万册，且新增部分多为线装古籍。至张宗祥先生逝世的 1965 年，馆藏达到 120 余万册。他为自己一生挚爱的古籍文献事业，创造了无可替代、无比光彩的辉煌篇章，为浙江乃至全国的图书馆事业，做出了彪炳后世的贡献。

1956 年 5 月 26 日，浙江省第一届人民代表大会第四次会议召开。张宗祥先生在会上积极提出了恢复西泠印社的提案，并同时提出建议：在复社的同时，恢复西泠印社的篆刻印泥，兼售书画及碑帖之类，使日本、韩国等友人游西湖者可得随意购买。这个提案得到了浙江省委和杭州市政府领导的高度重视。在印社恢复过程中，张宗祥先生虽年事已高，但仍身体力行，与潘天寿、沙孟海、诸乐三、阮性山、韩登安等，在不同场合，纷纷上书陈情，为恢复印社奔走呼号。此后，张宗祥先生自己还带头，并联络陈叔通、邵裴子等许多名家，将一些藏品无私地捐赠给西泠印社，以此来重振西泠印社的名声和威望，积极推进恢复工作。终于在 1963 年秋，西泠印社建社六十周年大会上，会议通过了新的印社章程，拟定了重振西泠印社的全面规划，张宗祥先生当选西泠印社第三任社长，天下第一名社的历史得以延续，一方文化宝地焕发新的生机。后人称赞他为重振西泠"存亡继绝的中兴功臣"。

张宗祥先生在书法、文史研究和戏曲研究方面造诣颇深。他的书法技艺以行草见长，并对书法研习有很多开创性的见解，后人评价他的书法"筑基于唐晋，印证于宋明，升华于董其昌的艺术，堪称王右军一系的中坚，亦可视为现代

张宗祥夫妇合墓

书法的示范"。已有多部张宗祥先生书法研究类图书问世，启发着一代代的书法后学者。在抄校古籍方面，张宗祥先生一直保持严谨的治学态度和实事求是的精神，每抄必收古本珍藏，反复校改。至今他抄校的书出版发行已达十多种。抄校书几乎陪伴了张宗祥先生一生，57 岁时，已抄书六千多卷。曾钤"手抄六千卷楼"的印章，直至 83 岁时还抄校了柳如是的《湖上草（附尺牍）》。张宗祥先生所抄之书不是稀世善本便是面貌绝版的孤本，故经他抄校之书皆是祖国珍贵的文化遗产。作为京剧票友的张宗祥先生晚年能改编昆曲《浣沙记》，改定剧本《十五贯》，编写剧本《平飑母》《卓文君》《荆州江》《马二先生》等，并写下戏曲理论《中国戏曲琐谈》六大章。

张宗祥先生爱好收藏古玩文物，精于鉴别，人称"识宝太师"，曾被聘为故宫博物馆名誉委员。在杭州曾写成《玉杂说》一书，后编入《铁如意馆碎录》，该书内有《说玉》《说瓷》等。让人叹服的是，精于书画和鉴宝的张宗祥先生在晚年将生平收藏的古玩、瓷器、字画共 400 多件全部捐赠给国家，其中仅黄宾虹的画就有 33 幅，由当时的省文管会负责接收，又将生平收藏的刻章，内有齐白石、方介堪、韩登安、经子渊（其中经子渊刻章最多）等名人刻章，共 127 枚，全部捐赠给国家，由西泠印社负责接收。他将这些珍贵文物字画不传后代而全部捐赠给国家又不计任何报酬或添加附加条件的做法，深受领导和人民群众的尊敬，其无私大度的精神，深得后人敬仰。

1965 年夏天，在家人的陪伴下，张宗祥先生病逝于浙江医院，享年 83 岁，长眠于杭州南山陵园。1997年，浙江省海宁市人民政府在张宗祥先生老屋的基础上，拨款修建了临街的二层新建筑，充实了张宗祥故居。2000年，有关部门对故居再次进行全面整修。现共有展厅四个，陈列有张宗祥先生生平事迹、专著和部分遗物及影像资料。

张宗祥先生对古籍文献的保护和发掘，对中国文化事业的推动和发扬，做出了卓越贡献。他的研究业绩在中国学术界，尤其是浙江文史学术界占有重要一席。"高山安可仰，徒此揖清芬。"这位国学巨匠以毕生心血浇筑中国文史之丰碑，丰碑上也铭刻着他的历史功勋，名垂史册，千古流芳。

孟菲

追忆香港回归贡献者张浚生

2018 年 2 月 19 日，大年初四，大家都还沉浸在新春的愉悦中，我也一样，早早地起床、洗菜、烧饭，中午时分，一家人高高兴兴地吃了一顿中饭。饭后，我同浚生说：你在家中休息一下，我去超市马上就回来。我离开家的时候，是中午 12 点半，谁知 10 分钟后他就倒在地上去世了。我想了好久好久，也想不明白当时到底发生了什么事情，只听我的儿子讲述说，12 点 40 分的时候，听到家中的猫在凄厉地叫着，他下楼去看的时候，他的父亲已经倒在地上，连呼吸、心跳也没有了。

浚生就这样走了，他走得如此匆忙，我想，一定是有什么重大的事情等着他去处理了，我在家中一直呆呆地想着想着。我想，他一定会回来的，办完事情一定会回来的。

回顾浚生的一生，他的童年生活清苦，青年生活奋进，中年生活忙碌，晚年生活幸福。1936 年 7 月 10 日，张浚生出生在闽西一个贫穷的小县城长汀县，那里四面大山，交通闭塞，但是，那里也是工农红军二万五千里长征出发的地方，距离江西瑞金只有 40 千米山路。红军在长汀县停留了很长一段时间，在那里宣传抗日，扩编军队。

张浚生

浚生十分喜欢读书，小的时候，只要亲戚、朋友、同学家中有书，他都去借来看，经常点着豆油灯看到深更半夜，第二天早上他的母亲就发现豆油少了很多，就不让他晚上点灯了，于是，他就去同学家中看书，到深夜才回家。后来，他发现了一个看书的好地方，就是在学校附近有一家书店，于是，放学后他就坐在书店的地上，一本一本地看，一直看到书店的老板发怒为止。但是，尽管如此，他还是每天都去书店，一直看到书店关门才回家。由于浚生长年不断地阅读各种书，所以在高中时他的文学底子十分好，1954年高考填志愿时，老师就动员他去报考文科类学校，但是新中国成立时因建设祖国的需要，大部分学生都报考了理工科，浚生也就在这时考入了浙江大学光学仪器专业。在那一年，我也考入了浙江大学机械系机床专业。

1956年，浚生因为表现突出，党组织发展他加入了中国共产党，成为机械系团总支书记，我也担任了团总支宣传委员。认识他的初期，我觉得他很好笑，第一是除了冬天以外，他都是赤脚去上课的，后来才知道他是因为买不起鞋子，上体育课都是赤脚跑步的，老师也只能看之任之；第二是衣服穿比叫花子好不了多少，而且永远是一件自己染色的黑色军大衣。夏天就只有一条黄色旧短裤，一件破衬衫，四年的大学生涯都是如此打扮。但是，慢慢地，我发现他心地善良，为人诚实，要求上进，于是，我向他抛出了橄榄枝，他也高高兴兴地接受了。

张浚生作为一名党的领导干部，他真的是做到全身心地投入，无半点私心，一辈子为党的事业贡献了他的全部。

1985年7月，他被挑选去香港工作，当时距香港1997年回归尚有12年的时间。初到香港时，看到香港人心惶惶，很多人都准备移民到国外去。当时英国派了彭定康到香港当港督，目的是搞乱香港，使香港的钱用光，地卖光，人走光。香港同胞见到内地派去的干部都躲着我们，不敢同我们接近。

张浚生是用一颗真诚的心赢得了香港同胞的信任。在香港工作，光靠动动嘴巴，发发文件是不行的，必须走出去，同大家生活在一起，如香港同胞家中有什么婚丧大事，都参与其中，时间长了，大家熟悉了，就成了好朋友了。

在香港的13年中，我们几乎每天晚上都参加大家的聚会，如老人做寿，小孩满月，儿女结婚，公司庆典，只要有人提出，我们都参与其中。有的时候，特别是春节期间，一个晚上要参加两三场，甚至四五场活动。我们一场一场地去走，有的时候，走到晚上11点多，连一口水都没有喝上，但我们感到很充实，也赢得香港同胞的一片心。香港的亚视、无线电视台每天晚上7点到7点半都有新闻，大部分时间都有张浚生的新闻出现，因此，香港的老老小小，只要他出现，立马就认出来了。

张浚生墓

香港顺利回归后，1998年4月，我们就回到了浙江，当时，张浚生已经62岁了，已经到了退休的年龄。北京与浙江省都给他安排了一个闲职，让他安度晚年，但他心有不甘，还想为党为国家多做一点工作，知道浙江四个大学即将组建合并，组建一个新的浙江大学时，他毅然接受了这个任务，挑起了这个重担，一干就是六年，成功地完成了这个任务。他说，他的一生有两件大事，可遇而不可求，一件是香港回归，一件是四校合并，他都是努力去做的，而且都完成得很好，他已经对得起国家了。

2004年7月，张浚生从浙江大学党委书记的岗位上退下来后，整天想着要做一件事情，就是想要一笔资金，尽量多地去资助浙大的贫困学生，因为他自己在中学、大学都是贫苦生，是靠着国家发的助学金才让他度过了学生时代。

张浚生之所以心心念念忘不了贫困生及助学金，因为他自己就是这样艰难地走过来的，他清楚地知道贫穷与饥饿是什么滋味。为了筹到助学基金，他走向社会向社会贤达求助，向他们诉说培养人才的重要及贫困生的生活艰难，感动了很多人，纷纷伸出援助之手，仅10年时间就筹到3600万元助学基金，近一两年他一直在想目标是5000万，要能筹到这个数字，就能资助更多的贫困生，可惜他做不到了。

（注：2018年12月14日上午，在浙江安贤园泰和苑举行张浚生同志的安葬仪式）

杨惠仪

追忆香港回归贡献者张浚生

泣鬼神的画坛怪杰、艺术家洪世清

洪世清，1929 年出生于福建晋江安海镇，少有异禀，劬学嗜古。1947 年 9 月，到杭州经潘天寿介绍，求学于上海美术专科学校，师从刘海粟习绘画，师从李健治篆刻。两年后肄业，返乡任教于安海俭德小学。1951 年考入中央美术学院华东分院 (中国美术学院前身)，学习油画和国画，1956 年研究生毕业后留校任教。在校期间，参加筹建版画系，出版有关铜版画、石版画、版画技法等专著，确立了在版画界拓荒者的地位。1996 年，获得鲁迅版画奖。

有一年，洪世清携印谱求教齐白石。齐白石看后，觉得作品成熟度远远超过年龄，便拿出许多印章供其观摩，回赠印谱题 "世清同侪属九十一岁白石赠"，还当场画虾相赠。1952 年，89 岁高龄的黄宾虹为《洪世清印存》题签："其文虽参差，离合各有伦。后人昧遗制，但取字画匀。此前人咏篆刻句也。清乾嘉至道咸金石学盛，程易略知有古玺，陈簠斋吴子恪平斋皆有收藏，近则西北绥远甘肃

洪世清

洪世清画作

黄河流域出土大（墨）古玺，前所未言，雄奇瑰异，胜于长江淮水。世清同学史
劬学嗜古，颇有心得，书此贻之。壬辰宾虹，年八十又九。"

　　在涉猎的诸多艺术种类中，洪世清的国画最为杰出。他有幸作为入室弟子，
得到齐白石、黄宾虹、潘天寿、诸乐三、刘海粟五位艺术大师的亲传身授，年纪
很轻时就感悟到了中国画艺术的真谛，探索锻造出自己独特的笔墨风格。洪世清
的国画，不论花鸟还是走兽，都充满生机和旺盛气势，一股自强不息之气扑面而
来。1963年，潘天寿题《秃鹫图》道："画事以得墨韵神情为难，世清弟于此独有
会心，可佩，可佩。"《熊猫》造型准确，神气活现，刘海粟赞云："墨气可掬，神
在个中。"1984年，洪世清捐赠20幅大熊猫图，为挽救熊猫义卖。

　　洪世清还擅长西画，酷爱摄影。他拍摄的黄宾虹、潘天寿等人的照片，已
成为珍贵的历史资料。指头画方面，洪世清是深得潘天寿衣钵的传人。1981年8
月著文《谈谈指头画》，发表于香港《文汇报》，1986年赴日本交流"指头画艺术"。

　　1985年、1992年和2002年，洪世清先后奔赴浙江玉环大鹿岛、福建崇武
海滩和浙江洞头仙叠岩，以石钎、铁锤为画笔，开凿大型摩崖与系列岩雕，虽坠
山崖而不悔，终将几百件岩雕艺术品屹立于东海之滨，成为当代岩雕之典范，被
画坛大师刘海粟誉为"不朽之人地艺术"，洪世清也被誉为"中国岩雕第一人"。

　　洪世清献身于艺术，在国画、版画、雕塑、篆刻、油画、摄影等领域都有
过人造诣和创造性成绩，是当代中国美术界一位罕见的通才、奇才、怪才。2003
年2月23日，《美术报》以8版篇幅介绍其艺术成就。2005年9月，洪世清第二
次赴美考察，与美方商定纽波特市岩雕创作方案。令人遗憾的是，2006年7月，
突发脑梗死住进医院。2008年11月13日，我国著名美术家、美术教育家、中

泣鬼神的画坛怪杰、艺术家洪世清

|187|

国美术学院教授洪世清与世长辞，享年 80 岁。先生生前期望永伴师尊诸乐三先生之侧，故安息于杭州安贤园。

家属供稿

洪世清墓

翰墨由心贵自然的画家柳村

柳村（1920—2015），当代著名花鸟画家及版画家。原名柳遵韩，字景文。历任浙江省美术家协会副主席、顾问，浙江省花鸟画研究会（后改名浙江省中国花鸟画家协会）会长、顾问，杭州市文联副主席，吴茀之艺术研究会会长等职。系中国美术家协会会员、西泠书画院研究员。

柳村出生于浙江省浦江县，1942年毕业于福建省立师专艺术科，先后师从吴茀之先生、潘天寿先生。1946后于国立艺专（今中国美院）任教。20世纪50年代起，其中国画及版画作品连续多届参加全国美展、全国版画展，并被选送苏联、日本、法国等国展出。80年代初，成立全国首家花鸟画学术组织——浙江省花鸟画研究会，并当选为会长。1987年，与陆俨少、王伯敏、孔仲起、童中焘、章祖安、况达等七人共同发起成立书画学术性组织——东方博雅社。

曾多次于中国美院、中国江南水乡博物馆等地举办个人画展，于中国美术馆、加拿大温哥华中华文化中心等地举办联展。多件作品被中国美术馆、浙江省

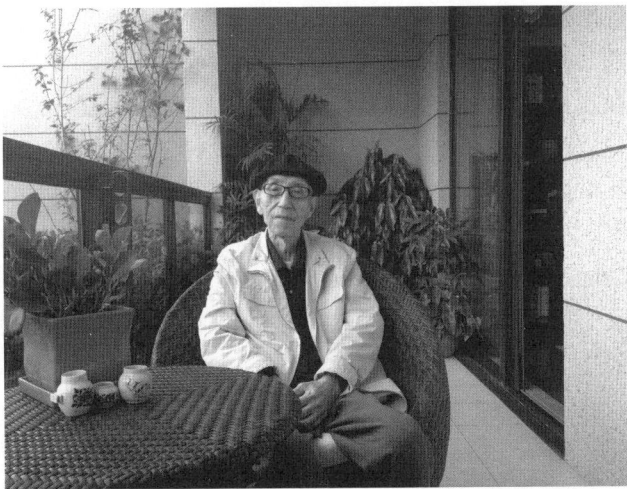

柳村

博物馆、浙江美术馆等机构收藏。由人民美术出版社、西泠印社出版社等出版《柳村花鸟画集》《中国名家绘画——柳村(中文版、英文版)》《历代名家画枇杷》《笔耕不辍——柳村中国画作品集》《花鸟画家柳村(西泠名家系列纪录片光盘)》《柳村书法作品集》等画集、专著十余种。

　　一生坚持深入生活、用传统笔墨表达时代精神的创作理念,其作品既恪守传统,又富有鲜明的时代性,富有淳朴的乡土风情,形成浑厚朴茂、野逸清新的独特艺术风格,是新中国浙派花鸟画在新时期承上启下的重要人物之一。

　　柳村先生,是我们所尊敬的艺术界前辈,也是中国美院引以为荣的老校友,他的艺术精湛,人品高尚,深得艺术界人心。他早年遇到恩师吴茀之先生,后来经吴茀之先生推荐,又受到潘天寿先生的器重,在抗战胜利,国立艺专返回杭州以后,到艺专任教,直到新中国成立以后。柳老享年96岁,在他生前,我曾对这位老学长讲过:他是我们中国美院在国立艺专时期的教师,当年尚留存在世的几位之一,他本身就是遗产,就是国宝。他既是一位见证者,又是一位重要的传承者。他的去世,使我们深感悲痛,也是我们美术界的损失。

　　柳村先生出生于民国初期,自幼与翰墨结缘,青年时代又逢新兴木刻版画运动的兴起,在抗战时期,他就用刀版作武器,投身于民族救亡。20世纪50年代,又创作发表了大量富有地方特色的版画作品,20世纪70年代以后,专注于花鸟画的创新,作品在当时具有广泛的影响力,取得了丰硕的艺术成果。他的作品,具有独特的艺术风格,给我感受最深的一点是:无论是他早期的版画还是后期的中国画,都富有乡土的气息,这在传统绘画中是不多见的艺术特色,很可贵。我觉得柳村先生笔下的江南水乡,笔下枝繁叶茂、硕果累累的景象,艺术上突出体现的,是他的质朴感和乡土味。同样,他的笔墨也是浑厚拙朴的,墨、色的组合,给人以美的享受。他的创作完全来源于生活,自然、平实而真切,所以作品才能亲切感人,不仅有笔墨上的厚度,更有情感上的厚度。他一生坚持走属于自己的艺术道路,坚持用传统的笔墨来表达出时代的精神。即便是到了晚年,作品中仍然保持着朝气蓬勃的精神力量,更是难能可贵。

　　同时,柳村先生一生献身教育,他也是当年陶行知先生所主张的平民教育在艺术教育领域的一个代表人物。他一生坚持,无私奉献,桃李满天下。晚年,又多次把他大批的珍贵作品捐献给国家,我曾有幸参加过他的两次捐赠活动,深深感受到他的爱国、爱故乡之情,1999年,浙江省博物馆设立"当代美术名家作品珍藏库",他是第一批捐赠多件作品的老画家之一,2009年,又捐赠百件作品给良渚博物院,如今,他的家属又根据他的遗愿,把他400多件作品和创作资料捐赠给浙江美术馆,体现了他作为一个艺术家的社会责任感和使命感。柳村先生一生低调淡泊，但这位德艺双馨的前辈老画家，正是我们艺术界的楷模。

"山重水复疑无路，柳暗花明又一村"，柳村先生经历了将近一个世纪的风雨，践行了他的艺术理想，如今，他人虽已故去，但他的艺术、他的精神是长存不朽的。浙江安贤园内先生的墓碑上刻着柳村先生亲手写的"贵自然"几个大字，正是他艺术理想的真实写照和人生追求。

肖峰

柳村画作

一代小说、戏曲、通俗文学专家胡士莹

自明清以来，江浙一带便是文化繁盛之地，文人荟萃，名家辈出，人杰地灵。一代小说、戏曲、通俗文学专家胡士莹先生正是诞生于此。

胡士莹（1901—1979），字宛春，室名霜红簃，浙江平湖人，他精于话本小说研究，兼擅诗词书画，亦擅围棋。胡氏一门可谓书香门第，父亲胡廷枋是一位热心地方教育事业的晚清秀才；二弟士煊，厦门大学理学学士，一直在中学和大学任教；六弟士煊，中央大学教育学士，毕业后先后担任浙江大学和杭州大学教授；大妹采薇热爱美术，毕业后从事美术教学工作。家族学术渊源深远、艺术氛围浓厚。

胡士莹幼承家学，刻苦勤勉。4岁时因患麻疹，致两耳重听，性格沉静。6岁时，由父亲亲授识字，10岁进小学前，已能熟读《古文观止》，并能将"四书"背诵如流。14岁考入浙江省立第二中学校，16岁时因病辍学，转入俞氏私塾，读《诗经》《礼记》《左传》《战国策》等古籍，并作诗填词，学习书法、棋艺。

胡士莹

诗词书画真名士，心忧家国是仁人

胡士莹擅长诗词创作，早在15岁前就被誉为"小诗人"，平湖诗人金兆蕃、陈伯叙等，以古稀之龄，与其结为忘年交。1920年，胡士莹以同等学力考入南京高等师范（次年改名"东南大学"，即中央大学前身），为文史地部特别生。在这里，刘毓盘（子庚）、王瀣（伯沆）、吴梅（瞿安）等老师皆为一时名宿，诗词戏曲功力深厚，对其产生了重要影响。此外，这一时期胡士莹结识了徐震堮、王焕镳、陆维钊等同学，大家经常一起切磋诗词古文，其诗词创作得到了同辈推崇，撰有《集玉溪生诗20首》等。

毕业后，胡士莹在平湖诒谷学堂和稚川中学任国文教员，后又相继在南京私立东方公学、扬州中学和嘉兴中学等校任教。在扬州执教期间，胡士莹自选从民国10年至18年所填词84首，结集成《霜红词》刊行。浦江清先生曾在长诗《寄题胡宛春霜红簃填词图》中，赞其"蕙风云殁疆村耄，天下音声付年少。浙中并起有三人：宛春、徐、陆皆驰妙"。1929年，胡士莹应聘到暨南大学中文系任教，翌年在复旦大学兼课。暨大内迁，又执教于圣约翰大学。1932年，应聘为光华大学教授。

抗日战争的炮火，打破了胡士莹书斋往日的宁静，其生活和思想发生巨大变化。日寇侵华使其背井离乡、家人离散，触发了他哀国伤时、关切民族命运的思想感情。特别是四弟士焌，在抗击日寇中英勇牺牲，国仇家恨，更激起他仇寇爱国之志。他在上海参加仇述庵、林铁尊、冒鹤亭、夏剑丞等所结的"午社"，定期集会，吟诗填词，抒发爱国抗日之志，词风由20年代的"婉和韶令之韵"变为"呻吟呼吁之志"。1934年胡士莹辑30岁之后所作成《霜红词续编》，未及刊行，中经动乱，散失殆尽，实为一大憾事。1941年10月，胡士莹积极参加由之江大学文学系主任夏承焘教授等在上海发起的"龚定庵逝世百年祭"活动，纪念龚自珍这位热切要求抵抗资本主义国家经济和军事侵略，主张维护国家主权，倡导"变法""改图"的思想家、文学家。1942年，他在《六幺令·送瞿禅（夏承焘）还永嘉》中写道："……甚日江山恢复？故国鹃声切，悲笳正咽。无穷心事，剩有诗肠杜陵热！"表达了对收复祖国山河的渴望以及对时局的忧切。就在这一年春天，胡士莹毅然支持当时正在政法大学读书的独子胡石言参加新四军，奔赴苏北抗敌前线。

胡士莹也是一位书法大家。中学时期已写得一手好字，天天学书，没有一天间断。其书法初学赵孟𫖯，后临南北碑刻及汉唐大碑，中年以后专力学钟繇、王羲之，自说得力于"十三行"。其书法作品曾在北京、上海、杭州等地多次展出，被誉为"杰出书家""书苑一绝"。上海书画出版社曾经为他出版小楷字帖《鲁迅诗选》（内分甲、乙体），十分有名。他的条幅和横幅曾在香港《书谱》杂志和上海《书法》等杂志上发表。他还有临摹《兰亭》《洛神》小楷绢本等，"精妙绝伦，非同时名流所及"。他亦能画擅棋，早年喜画梅，妙趣横生，晚年作画意境近八大山人。胡士莹年少时曾就读于私塾，学过围棋，棋艺了得，曾经得到棋界耆老的称许。

功力深邃精话本，严谨治学成大家

胡士莹研究说唱文学、戏曲、小说等凡40余年，而以话本小说的研究成就最大，《话本小说概论》是其代表作，还著有《弹词宝卷书目》《变文考略》《词话考释》《弹词简论》《漫说鼓词》等。

早在青年时期，胡士莹就已经博览群书。大学期间，除难得的节假日游览南京名胜古迹外，终日埋首图书馆读书。毕业后回家乡平湖任教，常登葛氏藏书楼，批阅大量诗话、词话和文人年谱，整日抄书，有时一日即抄上万字。他还做校书工作，作过录评语、圈点和提要性的笔记。曾长期协助堂姐夫陆清澄辑著《平湖经籍志》60余万字。他爱好收藏古籍，早在1931年任教于嘉兴时就开始搜集一些罕见的小说、戏曲版本。经常前往书店和一些小摊小贩那里搜集古籍，不惜花重金购买，所以他收藏的小说、戏曲、弹词、宝卷非常丰富，有不少都是市面上难得一见的珍本甚至是孤本。

抗战胜利后，胡士莹迁居杭州，任之江大学文学院教授。新中国成立后，先后任浙江师范学院、杭州大学教授。1961年应聘兼任中国科学院浙江分院语言文学研究室（后属杭州大学）研究员，担任研究生导师，其间曾参与《辞海》编纂工作。晚年主要从事宋元明清文学史教学和小说、戏曲、通俗文学的整理研究，其中对话本小说的搜集、整理、研究用力最勤。

胡士莹读书经历了一个从盲目阅读，无目的、无系统地翻看，到渐入门径的发展过程。他30岁后，开始研究目录学、版本学，沉浸其中长达七八年之久。他认为做学问，"最好还是选择一两门进行专门研究"，而"真正做研究，必须首先研究目录学、版本学和校勘学"。他认为目录学可提供读书的门径，版本学可供考据之用，校对、勘误和辩证工作，对做好专门学问有很大意义。研究这些本身不是目的，最终还是要为文学研究服务。

胡士莹是一位治学严谨的学者。他反对看几部文学史就动手写文章的"空头学者"，重视尽可能全面系统地掌握第一手资料。所以他生前不肯轻易发表著作，宁愿将一些稿子保存起来，遗憾的是，正是因为这样，他的有些文稿在动乱时期不幸散佚。

在说唱文学方面，胡士莹先后撰写过《变文考略》《词话考释》《弹词简论》《漫说鼓词》等，考察这些说唱文学形式的渊源、流变、体制、表演及其在文学史上的地位和对后代文学的影响。而其所编著的《弹词宝卷书目》，因其所收录的弹词、宝卷较为完备，颇受海内外学者重视。

在戏曲方面，胡士莹对元代杂居作家关汉卿和杨显之做了较为全面的研究与评论，使我们可以从中了解元代的社会面貌以及一般剧作家的社会地位和思想情况。50 年代后期，他先后完成明汤显祖《紫钗记》校注、《紫箫记》校点、《雷峰塔传记》校注，并与钱南扬先生合作完成了《牧羊记》校注。1960 年完成清杨潮观《吟风阁杂剧》一书的校注工作。

在小说方面，1980 年中华书局出版的《话本小说概论》是其代表作。在撰写该书过程中，胡士莹充分展现了一位学者在学术研究方面的深入钻研与锲而不舍的精神品质，曾四易其稿，首尾达十数年之久。《话本小说概论》的出版一度受到海内外学者的普遍重视和好评。赵景深曾赞该书是"精心结撰的、论断比较恰当的、内容丰富的、总结性的著作"，是一部"研究话本的百科全书"。新华社曾在消息中加以报道。《人民日报》发表过介绍性文章。中国社会科学院文学研究所编辑的《文学遗产》季刊发表过专门书评。香港《大公报》认为"题名为'概

胡士莹夫妇合墓

论'，实际上它又是话本的簿录和提要，是一部很完整的专科工具书，可与鲁迅先生《中国小说史略》同为传世之作"。

在学术问题上，胡士莹始终坚持真理，不随风转舵、趋时媚世。新中国成立初期有人认为南唐李煜因为当过皇帝而且亡了国，又没有描写人民斗争生活的作品，主张一笔抹杀李煜词。胡士莹认为分析作品，"不能单凭作者的阶级出身，还应该注意作品所产生的特殊的时间、地点和条件"。在一定程度上肯定了李煜的诗词贡献。1958年在古典文学研究和教学领域里，出现了一种"作者的阶级出身即等于作品的阶级性"的简单化倾向。胡士莹专门撰文《关于阶级观点的问题》予以反对并因此遭到错误的批判。"文化大革命"初期，他还对批判吴晗同志的《海瑞罢官》提出不同意见，认为科学性不足，没有说服力，表现出一个学者坚持真理、实事求是、刚正不阿的可贵品质。此外，胡士莹也是一位拥护中国共产党和社会主义制度的进步学者，早年不仅支持独子参加新四军，新中国成立后更认真学习马克思主义文艺理论，撰写读书札记，并在报刊上发表评论性文章和歌颂诗词。晚年卧床病榻之时，他还曾表示新中国成立"二十年来，党对我从政治上到生活上都是无微不至地关怀的，而自己为党做的事情太少了"。

胡士莹从教近60载，可谓兢兢业业，对工作极端认真负责。60岁以后，他还坚持每周登台讲课八学时，为培养一代又一代学生，特别是中青年教师和研究生，付出心血和精力。他晚年还筹划编撰多卷本的《中国古代小说提要》，但终因积劳成疾，久病不治，于1979年3月8日深夜不幸辞世，并安葬于南山陵园内。

浙江省文史馆馆长、杭州大学中文系名誉主任王焕镳（驾吾）教授曾赠挽联，称赞他"书其可传，独创鸿纲评话本；病不废学，犹裁素绢写兰亭"，可谓是对其一生的高度概括和中肯评价。

张文馨

越剧皇后姚水娟

姚水娟（1916—1976），浙江嵊县（现嵊州）晋溪人。姚水娟于1930年4月25日，投身嵊县后山白佛堂"群英舞台"学艺。当时的科班学艺是在流动演戏中度过的，其间的辛酸、艰苦，都被才十五六岁的姚水娟忍受下来。17岁时，在杭州"大世界"演出，一演就是两年，在杭州渐露名声。

1937年，日本帝国主义发动侵华战争，姚水娟因战乱回到嵊县。后与李艳芳、商芳臣、袁金仙等赴上海演出。次年八月，天津煤业大楼新辟"天香大戏院"，邀请姚水娟他们这个戏班子去演出，一直演到第二年春天，119天中演了118个戏。演出的剧目有《碧玉簪》《盘夫索夫》《梁祝哀史》《沉香扇》《文武香球》《红鬃烈马》《方玉娘》《孟丽君》《赵五娘》；折子戏有《游庵认母》《借红灯》《哭牌算命》《大堂认妻》《坐楼杀惜》《三看御妹》《倪风煽茶》《化绿认妻》等。在这些戏里，姚水娟全身心地投入，力求吻合剧中人物个性，使观众如身临其境。在饰御妹刘金定时，她既喜形于色，又端庄自持；饰赵五娘，她悲哀婉转，催人泪下；饰倪凤时，她活泼生动，天真可爱。这时抗日战争的烽火，正在半个中国燃烧，姚水娟认为，演戏也应当为抗战做宣传，她于是决定要演新戏，戏的主题要配合抗战。在新戏《花木兰从军》中，姚水娟女扮男装，体现了抗击敌人的爱国主义思想，这对当年在强寇压境之下的上海，起到一些振聋发聩的作用。这戏连续演27场。《花木兰从军》的成功，使女子武戏在发展道路上大大地向前迈进了一步，对姚水娟个人来说也是一个突破和创新。尔后，新戏《蒋老庄》连演26场，姚水娟从此跳出了女子文戏专演传统旧戏的圈子，成了演时装戏的带头人，为她的艺术发挥开辟了新天地，也为以后的越剧上演现代戏开了先路。

当年的上海有四张戏报，即《戏报》《戏世界》《戏剧世界》《梨园世界》。常为女子文戏宣传。姚水娟演出《花木兰从军》这部武戏后，各报都一致推崇，其中两家出了特刊，还给姚水娟加上"越剧皇后"的誉称。这说明姚水娟在越剧上的造诣，已得到观众的一致认可。

姚水娟

1939年2月11日（正月初一），是姚水娟到上海演出一周年，也是她登上舞台演出十周年。出了一本有姚水娟150多幅剧照的纪念集，溥仪的堂兄溥侗为她题颂词，著名京剧表演艺术家梅兰芳赠送给她"越剧皇后"的题词，该专集有190多人题名，专集的出版，在一定程度上标志着姚水娟从艺成就的荣誉。

1941年初，姚水娟为使越剧演出有固定场所，想尽办法筹集资金，在黄浦泥城桥的中心地带，将"皇后剧院"顶到手，遂使越剧有了自己的舞台，这也是越剧界的创举。于是报纸又大加宣传，为姚水娟增光添彩。姚水娟的另一个创举，是一人饰两个角色。饰演两个角色，一定要戏路熟练、动作灵快，姚水娟人很聪明，苦学苦练，临场演出，有条不紊，圆满终场。

1946年下半年，姚水娟30出头了，她宣布离开舞台，隐居在西子湖畔。

新中国成立后，演员的地位空前提高。是年年底，范瑞娟约张桂凤到苏州，看望寄居在那里的姚水娟，后来姚水娟到上海，任上海越剧工会主席，还参加在天蟾舞台举行的大会演。参加演出后的姚水娟深有感受地说："以前，演员一到廿二三岁就要担心了，30岁已是人老珠黄了。"像她这样33岁的年纪，在旧社会根本不可能出演了。现在新时代，人变年轻了，还能参加演出。显露出她对新社会的热爱和焕发出艺术青春的喜悦心情。后来，姚水娟在浙江艺术学校任教，培养新一代越剧人才。

"文化大革命"中姚水娟饱受创伤和折磨，身体渐渐衰败，1976年夏，她到上海医院去检查，确诊是癌症。12月10日中午，这位从事舞台艺术46年，经过艰难曲折的历程，为越剧写下瑰丽诗篇的"越剧皇后"姚水娟溘然长逝了。

姚水娟是个幸运的人，她的丧事是极尽哀荣的。吊挽她的花圈，从延龄坊的家门口一直摆放到延安路。上海越剧界同仁派王文娟为代表前来致哀，这是党和人民对一个有成就的文艺工作者公正的评价。

姚水娟的墓在南山公墓，洁白的汉白玉石碑上，镌刻着"故越剧皇后姚水娟墓"。1996 年，她的同好和众多学生参加了安葬仪式。

丁云川

姚水娟墓

"家治"始得天下平的教育家钱家治

一、少年聪颖展才华

在江浙一带，钱氏家族是一个颇有社会声望的家族。他们是吴越国王钱镠的后嗣。在向宋纳土称臣后，钱氏家族一直以诗书传家。自北宋开始，钱氏占据了中国文化上很重要的一块角落。特别是明、清时代，曾有众多的政治家、文学家和著名学者从这里走出。

清末杭州的西湖边，商贾云集，在鳞次栉比的商铺中，有一家钱氏绸缎庄，店掌柜为人和善，店里的商品也物美价廉。然而随着西洋舶来品的输入，洋布逐渐取代了本土布料，绸缎庄的生意已经大不如前。

1880年一天的绸缎庄里，一家人里里外外忙活不停，夫人又生下了一位小少爷。对于第二个儿子的诞生，掌柜钱承磁喜出望外，认为此事一定可以冲冲喜，让衰落的家族否极泰来，并期望他成为修身齐家治国平天下的人才，于是给他起名钱家治。孩子长大后，自己改字均夫，并以钱均夫行世。

钱承磁、钱家治父子

|200|

由于父母极其重视孩子的学习，钱家治在幼年受到了良好的教育。在维新变法时期，钱掌柜主张儿子应该顺应时势，进入讲求时务的新学堂读书，于是将儿子送入了求是书院 (即浙江大学前身)。钱家治进入求是书院后，如饥似渴地学习各种时务知识，阅读西方学术著作，成为品学兼优的好学生。然而一年多后，由于家庭变故，他只能无奈地选择退学，从求是书院肄业。

杭州城内的一章姓富商，很欣赏少年钱均夫的才华，认为他此后一定可以出人头地，便将自己多才多艺的女儿章兰娟许配给钱均夫，并资助他东渡日本求学。

二、兴教救国求真知

那时的中国，正处在日趋没落的清王朝统治之下，社会动荡不安，各种民主革命的思潮纷纷登场，许多爱国志士四处寻找着救国的理论与方法。一水之隔的日本于明治维新后迅速崛起，不甘落后的中国人首先希望能去那里向日本人学习，以求富国强兵。

在这艘开往日本的轮船上，聚集了浙江后来声名卓著的许多青年志士，鲁迅、蒋百里……当然也包括钱家治。这些 20 岁左右的年轻人，饱含求知报国的热忱，一起东渡日本，掀开了他们自己，也是中国历史的新篇章。

到达日本后，与其他主张"军事救国""医学救国"的留日学生不同，钱家治选择了学习教育学，他认为教育可以救国，"兴教救国"也成了他一生奉行的人生信条。

1904 年，钱家治考入日本东京高等师范学校 (即现在日本筑波大学)，学习教育、地理和历史，系统地接受了西方知识体系的训练。在此期间，他受到了孙中山"三民主义"思想的影响，逐渐认识到不进行民主革命就不可能挽救中国。

在"苏报案"出狱后，革命家、国学大师章太炎也从上海来到日本，担任《民报》主笔。钱家治与鲁迅、周作人兄弟，还有龚未生、钱玄同、朱蓬仙、朱希祖、周作人、许寿裳等，常常到民报社聆听章太炎讲授文字学。谁也没有料到，这个对后来中国学术界与思想界影响深远的特别班，就在这间再普通不过的小房间里诞生了。除钱家治从政外，其余 7 人均曾执教于北京大学。

辛亥革命前夕，钱家治回国，在上海成立劝学堂，他鼓励热血青年，投身民主革命。不久，他出任浙江省立第一中学 (即杭州高级中学前身) 校长。在杭州时，钱家治的独子降生，起名学森。这个孩子后来的成就与名气盖过乃父，被誉为"中国航天之父""火箭之王"。

中华民国成立后，钱家治先是担任浙江省教育厅厅长，后被调入北京，在教育部任职。年幼的钱学森也来到北京，在兵荒马乱的岁月里，一家人其乐融融地生活了数年。

目睹了北洋政府的腐朽堕落，钱家治挂冠而去，避居上海，著书立说。后成为上海佛教学会主要负责人之一，与笃信佛教的著名民主人士李济深交往颇深。

三、教子成才发宏愿

在钱家治的悉心教育下，钱学森从小就被誉为神童。钱家治将儿子送入北师大附小就读，接受现代教育。值得一提的是，在钱学森读五六年级时，周恩来夫人邓颖超也在北师大附小任教，但没有直接教过钱学森。多年后见面，钱学森尊称邓颖超为老师。

进入中学后，钱学森更是示现出过人的天赋。高中毕业时，数学老师希望他成为数学家，国文老师希望他当作家，还有的老师则认为他在艺术上有天赋，应该当音乐家或者画家。钱学森母亲希望儿子学教育，可以子承父业。然而，此时内忧外患、饱受屈辱的中国，令钱家治分外失落，他认为，"实业救国"是条好出路，拿定主意要让儿子成为工程师，所以钱学森去了当时国内最好的工科大学——上海交通大学学习机械工程。从交大毕业后，钱学森又考取了清华大学庚款留美名额。

原本钱家治希望儿子能够以工程师的身份，投入实业救国的行列，但1932年爆发在上海的"一·二八"事变深深刺激了同样身处上海的钱学森，他认为要想让祖国和人民不受列强欺凌，就必须先把国家的航空工业发展起来。父子一夜深谈之后，钱家治选择了支持儿子的决定。

钱家治叮嘱儿子，在国外攻读专业之余，要多读中国经典著作，他特意为儿子买了《老子》《庄子》《墨子》《孟子》《论语》《纲鉴易知录》等。"熟读这些书，可以对祖国传统的哲学思想摸到一些头绪。"他语重心长地说，"任何一个民族的特性和人生观都具体体现在它的历史中，精读史学的人往往是对祖国感情最深厚、最忠诚于祖国的人。"

当钱学森即将登上远行的轮船时，钱家治抖动着双手，从衣袋里掏出一张纸条，急促地塞到儿子的手里，说道："这就是父亲送给你的礼物。"说罢，钱家治就走下了舷梯。钱学森怔怔地望着父亲的背影，直到他消失在出口处，才连忙打开手中的纸条。只见上面写道："人生当有品：如哲、如仁、如义、如智、如忠、如悌、如教！吾儿此次西行，非其夙志，当青春然而归，灿烂然而返！乃父告之。"

到美国后，钱学森先是就读于美国东海岸的麻省理工学院航空系，后到加州理工学院继续深造，师从国际著名航天学家冯·卡门，终于成为美国屈指可数的顶尖航天学家。

四、父子团聚享天伦

1949 年，新中国成立不久，钱家治在给大洋彼岸钱学森的一封家信中写道："中国人民解放军是一支神勇之师，纪律严明，秋毫无犯。入城后，不打扰市民，夜宿街头。上海的百姓没有不竖起大拇指夸赞的。"钱家治在信中还特别告诉钱学森，如今在上海，已不再有外国人侮辱中国人的事，上海的面貌大大改变，整个中国的面貌也在大大改变。钱家治在信的末尾嘱咐他，接到这封信后，应及早回归祖国，以便把他的所学贡献给人民，贡献给国家。

父亲的来信，使身处异国他乡的钱学森，心情久久难以平静。他向美国当局提出了回国的申请。然而，当时美国盛行麦卡锡主义，极端仇视新生的人民政权，非法将钱学森软禁起来。当时美国海军次长丹尼·金布尔甚至扬言，绝对不能放钱学森回国："钱学森无论走到哪里，都抵得上 5 个师的兵力。"1955 年，在周恩来总理的亲自过问下，中美双方进行了艰难的外交谈判。会谈之后，被美国软禁 5 年的钱学森终于冲破美国当局的层层阻挠重获自由，投身到创建新中国的航天事业当中。

对于自己一生的成就和拳拳爱国之心，钱学森认为启蒙老师便是父亲钱家治，他常说："我的第一位老师是我父亲。"父亲宽严并济、开明民主的教育方式，为他营造的浓郁的文化氛围与求是精神，是钱学森一生奋斗的精神指引。

在钱学森回国后，钱家治随儿子举家搬迁至北京。1956 年钱家治被国务院聘任为中央文史馆馆员，直至 1969 年因病逝世。

钱家治的一生，跨越了晚清、北洋、南京国民政府、中华人民共和国四个时期，他始终抱定爱国宗旨，著作颇丰，先后著有《逻辑学》《地学通论》《外国地志》《西洋历史》等专著，是我国著名的教育家和文史学家。

钱家治老先生初葬于南山陵园，2021 年 6 月迁葬于浙江安贤园。

杨友鹏

侠的品性诗的人生——诗人钱明锵

一个人来到这个世上，会有什么样的境遇，会从事什么样的职业，谁也不能说清楚，这和他的家庭影响、成长环境、自己的努力还有时代的影响都有关系。

浙江杭州的钱明锵先生是我的诗友、好友，他的一生可说是经过了不少的曲折。他的父亲钱文玑毕业于北京大学法律系，后从事法律教学工作，是国民党中的左派。他对幼年的钱明锵影响很大，教他读书吟诗。钱明锵聪颖好学出口成章，崭露出创作才华，被誉为神童。年轻而有才学，生活在新中国的阳光下，钱明锵顺理成章地成了一名教师。如果不是后来一系列的运动，钱明锵可能会在人民教师的路上一路走下去。但思想活跃、好发表些言论的他难逃反右扩大化的一劫，他因此成了"右派分子"，丢了教师的工作。

为了生计，钱明锵跑到大西北偷偷贩过茶叶、药材，当他刚刚积累了点本钱，准备投资养蜂的时候，"文革"中他被抓了起来，以"投机倒把罪"被判了7年徒刑，到农场劳动改造。在监狱里，钱明锵无书可读，就跟一位当过医生的犯人借了医学书学习，渐渐学了一些医术，后来竟学会给犯人看病了。

出狱之后，钱明锵在乡下开了一个诊所，竟然治好了几位在医院都治不了的患者，"钱医生"的名声也越来越大。如果不是后来形势的变化，钱明锵也许就在乡村医生的位置上一直干下去。

"文革"结束了，改革开放给中国带来了新的生机与活力，也使钱明锵的生活发生了翻天覆地的变化。他首先创办了全国农村第一家科技信息协会——苍南县金乡镇科技经济信息协会，办起了全国农村第一张信息报刊——《金乡信息》报，成了当地的名人。

在市场经济的大潮中，钱明锵如鱼得水，他先后设计制作生产了防盗自行车牌、反光自行车牌、反光汽车牌、反光公路指示牌、反光故障牌，并研制生产防弹衣、防弹玻璃等公共安全产品，赢得了市场的青睐，成了名成功的商人。

自1999年开始，钱明锵功成身退，弃商从文，开始走上诗词创作和弘扬中

钱明锵（左一）

浙江安贤园文星苑内钱明锵先生之墓

侠的品性诗的人生——诗人钱明锵

国传统文化之道路。

此后，钱明锵以极大的热情创办个人诗刊——《西溪吟苑》，3月出1期，截至2009年年底，已出版50期。钱明锵在诗刊上刊登个人诗章以及全球诗友酬赠，为诗词创作提供平台，极大地加强了诗友间的联系，通过商讨、辩论为中国传统诗词创作的繁荣做出了自己的贡献。出版写诗填词教程，创办诗社参加全国各地举行的文化盛会，还赴美洲、下南洋，开展诗词创作与学术交流活动，并先后成为世界汉诗协会副会长、中国汉诗研究会常务会长、新时代诗社社长等，不仅如此，钱明锵还投入大量的时间和金钱，鼎力扶助各省市诗词协会等团体的发展和壮大。

神童、教师、医生、报人、商人、诗人，多重身份概括了钱明锵的一生，若要现在赋予他一个名字，该用什么好呢？有人称他"诗侠"，我觉得这个名称比较贴切。说他是"侠"，是因为一个传统文化滋养出来的富家子弟，满怀着对祖国的热爱和对家庭的责任感，在人生的道路上艰难跋涉，虽然动摇过，痛苦过，但在爱的力量的支持下，他都坚强地生存下来。他酒量过人，说话无遮拦，虽然因此吃过不少苦，但赤心不改。无论何时何地，都心怀天下，关注民生，用自己的知识和热情造福社会，温暖人生。他不计报酬，热心助人，颇具"侠"的品性。说他是"诗侠"，是因为他在"侠"的品性上又多了一层诗的成分。他不仅是诗人、词人，还是编辑，是推动诗词创作和学术交流的社会活动家。一个历经坎坷的老人，在他的晚年还在为中华文化的发展和繁荣不辞劳苦，不惜财力，四处奔波。这种精神不是难能可贵的吗？

综观钱明锵的人生足迹，我们可以看出，钱明锵本人就是一首诗，一首杂糅了人生五味而又奋进不止的诗，一首高歌中华文化的诗。"侠"是他的品性诗是他的象征。有了诗，这个世界就多了一分光明；有了"侠"，这个世界就多了一丝温暖。

李锐

中国第一位数学女博士徐瑞云

徐瑞云，女，1915年6月15日出生，浙江慈溪人。中国第一位女数学博士，浙江大学数学系教授，杭州大学数学系第一任系主任。主要从事分析数学的教学研究。曾任浙江省首届人民代表和省人民政府委员，浙江省数学会理事长，浙江省科学技术协会委员等职。1969年1月23日在杭州逝世，现长眠在杭州半山公墓。

徐瑞云出生于上海。父亲徐嘉礼是针织制袜业的实业家，母亲是虔诚的佛教徒，生有七男二女。徐瑞云是排行老六的小女，父母对其关怀有加。1921年2月未满6岁的徐瑞云，进了上海万竹小学读书，1927年2月考入上海著名的女子中学——公立务本女中。徐瑞云从小喜欢数学，读中学时对数学的兴趣更加浓厚。

徐瑞云从小生活在一个很注重传统礼教的家庭中，父亲对孩子们十分严格。徐瑞云生性温顺，从小体弱多病。读初二时，由于近视，又常发烧，学习困难，在校沉默寡言，很不开心。这时，一位善良的女教师非常关心她，耐心地指导她树立信心搞好学习和身体，还建议家长给她配了一副眼镜，并请医生割去了她的扁桃体。从此，她的身体和心情都好起来了，成绩逐步提高。到高中一年级时，她的成绩已在班上名列前茅。从那时起，她就立下了志向，将来要做一个关爱他人、受人爱戴的教师。这一纯朴而高尚的理想，一直贯穿着她一生的历程。

当时的女学生，能读到高中就已经不容易了。高中毕业后，她们大都选择嫁人生子。但热爱数学，又立志当老师的徐瑞云不甘心这样过一辈子。她说服家人，如愿以偿地考上浙江大学数学系。1932年9月，她刚满17岁，离开上海，来到美丽的杭州，师从著名数学家苏步青和陈建功，开始了独立自主的新生活。

在浙江大学数学系，徐瑞云在陈建功和苏步青的教导下，勤奋学习，专心听讲，认真做笔记，她的考试成绩经常是满分。1936年7月，徐瑞云以优异成绩毕业并被浙大数学系留校任助教。1937年2月，22岁的徐瑞云与28岁的生物系助教江希明喜结伉俪。新婚三个月后，徐瑞云夫妇获得亨伯特留学德国的奖学金，双双乘船赴德国留学，10月，徐瑞云进入慕尼黑明兴大学。

徐瑞云（左一）

世界著名数学家卡拉西奥多里（C.Carath6odory,1873—1950)担任她的数学博士指导教师。当时有不少学生想找卡拉西奥多里担任导师，因他年事已高，均没有答应。而徐瑞云这位东方女士因学习勤奋，基础扎实，成了卡拉西奥多里的关门弟子。徐瑞云在卡拉西奥多里指导下，研究三角级数论。这门学科乃是起源于物理学的热传导问题的傅利叶分析的主要部分，这是当时国际上研究的热门之一，在中国还是一个空白。

徐瑞云为将来能在分析、函数论方面赶上世界先进水平，废寝忘食，广撷博采，把大部分时间都用在图书馆里。1940年底，徐瑞云获得博士学位，成了中国历史上第一位女数学博士。徐瑞云重点研究了有界变差函数的傅利叶级数之特征。她的博士论文《关于勒贝格分解中奇异函数的傅里叶展开》，1941年发表在德国《数学时报》上。

中科院院士王元曾在一篇新中国成立前写的文章中把徐瑞云称为中国最早闯进"男人世界——数学"的巾帼英雄。

1941年4月，完成学业的徐瑞云，随即离德回国。徐瑞云来到贵州湄潭，正式登上在战火硝烟的大后方培养人才的讲台，回到了阔别多年的母校——浙江大学，26岁的徐瑞云被浙大聘为副教授。在艰苦的条件下，徐瑞云也参与陈建功和苏步青在杭州时共创的函数论和微分几何两个数学讨论班，这是一种教学相长、遴选英彦的科研形式。1944年11月，英国驻华科学考察团团长李约瑟参观了浙大数学系和理学院，连声称赞道："你们这里是东方的剑桥！"这更激励了徐瑞云的勤奋工作。她这时教的学生曹锡华、叶彦谦、金福临、赵民义、孙以丰、杨宗道等，后来都成了杰出的数学家和数学教育家。1946年，31岁的徐瑞云被提升为教授。

徐瑞云很重视教学工作。她长期任课，曾开设过"近世代数""数学分析""复变函数""实变函数"等课程。1952年，徐瑞云调入浙江师范学院（杭州大学的前身），被任命为数学系主任，从此全身心投入了艰苦卓绝的创建数学系的工作中。在她的领导下，全系教师勤于职守，上好大课，上好习题课，完成好一切教学环节，成为数学系的风尚。系里还经常组织教师相互听课，开展评论，短短几年，数学系便初具规模，教学质量不断提高。徐瑞云在建设数学系的同时，没有忘记科学研究。她翻译了苏联那汤松的名著《实变函数论》，译本于1955年由高等教育出版社出版。

在50年代，徐瑞云注意采用苏联教材，如斯米尔诺夫著的《高等数学教程》、普里瓦洛夫著的《复变函数引论》等。特别是她将那汤松著的《实变函数论》翻译出版，对于实变函数的教学起了很好的促进作用。当时在师范院校，实变函数被视为"三高"课程之一，徐瑞云亲自为系里青年教师讲授《实变函数论》。60年代，徐瑞云还与王斯雷翻译出版了Hardy与Rogosinsky合著的《富里埃级数》一书。

自陈建功到杭州大学任职后，徐瑞云积极宣传陈建功的治学思想，协助陈建功在数学系教师中全面倡导和开展学术研究，之后读书报告及论文报告在各教

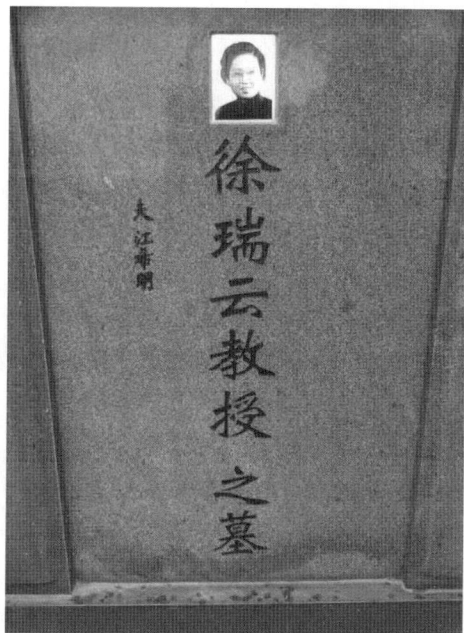

徐瑞云墓

研室纷纷兴起。全系教师年复一年地辛勤耕耘，终于在数学基础理论研究方面打下了坚实的基础。

徐瑞云善于团结全系教师。她对老年教师十分尊重，加以照顾；对青年教师严格要求、精心培养；对生活上有困难的教师倍加关心，不吝援助。徐瑞云以她的学识和人品，以她对新中国教育事业的满腔热忱，为杭州大学数学系建设做出了贡献。

2015年6月15日，是中国第一位数学女博士徐瑞云诞辰100周年的日子。为了纪念徐瑞云诞辰100周年，浙江大学数学系不仅邀请了远在美国的徐瑞云的养女——同是数学博士的徐毓华给学生做讲座，还在浙大玉泉校区组织了一次纪念会。纪念会俨然是数学系的一个小型聚会，参与者有的是浙大数学系毕业，有的则与浙大数学系颇有渊源。重量级的嘉宾，有中国科学院院士、著名数学家、计算机专家石钟慈，原杭州大学校长薛艳庄，副校长谢庭藩等人。

在一个夏日的清晨，浙大数学系的新人老人坐在一起，追忆数学系的一个传奇——徐瑞云。

王卓尔

鞠躬尽瘁的中科院院士徐世浙

徐世浙，国际著名地球物理学家、中国科学院院士、浙江大学教授。1956年毕业于长春地质学院物控系并留校任教，后曾在中国科技大学、青岛海洋大学、浙江大学任教，曾任青岛海洋大学地质系主任、地质地球物理研究所所长，国务院学位委员会学科评议组成员，国家博士后流动站管理委员会专家组成员等职务。2001年当选为中科院院士，曾获得多项省部级奖和全国科技大会重大成果奖，享受副省级待遇。

徐世浙院士1936年出生于浙江台州，少年时就显现出过人的天赋，5岁读小学，14岁读高中，16岁考入长春地质学院地球物理勘探系，并于1956年提前一年毕业。徐世浙师从我国著名学者何泽庆先生，一生奔走于祖国的山河大地，在漫长的岁月中历经艰难坎坷，所到之处无不留下他精勉不倦、奋斗不息、执着探索的身影，他把整个生命无私地奉献给了科学事业。

徐世浙

徐世浙院士长期从事地球物理科研教学工作，成果丰硕、贡献卓越。20世纪六七十年代，他创造性地提出用构组保角变换坐标网的方法，将数学上无法用许克变换的任意地形曲线变换水平线。首次解决了任意地形磁场、重力场的曲线延拓和电阻率法二维地形改正问题，使地球物理场的计算更加准确和科学。1977年《保角变换在电法勘探中的应用》问世。

20世纪80年代后，徐世浙院士致力于有限单元法在地球物理中的应用，是最早将有限单元法用于地球物理勘探中的学者。1995年，科学出版社出版了他的《地球物理中的边界单元法》，此书一经出版即受到国内外同行的高度重视，被评价是对地球物理学的一个重要贡献，该成果在勘探学方面居国际领先地位。著作由美国勘探地球物理协会（SEG）转让版权，翻译成英文，于2001年在美国出版。

20世纪50年代，国内开展了古地磁工作，但没有著作参考。徐世浙院士收集了一些国外资料，编著了《古地磁学概论》，有力地推动了我国的古地磁工作。20世纪70年代，他从事震前预报研究，论文《土地电机制的实验研究》在全国研讨会上受到国家地震局的高度重视。会上否定了土地电的地震预报作用，撤销了全国上千个土地电地震预报站，为国家节省了一大笔支出。

20世纪90年代以来，徐世浙院士先后研究开辟出多种新思路、新方法。如插值迭代法，用此法计算速度比等效源法提高数百倍，精度也提高不少，可用于大规模航磁资料的处理，提出重磁资料反演密度与视磁性的新方法高精度迭代和位场曲化率、切割分离大深度的位场向下延拓的迭代法，依次反演视密度、视磁性的反演方法，大大改善反演效果和节省时间。

2005年后，徐世浙院士花费10余年时间研发的关于位场理论新技术用于油田和金属矿的多处实际资料处理，取得了良好效果。他的最新位场理论研究成果受到海军、航空等国防科教单位的广泛关注和高度重视，并得到世界的高度认可，为世界地球物理学和国家经济、航天、军事科学发展做出了巨大贡献，由此跻身于世界一流的地球物理学家行列。

遗憾的是，正当徐世浙院士满怀信心致力于祖国国防科技事业时，2008年底，顽强的他被病魔和长期的劳累所击倒。即使如此，他也从未停止过科技和教育工作。病重期间，他仍然接受国防重大项目的研究，坚持到野外参加科考，与年轻学者同吃同住，同时还一直带博士、硕士研究生。他的病房里有两台笔记本电脑，他在病床上指导学生、编写程序、校对论文的情景让周围的学生、医护人员为之动容。徐世浙院士把自己的一生都奉献给了祖国和地球物理科研事业。

2012年8月，徐世浙在杭州逝世。追悼会上，多位党和国家领导人发来唁电和送来花圈。

　　徐世浙院士的去世使我国科学界和众多学子悲痛万分。2012年11月25日，在全国各地科研教育界的学生们积极联络下，由浙江大学离退休工作处、浙江大学地球科学系和中国地球物理学会地球电磁专业委员会主办，浙江安贤园承办的徐世浙院士安葬仪式暨徐世浙院士纪念图片展及浙江大学主办的徐世浙院士治学60周年学术研讨会活动在浙江安贤园隆重举行。上午9时，来自全国各地的科学界和学生代表200余人参加了徐世浙院士的安葬仪式。仪式上，人们排起长长的队伍，在徐世浙院士的墓前深情献上一束束鲜花。专门为徐世浙院士设计的独特墓碑造型，艺术地凝固了他为科学事业奋斗的一生。墓盖上镌刻着他夫人深情的诗语，岁月履痕，伉俪情深。院士的治学精神在优美的生态园林中向后人传递，为杭州的人文建设增添一景。

　　徐世浙院士一生光明磊落，淡泊名利，品德高尚，胸怀宽广，追求真理，赤诚报国，潜心科研，严于治学，言传身教，桃李满园，堪称学术界一代楷模。

李钢

徐世浙夫妇合墓

鞠躬尽瘁的中科院院士徐世浙

承上启下的新浙派古琴名家徐匡华

徐匡华先生（1917—2007），是我国当代著名古琴家。他原籍台州，出生于古琴音乐世家。其父徐元白（1893—1957）年轻时游学苏杭，受业于浙派古琴名家大休法师，研习琴学，得其真传，不久投身于国民革命，成了具有革命家和艺术家双重身份的古琴家、书画家，被誉为"新浙派的奠基人"和"重振浙派第一人"。徐元白北伐后任职杭州，购置了西湖半角山房以为居所，徐匡华在父亲身边亲聆庭训，从13岁开始学习古琴。其后随父宦游，历经南京、开封、重庆等地，在上学之课余，学习操缦，并常参加乃父组织的古琴雅集活动，渐渐养成热爱古琴音乐的情愫，逐步打下古琴技法的基本功。抗战期间，徐匡华考进四川大学史地系。由于他报国心切，刚一毕业，便毅然报名参加中国远征军赴缅抗日。抗战结束回国后，进入正中书局担任文史编辑。1949年起任杭初（后改名杭州第四中学）教师直至退休。即使在"文革"期间，他依然坚持习琴、教琴。

技艺等待时机，时机寻找技艺。这话在徐匡华身上应验了。"文革"刚结束，杭州有关文化部门便找上门来，要徐匡华牵头，出面组织杭州古琴研究小组并担任组长。浙江古琴艺术的新春就此光临大地。徐匡华辛勤耕耘在古琴艺术园地，废寝忘食，殚精竭虑，真正做到了鞠躬尽瘁、死而后已。他为普及古琴文化奋斗终生，为浙江古琴事业的发展做出了重大贡献，主要有以下三点。

一、赓续父业，弘扬新浙派古琴文化，使徐门古琴艺术得以发扬光大。徐匡华从小受到浙派古琴音乐的熏陶，对父亲的琴德琴艺，耳濡目染，潜移默化。1982年中央人民广播电台为他和笛箫演奏家宋景濂录制的琴箫合奏《思贤操》被亚太会议挑中，并送到联合国，出版了乐谱，向全世界音乐教育机构推荐，成为国际上广为流传的一首代表中国传统文化的名曲。1983年文化部门要求浙江省物色人员组织古琴丝竹乐队应邀赴港演出，这是当年一项重大的政治任务。原省音协负责人周大风先生不假思索地推荐徐匡华参加古琴演奏项目，并调集宋景濂与其搭档联袂赴港演出了《思贤操》《平沙落雁》《梅花三弄》等琴箫合奏。演出十分成功，香港艺术界为之轰动，反响强烈，媒体予以极高评价。此后徐、宋二人应邀赴上海、北京、天津等地巡回演出，弘扬古琴文化，所到之处，无不轰动，并受到中央领导的接见和肯定。这些活动极大地鼓舞了各地琴人恢复古琴事业的热情，对当时古琴艺术的恢复起到了积极的推动作用。

二、终生从事古琴艺术的普及推广，让古琴音乐走进现代大众文化生活。徐元白先生有一句名言：古琴艺术的生命在于普及。徐元白身体力行，为普及事业奋斗了一生。这成了徐门的家训。徐匡华在退休后，便全身心地投入了古琴艺术普及事业。他的主要举措有三：第一，组社传习。徐匡华仿效其父西湖月会的形式，吸引了当年杭州的古琴爱好者，于1986年正式成立西湖琴社，定期举行雅集活动，内容充实，形式多样。第二，办班教学。从20世纪80年代开始，多次借用临时教室招收学员，进行传授培训工作，带出了"文革"后最早的一批青年琴人。还不辞辛劳，同时在浙江省和杭州市老年大学开办两个古琴学习班，进行较为正规有序的教学活动。第三，下基层推广。徐匡华多次亲率社员至萧山、桐庐、安吉等地以及浙大、浙工大等院校举办古琴音乐演奏会，扩大了古琴文化的影响，使古琴音乐走进大众社会生活之中。第四，组织古琴比赛。1992年，他组织举办了古琴历史上第一次古琴比赛，当年比赛的获奖者现在都是古琴界的顶梁柱，这次比赛对于古琴的普及和推广做出了巨大的贡献。在他耄耋之年，张艺谋邀请他参演电影《英雄》，他在片中出演了一位盲琴师，这使他在社会上的名气更加响亮，不少人慕名前往求教古琴。

三、改进斫琴技艺，提高古琴质量，传承了斫琴术，满足了琴人的社会需求。徐元白是一位在古琴艺术领域全面发展的大师，除了演奏、教学、理论、作曲之外，他还精通斫琴术，斫制古琴数百张。徐匡华在青少年时期目睹乃父斫琴

徐匡华夫妇合墓

技艺，对各个工序，看在眼里，记在心里。在开始普及教学古琴音乐之初，面对古琴乐器供需矛盾，为了使学员能备办价廉可用的古琴，徐匡华当机立断，决心自己动手，斫制古琴。还把斫琴术传授其子徐君胜和徐君跃。

徐匡华以其数十年的辛勤耕耘，传承了徐元白所开创的新浙派徐门琴艺，铺平了我省古琴艺术进一步发展的道路。他是新浙派古琴艺术承前启后的关键人物，不愧为徐元白古琴事业的出色继承人，为徐门继起的后人拓展了宽阔的远大前程！目前其子、浙江音乐学院古琴专业硕导徐君跃业已在古琴园地奋战数十年，青出于蓝，成就卓然，徐门嫡脉，后继有人，可庆可贺！

2007年2月13日徐匡华先生驾鹤西去，在钱江陵园举行了安葬仪式，全国多地琴友前来送别。虽哲人已去，但他那丰厚的业绩却永留人间，那雍雍的琴声仍然缭绕不绝！

高醒华

皓首穷经领风骚的一代宗师姜亮夫

一、潜心学术心许国

清末，在云南昭通有一书香门第，兄弟四人，一榜中了三个举人，老幺早年还曾留洋日本。1902 年，一代宗师姜亮夫正是出生于这样一个诗礼人家。

姜亮夫的外公、舅公皆为书画高人，他从小就开始接受严格的书法和绘画基本功训练，曾习李龙眠的《九子母图》，一练就达三年。其父姜思让在家中排行老三，曾就读于京师大学堂学习法律，深受维新思想影响，在昭通领导了当地有名的"光复运动"。在父亲及一众长辈的影响下，儿时的姜亮夫不仅读"四书"、诵"五经"，也接触一些维新思想和"新科学"。家庭文化的熏陶为姜亮夫未来在国学领域的精深造诣打下了坚实的基础。

中学时期，姜亮夫就读于云南省立第二中学。20 世纪初，国内局势风云变幻，洋人入侵、西方文化输入、维新思想、军阀混战、辛亥革命……一切都强烈地激发着这名年轻学子的爱国热情，促使其积极参加当时的学生运动。当然，青年姜亮夫最关注的还是学业，他刻苦勤勉，常常晚自习后还要到厕所和路灯下看书，终于在毕业时以优异成绩考取官费生进入成都高等师范学校，并有幸接触到了龚向农、林山腴、廖季平等名家大儒，在学识方面日益精进。

1926 年，24 岁的姜亮夫考取清华大学研究院，这里名家荟萃，大师辈出，是无数学子梦寐以求的学术殿堂。其间，姜亮夫师从王国维、梁启超、陈寅恪、赵元任等诸位大儒，离开清华后又有幸结识章太炎，拜其为师，知识积累更加广博，学术眼光进一步开阔，他从这些大师们身上汲取了丰富的精研学术的方法和做学问的态度，对其以后开展楚辞学、敦煌学、语言学、历史文献学等方面研究大有助益。

综观姜亮夫的毕生研究，每每都肇始于他对国家兴衰、民族存亡的深切关怀，发轫于他对中华传统文化深刻的体悟和眷恋。在姜亮夫身上可以看到中华民族千百年来学士文人"先天下之忧而忧，后天下之乐而乐"的爱国情怀和践世担当。

姜亮夫研究楚辞，源于其对恩师王国维的哀思。他由恩师蹈昆明湖之死联想到屈原投汨罗江之举，决心校注屈原赋。他从《屈原赋校注》一书始，最后完成被海内外专家誉为"当今研究楚辞最详尽、最有影响的巨著"——《楚辞通故》，整整花了30年。其间经历了"文革"时期"红卫兵"没收手稿导致部分内容损坏与重修，更凝聚着姜亮夫为了书写每一个条目日积月累的坚持与毅力，全书研究过程之艰辛，可谓"字字皆辛苦"。

姜亮夫研究敦煌学，始于对我国文化瑰宝流落异国他乡的遗憾与愤慨。1935年，姜亮夫赴法国留学，在参观巴黎博物馆、图书馆、美术馆的过程中，发现展馆中陈列了大批我国珍贵文物。之后他又碰上了官费前来巴黎收集敦煌文物资料的王重民和向达两位先生。于是毅然放弃攻读巴黎大学考古博士学位的机会，主动加入抢救敦煌经卷的行列。就这样，留学期间姜亮夫日日前往图书馆，拍照校录，挑灯夜战，不知疲倦。之后又赴英国、德国、苏联，进一步寻找敦煌卷子。

回国后姜亮夫一边在东北大学教书，一边与夫人陶秋英开始整理从欧洲带回的敦煌资料。当时正值国内抗日战争时期，战乱频仍，炮火连天，姜亮夫夫妇虽随东北大学迁至四川三台避难，但日机轰炸时有发生。就这样姜亮夫一边坚持夜以继日地工作，一边还要时刻躲避日机轰炸，随时将书稿带在身上钻防空洞。如此前后历时三年多，终于完成24卷敦煌韵书卷。直到1955年，上海出版公司终于把《瀛涯敦煌韵辑》影印出版，该书是我国首部关于敦煌发现的唐代韵书的汇编，基本恢复了湮没千余年的隋朝音韵学家陆法言《切韵系统》的面貌，对我国古汉语中古语音研究做出了重大贡献。此后，姜亮夫对敦煌学的研究继续深入，又相继出版了《敦煌——伟大的文化宝藏》《莫高窟年表》《敦煌学论文集》等七部关于敦煌学的专著，其对敦煌学的研究之深，涉及面之广，堪称大家。1982年前，日本学术界有"敦煌在中国，敦煌学在日本"的谬论，姜亮夫则用一部部开风气的敦煌学研究专著有力驳斥了日本学者的污蔑，捍卫了中华民族的尊严。

姜亮夫的前半生是在战乱动荡中度过的，新中国成立后曾遭受不公正待遇，先是在云南被派去修圆通寺，后又被分配养金钱豹。之后又经历"文革"的漫长煎熬，身体与精神的双重折磨，一度使他长病不起。但现实的打击从未磨灭老先生对学术的专注与热情，风雨过后，怀揣着拳拳爱国之心以及对中国传统文化研究领域的高度责任感和使命感，姜亮夫又重新开始了他孜孜不倦的学术钻研生涯。在姜亮夫的卧室里，四周墙上挂满了他日常进行分门别类收集整理的资料卡片袋，这些都是他日常点滴积累的成果，数以万张的资料卡片箱重叠起来，比桌子还高。正是用这种"笨"办法，姜亮夫数十年如一日，以坚强的学术毅力、科学的研究方法、严谨的治学态度以及广博的学识眼界投身学术。他一生出版了近30部专著，上百篇论文，历时70余年，创造了楚辞学、敦煌学、语言学、历史学等研究领域一个又一个辉煌。

二、桃李芬芳泽后人

在学术研究过程中，姜亮夫始终关心青年一代的教育培养。自清华研究院毕业后，他曾先后任教于持志大学、大夏大学、中国公学大学、河南大学。欧洲留学归来，他又在东北大学、云南大学、昆明师范学院、英士大学讲课。从云南调至浙江，姜亮夫受聘于浙江师范学院，之后该学院与杭州大学合并，姜老便一直留在杭大任教。他常常教导学生"业精于勤""行己有耻，修辞立诚"，鼓励学生多读书、苦读书、会读书，平时则以身作则，以严谨的治学态度和自强不息的奋斗精神投入工作。

1979年，为抢救中华民族文化遗产，教育部决定进一步加快有关领域的人才培养，其中就包括在杭州大学开展楚辞学专业研究人员培训班，由姜亮夫主讲，为该班学员开展培训。此外，20世纪80年代初，经过"文革"十年浩劫，我国敦煌学研究专业人才十分紧缺。为了保证该领域研究后继有人，教育部再次委托姜亮夫举办全国首届敦煌学讲习班。此时的姜亮夫已有82岁高龄，身体孱弱，高度近视，为了敦煌学的发扬光大，他毅然接受该项任务并提前做了精心准备。授课时，他不仅讲授敦煌学，更教授学员开展研究的具体方法，真正做到"授人以鱼"，又"授人以渔"。在此期间，姜老耗费大量的精力和心血来准备课堂内容，每次讲完课，都常常需要休息好几天才能恢复体力。经过半年多的努力，终于完成全部课程。事后老先生表示，"我如释重负，我对敦煌研究的期望在这一次讲课中得到充分表达，我希望中青年教师努力，为敦煌学作出贡献，为中华民族争光"。

1983年，已逾耄耋之年的姜亮夫受命筹建杭州大学古籍研究所，并任首任所长。为此，姜老专门准备了一本64开的小记事本，亲笔详录古籍所筹建规划，内容涉及人事编制、课程设置、研究方法、授课教师名单、图书资料、招生办法、经费预算等方方面面，事无巨细老先生都很关心。为了提高古籍所研究生教学质量，姜老特地从校外请来不少知名学者前来给研究生讲课，他希望学生们在专业学习中能做到既"博"又"专"，极力倡导"修辞立诚，天下文明"。1992年，已至鲐背之年的姜老，身体每况愈下，但他仍心系古籍所发展，在生命的最后几年向文献学研究生提出"最后最高要求"："要求每个毕业生普照整个专业与中国全部文化史——至小（少）是学术史的能力，及各个方面（指学术分类）的独立研究古籍能力，而且有永久坚强的毅力，自强不息的精神，坚（艰）苦卓绝的气概！"短短数语凝聚着姜老毕生躬行的学术准则，也寄托着他对本专业的深深感情以及对后辈学子殷切的期待，令人动容。

三、伉俪情深互扶持

学识渊博如姜亮夫，感情中也是一位至情至性之人。他与夫人陶秋英苦恋十年，坚决反抗封建包办婚姻，谱写了一曲新青年反对封建礼教、坚持自由恋爱的动人诗篇。

二人相识于持志大学，姜亮夫系陶秋英的毕业论文指导老师，二人都对中国文化抱有浓厚兴趣且国学基础扎实，可谓志趣相投、珠联璧合。可是由于父母包办，陶秋英早与他人订有婚约。为此，陶秋英坚决抗婚长达九年，最后迫使男方解除婚约，并与姜亮夫在上海举行文明婚礼。

因为女方长辈阻拦，姜亮夫和陶秋英虽相恋十年，却常常身处两地，只能通过书信往来。二人互相鼓励，相互成就，共同立下宏志，"要做一个高高巍巍、做有利于人类的事情的人"。陶秋英反抗包办婚姻的十年，也是姜亮夫苦苦等待

姜亮夫

的十年，光现存的二人"两地"信函便多达 28 册，共计百万余言。

夫人陶秋英对丈夫的助益不仅仅是生活上的，她给予姜亮夫许多精神和学术上的支持，助其成为一代国学大师。婚后的陶秋英，不仅精心照顾姜亮夫的起居，而且帮助丈夫一起整理校录古籍。在姜亮夫遭受"文革"风暴最激烈的时刻，陶秋英为了宽慰丈夫，特地写下"见说人间浪不平，韬光应是葆精英。三更斗转器沉息，照世清辉分外明"的诗句，与其同甘共苦，共抗风雨。而当姜亮夫晚年身体虚弱，陶秋英索性辞去学校工作，专心照顾丈夫，助其上课撰稿。姜亮夫对夫人十分珍重，他精心保存夫人为其整理的《古汉语讲授提纲》，为的是"报其苦心"。他亲自为夫人的山水画题长跋，以支持其绘画志趣。姜亮夫与陶秋英十年知交，五十年夫妻，在漫漫人生路上相互关怀、互相扶持，谱写了一段佳话，也给当代青年人留下了诸多启迪。

1995 年，姜亮夫长逝于浙江杭州，享年 94 岁，长眠于南山陵园。这位世纪老人，饱经人世沧桑，却至死不移初心，以毕生精力从事教学研究，其爱国之心令人动容，其治学之严令人景仰，先生之风，山高水长！

张文馨

诗书真情写春秋的书法家姜东舒

姜东舒（1924—2008），曾用名苏东，山东省乳山市西株港村人。中共党员，作家，诗人，书法家，西泠印社社员，研究馆员。曾任浙江省第六、七、八、九届人大常委会办公厅咨询，中国硬笔书法家协会主席，浙江省钱江书法研究会会长，浙江省政协诗书画之友社顾问等职。

半生苏东一支笔

姜东舒先生 1944 年参加革命，一直从事新闻、文艺工作。从解放战争炮火中走来的人们大概还记得那几首富有战斗力的歌——《保卫我们的家园》《活捉王耀武》《千里的雷声》，当时曾鼓舞着人民的斗志，瓦解了敌人的军心。这歌词的作者叫苏东，就是姜东舒先生。

姜东舒

1949 年后，先生虽然脱下了军装，但手中的笔更勤奋了，他把对新政权、对祖国、对人民的爱，倾注在炽热的激情中，写下了很多动人的诗篇。他认为诗言志、诗抒情，带上框框还能写出好诗吗？有一首写春天的诗是这样开头的："春风吹起口哨，沉睡的生命苏醒了，柳芽睁开细眼，爬上轻柔的枝条……"

他的新旧体诗作曾先后被选入《中国四十年代诗选》《1987 年度中华诗词年鉴》，有《姜东舒诗集》《散文诗》《女运粮》等书出版。

他的前半生以诗人苏东而闻名。

一世东舒五体精

姜东舒先生从事书法活动 60 余年，师承张宗祥先生，对篆、隶、楷、行、草诸书体均有较深研究，先后发表论文 60 余篇，出版各类字帖十余种，书法艺术成就蜚声中外，被称为当代楷书第一人。

姜东舒先生有书论曰："有板有眼有一本谱。莫弃前碑谈笔法，须从时代出精神。书法家必须具有文学修养，书法家的人品要好，书法家要有学问。"常以此勉己勉人。

姜东舒先生的后半生以著名书法家而闻名传世。

诗书并臻，高山仰止

姜东舒先生是文化艺术界的一位大家，一位全才，德艺双馨，少长共仰。当代各界名人如姚雪垠、沈鹏、王伯敏、陈安羽、张抗抗以及日本的石川芳云等，均对其有崇高的评价和许多的赞誉。沈鹏先生评其书法"高屋建瓴，气势非同一般"，王伯敏先生说"近人善楷者少，而能具龙游之韵者尤寥寥，是故姜之功力并非一般精到"，石川芳云先生赞姜书"沉着痛快，深具飘逸劲健之趣"。时任浙江省人大常委会主任的陈安羽在《姜东舒诗集》序言中写道："东舒在艺术领域，是位能够驾驭多种艺术形式的多面手。文学、书法、作曲、绘画，他都涉猎过并取得较大成就，他早年写过大量新诗、歌词，有时也练习作曲，他画的人物形神毕肖且富有感染力。至于书法，他更是真草隶篆行无一不精，报纸上称他为全能书家。由于他的书名饮誉海内外，所以也就掩盖了他的文名和艺名。"陈安羽还以其独特的眼光评先生的诗词："姜东舒同志的诗词，在一定程度上反映了 20 世纪中叶以后数十年的时代风云，也反映了他坎坷大半生的苦难历程，并从而说明了一

个造诣高深的诗人必然是一位具有远大理想坚贞不屈的人民战士。"并赋诗赞曰:
"品学圭璋重,诗书一代雄。年高心益壮,展卷仰清风。"

硬笔书法的先觉和领袖

在中国硬笔书法界,姜东舒先生无疑是一位创造了历史的人。他最早以艺术家的身份站出来支持新生的硬笔书法事业,他20余年担任中国硬笔书法家协会主席,站在推动硬笔书法事业的最前沿,他视硬笔书法为传统书法艺术发展到今天的时代产物,是先进中华文化的组成部分,他视新生的硬笔书法事业为神圣的事业。如果没有姜东舒先生,就没有硬笔书法事业如此的地位和繁荣景象。中国硬笔书法的历史上已经重重地写下了姜东舒的名字。

姜东舒艺术生涯,被中央电视台等媒体宣传报道,曾拍摄专题片《姜东舒》《当代真书手,平生正直人》《大陆名家姜东舒》等。有《姜东舒诗集》《姜东舒书法艺术》等大型专集出版传世。

姜东舒先生逝世后,安眠于杭州安贤陵园文星苑。

弟子王正良

姜东舒夫妇合墓

笔挟风云留西子的书法家郭仲选

年高德劭的著名书法家郭仲选先生于 2008 年 12 月 16 日在杭州辞世,他一生从山东到浙江,跨越鲁浙,名播南北。郭仲选生前曾任浙江省文史馆馆长,浙江省书法家协会主席、名誉主席,西泠印社常务副社长,西泠书画院院长,杭州市书法家协会主席、名誉主席,中共杭州市委党校党委书记,杭州市委统战部部长,杭州市政协副主席、秘书长等。作为山东人的他,能管领浙江一代书坛,其人生当为时代风云之楷范。

1919 年 3 月,郭仲选出生于山东省临沂市苍山县(现兰陵县)一个笃信基督教的小手工业者家庭。临沂古称琅琊,为"书圣"王羲之故里。郭仲选生长于斯,自幼受乡风泽被,酷爱"二王"法书。他幼入私塾,习孔孟之道。塾师往往要给学生取学名,他属"魁"字辈,本名"魁举"。因"选"与"举"意近,他排行为"仲",故学名为"仲选"。青年时,郭仲选作别乡邑,来到县城,就读于临沂师范。临沂城里有一处名胜古迹,相传是王羲之写字时的"洗砚池"。学习之余,郭仲选常常徜徉池边,反复揣摩池边的历代名家法书碑刻,流连忘返。清朝末年,临沂有一个叫王思衍的乡贤中了进士,在京城做大官。王思衍写得一手漂亮洒脱的"二王"书法,在家乡留下许多墨迹。年轻的郭仲选对王思衍崇拜备至,深受其影响。一个师范生,在当时来说是个了不起的"文化人",家人对他寄予厚望,郭仲选也暗下决心,学成后定要当一名好教师。然而不久抗战爆发,1938 年日军进攻的重点由华北延及鲁中南平原,直逼临沂地区。在这国破家亡的危难时刻,郭仲选毅然放弃学业,投笔从戎,参加了八路军。从此他的人生道路发生了重大转折。

战争岁月,烽火连天,虽然生活艰苦卓绝,但郭仲选矢志不移地痴迷着书法,没有毛笔,更乏纸墨,只好以锥划沙,聊解"笔瘾"。郭仲选回忆说,抗战期间,他仅拿过两次毛笔写字,那还是从敌方缴获的一点点战利品。解放战争时,郭仲选用蝇头小行楷在毛边纸上写了一本笔记,然后自己用棉线装订成册,这可说是郭仲选早期书法唯一留存的"作品"了。

1949年5月，中国人民解放军华东野战军部队沿着大运河挺进杭州，这支南下大军里，有位面容清癯、身材颀长、气质儒雅的年轻军官，在主力部队开拔后永久地留了下来，他就是郭仲选。这个从战火纷飞的黄土平原来到江南的山东汉子，从此与西子湖结下了不解之缘。郭仲选几十年后回忆起第一次进杭州城的感受时说："当我们由拱宸桥码头下船向城内进发，看见西湖了！一片葱绿，与我们那儿完全不同。"这是他人生道路的又一次重大转折。

"江南多才子，齐鲁出圣人。"浙江与山东素为中国传统文化积淀深厚的地域。遥想1600多年前，身为晋朝名门贵族的"书圣"王羲之也是由山东南迁浙江，终老江南。然而王羲之是因故土沦丧亡命江南的，所以只能对酒当歌、以翰墨排遣胸中郁悒。而郭仲选这位挚爱着王羲之书法的羲之故里人，是怀着解放旧中国、建设新浙江的豪情而来的。他的书作虽深受"二王"书风影响，但精神上再也找不到王羲之那种颓唐与消极的情调了！

和平环境，生活趋于安定。"文革"前，郭仲选任杭州市文教、卫生、宣传系统多个部门的领导，繁忙公务之余，他畅游墨海，尽兴笔楮，除"二王"外，还广泛涉猎如唐代李北海、孙过庭，宋代苏东坡、米芾，元代赵孟頫，明代董其昌等诸家法帖。当时杭州举办过几次书法展，郭仲选总是积极参展，其书艺水平已崭露头角。1963年，他还列席了西泠印社建社六十周年纪念大会。因工作关系，郭仲选与在杭的书画大师潘天寿、陆维钊、沙孟海、陆俨少等多有过从，对张宗祥亦极钦佩。"文革"前，他一直坚持用毛笔批阅公文，这被某些人指责为有"封建主义思想倾向"。"文革"爆发，郭仲选遭批斗，被关"牛棚"，下放劳动，书法再次与他失之交臂。

"莫道浮云终蔽日，严冬过尽绽春蕾。"改革开放春风吹来，书法艺术得以中兴，郭仲选迎来了人生最为辉煌的晚年时期。1980年，他被推举为浙江省书法家协会副主席，着手主持省书协的创建工作；1985年被选举为浙江省书法家协会主席；1983年任西泠印社副社长，1988年起任常务副社长，1992年被聘为西泠书画院院长；1984年，被省政府聘为浙江省文史馆馆长；1985年起连续担任了四届杭州市书法家协会主席……他笔酣神畅，佳作累累，得到社会各界高度赞誉，书迹遍布全国各大风景名胜，在浙江更是遍及各行各业，为众多普通百姓所珍藏。他率领浙江省书协、西泠印社以及杭州市文化代表团数度出访日、韩、新、马等地，并接待了大批海内外来访的书画界朋友。作为一位经过战火历练的老党员，郭仲选一生乐于助人，不求回报，在艺术风格上亦以"为人民大众所喜闻乐见"为终身追求，人们尊敬地称郭老为"人民书法家"。

1989 年 10 月金秋，恰逢新中国成立 40 周年，也是郭老来杭 40 年、入党 50 年和 70 华诞的喜庆日子，他选择在这特殊时刻，于西湖孤山脚下的"湖天一碧"西泠书画院展厅，举办了"郭仲选西湖颂书法展"。开幕当天，盛况空前，展厅内嘉宾云集，人头攒动；展厅外，前来观展的人流和车队都排到了白堤上。人们赞赏郭老的书法"骨力内蕴而风神隽永，清劲流美而洒脱飘逸"，具有"雄秀"之美。郭老长居西子湖畔，他的书房"夕照轩"滨水而筑，推窗远眺，远山近水尽收眼底，他每日都在这里和着湖风舒纸挥毫。1986 年，郭老响应市政府建设环湖公园的号召，举家搬离了"夕照轩"。他以"西湖颂"冠其书展之名，表达了他对西湖、对旧居的无限眷恋。恰如江南的佳山水对王羲之书风的形成不无影响一样，郭老的书风同样浸润着潋滟西子的雅韵。1999 年，郭老 80 华诞时，他将自己的百幅佳作捐赠给了浙江省博物馆，西子湖山中又平添了一份值得珍藏的艺术财富。

　　2008 年 10 月，又逢丹桂飘香时，为恭贺郭老 90 华诞，中共浙江省委宣传部、浙江省文化厅等在西子湖畔的西湖美术馆隆重举行了"湖山晚晴——郭仲选书法艺术展"，展出的正是他老人家十年前捐赠给浙江省博物馆的百幅精品，郭老满怀欣慰地亲临展馆参观……没想到，两个月后他竟驾鹤西去了，"湖山晚晴"成了他的人生谢幕展！

郭仲选

郭仲选先生与西湖相伴 60 载，身后归葬西湖群山中的南山陵园，我们深深地感受到，他的精神、气质、品格、艺术、情怀，都已化入西子湖那一片青山绿水之中了！

郭超英

把弄泥性品人生的中国工艺美术大师郭琳山

琳山 1965 年毕业分配到江西景德镇轻工业部陶瓷工业科学研究所，我与他同年大学毕业分到研究所工作，当时研究所考虑琳山有美术特长而将他分配到研究所的工艺室，研究粉彩贴花纸工艺（采用釉上粉彩颜料，结合丝网印刷工艺，制作花纸。该花纸呈现的图案装饰更为立体精细，色彩亮丽，适合工业化批量生产，目前广泛用于陶瓷釉上装饰），同赖潘林工程师等人一起从事研究工作。琳山到研究所后就表现出卓越的美术天分，并在陶瓷艺术中得到发挥。琳山的艺术创作能力，得到时任研究所所长方综同志的赏识，方所长把他从工艺室调到艺术室雕塑组，进行雕塑创作，从此他就走上陶瓷艺术创作的道路。

我们到研究所不久，"文化大革命"开始了，几乎创作都以革命为题材，琳山这时期创作了大量革命领袖的陶瓷作品。记得有一次，琳山在创作领袖题材《毛主席在井冈山》雕塑时，江西省革委会主席程世清到研究所参观，看到琳山在创作此雕塑，很感兴趣，就问他有没有去过井冈山，琳山说没有去过，程世清

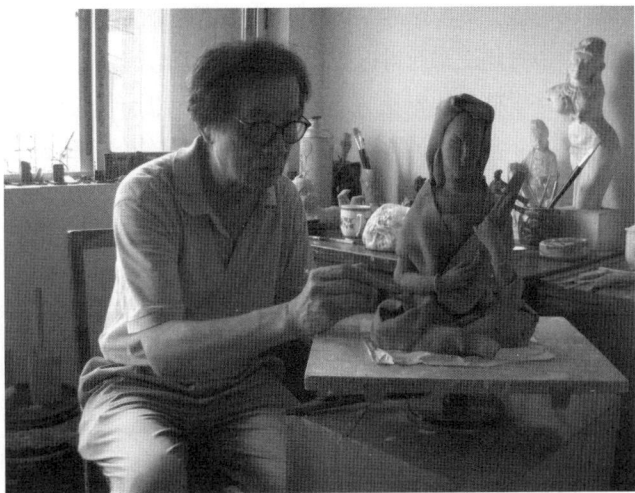

郭琳山

说应该去井冈山体验生活，让琳山到江西省委宣传部开介绍信，到实地去采风。不久研究所就让琳山去南昌开介绍信。因为是省宣传部的任务，到了井冈山以后，顺利地采访了很多老革命，并现场写生，画了很多头像，这些珍贵的头像写生素描保存至今。回景德镇后他创作了大量革命领袖的头像雕塑，有毛泽东、朱德、周恩来等的雕像。做朱德雕像时，朱德的女儿来到研究所参观，看到雕像后说很像。只是遗憾当年没有条件拍照留影，因此当年的情景和作品都没有保留。

1968年响应毛主席号召"知识分子接受贫下中农再教育"，我们俩被扫地出门，户口也迁到农村，下放到寿安公社朱溪大队劳动。在农村近六年时间里，我们除了画宣传画，没有再从事艺术创作。1974年落实知识分子政策，我俩回到了轻工业部陶瓷工业科学研究所，琳山依旧回到艺术室雕塑组，从事雕塑创作。

回到研究所后，国家提出开门办所，让好的技术力量去辅导帮助其他地区的陶瓷厂，研究所选择了山西昔阳瓷厂。当时研究所组织了一个工作班子，工艺原料制作、釉料的技术人员，以及釉上彩组与釉下彩组都有人去，还要有做雕塑的。1975年琳山与张育贤去了山西，琳山主要辅导瓷厂的人做瓷雕。他在瓷厂辅导专业的同时收集了很多当地的民间剪纸，抓紧时间画了大量的速写，虽然生活很清苦，但他的收获很大。他个性很随和，与当地的工人相处得很融洽，在瓷厂做了一批动物瓷雕，可以作为产品生产，对瓷厂帮助很大，影响也很好。

1976年琳山接受上海锦江饭店设计制作造型餐具，琳山创作设计了螃蟹雕塑餐具，是专门为接待国外元首用的。外形是一个鹅卵石上面有一只螃蟹，打开盖子，里面是盛蟹黄的。琳山利用陶瓷釉色装饰，表现形式很写实，螃蟹采用花釉装饰，鹅卵石是结晶釉装饰（结晶釉是在特定的烧成气氛中自然形成的结晶体，其烧成温度、烧成气氛、保温时间、冷却制度均直接影响晶形的成型）。花釉与结晶釉在同一气氛中很难烧成，而琳山的雕塑造型餐具烧出效果非常理想，这是因为琳山在同济大学是学硅酸盐专业的，对工艺配方、烧成有研究，他既懂工艺又懂艺术，这样的人才非常难得，所以对后来创作高温装饰的瓷雕是有利的。琳山圆满完成螃蟹餐具的制作任务，有一只展示在部研究所的陈列室。有一次外商看到了这件作品，提出要购买，研究所领导说这是珍品不卖的，并开玩笑说这只螃蟹有多重就用多重的黄金来换，没多久这只螃蟹从陈列室被盗，至今没有破案。

1977年琳山参加南昌八一起义纪念碑大型建筑浮雕的创作，当时有来自三个省的雕塑专家参加此工程，广东是以潘鹤为领导的一批专家、教授，浙江以美术学院的教授为主参加，有叶庆文、王卓如、高照等。江西省有陶瓷学院教授尹一鹏、周国桢等，还有熊钢如、郭琳山等，都是雕塑界的精英汇聚进行创作。当时组织了许多解放军做模特，摆作战动态，纪念碑至今在南昌已成为标志性的建筑。

琳山造型能力很强，写实基础也好，他创作的周总理半身像白瓷雕（没有上釉），神态非常逼真，研究所把一尊周总理半身像瓷雕送给邓颖超同志，后来她把这尊总理像送到了中国人民革命军事博物馆收藏。这尊总理半身像，是总理手捧文件在做报告，人物形象刻画生动准确，得到社会好评，琳山的艺术成就逐渐得到认可，在研究所被任命为雕塑组组长，当时雕塑组有康家钟、张育贤、涂金水、杨苏明等人。1980年与康家钟、张育贤一起创作《十八罗汉》大型系列瓷雕，这套瓷雕形象生动，突出了不同罗汉的性格、不同面部表情和不同姿态，也得到社会收藏界的认可，为单位创作了可观的经济效益。

琳山在景德镇陶瓷雕塑界知名度很高，也常常被邀请到陶瓷学院给学生上课，学生们也经常到他的工作室去学习。景德镇陶瓷学院多次聘请他为毕业答辩委员，对于上门求教的大学生，他都耐心指导和授课，深得学生们的爱戴和尊敬，对年轻人的好学他会很欣赏地赞誉和鼓励。

在20世纪70年代末至80年代初，琳山钟情于动物雕塑的创作，因此他多次到动物园写生，对走兽、鸟禽认真写生，为日后创作动物雕塑收集了第一手资料。创作了很多动物高温釉瓷雕，有《鹰》花插、《骆驼》《卧豹》《鹈鹕》《日出》《卧虎》《袋鼠》等。他发挥了自己硅酸盐专业特长，采用各种高温花釉的色彩肌理，与雕塑的造型相结合，突出了陶瓷材质的美感；这期间又创作了很多高温人物瓷雕，如青花瓷雕《梳妆少女》《问天》《祖冲之》《向往》等，在瓷雕艺术上他探索走出了自己的路，形成了个人的风格特色。

1986年因要照顾在杭州生活的老母亲，琳山与我商量决定从江西景德镇调回杭州。当时经蒋文渊介绍，我们来到浙江省工艺美术研究所，与时任研究所所长的邹启枢先生见面，谈了我们的情况。邹启枢先生是一位非常爱才的领导，他与所里其他领导商量后，当即决定让我们调入研究所，当天下午就让我们把商调函带回去，于是琳山与我作为浙江省引进的人才，很顺利地调回杭州，进入浙江省工艺美术研究所工作。

浙江省工艺美术研究所没有从事陶瓷专业的人员，由我们来开创陶瓷艺术专业的创作研究。来到杭州后没有任何条件做陶瓷，在这种状况下，琳山承接了城市雕塑，还帮助老余杭做了《杨乃武与小白菜》的蜡像，设计室内装修等工作。没有条件做陶瓷，只有靠自己创造条件。寻找杭州的陶瓷厂开发产品，同金华古方陶厂合作，通过一年的努力完成轻工部下达的科研项目"陶瓷稀土工艺灯具"和"老酒瓶烧制的窑炉改进"，琳山是主要的设计制作人员之一。从部级项目经费中为我们研究所购买了高、低温电炉，浙江省工艺美术研究所从此有了一些陶瓷设备，可以创作釉上彩的陶瓷作品。

　　1987 年我们被轻工部工艺美术高级职务评审委员会评定，获中国首批高级工艺美术师职称，当时浙江省获高级工艺美术师职称的人只有三位，邹启桢、郭琳山、嵇锡贵。之后就由我们三人和浙江美术学院的几位教授组成浙江省高级工艺美术师资格评审委员会，由浙江省人事厅和浙江省二轻厅主管。从 1988 年开始，我们被聘为高级工艺美术师职称评审委员会评委，琳山也任命为陶瓷室主任。研究所的陶瓷专业在我们的努力下，逐渐地打开了局面。我们下基层辅导市县的陶瓷厂的业务，培训人才，到各地调研浙江的陶瓷发展状况，开展系列的专业交流活动，几乎所有的时间都用在专业上。

　　1988 年浙江省工艺美术研究所开始要自己完成经济指标，我同琳山是高级职称，所以经济指标也是全所最高的。我们就对外承接大型壁画工程，承接浙江省丝绸进出口公司的大型陶瓷釉上彩壁画《春溢蚕乡》。从设计、绘制、烧电炉、安装用了大半年时间。完成经济指标，才腾出手来创作陶瓷作品，用我们的话说是用金钱买时间做作品，之后又要想方设法承接完成第二年的经济指标的项目。当时琳山思想压力很大，但他始终坚持专业创作，把他的才华运用在大型浮雕壁画的创作中。琳山为中国科学院上海学术活动中心设计创作大型装饰浮雕壁画《向往》《科学之音》等壁画；为中国科学院上海生物工程实验中心设计制作大型室外雕塑《生命的细胞》和门厅壁画《科学之春》；又为上海复旦大学邵逸夫圆形讲学厅设计制作浮雕壁画《复旦之光》。这几幅大型浮雕壁画均采用新型建筑材料"高强石膏"，画面采用不同块面、厚薄、高低的形状拼接，整个艺术效果新颖、现代，这种材料是国内首例运用在建筑壁画的艺术装饰中，受到一致好评。

　　从这几幅设计图来看，琳山的艺术思维是超前的，人物形象也是很现代和夸张的，他的确是位雕塑方面的优秀人才。这段时间做的陶艺作品如《黄河魂》，他前前后后做了好几件，一件比一件夸张、抽象，在似与不似之间，通过作品给人以气势磅礴、大气、厚重的感觉，有种使人奋力向前拼搏的精神力量。

　　1992 年由浙江民间工艺节组委会主办"陶艺人家"作品展，郭琳山、嵇锡贵、郭艺共同展出 160 件作品，中国美院博士生导师邓白教授题写"陶艺人家"，并作前言。原浙江省副省长翟翕武到场祝贺，并题诗一首："琳琅满目称世家，贵宾满堂齐声夸。陶人辈出青于蓝，艺海如今献奇葩。"中国美院教授邓白先生、王伯敏先生也到场参观祝贺。

　　1999 年琳山从浙江省工艺美术研究所退休，我们一起在杭州三墩建立了自己的工作室，买了窑、泥料等等设备，又在信鸿花园买了一套房子。在三墩工作时，就住在信鸿花园，琳山与我共同创作了一大批作品。琳山创作了《弘一法师——李叔同》和一批动物雕塑。为了创作李叔同的瓷雕，找了很多资料，力求人物形象准确，南宋官窑釉装饰也很生动，此作品获中国工艺美术大师精品展金奖。2000年开始创作了青花斗彩婴戏瓷雕，先做了三个造型，有《卧娃》《倒立》《放爆竹》，后又逐渐增加婴戏瓷雕。在创作时让小外孙丕丕摆出动作，他很受启发，所以十个婴戏很生动，讨人喜欢，又做了《放飞》《吹气》《跳舞》《拍手》《仰卧》等。2008年创作了最后两个婴戏是《捉迷藏》，一共为十个婴孩的造型，他本想在有生之年完成一百个造型，称之为《百子图》瓷雕，只可惜留下了遗憾。十个婴戏动态、神情非常可爱，青花斗彩装饰后，就更为完美，引起收藏界的关注。

琳山的青花唐女系列，开始一个是坐姿的造型，因那时还没有窑，是到萧山的杭州瓷厂去制作，2000年我们成立了贵山窑陶瓷艺术工作室后，唐女系列中的《卧唐女》，一对《唐女舞》都是在自己窑中烧制的。琳山从泥稿到翻模、注浆、吹釉、烧窑都亲自动手，我帮助画青花，成瓷后脸部稍作装饰。四个唐女有静态又有动态，人物造型展现了唐代仕女丰满的身段、高耸的发髻。唐女系列神态悠然自得，舞唐女婀娜多姿，形态优美。

在以后的时间里，琳山注重研究、开发、传承杭州南宋官窑的工作，做了一批南宋官窑釉瓷雕，如《伏虎罗汉》《降龙罗汉》《钟馗》《达摩》《药王孙思邈》等。在浙江做陶瓷雕塑的比较少，做南宋官窑釉瓷雕的就更少。南宋官窑是薄胎厚釉，而且瓷雕里面也要上釉，这和一般的瓷雕有很大的不同，所以制作工艺和烧成工艺也很复杂，往往会出现变形、开裂、剥釉等毛病，他就从原料配方和釉料方面去摸索研究。

琳山的陶塑作品很多，来到浙江后，起初他的陶塑作品有点夸张，颇有现代感，如《黄河魂》《太极人》《骆驼》《马》等，以打泥片的工艺塑造形体；中期的陶塑简练生动，《鹅韵》《卧虎》《力牛》《顽童》等，吸收了传统的陶塑表现形式，采用盘泥条、打泥片等工艺来捏塑，手法更灵活多样。他擅长捏塑动物，捏塑动物就要对动物的动态结构有所了解。比如他在捏塑《鹅韵》时，就到动物园观察、写生，捏了五六只鹅的造型，一只比一只生动，手法也愈加灵活丰富。其中有一件鹅的作品，翅膀很飘逸，像是抖落身上的水似的，很有动态的美感，得到公众的好评，这也是他较为得意的作品之一。

琳山的后期创作，以越窑青瓷捏塑为多，如《妞妞》《捧桃娃》《射》《回娘家》《村姑》《琵琶女》《对弈》等，这个时期他的创作热情高涨，创作的题材也丰富多样。青瓷捏塑工艺难度很大，由于瓷土的可塑性较差，捏塑工艺难以按自己的意愿成型，琳山会因材构思，反复创作，手法多样，做到心中有数，一气呵成，因此他的捏塑作品给人感觉特别新颖，特别有灵气，他是一位非常聪慧的艺术家。

琳山是善于思考的人，生活经历让他有着更多的人生积淀，而艺术创作是他抒发情感的最好方式。在他的作品中可以体会到他对人生的态度，以及平和淡泊的心境。由此，在创作中，他已经不满足于单一的表现手法，而趋于随意多样的工艺技巧。对于几十年都在捏泥巴的他来说，泥性的特质也成为他创作风格的一部分，为此他很在意保留泥性的本质特点，配以随性的塑造方式。他的创作没有一丝的矫揉造作，如同他的为人一般真诚，他的品性完全呈现在他的创作中。

琳山在 60 岁之后，其作品愈发体现深沉的主题，《论剑》《品茗》《禅》以及他生命中最后一件作品《祭天》，都反映出他超越陶瓷制作工艺之外的内容，更透彻，更超脱。琳山的才情总是让人佩服，我常在想，也许这就是他的禀赋。然而，他的事业之路却走得并不平顺，对于一个有成就的工艺家来说，他所遭遇的挫折只是让他失落和反思，但并没有泯灭他的信念和才华。琳山始终坚持着他的理想和创作，没有放弃追求而随波逐流。

他在创作的时候非常投入，每个时期的作品都有他生活经历的影子，所有的感受都通过他的手赋予在泥土的塑造之中，琳山对陶瓷艺术的情感，使得他的作品具有丰富的内涵。

回顾琳山的创作之路，他总是全身心地投入自己的心力去创作。当别人在计较得失时，他却从不宣扬自己的成绩，因此，人们往往会忽略他的成果，久而久之，他也习惯自己的这种创作状态。工艺界的人都很敬佩他的艺术造诣和成就，而琳山所具有的谦逊的品质，更赢得人们的尊重；与他接触过的陶瓷同行，无论与他有多少交往，都以与他相识为荣。生活让他感悟了很多，同样他的作品也显现出世间的精彩。平凡的人生，让他有着不平凡的创作。

琳山离开我们周年祭时，杭州市经信委在杭州市工艺美术馆举办了"中国工艺美术大师郭琳山陶瓷艺术回顾展"。为了筹备这次展览，我把他的作品一件件整理出来，这些作品分布在我们共同生活的家中的每个角落。从他 20 世纪 50 年代的画作到最近几年的陶瓷作品，完整地展现了他创作发展的历程，似乎就是他一生的写照。琳山从未完整地看过自己的作品，他总是不满足于自己完成的创作，每次创作他总能找出些许遗憾的地方，而后又在下一次的创作中完善，不知不觉中，他的创作数量愈来愈多，而他却没有条件，也没有能够完整品赏一下自己几十年来创作完成的作品。也正是这次回顾展的契机，我们把他一部分具有代表性的作品展示出来，其中陶瓷作品 75 件、绘画作品 13 件。当作品展示布置完成后，我被震撼了，我与琳山生活、工作在一起，与他共同经历了每件作品的创作过程，应该说我熟悉他的每一件作品，然而当它们集中展现在我眼前时，我还是被深深地触动了，琳山的才情在整个展厅中呈现，我甚至无法用言语表达这些作品给予我的感受，激动、自豪、欣慰、追念……还有深深的遗憾，那就是他自已都没能亲眼看看一生的创作，我想如果他能看到，他应该是快乐的，会充满自信地创作更多的作品。

当人离去后，留给在世的人很多的怀念，琳山的作品让我们的情感有了无限的寄托，每年我们都会去浙江安贤园看他。他的作品依然要进行整理，他的技艺还要传承，这些都有待于今后去完成。社会成就了他的才华，而他的成果也应回馈于社会，我想这也是我们艺术家的最终目标吧。

嵇锡贵

郭琳山墓

|235|

胸怀祖国的民族企业家都锦生

都锦生（1897—1943），字鲁滨，杭州茅家埠人，从他祖父起他们一家住在西湖茅家埠，他父亲曾当过军官，家里有 18 亩田地，在茅家埠这个小地方，也算是较为富裕的人家。

都锦生年轻时，喜欢游山玩水，爱好西湖的山水风光。1921 年毕业于浙江省工业学校机织科后，就投身丝织业，他立志要将学到的知识用来美化西湖的景色。就在这年春天，都锦生织出了第一幅丝织风景"九溪十八涧"。1922 年 5 月与夫人一起，筹集了 500 元资金，购置了一台手拉织机，在茅家埠创办了家庭作坊，并以自己的名字作厂名。织出的第一批织锦就是"西湖十景"的风景名胜，因产品新颖别致，深受人们喜爱，成为中国丝绸织锦的创始人之一。1926 年家庭作坊已扩大成为有 130—140 个工人的工厂了。是年，都锦生织锦在美国费城举行的国际博览会上，荣获金质奖，一举名扬海外。都锦生不断精心研究，重视技术和工艺，成功地完成了五彩丝织法，到 1931 年，年营业额已达到 15 万元。

都锦生

|236|

都锦生丝织厂生产的丝织品

1937 年 12 月杭州沦陷，日本侵略者委任他为杭州市府的科长，他一口拒绝。他说："宁可头落地，也不做汉奸。"于是，日寇要挟都锦生，他闻讯后，立即躲避至三天竺寺院内。翌日，见到报载伪杭州市政府科长的名单上，有他的名字，他气愤至极，立即全家迁居上海。日寇找不到他，就把他在茅家埠住宅的财物抢劫一空，汽车也抢走了。尔后，他在上海租界内经营小规模的生产。1939 年在杭州艮山门的厂房及机器设备，被日本侵略者的一枚燃烧弹烧毁，烧了一天一夜，余火还未烧尽。

1941 年，日军占领上海租界后，都锦生的生产已无法维持了，同时设在重庆、广州等地的门市部也先后被日机炸毁，都锦生身心受到很大打击，不得不将工厂关闭。

1943 年都锦生在内忧外患的折腾中，深感前途茫茫，看到自己艰辛的创业，竟遭到如此可悲的下场。3 月下旬的一天早晨，他在厕所里突然昏倒，头部触到墙壁上。夜间即感到剧烈地头痛，卧床不起。经中医诊治病情有增无减，又经西医诊断，误诊为脑膜出血，施行手术，方知是脑溢血。终因病情恶化，医治无效，于 5 月 26 日下午 5 时，在上海去世，终年 46 岁。这位创造发明丝织风景工艺品的爱国民族资本家就这样在悲愤中离开了人世。

杭州都锦生实业有限公司，坐落在美丽的西子湖畔，是由我国著名的民族企业家都锦生先生于 1922 年创办的，从最初的手工作坊发展成国内最大的丝织工艺品生产出口企业，从 20 世纪 50 年代开始，公司被省市政府定为杭州市重点对外开放单位，专门接待来自世界各地的国家元首和政府首脑。原为杭州都锦生丝织厂，于 1954 年实行公私合营，1966 年因受"文化大革命"影响，改为东方红丝织厂，1972 年根据周恩来总理指示，又改名为杭州丝织厂，1983 年开始恢

胸怀祖国的民族企业家都锦生

复杭州都锦生丝织厂厂名。周恩来、朱德、叶剑英等老一辈革命家和胡锦涛、吴邦国、朱镕基、李瑞环、习近平等党和国家领导人都先后前往都锦生视察并指导工作。如今，都锦生织锦博物馆和都锦生故居都是杭州的著名旅游景点，也是杭州市的爱国主义教育基地，现已被浙江省人民政府列入第一批浙江省非物质文化遗产代表作名录。我想都锦生先生地下有知，一定会含笑九泉。

2003年都锦生办公室的徐翀同志告诉我：他的墓初筑于西湖六通寺旁的小兔儿山上，"文革"中墓碑被砸毁，墓被野草覆没。1996年清明时节，都锦生与夫人宋剑虹的墓迁葬于西湖南山公墓。

现今都锦生织锦博物馆里，展品中有一个小布手袋，是当年都锦生送给夫人宋剑虹的纪念物，睹物思情，令人感慨万千。

丁云川

都锦生夫妇合墓

留得身后百花香的戏曲家顾锡东

一位老人在风雨中走完了 79 个春秋，一位作家把自己毕生的经历与热爱全部倾注在他热爱的戏剧里，他就是当代戏剧泰斗、我国著名的剧作家顾锡东，中国戏剧史上里程碑式的人物，他不仅创造了浙派戏剧，还用一生谱写了越剧的传奇。

顾锡东，笔名金易。浙江嘉善人。中共党员。1924 年出生于浙江嘉善县西塘镇，历任嘉善县文教副县长，嘉兴地区文教局副局长、文教办公室副主任，地区文化局副局长。先后担任浙江省剧协第二、三届名誉主席，浙江省第二、三、四、五、六、七、八届政协委员及常委，浙江省人民对外友好协会副会长，浙江省文化厅艺术委员会副主任。浙江省文联副主席、主席，编审。

其实，顾锡东有着许多光鲜的头衔：一级编剧、浙江越剧院院长、浙江省文联主席、浙江戏剧家协会主席和中国戏剧家协会副主席、两次被授予全国劳动模范称号……可"顾伯伯"这个最朴素的昵称，却是大家最喜欢的，它饱含着无限的亲切和敬重之情，"邻家大伯"的和蔼形象已深入每一个浙江戏剧人的心里。

顾锡东出生在一个小桥流水、桨声灯影的浙北古镇，父亲是清末秀才，但继承祖业经商。江南水乡温婉的韵致使顾锡东从小就沾染了一点儿"文"气，从

顾锡东（左）

连环画、评弹、独角戏到古体诗、私人藏书楼的著作，他都广有兴趣，文学与艺术的种子在他身体里慢慢得到滋养。古镇的街头巷尾到处萦绕着这个文学青年热情的身影，烙刻着他戏剧人生起步的脚印。

成年后顾锡东在西塘老家经营长泰森烟纸店，1949年后，他既是西塘工商联主委，也是西塘工人业余文工团的编导。他多才多艺，曲调、唱腔、唱词、台步、服饰、道具，无所不通，还能自画布景，遇到临时缺个什么角色，他还能救场。编写相声、快板、说唱等节目更是他之所长，常常是有求必应，立等可取。

50年代初，顾锡东作为西塘镇工人文工团的骨干，为业余剧团编写相声、快板、说唱等各类演出节目。1954年，顾锡东以嘉善田歌为题材创作的戏剧剧本《五姑娘》公演后引起很大轰动，大型越剧《五姑娘》，参加浙江省第二届戏曲会演，获剧本一等奖。从此顾锡东走上了戏剧专业创作的道路，西塘也就成了大师诞生的摇篮。

1956年，顾锡东调入浙江省文化厅剧目工作室，为浙江省绍剧团整理和改编传统剧目，他创作的《孔乙己》、《吕蒙正宝壁记》、《绍兴师爷》（合作）、《火陷山》、《龙虎斗》、《游园吊打》、《香罗带》、《后朱砂》等剧本，多次获浙江省剧本一等奖。创作的激情使顾锡东从此笔耕不辍。在短短两年多的时间里，先后整理改编了文学剧本《双狮图》《后见娘》《追狄》《巧姻缘》《英烈传》《女吊》《无常》，电影文学剧本《蚕花姑娘》《你追我赶》《唐伯虎》，戏剧剧本《香罗带》《复婚记》《长乐宫》等37部。外加20多个传统戏，以及《战风雪》《认干娘》《十里春风》等小戏曲和宁波走书《邬定富借东风》《夸媳妇》等作品。这些作品中有18个剧目得了奖，获得了大丰收。1957年，他与七龄童等合作改编绍剧《孙悟空三打白骨精》，影片放映后轰动全国，1961年该剧赴京演出，毛泽东观看后特地撰写了《七律·和郭沫若同志》诗一首。该影片还获得了1964年"百花奖"最佳戏曲片奖。在顾锡东整理、改编的20多个传统剧目中，《龙虎斗》《香罗带》《孙悟空三打白骨精》等成为绍剧代表作，开始在全国产生影响。

1958年后，顾锡东经常深入农村体验生活，以越剧男女合演的现代剧为探索实践对象，并与传统剧相结合，"因人写戏，以戏育人"。长期深入农村蹲点，"尽情挥写农村风貌，再现于戏曲舞台"。为嘉兴的越剧团先后创作改编了《大团圆》《沈梦珍》《银凤花开》《山花烂漫》《芳草遍地》《幸福河边》《龙山风雨》《飞雪迎春》《老树新芽》等大量的现代戏和《忠烈记》《张四姐闹东京》《白蛇传》《左维明》《何文秀破镜重圆》《狄青与双阳》《百岁挂帅》《燕归楼》《谢瑶环》《玉蝉记》《花烛斩女》《包公索状》等几十部深受观众喜爱的传统戏。先后创作了电影剧本《你追我赶》《蚕花姑娘》，现代剧《争儿记》《复婚记》等优秀作品。其中《蚕花姑娘》在上海电影制片厂拍摄公映后，在全国产生巨大反响。成为新中国电影史上农村题材轻喜剧的代表作之一。

1960年，顾锡东荣获全国劳模荣誉称号。1962年加入中国作家协会。新中国成立之初，顾锡东业余创作了许多曲艺和戏剧。"文革"结束，顾锡东重任嘉兴地区文化局局长，为了振兴越剧，招来了一批可爱的小姑娘，并请来不少老师，赤手空拳地办起了嘉兴地区青年越剧团。他有计划地为剧团写新戏，使小姑娘们很快唱响了杭嘉湖以及苏沪一带的越剧舞台，走出了一条以戏养团、以戏带艺的路子，种下了第一块越剧小百花的试验田。

几年后，顾锡东担任了省文联副主席兼浙江越剧院院长，并栽培了一朵在戏曲园地里芬芳四溢的"浙江小百花"。为了让这些初进艺苑的小姑娘们演出、学艺两不误，顾锡东有计划地为她们量身定做新剧目，著名越剧新编历史剧《五女拜寿》的剧本，就是这样诞生的。

浙江戏剧界人士戏称：顾锡东是一位勤勤恳恳的"百花园丁"。从创建小百花到鼓励年轻人打破现有的越剧艺术格局，我们似乎还很少看到像这样既能创作又有前瞻性思路的政府文化官员。有人评价顾锡东就像是浙江戏剧界的一个文化符号，不仅代表了一代剧作家的创作模式，也代表了浙江戏剧在任何时候回忆起来都值得骄傲的一段历史。

20世纪80年代初，顾锡东又满怀激情完成了誉满海内外的《五女拜寿》《汉宫怨》《陆游与唐琬》《唐伯虎落第》等名剧。《陆游与唐琬》曾到过美国、日本、新加坡等地演出，至今已演出了上千场，并入选第七届中国戏剧奖梅花表演奖。越剧《五女拜寿》是顾锡东的新编伦理戏，1982年由嘉兴地区青年越剧团首演，1983年由28位年轻演员，组建成"浙江越剧小百花赴港演出团"，将顾锡东创作的《五女拜寿》搬上舞台，在香港演出后，一炮打响。后来，又拍成越剧电影，红遍大江南北，成为一代人共同的青春记忆。"从某种程度上讲，是《五女拜寿》成就了浙江小百花越剧团。"茅威涛说。30多年来，《五女拜寿》获奖无数，长演不衰，至今演出了几千余场，有原生代、中生代、新生代等多个版本。1984年，长春电影制片厂将其拍摄成戏曲艺术片，并获得第五届全国电影金鸡奖最佳戏曲片奖。就在同一年，浙江小白花演出团带着顾锡东创作的《五女拜寿》赴京参加国庆35周年献礼演出获广泛好评，并在怀仁堂、人民大会堂做专场演出。邓颖超同志在家亲切接见"小百花"们并亲笔题词："不骄不满，才能进步，精益求精，后来居上。"1985年越剧《五女拜寿》和《汉宫怨》分别获文化部、中国剧协颁发的全国优秀剧本奖。《五女拜寿》捧红了越剧界的"五朵金花"茅威涛、何赛飞、何英、方雪雯、董柯娣。《五女拜寿》问世以来，成为各剧团的常演剧目，也被黄梅戏等多个剧种改编移植。1988 年，顾锡东创作的《陆游与唐琬》获文化部文华剧本奖。顾锡东一生都把为观众、为演员、为剧团写戏看作自己的使命，他说："观众喜欢看，是他最开心的事。"顾锡东起于民间，是个"草根作家"，从草根作家到剧作名家，他一生淡泊名利，且为人率性豁达，创作的剧本常被剧团无偿演出，他毫不介意，常说："要稿费做什么，大家演我的戏，是对我的肯定，老百姓拍手，我就高兴。"

2003 年 6 月 29 日凌晨 3 点 12 分，顾锡东这位高产剧作家因病医治无效病逝于杭州，安葬在南山陵园。文艺各界无比震惊，纷纷赶来杭州吊唁。顾锡东在越剧界享有不可替代的崇高地位，圈内人无论长幼，一律习惯称呼他顾伯伯。但是，他却走了！在他的得意之作《陆游与唐琬》初选入围，即将公演之际……

顾锡东这位浙江戏剧创作的领头人，在他的带领下，钱法成、包朝赞……一批卓有成就的剧作家笔耕不息，使浙江戏剧创作一片繁荣。顾锡东的作品深受观众喜爱，他不仅是浙江剧作界的领军人物，在全国乃至海外都有较大影响，推动了浙江戏剧的发展和繁荣，作品多次获国家级奖项。同时，顾锡东还为扶持浙江越剧"小百花"培养中青年戏剧影视创作、表演人才做出显著贡献。

顾锡东一生著作等身，创作上演剧目 200 余部，电影剧本 5 部，曲艺理论文章 200 余篇。其中 3 个剧本获得了全国戏剧创作最高奖"优秀剧本奖"，两度获得全国电影"百花奖"和"最佳戏曲片奖"，入选国家舞台艺术精品工程和十大

顾锡东墓

精品剧目。特别是《五女拜寿》《汉宫怨》《陆游与唐琬》等一批新编历史名剧，在中国当代戏剧史上产生了巨大影响，被一些戏剧评论家誉为"当代中国戏剧界的关汉卿"。他写作不为得奖，可作品却荣获了无数国家级奖项，从全国优秀剧本奖、华表奖、文华奖、田汉奖，到电影百花奖、金鸡奖，电视剧飞天奖、鲁迅文学奖，无所不包，他已然化身为浙江戏剧界的一个文化符号。

　　"清风两袖朝天去，留得身后百花香"，顾锡东为后人留下了一大批精神财富，自己却是一个清贫的文人。他的家中没有一点装饰，直到去世家中依然是水泥地，没有一件像样的家具，唯一"时髦"的 25 寸电视机，竟放在一张旧的小课桌上。十多平方米的客厅里也只有旧桌子、旧凳子、旧木头沙发。曾有人惊叹："省文联主席家竟连一幅字画都没有！"顾锡东提倡一个戏剧家要为观众写戏，为演员写戏，为剧团写戏，他的一生也是这样实践的。他的作品中体现了雅俗共赏的艺术风格，他的人品、艺品，使他成为中国戏剧史上的一座丰碑，也是浙江文艺工作者的一面旗帜，代表着浙江戏剧一段值得骄傲的历史。

杭州南山陵园供稿

留得身后百花香的戏曲家顾锡东

浙派人物画先驱顾生岳

2012年9月15日，中国著名画家、浙派人物画代表性人物、中国美术学院教授顾生岳先生走完了他为之倾注一生的艺术之路，告别了亲人、朋友、学生和他钟情的艺术殿堂，这让整个美术界深感悲切。顾生岳先生于1927年出生在舟山沈家门这个海边小镇，浩渺大海和波光涛影留给了先生一生的美好记忆。乡土中五彩纷呈的艺术图案，也在冥冥中触动了先生艺术的心灵。先生在《我的艺术道路》一文中回忆道："丰富多彩的乡土艺术，都是那么生动传神，深深地吸引着我。"先生大量的海岛写生稿和"情系故乡"系列组画，凝固了对家乡的深情。

顾生岳先生于1949年毕业于上海美专，1952年毕业于中央美术学院华东分院（现中国美院）并留校任教，从此开启了艺术教学、国画创作和学术研究的历程。历任浙江美术学院（现中国美院）教授、中国画系主任，杭州市美术家协会主席，浙江画院副院长，中国美术家协会会员，并于20世纪50年代在当时的浙江美术学院院长潘天寿先生等老一辈艺术家们的指导下，立足于中国画教学改革的思路，与李震坚、周昌谷、宋忠元、方增先等一起，以表现现实为题材，写实造型为手段，传统笔墨为精神，意象气质为特征，形成了独具特色的浙派人物画风格，为当代中国画发展与探索做出了贡献。先生在绘画艺术道路上坚持不懈地进行探索，并结合现代教学体验，人物画以写为生的要领，总结出慢写、速写、默写的"三写"和"移情、立意、活画、求速"的要诀，并实践于中国画的教学中，取得了良好的效果，对美术院校教学理论和创作实践做出了重大贡献，并参与主持制定教学大纲和浙江省高校职称评审委员会。出版了《顾生岳速写》《美术技法大全——顾生岳人像速写》《工笔人物画探》，并发表大量的论文，对工笔画创作与教学、人物画的理论实践和中国画发展方向进行了系统的论述。同时在其艺术创作生涯中，创作了大量经典性的艺术作品，如《百货下乡》《春临东海》《维吾尔族长老》《红衣少女》《走向生活》《奴隶后裔》《少女与大佛》《阿訇》《弘一法师》《凉山之夜》《敦煌之舞》《黄金冠》《民族英雄葛云飞》《宋庆龄》等，成为 20 世纪中国工笔人物画的领军人物之一。

　　顾生岳先生的艺术创作，贴近现实生活，传递了时代的精神，又力求传统笔墨的表现韵味，这是先生对生活的情感与本土文化的心灵内在化为图像而生发的一种情致和审美取向。正如著名美术理论家杨成寅先生在《顾生岳先生速写的审美特色和价值》一文中所说："顾生岳速写艺术的审美特征，我认为是人物形象的生活气息极为浓厚，作品中的艺术形象都体现着传神、写意、求美三者相统一的原则。"因此其作品古朴而不失清新，浑厚而气韵丰沛，浓郁而兼具雅致，灿烂而内藏骨质。造型精到，神形兼备，融通中西，华贵高尚，寓单纯于丰富，浑朴中见意象，凝重而生灵动，广大尽显精微。美术史论及艺术大家邓白先生评之曰："既富有传统特色，又洋溢着时代气息，工而不板，细而不纤，谨而生动，平凡而精奇，无一笔苟下，无因袭陈套，来自生活又高于生活，给人物画开拓了一条崭新的发展途径。"

　　顾生岳先生不但是一位成就非凡的艺术家，而且是一位敦厚慈祥、修身有道、谦谦君子般的长者，这在当今社会尤为珍贵，故为大家所称赞，深得学子们敬慕，其学风影响了几代人。我是在 2005 年认识顾生岳先生的，当时他已近 80 高龄。由于我参与著名山水画家潘韵先生诞辰 100 周年纪念活动的组织工作，因举行纪念会而冒昧地拜访了先生。先生很客气地答应我参加纪念会，并在纪念会上专门发言，从此时开始了交往。先生对后辈关怀备至，常以一颗平和之心悉心教诲。先生子女在国外工作，与夫人格非女士更是相敬相爱，常一起参加各

顾生岳

顾生岳画作《黄金冠》

浙派人物画先驱顾生岳

种活动。1997年夫人惨遭车祸，在长达八年的时间里都是顾生岳先生陪伴与照顾而无暇从事艺术创作。夫人走后安葬在安贤园，每年清明来园祭扫，也常与我相见。每次我去看望先生，先生都在门口等候，像父辈一样给予关照。他常给我看他的写生小品，并向我讲述绘画的知识，有些艺术活动邀请他参加，也是尽可能给予支持。当他得知我也参加了诸乐三艺术研究会，便对我多次表达对诸先生的敬重之心，曾对我说刘江、马其宽、徐家昌等老师艺术水平很高，得诸先生真传，为人真诚和善，要我好好向他们学习。先生临终前我到医院看望，先生用微弱的声音向我回忆起20世纪50年代与老师们一起搞创作的情景，含着眼泪轻声对我说："我多么希望能回到那个时代啊。"

2012年9月15日，先生走了。就像他的画作《天心月圆——弘一法师像》中的弘一法师一般，于五光十色的风尘世俗中走出，带着出尘的艺术真谛和心灵的追寻，以修得艺术"高僧"的定力，飞向天心，破茧成蝶，完成了他生命的终极圆满，留给我们的是漫天光华。

李钢

顾生岳夫妇合墓

中国近代著名文学、戏剧家夏衍

沈家有男初长成

1900年10月30日，浙江省仁和县严家弄27号沈家诞生了一个男婴，父亲沈学诗对于这个儿子的到来非常高兴，给他取名沈乃熙。或许沈家人并没有意识到，这个襁褓中啼哭的男婴后来成长为中国著名文学家、社会活动家，中国左翼电影运动的开拓者、组织者和领导者之一——大名鼎鼎的夏衍。

说到夏衍名字的得来，其实起源于沈乃熙的一篇文章的发表。1935年2月，在白色恐怖笼罩下的上海，沈乃熙第一次使用"夏衍"的笔名发表短篇小说《泡》，刊载在《文学》杂志6卷2号。自此以后，他就以夏衍闻名于世，世人也渐渐忘记了他的真名实姓——沈乃熙。

夏衍

在夏衍 3 岁时，父亲沈学诗中风去世，沈家从此逐渐中落。夏衍 6 岁时进入私塾，学习"四书五经"等儒家著作。后来他又入杭州正蒙小学，开始学习新式教科书。1911 年，辛亥革命爆发，杭州城里一度局势非常混乱，夏衍与母亲避居德清县的舅父家。夏衍在全家人面前做了一个非常的举动，就是剪掉效忠清朝的辫子，年仅 11 岁的夏衍也因此成为严家弄第一个剪辫子的人。因家庭日渐贫困，夏衍辍学后进入染坊店当学徒，这段经历使他深刻地体会到工人阶级的艰辛，也是促使他走向革命道路的动机之一。

1915 年，夏衍被德清县公费保送入浙江省立甲种工业学校（后并入浙江大学）染色科学习。俄国十月革命的爆发震动了中国的知识界，夏衍开始阅读《时事新报》《民国日报》《新青年》《解放与改造》等报刊上各种介绍新思潮的文章，逐渐成长为一名新式青年。

1919 年是夏衍跌宕起伏人生的第一个转折。这一年五四运动爆发，他积极参加浙江学生运动，被选为学生联合会代表。此时的夏衍，在《学生杂志》第 6 卷第 6 号发表了人生的第一篇文章《木棉漂白之过去及将来》。五四时期，夏衍还参与创办了进步刊物《双十》和《浙江新潮》，并以"宰白"的笔名发表文章与随感录，抨击当时的社会制度，得到陈独秀的赞赏。

五四运动后，夏衍决定出国深造，他考入日本北九州户烟町明治专门学校电机科，并以优异的成绩，免试进入九州帝国大学工学部冶金科，继续深造。

左翼文学抒先声

1924 年，夏衍在日本加入中国国民党，开始参加实际政治活动。1926 年，夏衍被任命为国民党中央海外部驻日神田总支部常委、组织部长，在日本各地华侨和留学生中宣传革命思想，发展党员。由于夏衍的左派立场，"四一二"事变后他被国民党开除党籍。

在"山雨欲来风满楼"的革命危急关头，夏衍回到革命的风暴中心上海，毅然加入中国共产党，在闸北区从事工人运动，并大量翻译俄国革命文艺作品。夏衍与鲁迅等仁人志士一起，成立了中国左翼作家联盟，也就是后来蜚声中外的"左联"，年仅 29 岁的夏衍与鲁迅等文学巨擘一起被推举为主席团成员，并当选为执行委员。

为了更好地发挥"左联"的作用，引导革命青年投身革命洪流，夏衍联合郑伯奇等人组织上海艺术剧院，后进入明星电影公司担任编剧顾问。党的电影小组成立后被任命为组长，此后他集中力量从事电影事业，正式开启了自己恢宏壮丽的电影生涯。夏衍根据田汉的提纲，撰写了反映东北人民在日本铁蹄之下奋勇抗争的剧本——《风云儿女》，这部影片鼓舞了无数中华儿女投身抗日，它的主题曲《义勇军进行曲》，后来成为中华人民共和国的国歌。

1936年6月，夏衍创作了他最为出名的一篇文章——报告文学《包身工》，这篇文章反映了上海纱厂的包身工在资本家剥削下的悲惨命运，引起广泛注意和重视，新中国成立后长期入选中学语文教材。

赤胆为国凝笔端

全面抗战爆发后，夏衍临危受命，担任《救亡日报》总编辑，他从上海辗转广州、桂林、香港、重庆等地从事新闻工作。在重庆期间，夏衍担任中共南方局办事处文化组副组长，负责文化界统战工作，他积极同国民党的消极抗战路线做斗争。在这段辗转数千公里的艰苦旅途中，他克服种种困难，创作了爱国主义话剧《愁城记》《心防》《法西斯细菌》等，在《新华日报》上撰写政论及杂文，获得了热烈的反响。这一时期夏衍的文学作品文笔朴质、凝练，作品大多数通过小人物的生活中折射时代的巨变，歌颂可歌可泣的全民族抗战，声讨日本帝国主义的穷兵黩武。

解放战争时期，夏衍主要从事统战工作。他受党中央的委托，经香港抵达新加坡，向华侨领袖陈嘉庚等人传达中共中央军政方针，并应陈嘉庚、胡愈之邀请任《南侨日报》主笔。解放战争后期，夏衍在香港《群众》杂志开设《蜗楼随笔》专栏，他巨笔如椽，声讨南京国民政府的残暴统治。他的统战工作也可圈可点，如他策动国民党资源委员会主任钱昌照起义，给南京国民政府以沉重的打击，有力地支援了解放战争。

随着南京国民政府的倒台，上海也迎来了解放的曙光。夏衍随解放军南下，回到了熟悉的上海。新中国甫一成立，夏衍就投身到繁忙的工作之中，先后担任文化部副部长等一系列重要职务。为新中国文化事业，尤其是电影事业的发展壮大奉献了巨大的辛劳，做出了巨大的贡献。

在繁忙的工作之余，夏衍创作了《祝福》《林家铺子》《革命家庭》《在烈火中永生》等由文学名著改编的电影剧本，突出地体现了原著的神韵风采。他热情地歌颂新时代，讴歌新中国，鞭挞旧社会。时至今日，这些电影仍然是"十七年"时期中不可多得的电影佳作。

夏衍

耄耋之年尽寸心

改革开放后，进入耄耋之年的夏衍，仍然不忘发挥余热，积极投身中国文艺事业与中日友好工作。他先后担任中国文联副主席、中日友好协会会长、中央顾问委员会委员等职务。他一生为中国文化事业的奋斗，也获得了国家和人民的赞誉。被授予"国家有杰出贡献的电影艺术家"称号。人民大会堂曾专门举行"纪念夏衍同志从事革命文艺工作 65 周年报告会"和"夏衍电影回顾展"。

在人生的最后岁月里，作为中国现代文学重要亲历者的夏衍向中国现代文学馆捐赠藏书 2800 册。1995 年 2 月 6 日，夏衍走完了自己波澜壮阔的一生，在北京医院去世，享年 95 岁。

夏衍是 20 世纪中国文艺界的重要见证人，被誉为"世纪同龄人"。他历经了从"五四"、左联到改革开放新时期近 80 年中国文坛的沧桑巨变。夏衍一生笔耕不辍，著作等身，早年作品极具现实感与批判性，如《包身工》《上海屋檐下》等。晚年的作品洗尽铅华，读之颇能令人悠然神往，如他在 84 岁时撰写的自传体传记——《懒寻旧梦录》，记录了一生所经历的点点滴滴，具有极高的史料价值。

至今，人们仍然在用不同的方式，缅怀夏衍为中国革命和中国文化事业作出的丰功伟绩。作为夏衍故乡的杭州，设有以夏衍名字冠名的夏衍中学，保存有夏衍故居。在苍翠掩映的浙江大学玉泉校区，建有夏公亭，镌刻着夏衍挚友、著名书法家赵朴初题写的一副楹联，"愿听逆耳之言，不作违心之论；是乃立身之道，长为砭世之箴"，供后人凭吊与追忆。

杨友鹏

期尔一流神韵传的艺术大家诸乐三

"梅兰竹菊，花卉菁华。雨露培育，常发奇葩。艺园有此，自然堪夸。从春徂秋，朝夕摩挲。人以为画，我以为家。"这是艺术大师诸乐三先生为纪念当时浙江美院（现为中国美院）建院五十周年创作的《梅兰竹菊图》中的题画诗。诸乐三先生合"四君子"为一图，笔墨拙雅温厚，书意至纯至诚，尽情地把浓郁的人文情致和广博学识宣泄于纸上，如天地自然之精华，极富人文雅韵和高洁幽深的精神意境。也使观者深感先生的艺术生命于自然大气中精炼浓缩，迸发而出，令人神往心醉。

大师之所以成为大师，其学识渊博如海之深广，其品性高远似山之厚积。大师不造势，因为其不造自成势；大师不雕琢，因为其虽雕却无痕，如玉之晶莹温厚，浑然天成。

诸乐三先生是一位艺术大师，一位敦厚长者，一位谦谦君子，一位饱学智者。诸乐三先生博大精深的文化底蕴通过精湛的艺术表现力和渗透力，尽付于诗

诸乐三

书画印之中。先生的品学修养藏敛于胸中，毫无张扬造作之势，但又无时不影响和催发着后人。

诸乐三先生的大师本性源自其生长于碧水纯清、山峦隽秀的江南竹乡安吉。一方水土滋养一方人性，一域风光浸润一乡灵气。安吉得天独厚的自然景色和纯厚淡雅的人文传统，宛如一幅气韵灵动的青绿山水，经千百年日积月累的儒学沉淀，卓然出世。无怪乎大师吴昌硕能独步青云，一扫国人书画柔弱之风，携领艺术锋锐于天下达数十载，而诸乐三则推陈出新，奠定当代浙派花鸟画风范。

诸乐三于 1902 年诞生在安吉孝丰的鹤鹿村，村后鹤鹿山苍翠欲滴，村前鹤鹿溪碧水蜿蜒，诸乐三从小就在这一片丽质天成的秀美环境中吮吸着纯美静雅的灵性文质。自幼浸杂于书香艺馨的世袭家风，终日与茂林修竹为伴，以诗书画印为趣，11 岁便以一副"独向窗前望，东方满地红"的对联而为师所惊叹。诸乐三在这得天独厚、意韵春发的温床里成长，逐渐孕育了诗的灵性、画的风骨、书的韵律，也必然奠定了今后超凡脱俗的心境，追求至上意境的极高悟性和品学修养。诸乐三先生在 18 岁一幅自画像中题诗道："如此形骸眼執青，风尘落拓负儒名。聪明每为无恒误，事业终输有志成。"从这首诗中我们能领悟到其风发的意气和已入艺术佳境的开阔视野。

诸乐三先生的大师灵性还在于对艺术真谛超凡的领悟能力和对艺术品位极致的驾驭定力。诸乐三在家乡终日与画为友，饱读诗书，打下了坚实的学识功底，并于 1919 年考入杭州中医专门学校，后转读上海中医专门学校。在杭学习期间与潘天寿交往甚密，他们在闲暇泛舟西湖谈诗作画，从此开始了这两位浙江画坛巨匠的友谊。在上海医专就学时，拜识了吴昌硕先生，并从师学艺。诸乐三静心好学，勤奋善悟，泛览历代诸家风骨笔意而心领神会，尽得要领，遂艺事大成。所以吴昌硕在评价当时的年轻画家时说："闻韵聪明，乐三得我神，阿寿可怕。"三人的艺术风格各有千秋，诸闻韵有灵性而秀逸，诸乐三有悟性而气韵灵动，潘天寿有才气而锋芒毕露。吴昌硕所指乐三得"神"，并非简单意义上书画技法风格的从形似到神似，而是神形相近、神气相投、神灵相合，达到更高精神层次的殊途同归。可以设想，如果诸乐三与吴昌硕无缘相识，但两人的精神在书画风格的表现上也肯定会神趣相合。

诸乐三先生的大师悟性来源于内心纯净的道德品性和全面扎实而能融会贯通的艺术内力。1937 年抗日战争全面爆发，上海沦陷。诸乐三这时决定离开上海这座纷乱的城市，携妻儿回到故里。1938 年又应邀受聘于国立艺专，直至终年。在这之前曾任教于上海美专和新华艺专。诸先生对西湖自有一份特别的情结，20 年代在杭州医专时，常与三哥诸谦和潘天寿三人结伴雅游西湖，尽情地领略和吸

诸乐三书作

收西湖的灵气。在 50 年代更是与黄宾虹交往密切，他们常在湖边品茗论画，交流书画艺道，并以师友相称。以西湖景色为题材的书画在其作品中占有相当的分量，无论花、鸟、虫、草、山水，其篆刻、书法素材很多都来源于西湖的山水园林情致。纵观诸乐三先生的一生，心性温文尔雅，外虽少言，内实远阔，具有极高的品学修养。与先生接触令人如沐春风，心暖意畅，艺术气韵沁人心脾。历经多次磨难，不改其心其形其志，稳重似泰山屹立，润物如细雨无声。先生学识丰厚，书法凝重，花鸟拙雅，篆刻古朴，山水法书，诗作隽永，皆为绝世一流。大师吴昌硕先生早在 20 年代就对艺才早露的诸乐三成为一代大家寄予厚望，曾作诗一首赠诸乐三："何药能医国，踌躇见性真。后天扶气脉，本草识君臣。鹤洛有源水，沪江无尽春。霜红寻到否？期尔一流人。"潘天寿评价诸乐三："兄天才超越，兼以各项基础深渊，一着手即能超人一等。"

诸乐三先生一生致力于美术教育，是潘天寿美术思想重要的执行者，并与潘天寿、吴茀之、顾坤伯等一起成为我国著名的艺术类高等院校中国美术学院的重要领军人物。诸乐三先生通过美术教育实践，将吴昌硕大写意画风引入高等学府的美术教学中，使吴昌硕狂放高俊的写意气韵更加具有文人特质而为教学之规矩。诸乐三先生的艺术创集诗书画印于一体，融会贯通，相互作用，使文人画更加具有其学术性和时代性，并开创了花鸟画内在大美之象，特别是与黄宾虹先生亦师亦友的特殊关系，在对黄宾虹艺术深刻领会的基础上，把黄宾虹的五笔七墨巧妙地与花鸟画笔墨关系相融合，从吴昌硕弟子众多艺术变革中，走出一条既传承了吴昌硕笔墨精神，又独具文化气质的艺术风格，使之成为当代少有的能驾驭东方审美取向的艺术大师级人物，为众多学生所敬仰。

1984年1月29日，诸乐三先生在杭州与世长辞，享年83岁。浙江美术学院师生及国内美术界为之震惊和悲恸，王个簃惊悉噩耗，挥泪作诗曰："西泠令后窗前望，三友言欢另有神。休为噩耗心胜痛，一生遗著阅千春。"当时的安吉县委还专门召开紧急会议，并做出三项决定：县领导带队参加追悼会；迎送诸乐三骨灰回安吉；建立诸乐三纪念馆。诸乐三家属为了表示感谢，特别捐赠诸乐三艺术精品50件给安吉珍藏。20多年过去了，在安吉的诸乐三墓历经风雨而沧桑斑驳，墓前杂草丛生，久无人迹，而诸乐三纪念馆也迟迟未能落实。诸乐三长子、著名书画家诸涵先生也长年为父亲未竟之事四处奔走，耗尽了精力而仍然报憾于父亲的英灵，至今一直沉湎于愧疚之心而不能自拔。诸乐三先生的子女及学生为了能使先生之灵与西湖为伴，先生情怀长留人间，在后辈友人的大力帮助下，2003年在浙江安贤园内一处绿荫幽静之地建了一座诸乐三先生的纪念雕塑墓，碑上刻诸乐三弟子、著名书法家刘江先生手书"艺术大师诸乐三"的篆书。在落成揭幕仪式上，数百名浙江艺术界和各级领导共同纪念和缅怀这位为艺术教育和艺术事业做出卓越贡献的大师。

李钢

一代画学宗师黄宾虹

黄宾虹先生是我国近现代一位集国学、哲学、画学、教育、金石、文字、诗词造诣于一身，并于社会革命、画史画论、美学教育和绘画实践等方面贡献卓越的一代宗师。

黄宾虹先生于 1955 年 3 月 25 日晨，病逝于杭州，享年 92 岁。生前为全国政协委员、华东美协副主席、中央美院华东分院教授，享有"中国人民优秀画家"称号。24 日在弥留之际，乃心追我中华画学之进取，口吟宋代理学家邵雍诗句："呸！何物美人，二月杏花八月桂；呸！有谁催我，三更灯火五更鸡。"可见先生唯画之大者，神犹可鉴！

1865 年 1 月 27 日（同治四年正月初一）凌晨，黄宾虹先生降生在浙江金华铁头岭，祖籍安徽歙县潭渡村。其父黄定华为其取名元吉，因谱名为懋质，后改名质，字朴存，在上海时名宾虹，以此名行于世上。

宾虹先生祖上为东汉冠族孝子公讳香，居江夏。晋元帝时，元集公讳积守新安，二十一世忠一公讳璋始迁潭渡，至宾虹凡三十九世。故其家世以读书为

黄宾虹与夫人宋若婴

乐，德义为尚，诗文并著，兼理乡土，不喜仕途，为乡贤第一。（见黄宾虹《歙潭渡黄氏先德录》）父亲黄定华自幼喜读诗书，嗜好书画，志气不凡。因避太平军，14岁就随父到金华为商，遂定居于金华。宾虹先生在其《八十自叙》中说："家塾延蒙师，课读之余暇，见有图书，必细意观览。先君喜古今书籍书画，侍侧常听之，记之心目，辄为仿效涂抹。遇能书画者，必访问穷究其理法。"宾虹先生在幼年时常聆听父亲与友人谈时事与文章、画艺，因而自幼文章诗词与书画相参，精微处能见广大，并立志革除旧习，追古求新而效命于社会时尚，为其以后的人生道路和艺术追求奠定了方向。

宾虹先生早年习画得父之熏染，后师倪谦甫、倪逸甫、李国棠、陈春帆、郑雪湖，花卉师陈若木。又临习沈周、元四家、石涛、石溪、渐江、董其昌、龚半千、查士标诸家，并观览历代名画及新安派先贤真迹，颇得真机。同时关注和开始收藏古画及古印玺，仅在1887年就购得古旧书画近300件，到20世纪20年代，已藏印两千余方，其中三代及东周六国等古印玺尤为珍贵，从中窥得文字渊源及演变之奥秘，也触动其用笔之妙造。宾虹先生在其《虹庐笔乘·观自得斋秦印谱》中说："年弱冠，酷嗜金石文字。当其冥心孤往，举人间富贵功名，不足以相易。虽损衣节食，极困顿而不悔。物聚于所好，会有天幸。"

黄宾虹先生10岁时即能摹写明代沈周的山水册页，并随父游览杭州的西湖

黄宾虹画作

和吴山等地写生，并观得元四家之一王蒙的山水画。11 岁仿邓石如、丁敬刻印。1876 年春随父来到祖籍地安徽歙县应童子试，宾虹先生第一次到家乡，倍感亲切，其间得见许多古人书画真迹，大开眼界，得其要略，画艺大增。后 10 余年间来往南京、扬州、杭州等地，时于当代学者问学，熟于两汉经学、佛学、地理学、画学，对历代名画真迹窥得玄妙，犹心仪新安诸师，并问业汪宗沂师国学，相继撰写画论文章多篇。1886 年春返回歙县，更名为质，字朴存，应试补廪贡生，与歙县洪坑村洪荩臣女洪四果成婚。1895 年与谭嗣同相识，并参与谋事，以求社会之变革，并致书康、梁，支持变法，认为"政事不图革新，国家将有灭亡之祸"。同时在家乡聘请拳师聚徒练武，以备将来国家危难之用。戊戌变法失败后不久，各地清算余党，被人以维新派同谋和革命党嫌疑的罪名密告，遂连夜出走，经杭州至上海等地避祸。

1904 年应邀辅佐安徽公学办学，与陈独秀、刘师培、苏曼殊、陈去病交往，为《国粹学报》撰文。宾虹先生《八十自叙》亦曰："逊清之季，士夫谈新政，办报兴学。余游南京、芜湖，友召襄理安徽公学，又任各校教员。时议废弃中国文字，尝与力争之。由是而专意保存文艺之志愈笃。"其由文字及于艺术，由书法通画理，亦由政治革新转折为以美育改变人心。

1906 年，宾虹与许承尧、陈去病、汪鞠友等人以探讨诗文为名组织成立了黄社，其实乃暗取黄宗羲的《非君论》，以此探索社会革命之方向，1907 年再次被告发而不得已各奔前程。宾虹先生只身前往上海，后加入黄节、邓实创办的国学保存会，并编辑《国学丛书》《国粹学报》《神州国光集》等书刊，开始大量发表文章。其与邓实合作编辑的《美术丛书》，出版有大型画册《神州国光集》，该画册是我国第一本以珂罗版、铜版印刷介绍古代绘画的刊物，宾虹也从此开始了系统研究中国绘画渊源与发展脉络的漫长人生。

1909 年蔡元培主持留美预备学堂，宾虹参与襄办，并兼任国文教习，11 月柳亚子、陈去病等成立南社，黄宾虹作为最早参加的 17 位社员之一，参与了南社首次在苏州虎丘举行的雅集活动。1912 年与宣古愚创办贞社，并任《神州日报》编辑和《神州国光集》改名为《神州大观》后的主编，1921 年秋，经陈叔通推荐任上海商务印书馆美术部主任，1925 年参加经亨颐创办的"寒之友"社，1928 年与张大千、俞剑华等组织成立烂漫社，宾虹先生被推举为社长，又与胡朴安等人组织成立中国学会，兼任上海国立暨南大学艺术系教授。1929 年兼任新华艺专、昌明艺专教授，1930 年刘海粟携宾虹先生画作参加比利时国际博览会，该作品获得"珍品特别奖"，与叶恭绰、陆丹林筹备中国画会，1931 年兼任上海美专教授。1935 年夫人洪四果在潭渡去世。

黄宾虹与两位夫人合墓

　　在此期间，黄宾虹先生在编撰、教书和推广中国文化艺术的活动之余，大量撰写文章，对中国绘画艺术上至三代、下至晚清三千年历史的生发、演变、成熟与衰退进行了综合梳理，由此形成在中国文化关照下的系统艺术理论，通过对明清以来书画流于形式、囿于技法的萎靡态势的批判，提出通过"五笔七墨"从哲学层面表达的内美标准，使绘画由术上升到道的高度。正如宾虹先生在《国画之民学》一文中提出的内美精神："这种精神，便是民学的精神，其结果遂造成中国文化史上最光辉灿烂的一页。"同时其艺术实践也由笔临意摹的广泛汲取各家之长的准备阶段，开始形成了自由创作与师从山川自然造化的黄家山水的雏形。这种从理论到实践交替推进的过程，必然经过曲折漫长的时间积累和静心冥想、辛勤耕作、理性思考三者相互作用下的激情迸发，进而呈现于画面之浑厚华滋与氤氲气象，并强烈地冲击旧有的格局。

　　宾虹先生以中国数千年文化观为视野，以易老儒佛及士夫精神为思考，直抵绘画源头，从文字的线条变化到积点成线笔墨韵味，从书画同源到心源造化的体味中，提出了"师今人，不如师古人，师古人不如师造化"的画学要旨。这是宾虹先生从自身的实践中不断获得自信的源泉所在，也是宾虹先生的绘画艺术脱离藩篱，向一个前人未及的更高境界探求的开始，而宾虹先生为完成这一夙愿，其准备竟达 70 年之久。

　　1928 年夏，应广西教育厅之请赴桂讲学，乘兴游览桂林山水，并转广东、香港，于写生中悟得自然天机，遂脱粉本痕迹。1932 年秋，受邀入蜀于四川美专讲学一年，其间由弟子吴一峰陪同，饱览西南雨夜奇象及三峡气势，登峨眉，入青城，下嘉陵，沿途写生画稿千幅，始解点、线之内在。并数入夜山观象，于黑团团中悟得"粉碎虚空"之太极虚实及用笔之形而上。1935 年 12 月，因易培基故宫文物盗窃案，黄宾虹先生受聘为故宫文物鉴定委员，并于 1936 年来往于北平、南京、上海三地，鉴定故宫南迁书画，根据审画记录撰写了《故宫审画录》。1937 年应北平古物陈列所邀请，赴北平审定故宫书画，兼任国画研究院、北平艺专教职。因遇"七七事变"故，南回受阻，蛰居北平，至 1948 年应杭州国立艺专之邀，终于回到南方，定居于杭州栖霞岭至终老。在北平期间，每日作画撰稿，虽为生活所困，仍坚不为日伪之请所动。甘居陋室，婉拒扰客，勤于研考，沉湎于笔墨，并时与上海傅雷书信交往。

宾虹先生一生著书、立文，手稿及作品累以万计。1999 年由上海书画出版社出版，王中秀主编的《黄宾虹文集》六册。2016 年由浙江人民美术出版社出版，王伯敏主编的《黄宾虹全集》十册。其画学理论于浩瀚经典中独树一帜，且经长期的文化积累，有三个关键的节点：由赴蜀得抽象之线条以"五笔七墨"化为自然造化之真象；蜗居北平更是站在中华哲学观的高度，悟得去伪存真之内在；到晚年杭州栖霞岭独获粲然天机，而终破蛹化蝶，修得正果。一代画学宗师在时代大潮的护拥下，成就了中国绘画史上的一个高峰，时为新中国成立之初，其时局亦与宾虹艺合。这座高峰因卓然独立于众家之上，被后人评之曰"五百年名世者"。其高尚、至大之格局远出于画外，而非拘泥于程式之通识者知其然，以至于除极少数如傅雷、潘天寿等独具慧眼和心境极高者，数十年为画界所不能识。

黄宾虹先生去世的次日，中国美协上海分会发布讣告。27 日，浙江省人民政府举行追悼会，当天中午安葬于杭州南山陵园内，杭州市人民政府为其立碑。国学大师马一浮写诗一首挽之："大椿归真日，人间失画师。才名同辈少，墨妙异邦知。昔富虫鱼癖，今馀《薤露》思。百年终有尽，相送落花时。"其后由夫人宋若婴代表家属，向国家捐赠遗作、藏品、图书、文物及手稿万余件，国家文化部安排由浙江博物馆保存。

黄宾虹先生的画学思想和笔墨艺术综合了中华文化之广大，又合于纸上呈现其精微之象。在对西方艺术的研判中把握世界各民族的特色与差异，又着眼于民族艺术未来之发展方向，敏锐地体悟到世界文化之终极指向。因此黄宾虹先生既是民族的，又是世界的，并将指导与影响中国绘画艺术未来之走向。

李钢

碑学知命行大同的康有为

中国晚清时期重要的政治家、思想家、教育家，资产阶级改良主义的代表人物——康有为，他冲破历代以来"士人不干政"的禁令，领衔公车上书，拒签马关条约，领导戊戌变法，提倡改良政治，筹划君主立宪，在中国近代史上留下了浓墨重彩的一笔。

康有为晚年寄情于杭州的湖光山色，在杭州安家筑宅、赋诗泼墨，留下了一串串令人难忘的印迹。为纪念康有为，特在钱江陵园树碑立石，以启迪后人。

康有为（1858—1927），原名祖诒，字广厦，号长素，又号明夷、更甡、西樵山人、游存叟、天游化人，广东省广州府南海县丹灶苏村人，人称康南海。

1898 年 6 月 11 至 9 月 21 日戊戌变法，又称百日维新，是晚清时期以康有为、梁启超为代表的维新派人士通过光绪帝进行倡导学习西方，提倡科学文化，改革政治、教育制度，发展农、工、商业等的资产阶级改良运动。

康有为

《大同书》是康有为毕生的心血，它影响了中国几代有识之士，加速了中国进步之进程。《大同书》描写了"大同之世，天下为公，无有阶级，一切平等"的人类社会愿景。揭露了人世间由于不平等而产生的种种苦难，提出"去九界"以达人类"大同"。主张用改良渐进的方法去实现这种社会。

震惊中外的戊戌维新运动和撰写《大同书》，是康有为对中国近代历史和中国文化思想宝库最重要的贡献，他与洪秀全、孙中山拉开了中国近代史的大幕。

康有为的书法，称"康体"，学术界又称康体为"破体"。1889 年，康有为著成《广艺舟双楫》一书，从理论上全面、系统地总结碑学，提出"尊碑"之说，大力推崇汉魏六朝碑学，对碑派书法的兴盛有着极其深远的影响。

康有为晚年特别喜欢山色空蒙的杭州，沉醉于湖光山色、花木修竹之中。他特意购置一条龙舟，每到杭州，总要泛舟湖上，吟诗赏景。

那年，康有为乘龙舟缓缓靠近栖霞岭，无意中看到凤灵寺前的埠头（今杭州饭店）上，有一位少女在浣纱。康有为爱杭州的山水，早想在杭州建一个家庭，见到这位朴素、俊俏、动人的姑娘，便急忙托人说媒。这位浣纱女叫阿翠，芳龄 19 岁，正待字闺中。阿翠的父亲早已亡故，母亲是湖上的船娘，三个哥哥做小本生意，过着平淡而安稳的生活。母亲听说康有为要纳她女儿为妾，且不说年龄悬殊，还生怕女儿到了康家后受到虐待，遂婉言谢绝。后来经康有为请人多方说合，阿翠母亲才勉强应允了这门亲事。

1919 年，在上海愚园路康公馆举行康有为和阿翠的婚礼，有众多达官贵人、文人墨客前往庆贺，多家报纸报道了那场白发叟翁迎娶红颜娇娘的花事。那年，康有为 60 岁，阿翠 19 岁。

结婚后，回到杭州住在西湖边卧龙桥 18 号的汾阳别墅（郭庄）。老夫少妻，感情弥笃，阿翠娘家姓张，康有为为她取名张光，字明漪。还请来家庭教师教张光读书，康有为手把手教张光习书法。在朝晖夕照里，他们携手漫步西湖的柳荫长堤。

20 世纪 20 年代初，康有为游西湖时，来到三潭印月的御碑亭，眼前的康熙御题与西湖美景，使康有为回忆起自己壮年时期那一幕幕雄壮活剧，公车上书、戊戌变法、与张勋拥立幼帝……他感慨万千，遂作楹联，上联为："岛中有岛，湖外有湖，通以九折画桥，览沿湖老柳，十顷荷花，食莼菜香，如此园林，四湖游遍未曾见。"下联为："霸业销烟，禅心止水，阅尽千年陈迹，当朝晖暮霭，春煦秋阴，山青水绿，坐忘人间，万方同慨更何之。"楹联描述了西湖景色，也暗喻康有为的风云际会、大喜大悲的人生感慨。

晚年的康有为自号天游化人，亲笔为张光书写一副对联：

惩忿窒欲改过迁善，

仁民爱物知命乐天。

1920—1923 年，康有为在杭州丁家山以官价买下一片荒山野岭，命人莳花种树，建亭筑池，依山傍湖建成一座占地 30 亩的庄园，取名"一天园"，筑有人天庐、水昌域、桃园亭、石老云荒馆、天风步虚廊、幽欣亭、饮渌亭等，康有为自题"康庄"二字于门前。

丁家山处在西湖西部临湖的一个半岛上，正面是苏公堤，并与湖中的小岛孤山遥相对应。康庄临湖书房四面都设有窗子，立于室内可俯视西湖山水，远眺苏堤垂柳等湖上胜景。康有为对此屋甚为满意，洋洋自得地在当时报上写了一篇题为《一天园记》的短文，称："园在杭之西湖丁家山之上，旧名一天山，吾以山之名名吾园。屋以南高峰、九曜山、紫金山、玉泉、凤凰山、吴山为左垣，以天竺、灵隐、北高峰、栖霞岭、葛岭为右墙。杭城井闾，楼观万家，烟树点画"，文中不乏溢美之词。现在丁家山上的"康庄"仅存老屋和"蕉石鸣琴""潜岩"石刻，题刻下撰有"南海康有为题"字样。

1927 年，69 岁的康有为猝死于山东青岛。这对张光伤害尤深。康有为留下的那一箱字画，张光视如生命，每每怀念先夫，便开箱察看字画。1945 年，字画被盗，不翼而飞，张光开箱当即晕厥，一病不起。不久，张光命赴黄泉，追随夫君而去。

康有为墓

今天，将康有为与张光的墓碑树立在青山绿水之中的钱江陵园，墓碑上刻有康有为曾书写的"山最胜"三字，承续康有为对杭州的那份情缘，在延续与传承中进一步了解康有为的灵魂和精神世界，了解康有为的人生轨迹。让我们记住中国近代史上这位资产阶级启蒙思想家、改革家——康有为。

陆康

"江南活武松"、京剧表演艺术家盖叫天

盖叫天（1888—1971），原名张英杰，河北高阳人。11 岁时到上海，13 岁就在杭州拱宸桥的天仙戏院登台演出。是我国著名的京剧艺术表演家，生前是浙江省戏剧家协会主席。他的代表作有《三岔口》《十字坡》《武松》……名闻大江南北。

盖叫天先生幼时入天津隆庆和科班习武生，后改习老生，倒嗓后仍演武生，以短打武生为主。盖叫天先生 10 岁开始登台。因当时的"伶界大王"谭鑫培的艺名叫"小叫天"，遂取艺名为"小小叫天"，艺界称其自不量力而纷纷嘲弄，于是一怒之下更名为"盖叫天"。盖叫天长期在上海等地演出，宗法李春来，并且有所创新发展，最终形成了自己独特的艺术风格，世称之为"盖派"。盖叫天将武术的功底作为武打技艺的基础，又博采前人之所长，融会于自己的表演中，故而独具一格。中年风格有所变化，讲究武戏文唱，于稳练从容之中兼有干脆利落，善以丰富变化的武打和造型表现不同的人物，同一人物在不同剧目中的塑造方式也不相同，有"活武松"之美誉。1949 年后任浙江省文学艺术界联合会副主席、中国戏剧家协会浙江分会主席。

盖叫天（左一）

|264|

盖叫天（右二）

　　盖老刚过花甲之年，迎来了人民当家做主的新中国。盖叫天先生的二儿子、年高 86 岁的张二鹏先生对我说：那年头，个别有钱的人家对人民政府的政策不太明了，杭州赫赫有名的舒莲记扇庄的主人，将扇子全部低价出售的同时，还将丁家山的荒山野地转卖与人。盖叫天得知后，他在清河坊买了 100 把舒莲记的折扇，还到丁家山荒地里去踏看了一遍。认为这地方比较冷僻，但想到他父母的坟地，从茅家埠迁葬到丁家山比较方便，价格也不高，因此，便将丁家山墓地买了下来。

　　此时，有人听闻盖老买了丁家山墓地，就对盖老说：他看到留下杨家牌楼在拆一座很大的状元坟墓，有雕花的石牌坊，牌坊上有"圣旨"二字，还有华表、石塔……希望盖老先生将此墓石雕刻件如数买来，造个生圹。盖叫天听后，即赴留下杨家牌楼，看到精雕细作的石制工艺品，他惊呆了，这是前人工匠留下的艺术品呀！惋惜之余，盖叫天出资如数买回，在丁家山墓地全部安装复原起来。盖叫天的生圹墓地建成后，一时成了石雕工艺美术品的展示场所。

　　盖叫天一生致力于京剧艺术表演，是中国第一个将武功带上舞台表演的艺术家，于是他将建成的墓亭，取名为"慕侠亭"，并请德高望重的马一浮先生来题写亭名。

　　盖叫天虽过花甲之年，但他壮心不已，发誓要做一个"活到老，学到老"的人，想在"慕侠亭"上立一块"学到老"的匾额警示自己。便想起了齐白石先生，齐白石得信后，素知盖叫天是一个铁骨铮铮之人，于是就以甲骨文写就匾额。盖叫天得两老墨宝，欣喜若狂。

　　匾额题就，亭柱上还需对联相配。盖叫天想起 20 多年前的画坛好友、沪上

盖叫天墓

的吴湖帆先生。当年盖叫天在上海天蟾舞台演出，吴湖帆用二匹布以瘦金体写了一副对联："英名盖代三岔口，杰作惊天十字坡"。演出时，挂在舞台的两边，此联后来成了盖叫天成功演出的一段佳话。这次，盖叫天又请吴湖帆先生为他的生圹再题此联时，吴湖帆沉思后说，须改一字，将"代"改为"世"。便信笔题下："英名盖世三岔口，杰作惊天十字坡"。此联绝在何处，张二鹏先生对我说："此联将盖叫天的艺名和他的名字'英杰'及其舞台上的力作'十字坡''三岔口'，都涵盖进去了。"后来，吴湖帆先生又根据盖叫天毕生心血塑造的武松形象，题写了一副"一代孟装允文允武，千秋绝艺如柏如松"的墓联，将"武松"二字很自然地嵌在联中。著名戏曲人物画家关良，在盖老生圹墓塔上作了盖叫天十幅演武松的画像，还介绍盖老与著名画家黄宾虹先生相识，黄宾虹特意为盖老先生写了一幅"学到老"题字。

1957 年周总理陪同伏罗希洛夫来杭时，周总理登门拜访盖叫天，有位苏联友人专门来到盖叫天墓地，看了后，对石雕牌坊、慕侠亭等建筑赞不绝口，并拍下了照片，带回国去。陈毅元帅在拜访盖叫天之后，信笔题下"燕北真好汉，江南活武松"的对联，盖叫天将对联装裱后挂在居室中。田汉也曾题诗曰："断肢折臂寻常事，练出张家百八枪。"

1966 年夏的一场浩劫，打破了盖叫天晚年生活的平静，他从燕南寄庐中被扫地出门，丁家山墓地也被砸得不成样子。盖叫天遭受了极大的磨难和凌辱，不幸于 1971 年 1 月 15 日在松木场一所小棚屋里离开人世，享年 83 岁。张二鹏

1991 年 9 月告知我，盖叫天逝世后，骨灰一直厝在龙驹坞殡仪馆里，直到 "文革" 结束后，与夫人一起葬在南山公墓。1978 年 9 月 16 日，浙江省委、省政府为盖叫天平反昭雪，1986 年盖叫天墓得以重修，他的骨灰在移葬时，家人根据他的遗嘱将他生前的心爱之物——文化部长沈雁冰（茅盾）给他的奖状及周总理给他的一封亲笔信，都陪他埋入墓中。

盖叫天墓地原来齐白石先生题写的 "学到老" 匾额在 "文革" 中已遭毁弃，幸而黄宾虹先生题写的 "学到老" 还存世，在重修中用上了；陈毅元帅题写的对联 "燕北真好汉，江南活武松" 也毁于 "文革" 之中，后由沙孟海先生重书刻在 "慕侠亭" 柱上；"盖叫天先生之墓" 的墓碑、"慕侠亭" 和 "一代孟装允文允武，千秋绝艺如柏如松" 的对联，为杭州著名画家唐云先生所题。

丁云川

鹣鲽情深的学术伉俪蒋礼鸿、盛静霞夫妇

2006年4月20日上午，春风荡漾在明媚的阳光下。杭州市好乐天礼仪公司，正在举行一个特殊的告别仪式。

200多名神情肃穆的来宾，其中不乏白发苍头的老者，眼含热泪，默默向逝者告别。会场两旁高悬两副挽联：

> 先师品行静若秋水；
> 才女人生诗意留霞。

> 诗美、词美、文美、人美，金陵美才女，痛也九秩摧玉；
> 贤妻、贤母、贤长、贤德，西溪名贤师，慨乎一朝捐躯。

第一幅，镶嵌了逝者的名字"盛静霞"；第二幅，概括了逝者一生的人生轨迹。

蒋礼鸿、盛静霞夫妇

盛静霞（1917—2006），江苏扬州人。字弢青。毕业于著名的扬州中学和国立中央大学国文系。汪辟疆（名国垣，号辟疆，晚号方湖，江西彭泽人）、吴梅（字瞿安，号霜厓，江苏苏州人）、汪东（原名东宝，后改名东，字旭初，号寄庵，别号寄生、梦秋。江苏吴县人）、唐圭璋（字季特，满族人，江苏南京人）、卢前（原名正绅，字翼野，自号饮虹、小疏，江苏南京人）等，均对盛静霞产生了不可估量的影响。盛静霞于赋诗填词情有独钟，业师汪旭初评介："中央大学出了两个女才子，前有沈祖棻，后有盛静霞。"（沈祖棻，浙江海宁人，著名女词人）盛静霞以"史诗"为己任，在抗战时期写下40首《抗战组诗》，并以此为论文获得毕业。中央大学毕业后，先后在白沙女子中学、大学先修班、中央大学、之江大学、弘道女中、浙江师范学院、杭州大学从教。主讲唐宋诗宋词，与一代词宗夏承焘合作出版《唐宋词选》；与陈晓林合作出版《宋词精华》，发表论文几十篇。盛静霞于1976年退休，未赶上改革开放后首次职称评审，停留在讲师职称。鉴于盛静霞的学术水平，学校领导做出"一切待遇按副教授"的决定。

　　而今，令人肃然起敬的是，本仪式是盛静霞履行1989年订立的遗嘱，为医学事业捐赠遗体。令人震惊的是，盛静霞是为了履行与丈夫蒋礼鸿共同捐赠遗体的约定。1995年，蒋礼鸿逝世后捐赠遗体，曾经在杭州大学广为传播，此事距今已11年了。由此，盛静霞、蒋礼鸿成为浙江省首例共同捐赠遗体的夫妇。

　　蒋礼鸿（1916—1995），浙江嘉兴人。字云从。杭州大学中文系教授、汉语史专业博士生导师。《辞海》编委兼语词分册主编、《汉语大词典》副主编。著名语言文字学家、敦煌学家、训诂学家、校勘学家、辞书学家。享受国务院政府特殊津贴专家、国家人事部批准的缓退（无期限）高级专家。曾担任浙江省语言学会副会长和荣誉会长、中国敦煌吐鲁番学会语言文学分会副会长等社会职务。

　　曾就读于嘉兴私立启秀女子小学（男女兼收）、嘉兴县立商科职业学校、嘉兴私立秀洲中学、杭州私立之江文理学院（后改称之江大学）。

　　在之江大学期间，受业于钟泰（号钟山，别号待庵，江苏南京人）、徐昂（字益修，号逸休，江苏南通人）、夏承焘（字瞿禅，晚年改字瞿髯，号谢邻、梦栩生，浙江永嘉人）三位先生。与任铭善（字心叔，号尘海楼，江苏如皋人）亦师亦友。与翻译莎士比亚作品的翻译家朱生豪、宋清如夫妇为之江大学同学。著名古典园林建筑专家陈从周曾受业于他。

　　之江大学毕业后，蒋礼鸿先后在省立温州师范学校、之江大学、国立师范学院、中央大学、之江大学、浙江师范学院、杭州大学从教。任助教、讲师、教授。

鹣鲽情深的学术伉俪蒋礼鸿、盛静霞夫妇

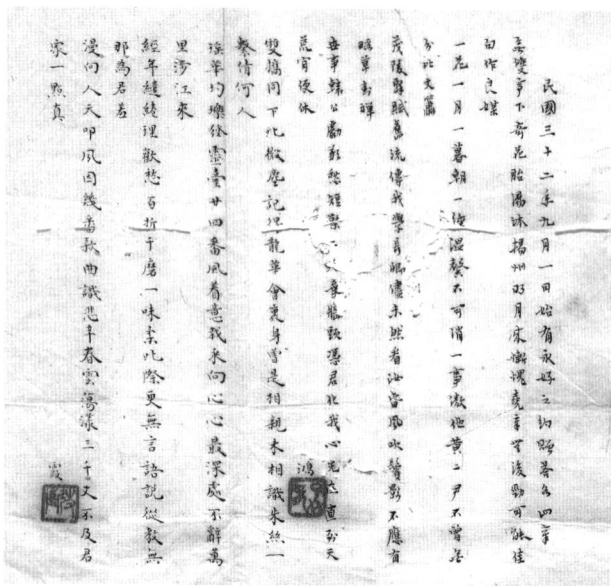

蒋礼鸿、盛静霞诗作手稿

　　毕生从事语言文字教学与研究。所授后学桃李满天下。著述丰厚，以专著《敦煌变文字义通释》享誉海内外。此书被国外汉学家誉为"步入敦煌宝窟的必读之书""研究戏曲小说的指路明灯"，是第一部研究敦煌语言文字的专著。曾获第二届吴玉章一等奖、首届教育部人文科学一等奖。入选《中国大百科全书》语言文字卷。此书从 1959 年诞生起，先后共出六版，字数从 5.7 万字增加到 43.6 万字，体现了蒋礼鸿孜孜不倦的钻研精神。另一部专著《商君书锥指》，蒋礼鸿于29 岁写成，当年获教育部著作发明与美术品三等奖。评委萧公权评介："本著作参采订正今昔诸家之说，并下己意整理古籍，颇称赅备。议论亦每有独到之处。而允当朴实，洗穿凿之弊，尤为难能可贵。《商君书》殆当推此为善本矣。"1986年编入《新编诸子集成》。此外还有著作《义府续貂》、《咬文嚼字》、《古汉语通论》（与任铭善合作）、《目录学与工具书》、《怀任斋文集》、《蒋礼鸿语言文字学论丛》、《类篇考索》。发表论述 140 余篇。

　　蒋礼鸿还精于古典诗词，晚年选编为《怀任斋诗词》，与盛静霞唱和之作编入《频伽室语业》。研究之余于书法、篆刻颇有兴趣。有少量作品存世。蒋礼鸿为人笃惇、为学专精，"知之为知之，不知为不知"、以学术为天下公器、淡泊名利、无私奉献的精神深刻影响后来学者。

　　自从 1947 年，蒋礼鸿被中央大学解聘，与盛静霞回到复校后的之江大学，夫妇二人再也未离开美丽的"人间天堂"——杭州。

杭州的山山水水，激发了蒋礼鸿、盛静霞的诗词柔情。蒋礼鸿曾创作了《减字木兰花·九溪别宴》《蝶恋花·登秦望绝顶观日出》《孤山四照阁》《渊雷先生过杭》《风雨》《小庭》《失却》《湖上》等；盛静霞则创作了《湖上》《九溪深处小鱼》《寒雀》《晚潮》《重访情人桥》等脍炙人口的诗词。

1995 年，蒋礼鸿逝世后，其家属及弟子效法民族英雄、革命先烈、反法西斯阵亡将士为国捐躯而后人设置衣冠冢的方式，在杭州南山陵园安放先生衣冠遗物，以寄托哀思；2006 年盛静霞逝世，衣冠遗物也安葬在蒋礼鸿身边。从此天上人间，双宿双飞！

补记：蒋礼鸿、盛静霞儿媳妇郭敏琍，2019 年 12 月 15 日因病逝世。遵照她的遗愿，将遗体捐献给浙江大学医学院。其夫蒋遂亦将她的衣冠遗物安葬在蒋、盛的衣冠冢内。

蒋遂

蒋礼鸿、盛静霞夫妇与儿媳郭敏琍衣冠冢

鹣鲽情深的学术伉俪蒋礼鸿、盛静霞夫妇

折冲方震东夷胆的军事理论家蒋百里

幼时已立天下志

清末杭州府海宁州硖石镇的蒋家是当地很有名望的书香门第，蒋家的主人蒋光煦是方圆百里著名的藏书家、刻书家，他一生致力于文化事业，建有"别下斋"藏书楼一座，里面有藏书 10 万册，他还刻印了《别下斋丛书》《涉闻梓旧》等书，分赠友人。

蒋光煦的儿子蒋学烺因生下来缺左臂，并不很讨父亲的喜欢，于是从小就被送到寺庙出家做小沙弥。蒋学烺长大后还俗学医，悬壶济世，迎娶了浙江海盐秀才、同样身为名医的杨笛舟的独生女杨镇和为妻。1882 年，一个呱呱坠地的婴儿诞生。由于时局混乱，蒋学烺希望儿子可以匡正东方的震旦古国，于是给他取名蒋方震。蒋方震成年后，取《周易·震卦》"震惊百里"一句，改字百里，并以字行世。他就是中国近代著名军事家、中国近代国防理论奠基人，在抗日战争中声名赫赫的蒋百里。

13 岁时，蒋学烺亡故，蒋百里与母亲杨氏相依为命。母亲知书识礼，精通文墨，对蒋百里一生影响深远。由于父亲未获家族的认可，蒋百里母子此时家境贫困，孤苦无依。蒋百里的叔父延请了海宁当地的老秀才倪勤叔给自己的孩子授业，喜欢读书的蒋百里经常溜到书房里去听讲，倪勤叔见他聪慧，顿生爱才之心，知道他家境清寒，就对他的母亲说："这孩子是可造之才，我愿教其读书，不收束脩。"蒋百里有过目不忘的本领，除了能熟背"四书五经"，课余还经常阅读《三国演义》《西游记》《封神榜》等古典小说。幼小的蒋百里时常爬上茶馆的茶桌，绘声绘色地讲述各种故事给茶客听，被誉为"神童"。

甲午中日战争的失败，深深地刺激了中国的有识之士，北京掀起了由康有为、梁启超等人发动的轰轰烈烈的"公车上书"。而远在千里之外海宁私塾中的蒋百里，也对山河的破碎痛心不已。他手捧《普天忠愤集》，挑灯夜读，读至热

蒋百里

血沸腾处，便放声痛哭，立誓为国复仇。

1898 年，16 岁的蒋百里考中了秀才，成为振兴家族的希望，家族中都希望他继续沿着科举的道路，光耀门楣。然而蒋百里并没有走上传统的家族中兴道路，受维新思想的影响，他渴望读到匡时救国、传播新学的书。恰逢双山学院购进经史子集和时务、策论、算学、格致等书，其中不少是维新派梁启超等人的书。听到这个消息后，蒋百里请求老师允许他早点放学，到双山书院中看书。这些书使蒋百里受益颇多，他也一生尊奉梁启超为师。

1900 年，在方雨亭县令的介绍下，蒋百里到杭州知府林启新创办的求是书院（浙江大学前身）就读深造，同学中有教育家钱均夫、医学家厉绥之、名将施承志等。其中，蒋百里与钱均夫为知己，两家也过从甚密。钱均夫的儿子是为新中国"两弹一星"事业做出了卓越贡献的科学家钱学森，而钱学森的夫人蒋英便是蒋百里的三女儿。

在求是书院求学一年后，蒋百里东渡日本留学，进入日本陆军士官学校步科第三期。在校学习期间，他成绩优异，令日本人刮目相看，并与蔡锷、张孝准并称为"中国三杰"。毕业典礼上，他被授予日本天皇佩剑，这是日本陆军士官学校对第一名的嘉奖，他是第一个获得此项殊荣的中国人。

留学日本期间，蒋百里当选为中国留日学生大会干事，他组织浙江同乡会，创办了大型综合性、知识性杂志《浙江潮》，团结浙江的有志青年，投身革命。由蒋百里亲自撰写的《浙江潮》发刊词，情文并茂，他撰写的《国魂篇》《民族主义论》等长篇论文，立论独到，条理清晰，文辞流畅，感情奔放，俨然老师梁启超的文笔，传诵一时。此时，同样在日本求学的鲁迅便是《浙江潮》的忠实读者，他每期都寄回国内让亲友阅读，鲁迅的第一部文学作品《斯巴达之魂》，也发表在《浙江潮》上。

戎马倥偬半死生

学成归国后，蒋百里应清朝东三省总督赵尔巽的聘请，担任东北新军督练公所总参议，筹建新军。赵尔巽曾专门上书清廷，称赞他"特异人才，可以大用"。此时的蒋百里，并没有选择死忠清廷以邀名爵，他选择了到欧洲军事强国德国，继续学习军事，并成为日后德国总统兴登堡将军手下的一名连长。在德国求学期间，蒋百里系统地掌握了西方先进的军事理论和军事思想，也奠定了他军事家辉煌一生的基础。

武昌起义爆发后，蒋百里被任命为浙江都督府总参议，南北议和后，他又任保定陆军军官学校校长，成为当时中国军事最高学府的掌门人，这一年，他只有30岁。蒋百里在担任保定军校校长期间做过的最为轰动的一件事，便是他不惜以自杀的方式，整肃保定军校破败不堪的军纪，并向昏庸无能的北洋当局抗议不公。那天凌晨五时许，蒋百里召集全校两千余名师生紧急训话。他悲愤地说道："初到本校，我曾宣誓，我要你们做的事，你们必须办到；你们希望我做的事，我也必须办到。你们办不到，我要责罚你们；我办不到，我也要责罚我自己。如此看来，我未能尽责……你们要鼓起勇气担当中国未来的大任！"随后，蒋百里掏出手枪，瞄准自己胸部猛开一枪，此事震惊了中国朝野。

随后的数年间，他在北洋政府的更迭中沉浮数载。不论是袁世凯当国，还是直系、皖系、奉系军阀当道，都格外看中蒋百里的军事才华，礼赞有加，他也曾先后任袁世凯时期总统府一等参议、黎元洪时期总统府顾问、直系军阀吴佩孚的总参谋长等。而蒋百里也日渐看清楚北洋军阀祸国殃民的真面目，他的思想悄然发生了改变。

著书立说阐新知

促成这一思想转变的最大诱因，是他参加了以梁启超为首的欧洲考察团，考察团是中国以一战战胜国名义派去欧洲参观学习，并以巴黎和会观察员身份，旁观了帝国主义如何赤裸裸地瓜分世界的狰狞面目。蒋百里回国后，便积极投身如火如荼的新文化运动。此时的他，做出了与老师梁启超同样的人生抉择，决定效仿欧洲文艺复兴的道路，以文化促进社会与政治的改变。他放弃了自己的政治生涯，决心以文化救国。从此，中国少了一位军阀混战中粉饰门面的职业军人，而多了一位深谋远虑的军事家和战略家。

蒋百里成了老师梁启超最得力的助手，梁启超亲切地称呼他为自己的"智囊"。师徒二人在民国学术界还留下了一段佳话。蒋百里将欧洲考察的成果写成《欧洲文艺复兴史》一书，请梁启超为之作序。梁启超的文笔极好，感慨又多，他笔走如飞，竟写了5万多字，跟蒋百里原书的字数都差不多了，梁启超只好另作短序，并将此前的长序充实后，取名《清代学术概论》，反过来又请蒋百里来作序。

蒋百里积极著书立说，成为新文化运动的一员战将。他担任《改造》杂志主编，该杂志影响力曾一度仅次于陈独秀主编的《新青年》。他还主持了"读书俱乐部""共学社"等团体的日常活动，并同北京大学教授胡适、徐志摩等人一起成立了文学史上重要的社团——新月社。

投笔从戎赴国难

"九一八"事变后，蒋百里预感到中日之战不可避免，他积极拟定多项国防计划，呼吁南京国民政府备战，建设现代化部队，尤其是注意空中力量的发展，成为南京国民政府对日作战计划的主要设计者。卢沟桥事变后，蒋百里以蒋介石特使的身份出访德国、意大利，试图以外交手段，遏制日本对华态势。面对国民政府对日作战的恐慌情绪，他发表了《日本人》《抗战基本观念》等文章，断定日本必败，中国必胜。

蒋百里夫妇合墓

折冲方震东夷胆的军事理论家蒋百里

　　蒋百里被任命为陆军大学代理校长，并成为中国近现代史上唯一一位担任过两所最高军事学府校长之人。就在他准备再次施展自己的军事才华为国效力时，不幸在军校迁移中，病逝于广西宜山，享年56岁。然而，14年抗战中，数千位蒋百里在保定军校和陆军大学培育的军事人才浴血疆场，继续他未竟的事业。

　　蒋百里终生未曾指挥过一场战役，但他的军事天赋是众所公认的。他所著的《军事常识》是中国近代军事理论的开山之作，他的《国防论》被认为是中国近代国防理论奠基之作，成为中国抗日战争正面战场的主要战略指导思想之一。

　　尤其值得注意的是，《国防论》问世于全面抗战前夕，而他已经预言了中国取得胜利的道路。他在书中写道："中国国家的根本组织，不根据于贵族帝王，而根据于人民……利用国民自卫心来保卫国家，没有不成功的……彼利速战，我持之以久，使其疲敝；彼之武力中心在第一线，我则置之第二线，使其一时有力无用处。"

　　蒋百里先生的墓由家属从万松岭迁至南山陵园，2021年6月迁葬于浙江安贤园。

杨友鹏

中国新山水画先驱潘韵

在青山绿水环抱的浙江安贤园名人苑内，静静矗立着一座花岗岩雕像。那凝重的神态，似乎还在为构思新的山水画作品而沉思着。这位老人就是被梁平波先生、肖峰先生、许江先生称为"中国新山水画先驱"的潘韵。

潘韵 (1906—1985)，字趣翁，生于浙江长兴，早年受家庭熏陶，走上艺术之路。于上海新华艺专毕业后，成绩优异，留任助教。抗日战争时期，流亡内地，在文化教育机构从事课本插图及抗日宣传画的创作。1941 年吕凤子先生任国立艺专校长时，由潘天寿等人推荐来校任讲师、副教授。担任浙江美院教授。在新中国成立之初，他满怀艺术激情反映现实生活，以饱满的政治热情，力倡中国画革新。他师承"马、夏"遗风，却走出一条山水画创作发展的新路，其作品影响了海内外艺坛。1979 年，他经中国慈善协会主席华君武先生推荐，应国家文化部邀请，在颐和园藻鉴堂中国画研究院创作了 60 余幅国画作品。

潘韵

潘韵画作

潘韵曾担任政协浙江省第四届、第五届省委委员，民盟浙江省第四届委员会常务委员，并被浙江省人民政府聘任为浙江省文史研究馆副馆长。1957年5月31日，被打成"反党反社会主义的右派分子"，在"文化大革命"中受到迫害。直到中共十一届三中全会以后，拨乱反正，才犹如枯木逢春，重新焕发了生命活力与艺术活力。正因为经历了那场政治风暴的锻炼与考验，他的人品和作品更显得老而弥坚，璀璨夺目。

潘韵一生致力于山水画创作与革新，与同时代的潘天寿、诸乐三、吴茀之、谭建丞、沙孟海等大师交谊最深。潘韵早在1949年就参加民盟，长期以来为祖国的和平统一事业积极呐喊，表现出炎黄子孙的拳拳爱国之心。

潘韵先生秉性刚正，为人直率。记得有一幅《篱菊图》是为纪念其老友吴茀之而作，吴先生早年曾作《篱菊图》一幅，不料，在1974年，被诬指图中"斗大花"的灿灿黄花是"反党反社会主义的黑画毒草"，将此列为黑画。多年后潘韵按吴老原画的印象重作此画，并题记曰："老菊灿若霞，篱边斗大花。吴茀之生前曾以缶翁题菊诗作是画，不意'文革'期间竟视为黑画大遭批判。狂徒硬装斧头柄，实幼稚可笑，为可恶也。今再作新图，心无悔矣！"他题后凝视良久，余意未尽，又补写十字曰："茀老九泉亦当拍手称快。"由此可窥其直率的一面。

在那是非颠倒、黑白混淆的年代，潘韵曾因心直口快惹祸及身，却从没在意过自身得失，他相信歪理永远服从真理。在一次潘天寿遗作展上有人否定齐白石的作品,他立即慷慨陈言,不但指出了他人的错误观点,还大胆说出了对浙江山水画今后发展方向的忧虑和思考。

有一次吕迈先生将一方刻好的印送到先生手中时,他竟全然不顾身在医院重监室病榻上,立即让护士扶坐起来,连声叫道:"好,好,好。""可惜我现在没有画,不然就好用它盖在我的画上了。"兴奋神态就像孩子。可见先生的一生是秉性刚正、疾恶如仇、心直口快、待人坦诚、是非分明、可敬可爱的人。

1985年潘韵先生过世后,家人将其归葬于长兴老家。2003年10月笔者在一次喜宴上有幸与他的家属同席,当了解到先生的墓地待迁何处尚未落实,生前想搞一次"个展"的愿望也未能实现,笔者很是伤感,出于对先生的敬仰之情,笔者推荐了浙江安贤陵园。此举受到浙江安贤陵园领导的大力支持,经过家属数次勘察后,为先生选定了现在的名人苑。在2005年5月,浙江安贤园和中国美院联合为先生举办了"潘韵画展"以及《风雨归舟》画册的首发式。在他的墓旁就是生前好友诸乐三先生的墓地,他们在一起又可以谈艺论道,继续未了的书画情缘。

吕海音

潘韵墓

|279|

宁波

宁波简称"甬"，是浙江省副省级城市，地处中国东南沿海，大陆海岸线中段，长江三角洲南翼，东有舟山群岛为天然屏障，北临杭州湾，西接绍兴的嵊州、新昌、上虞，南依三门湾，全市海岸线总长 1678 千米，大小岛屿 611 个。有国家级大型港口北仑港、杭州湾跨海大桥、舟山跨海大桥，为典型江南水乡海港城市。宁波总面积为 9816 平方千米，下辖海曙、江北、北仑、镇海、鄞州、奉化六个区，象山、宁海 2 县，代管余姚、慈溪 2 个县级市，截至 2020 年底全市拥有户籍人口 613.7 万人。

7000 年前河姆渡文化时期，宁波的先人们就在此繁衍生息，夏代称为"鄞"，秦时属会稽郡，隋称句章城，五代十国属吴越国，明洪武十四年，为避国号讳，取"海定则波宁"之义，改称宁波。宁波地势西南高，东北低，有山脉、丘陵、盆地和平原，属亚热带季风气候，温和湿润，四季分明，余姚江、奉化江、甬江流过。宁波商业发达，号宁波商帮，曾涌现出秦润卿、虞洽卿等著名金融界名流，其服装行业为国内知名，称之为"奉帮"。

宁波文化历史悠久，好学之风盛行，南宋有师承陆九渊心学的四明学派，明代哲学家王守仁创建的姚江学派，思想家黄宗羲创立的浙东学派。文化名流有明代的方孝孺，内阁首辅沈一贯、张煌言、熊汝霖和沈宸荃，近代有蒋中正、胡宗南、俞济时等民国政府要员，王宽诚、包玉刚、邵逸夫等商界大佬，及陈训慈、柔石、潘天寿、蒋梦麟、翁文灏、谈家桢等文化学者，仅两院院士就有百名之多。

宁波第一家殡仪馆成立于 1954 年，当时叫宁波市火化场，第一家公墓叫寿义公墓，成立于 1955 年。经多年的经营发展，至今已有同泰嘉陵、福寿墓园、大同公墓、育王墓园等 90 家。2013 年在宁波举行的首届海葬活动，标志着浙江省开始全面推广海葬，从此得到各地的响应。

走遍中国帝陵的第一人王重光

　　王重光 1939 年生于宁波塘西，长于安徽蚌埠。因家境贫困，王重光早早离开了学校，跟随父母前往东北，从事工矿、营销等工作。"文革"时期，因秉性耿直，蒙冤入狱六载，20 世纪 70 年代，平反昭雪后，调回宁波，任宁波无线电一厂供销科长。然而好景不长，一场突如其来的变故彻底改变了他的命运。1991 年，王重光的母亲不幸逝世，王重光悲痛欲绝，抱憾母亲生前未曾尽孝，连母亲的最后一面都没见上。悲痛之余，王重光萌生了著书以慰母亲的想法。1992 年，年过半百的王重光提前退休，开始了他"行万里路，著万卷书"的创作生涯。从《中国帝陵》《走遍宁波》《马友友琴系故土》到《三字经古本集成》，王重光在天命之年，以一个崭新的面貌，揭开了他 20 余年的写作生涯。

　　让所有人难以想象的是，王重光的心如此坚定。1991 年，王重光靠着微薄的退休金、有限的积蓄，独自踏上了跋山涉水、栉风沐雨的寻访帝陵之路。在千难万险的寻古路上，并不是一帆风顺，历史的探索是一条布满荆棘的光荣路。行走在古墓荒冢，穿行于断壁残垣，遇窃贼、陷绝境，在跋涉中王重光九死一生，与

王重光

死亡数次擦肩而过。四年间，王重光历经艰险，万里追寻帝陵遗迹，足迹遍布大半个中国，勘访200多处皇陵，收集到大量第一手考古资料。1994年，三十余万字的《中国帝陵》书稿完成，王重光向久负盛名的上海古籍出版社毛遂自荐，希望能够出版。

为了实现这个愿望，王重光怀揣50块钱，背着半麻袋书稿，只身前往上海。抵达上海古籍出版社时，天才蒙蒙亮，他在门外一等就是四个小时。但出版社只接受约稿，而且也从不缺稿源，《中国帝陵》想要出版困难很大。王重光心中盘算着去其他出版社试试，因为他没有时间再耽搁了。但他下楼时，恰巧迎面碰上出版社主编。言谈中，主编深深地被王重光的经历感动，看过书稿后更是连口称绝，随即拍板为王重光开一次先例，请他将《中国帝陵》的版权放心地交给上海古籍出版社。

1996年，《中国帝陵》在上海问世，引起了文史界的轰动。出版不到一年《中国帝陵》即已售罄。其人、其书、其事，令人称奇，全国各大报刊争相报道，王重光就在一夜之间成了甬城乃至江浙地区的文化名人，并被诸多大学聘为客座教授。同时，在王重光的心中始终铭记着著书的初衷，《中国帝陵》的问世以及"文化名人"的称谓也正是他期望中对母亲最好的慰藉。《中国帝陵》出版不久，王重光独自带着厚重的手稿回到蚌埠，在母亲墓前，泪流满面地焚烧书稿，告慰母亲在天之灵。那一刻，所有埋藏心底的人生不平、意志不屈、不孝无奈，数不尽的心酸在母亲墓前倾心吐露。

1995年，王重光与甬上书友以"亲近家乡山和水，感受故土今与书"为主题，发起了保护甬城旅游文化的号召。数年来，王重光不遗余力地探寻宁波文化遗迹，走遍了四明大地。野鹤湫、达蓬山、前童古镇、徐霞客古道、南宋石刻、咸通塔和张苍水故居等宁波历史文化景点的发掘保护，都倾注着王重光的心血。2000年，王重光编撰的《走遍宁波》正式出版，该书是王重光多年走访宁波各地的心得，是对"四明八百里"风土人情、旅游文化的全方位展示。首印一万册新书上市即告罄，它被业界专家誉为"新宁波人了解这座城市的入门书"，是宁波旅游界公认的必读书。2002年，《走遍宁波》荣获浙江省"五个一工程"奖，成为宁波文坛为数不多的荣获该奖项的图书。

2007年初，浙粤两地爆发了《三字经》作者的学术之争。有人认为是广东顺德人欧适子，有人认为是鄞州人王应麟。王重光坚持认为是王应麟，为此他不惜在确诊肺癌的情况下，走遍大半个中国，甚至带病东渡日本，寻找各种版本的《三字经》。同年4月和12月，王重光与鄞州学者戴松岳两度飞赴岭南，参加相关研讨会，与广东学者切磋。王重光通过寻得的300多种《三字经》版本，以翔实的论据，佐证自己的观点。目前，300 多种《三字经》版本都印在了他的《三字经古本集成》一书里。

也许是天妒英才，2014 年 11 月 26 日，王重光肺癌晚期，在宁波塘西家中逝世，享年 75 岁。长空悠悠，一代民间文化学者生命陨落，甬城上下扼腕叹息。王重光与病魔抗争了 9 年，在生命的最后时刻即将来临时，依旧以一份坦然的心境面对生死，默默地准备着自己的身后事。他将自己的长眠之地选在了宁波同泰嘉陵，亲自挑选墓地、设计墓碑、撰写墓志铭，精心筹划着一切。

斯人已去，音容宛在；驾鹤西去，遗训犹存！王重光仗义敢言一生，守望文化一世，他将毕生精力、智慧和才华都献给了文学，献给了文化遗迹。他生命中承载的磨砺和辉煌，也足以用"传奇"来予以注脚。然而，王重光在亲笔题写的墓志铭中却仅留下了九个字：《中国帝陵》作者王重光。

"重光"，闻其名而明其意，有"重取光辉"之意。这个名字映射着王重光的一生，有过暗淡，有过辉煌。世事变迁，千帆过尽，沿途回看他的人生轨迹，其中的曲折，在风云彩虹间书写着他的传奇一生。他是历史的认知者，亦是文化的传播者，他的名字将永恒地铭刻在《世界名人录》上，以一位新宁波人的身份在时代的天空下得到后世的缅怀和敬仰。

宁波同泰嘉陵供稿

王重光墓

用生命研究生命的贝时璋

贝时璋，实验生物学家，细胞生物学家，教育家，我国细胞学、胚胎学的创始人之一，我国生物物理学的奠基人。

贝时璋早年从事无脊椎动物实验胚胎学和细胞学的研究，对细胞数恒定动物与再生的关系做了深入的研究；30年代初发现了中间性丰年虫，并观察到其雌雄生殖细胞的相互转化现象；70年代创立了细胞重建学说。贝时璋重视交叉学科，致力于我国生物物理学的发展，先后组织开拓了放射生物学、宇宙生物学、仿生学、生物工程技术、生物控制论等分支领域和相关技术，开展了"核试验放射性本底自然监测""核爆试验对动物本身及其远后期辐射效应监测""生物探空火箭"等研究工作，并培养出一批生物物理学骨干人才，为中国生命科学和"载人航天"事业做出了杰出贡献。鉴于他长期从事实验细胞学研究取得的卓越成就，德国图宾根大学于1978年、1988年和2003年三次授予其博士学位。国家天文台将1996年发现的第36015号小行星命名为"贝时璋星"。

贝时璋

贝时璋，1903年10月10日出生在浙江省宁波府镇海县濒临东海的憩桥镇上，祖辈靠打渔为生，父亲是德商洋行的一位职员。贝时璋12岁随父亲外出求学，先在汉口的德华学校，后到上海的同济医工专门学校德文科读中学。1921年在同济医工专门学校的医预科毕业后到德国留学，先后就读于福莱堡大学、慕尼黑大学和图宾根大学。1928年3月在图宾根大学毕业，并得自然科学博士学位。贝时璋在德国的八九年间，受到德国传统严格的生活规律和深刻的学术思想的熏陶，对他以后的科研生涯有很大的影响。贝时璋在图宾根大学毕业后留校任助教，在著名的实验生物学家J.W.哈姆斯(Harms)指导下从事科学研究。1929年秋回国，1930年4月在杭州筹建浙江大学生物系，8月被聘为副教授。办系伊始，缺乏师资，贝时璋开出"组织学""胚胎学""无脊椎动物学""比较解剖学""遗传学"等等课程。除讲课外贝时璋坚持科学研究，即使在抗日战争期间，浙江大学西迁内地，生活和工作条件极差，仍孜孜不倦地从事科学探索，为浙大生物系培植了浓厚的学术科研气氛。在浙江大学20年，他先后担任副教授、教授、系主任、理学院院长，培养了众多学生，推进了我国生物科学的发展，影响深远。

中华人民共和国成立后，为协助筹建中国科学院，他奔走于北京、杭州之间。1950年离开浙江大学到上海中国科学院实验生物研究所任研究员兼所长，1954年，贝时璋为参加科学院学术秘书处工作，将实验室迁往北京。1957年成立北京实验生物研究所，他任研究员兼所长。1958年在该所基础上又改建为生物物理研究所，任研究员兼所长，直到1983年改任名誉所长。他与苏步青、谈家桢、王淦昌一起联名致信江泽民总书记，倡议原浙江大学、杭州大学、浙江农业大学和浙江医科大学四校合并，组建新的浙江大学。

贝时璋学识渊博，治学严谨，对工作认真负责，一丝不苟，学术兼职很多。1958年起兼中国科技大学生物物理系主任；1978年至1982年兼中国科技大学研究生院生物教学部主任；1978年至1984年任中国动物学会理事长；1980年至1983年任中国生物物理学会理事长，1983年至1986年任该学会名誉理事长；1958年至1983年任《中国科学》编委、副主编；1980年起为《中国大百科全书》生物卷编委会主任；1984年起为《中国大百科全书》总编委会副主任。贝时璋对分担的工作，无不奋力完成。如为国务院科学技术规划委员会和中国科学院制订各种近期或长远规划，尤其在1956年制订的12年科学技术发展远景规划，1973年受当时科学院领导委托撰写的"科学技术基本建设"的建议以及参加制定1977年国家8年科学规划时，均全力以赴。2003年10月10日，是贝时璋百岁寿辰，用了一年多时间主编完成了《细胞重建》论文集第二集，并由科学出版社于9月正式出版。

由于贝时璋在科学上的突出成就，1948 年他当选为中央研究院院士，同年受邀任荷兰国际胚胎学研究所研究员，1949 年被选为荷兰国际胚胎学研究所委员，1955 年被聘为中国科学院生物学部委员。他曾多次以科学家或科学组织者身份出访苏联、英国、瑞典、加拿大、美国、法国、意大利、奥地利、捷克、匈牙利、尼泊尔、巴基斯坦、越南等国，尤其 1972 年在中美关系僵持 20 余年后，他率领中国科学家代表团，作为友好使者访问美国。贝时璋在近 70 年的科研及教学生涯中，为我国的科学事业做出了重大的贡献。

贝时璋先生享年 107 岁，他的人生超过了一个世纪，经历了几个时代，见证并参与了新中国科学事业的发展与繁荣。他在科学上的远见卓识和旺盛的生命力，感动着每一个和他接触过的人。

张晓昀

贝时璋夫妇墓

书、画、乐、教集成者毕瑞

　　1922年夏，一个孩子诞生于浙江省遂昌县北部境内的桃溪河畔一个名叫上坪的村落，村口三棵千年古樟树并排屹立，宛如三位虔诚的老人，守护着这个古老的村落。

　　古樟树下迎来一声孩童啼哭之声，母亲对于这个生命的到来欣喜万分，也企盼孩子能够健康成长，于是给孩子取了一个吉利的名字叫作毕瑞，寓毕生和瑞之意。村落里的古樟树、清水河、古村道、长满青苔的井口、满面都是爬山虎的围墙随处可见，在这里毕瑞度过了快乐又幸福的童年。

　　毕瑞后在应村小学读书，老师们都夸他天资聪颖。毕业后，他到遂昌最高学府遂昌简易师范学校就读，并且还是学校的第一届学生。国画家叶艺是浙江省教育厅派到遂昌简易师范的美术老师，在叶艺老师的影响下，毕瑞深深地爱上了美术这门课程，并正式开启了他的艺术道路。

　　遂昌简易师范毕业后，在老师的引荐下，毕瑞如愿到了上海，成为豫园小

毕瑞

学的代课老师。他每天用心教书外，就利用课余时间加倍学习。名人荟萃的上海，给毕瑞提供了实现艺术梦的机会。

1947年，毕瑞又选择进入上海美术专科学校进行深造，师从国画系主任汪声远学山水，师从画鱼大师、西画和雕塑主任刘狮学画鱼。在名师指点下，毕瑞在绘画界渐有成就和名声。1949年，毕瑞与刘海粟、丰子恺等大师成了上海美术家协会第一批会员。

似乎他的艺术细胞远不止于此，在学习绘画的同时，毕瑞又发奋学习音乐，1948年受业于国乐大师卫仲乐，并参加了卫仲乐创办的"中国管弦乐队"，成为卫仲乐的得意门生。其间，毕瑞演奏的刘天华二胡十大名曲，颇具影响力。

他对于学习艺术这条道路的渴望让身边的人惊叹，在先后两次的拜师学艺后，毕瑞先生对于学习艺术的渴望越来越大。1949年，毕瑞进入国立音专深造音乐，由贺绿汀、向隅院长亲自授课，并师从罗忠熔学和声，极尽努力。此时的毕瑞早已在艺术上有所造诣，但他心里也从未有任何优越感，有任何不明晰的问题一定会向老师虚心请教。

在上海教书时，毕瑞在一次回乡探亲的路上偶遇了著名版画家杨可扬，最终两人成了无话不谈的好朋友。毕瑞称杨可扬为老师，杨可扬则称毕瑞为兄弟。在电子通信不发达的年代，书信是最常用的和老师沟通的方式，从两人结识到2010年杨可扬先生去世的65年时间里，两人往来的书信有100多封。据毕瑞之子说："父亲和杨老的书信交往很密切，仅是在'文革'期间有两年没有联系。现在他们的这些书信，还有杨老每年寄来的藏书票都还完好保留着。"

在先生的不断努力下，他在绘画和音乐两个领域渐有名气，也开始接到远近多所学校的邀请。1951年，毕瑞先生应邀到了宁波，先后受聘为宁波市立中学、三一中学、效实中学、宁波师范及教师进修学院等校的音乐教师，并在此后的40多年里担任宁波市音乐美术教研组大组长。

1957年毕瑞以筹备组主要成员的身份，与著名音乐家周大风等共同参与筹建了中国音乐家协会浙江分会，并当选历届理事，此外还任宁波市音乐家协会副主席等职。后来，毕瑞还当选宁波市第一至六届人大代表、第七至八届政协委会、第九届政协之友社理事。

毕瑞作为浙江人，一生都在践行着作为浙江人应有的责任和担当。他退休前一直从事宁波的美术、音乐教育研究，退休后又任浙江省社会艺术学校宁波分校副校长、宁波书画院画师及中国书画函授大学宁波分校教师。几十年来，先生的作品多次到日本、俄罗斯、马来西亚等地展出。其艺术作品颇具影响力，也让更多国家了解到中国艺术，向世界输出中国的软实力。另外，他的作品也被宁波天一阁、上海音乐学院博物馆等收藏，编入《中国当代国画家辞典》《中国当代书画名家润格大全》《当代浙江专家名人大辞典》《海峡两岸乡情书画集》等书。

2016年1月30日，在同泰嘉陵园区内背倚青山，白墙黛瓦，充满秀致古韵、清和雅致的毕瑞纪念馆前，我们沉痛送别了这位为宁波艺术教育事业奉献了一生的老艺术家。松风寒如肃，霜雪自凌凌，正如毕瑞先生一身风骨。

纪念馆的墙上，悬挂着"淡泊明志""厚德载物"两幅墨宝，分别是著名书法家沈元发和毕瑞学生李圣文所赠。整个纪念馆由古朴的老船木制成，充满厚重的历史感与积淀的文化底蕴。这一方蕴藉、典雅的空间内，随处可见毕瑞先生的人生印迹。右侧那一架斑驳的聂耳牌钢琴前仿佛还有他动情弹奏的身影。

毕瑞先生一生教授的学生数不胜数，但从未收取学生一分钱。他为浙江艺术界甚至是中国艺术的蓬勃发展贡献出自己的一生，但他乐此不疲，他的书画作品也从未以商业目的出售过一幅。一生淡泊名利、苦心孤诣，艺海浮槎、上下求索，他心无旁骛地将这份对艺术的追求坚持到了生命的最后。如今毕瑞先生安眠于纪念馆的福地内，从此与挚爱的艺术、与宽广的天地山水永远相伴。

宁波同泰嘉陵供稿

毕瑞纪念堂

甬城"小品之家"的男主人全碧水

1938 年，全碧水出生于浙江省宁波市，原名全瑞财。年幼时全碧水就爱说学逗唱，因为找不到舞台，他常在小区组织的一些纳凉晚会上表演，靠着这份对演戏的热爱和冲劲，他在 19 岁那年成功考进了甬剧团，正式开启了与戏剧相伴的一生。因在剧院受到老师教导，"要认认真真演戏，要清清白白做人"，于是他改名为全碧水，希望自己的人生要同对待演戏那般纯粹。

刚进入甬剧团时，全碧水就被发现有不同于常人的好嗓音，学习不久，全碧水就开始挑起了剧团里的大梁。他先后出演了《布谷鸟又叫了》《江南怒火》《金沙江畔》，已经颇受观众的追捧，小有名气。幸运的是，他刚好碰上八九十年代戏曲大发展的时期，趁热打铁，趁着自己的观众还多，先后演出过了百余部作品，塑造了百余个角色，他塑造的人物形神兼备，台风稳健潇洒，唱腔富有韵味，台词干脆利落，让人看完连连赞叹。

在所有的角色中，最让他满意的角色是《霓虹灯下的哨兵》里的赵大大。这是一部 1977 年上演的甬剧现代戏，讲的是上海南京路上"好八连"的故事。排长赵大大耿直憨厚，与战友肝胆相照。演员们对于全碧水的表演赞不绝口，原甬剧团演员王坚回忆说："赵大大和全老师之前演的角色差别很大，他以前演的角色比较儒雅，但他在那出戏里展示了完全不同的形象，演出了赵大大的憨厚、质朴，给人很深印象。"

1978 年，全碧水出演《雷雨》，他精心设计了角色周朴园的唱腔。其唱腔独特，让观众印象深刻，王坚说："他演周朴园演得真好！"《雷雨》后来改编过那么多次，但是那段唱腔原封不动地保留了下来，后来甬剧演员学习或者参加比赛都常选择那一段。

戏曲不仅为他带了掌声和鲜花，也为他带来了爱情和家庭。全碧水的妻子钟丽云是一位越剧演员，正是戏剧这个共同的艺术爱好使两人走到了一起。他们相濡以沫几十年，生了两个女儿。小女儿卡卡经常和姐姐一起去看全碧水的演出，她特

全碧水

别爱听父亲的戏曲，还自豪地向小伙伴介绍爸爸是很优秀的甬剧演员。从小耳濡目染，姐妹俩开心的时候也会跟着唱几句。

退休前，全碧水曾在宁波市文艺学校当过老师，培养了一批甬剧新演员。有不少新人演员都是被他带上戏曲道路的，他的课生动形象、趣味性十足，让更多年轻人了解、爱好甬剧，为甬剧的发展注入了新鲜的血液。

退休后，离开了熟悉的舞台，全碧水一度有点失落，但很快，他发现大家喜欢看小品，为了实现演戏的愿望，便开始试着写小品。他创作的第一个小品是《楼上楼下》，这个小品在社区演出时一炮打响，先后演了100多场。从此以后，他不断从生活当中汲取灵感，和周围邻里之间的故事被他搬上了舞台，有时候找不到演员，家人会出演小品当中的角色。而他自己也有了很大的突破，在小品中，他放下身段，不顾形象，只为逗大家一乐。妻子钟丽云在小品中扮演世俗的家庭妇女，用夸张的表演逗得观众乐不可支。有时候，女儿和外孙女也会友情出演全碧水创作的小品，一家人把笑声带给了很多观众。他的家庭也被人们称为"小品之家"。

忙于创作和表演的全碧水，身体素质一直都很好。2017年初，市曲协为全碧水一家举办了家庭小品专场演出，大家都非常专注地做准备工作，全碧水也忙着修改节目。但是到6月初，全碧水却被查出肝脏有肿瘤，演出的事就暂时搁置了。全碧水生病后曾辗转上海、北京等地求医，一度恢复得不错。

8月19日，全碧水从北京返回宁波，遗憾的是，病情恶化，不幸逝世，在返回宁波的路上全碧水还惦记着演出的进度。

全碧水的去世让观众和亲友都很悲痛，很多人自发前来吊唁。宁波业余剧团横溪小堇风甬剧团的当家小生钱后吟特地请了假到灵堂去缅怀先生，全碧水先生于他而言是朋友更是恩师，钱后吟说起从前全碧水对他的悉心教导，眼含热泪、情绪激动，让人目不忍睹。

碧落黄泉，逝者如斯。经过同泰嘉陵与其家人的协商，全碧水的墓志铭由宁波著名书法家沈元发先生亲笔题写："全然一颗戏心，别后换成一泓碧水，润泽梨园"，这是对全碧水一生的诠释；诗人陈南作藏头诗祭奠："全家戏满三江边，碧落黄泉终成仙。水入大江终归海，一瓣心香留人间。路有后人学先生，走及奔马曲艺巅。好把音讯寄过雁，再与师君把酒言。"其中包含了多少对全碧水先生的尊敬与哀思，让人惋惜不已。

再次来到全碧水先生墓前，晴空朗朗，阳光明媚，令人不禁想起舞台上柔和的灯光，先生的一颦一笑，高音的昂扬低音的婉转，恍如昨日。暖阳融融，正如先生给人们带来的笑和温暖，在挂念着他的人们心间，永远流淌。

宁波同泰嘉陵供稿

全碧水墓

甬城「小品之家」的男主人全碧水

科学为器德后人的中科院院士陈创天

秋雨霏霏，浸润了 2019 年 10 月 13 日这天的上午。同泰嘉陵甬籍院士陵在庄严、肃穆中举办了"创中国牌晶体·格物矢志，幻化白昼流星·大国脊梁——第三世界科学院院士、中科院院士陈创天先生落葬暨追思仪式"。

陈创天院士的墓坐落于同泰嘉陵甬籍院士陵的一块草坪上，背靠凉亭，绿草如茵。墓前的院士铜像由著名雕塑艺术家张聪先生亲自创作，神韵兼备，栩栩如生。纪念碑从设计到落成历时两个多月，陈院士的家人和学生们热切、积极地参与其中，提供了诸多资料和可行建议，并亲自操办墓碑景观小品 LBO 晶体模型制作，让每位前来瞻仰陈院士的后人有幸近距离目睹这项伟大发明折射的光彩。

1937 年 2 月 18 日，陈创天出生于奉化门头的一个知识分子家庭。为了支援东北建设，少年时的陈创天随着做会计师的父亲全家迁至辽宁省沈阳市。完成初中学业后，陈创天考入重点中学沈阳二中读高中，并偶然接触到"以太论"，这使得他和物理结下了不解之缘。

1956 年，陈创天以优异的成绩考取了北大物理系。当时的北大大师云集，黄昆、褚圣麟等中国物理界先驱成了陈创天的老师。在大师们的教导下，陈创天不仅学了扎实的理论物理，还确定了自己毕生的追求："立志成为中国科学事业的栋梁，为中国科学技术赶上国际先进水平而努力奋斗一生！"

毕业后，陈创天被北大推荐到中国科学院华东物质结构研究所，在卢嘉锡的指导下开始三年的学习。1956 年陈创天经过慎重考虑，决定主攻非线性光学晶体材料解构与性能相互关系研究、新型非线性光学晶体探索两个重要方向。当时，世界上所有非线性光学晶体材料均为外国发现，中国尚未研发出自己的晶体。从陈创天的抉择中，可见他迎难而上的勇气，以及为国家分忧的强烈使命感。

在此后两年多时间里，陈创天采用量子化学方法对非线性光学材料的结构和非线性光学效应之间的相互关系进行了大量的理论计算。当时研究所的计算条件十分艰苦，只有一个手摇的计算机，为此陈创天整整花了一年时间才完成计算。

倘若放在今天，"大概只需要一两分钟就可以算完了"。

陈创天的潜心研究终于获得了回报，1976年，他提出的非线性光学效应的阴离子基团理论享誉国际。1977年陈创天被卢嘉锡正式任命为非线性光学材料探索组组长，开始了系统、深入的研究。

改革开放的春风给陈创天的科学研究带来了新的机遇。20世纪80年代，陈创天带领团队在硼酸盐体系中相继发现的BBO和LBO晶体，引起了国际激光界的关注，被誉为"中国牌晶体"。2001年，陈创天团队研制出了全球独一无二的KBBF晶体。KBBF是目前唯一可直接倍频产生深紫外激光的非线性光学晶体，用途广泛，打破了国际激光界长期以来的"200nm壁垒"。这也是继BBO、LBO后的第三个"中国牌"非线性光学晶体。

"中国牌晶体"的相继问世，无疑在国际上产生了巨大的轰动。为了挖走陈创天，美国人不惜重金请求购买晶体或邀请他去美国工作，都被他严词拒绝。直到2016年，美国先进光学晶体公司宣布他们研制出氟代硼铂酸钾晶体（KBBF），破除了长期以来中国对该晶体的技术封锁。而这距离陈创天的发现，已过去了整整15年。

于非凡业绩之外，陈创天以民族复兴和国家强盛为己任，以社会整体利益为价值取向的高尚品格，更是赢得了国内外同行的尊敬和爱戴。当被问到取得成功的原因有哪些时，陈创天反复强调"搞科研一定不能功利主义"。他自年轻时就坚持每天工作至少12个小时，无论是在困难时期还是在"文革"时期，始终不曾间断，在陈创天看来，"一个主要的信念就是通过努力为国家的科学事业做贡献"，"国家、集体一定要放到第一位，个人第二位"。此外，陈创天治学严谨、诲人不倦，以渊博精深的专业学识和正直的人格魅力吸引了众多学子投身门下，培养了多名两院院士及"杰青""百人计划"入选者，培养研究生近百人。

2004年，陈院士在访问母校奉化中学时回忆起在物质结构研究所工作的日子，曾感慨地说："搞科学，需要付出一辈子的心血。"他告诉年轻的学弟学妹们，要到达科学研究的顶峰，就要有献身科学的精神，甘心过清贫、寂寞的生活，不要为金钱所诱惑，要实事求是、艰苦奋斗、努力创新。这也是陈创天一生的写照。他对生活要求很低，克勤克俭，最爱吃的是家乡的咸菜黄鱼汤和奉化芋艿。但陈创天也有"大手大脚"的时候，这位为祖国科研事业贡献一生的老人，直到晚年还义无反顾地捐献100万人民币设立神经病学研究基金，用于资助神经内科学研究。

半个多世纪以来，陈创天始终潜心研究无人机功能晶体材料，立足原始创新，兼顾国家需求和世界科学前沿，攻坚克难、锐意创新，取得了多项世界级创新性成果，引领和带动了国际非线性光学晶体学科发展，推动了非线性光学晶体的实用化和商业化，促进了激光技术的发展。大师已去，留给世人的却是永恒的追忆。也许正如他的名字"创天"一样，他一步步开创出的中国晶体事业，必将迎来开创性的未来。

宁波同泰嘉陵供稿

陈创天墓

浙东书风的嫡脉传人沈元魁

沈元魁（1931—2016），出身书香门第，他的祖父沈问梅是清末秀才，酷爱诗书；父亲沈菊人好读书，藏书万卷、擅书法丹青。沈元魁学字，受父亲的影响颇深。儿时，就研读父亲收藏的碑帖，朝夕临摹，乐此不疲。

上小学时，沈元魁喜欢同桌钱止能临摹的一本名为《枯树赋》的帖子，发现竟然是钱止能的爷爷——浙东书法名家钱罕写的。好奇心驱使，沈元魁也跟着学习起书法，好在有钱止能带着他，便四处学习。后来钱罕给他开列了欧阳询《九成宫》，王羲之《道德经》，王献之《十三行》《张玄墓志》等临摹内容，让他先学碑帖，然后再学自己的字。正是因为前辈指点，沈元魁得以正式进入书法的世界。

沈元魁初中时，因学费昂贵，就辍学前往上海钱粮行学习经营。巧合之下发现钱罕先生此后也到了上海。于是沈元魁每周去他家请教，把工作之余写好的字拿去请老师指点。钱罕非常惜才，常常逐个给他讲解，写得好的，说明好在哪里；不好的，问题在哪，一一给他指明，并结合孙过庭的《书谱》理论进行分析。

在老师指导下，沈元魁坚持练习，书法突飞猛进。钱罕先生去世后，沈元魁仍按照先生的理论和要求，学书不止。

陆游教儿子作诗时说："汝果欲学诗，工夫在诗外。"其实书法又何尝不是如此，工夫在"书外"，这个"外"，应该是作品的意境。沈元魁深知，中国的书法积淀着丰厚的文化蕴涵，如果只是学好技艺，而腹中空空，绝对无法领略书法的神韵和意境。

意识到这一点，在上海做学徒期间，沈元魁登门向上海音乐学院的龙榆生教授求教。龙先生富有才华、精通诗词格律，沈元魁从先生那学到不少经验。后来，他又认识了语言学家、文学家、文学批评史家郭绍虞。第一次登门拜访时，沈元魁写了一首李白的诗给他看，郭绍虞也不问来者是谁，当下就开始切磋起来。而后，沈元魁经常写信向郭先生求教文学和书法上的问题，郭先生无论多忙，都有问必答。

沈元魁

也许是沈元魁天生对艺术敏感，只要是和艺术沾边的活动他都涉猎一二。自古书画不分家，书中有画，画中亦有书。沈元魁还拜在画家凌虚先生的门下，研习国画。凌先生擅长画金鱼，画中清雅的意境、精炼的笔墨，对沈元魁的书法艺术有很大的启发。

生活在上海的 20 多年，沈元魁开阔了眼界，结交了诸多良师益友，也为自己的书法积累了深厚的内涵。

在异地漂泊学习 20 余年后，沈元魁格外眷恋故乡，最终于 1974 年回甬。他先工作于新华书店，因为一手好字，满腹经纶，于 1979 年进入天一阁工作，直至退休。由于常年在天一阁接触诗词书画，身上也沾染上几分书墨气质。同时也影响了胞弟沈元发和侄子沈师白，浙东书风，由此一脉相承、连绵不断。

沈元魁对侄子的要求很严格。他常说"写好字如做人"，好的书法作品，往往是书法家性情自然的流露，是性格本真的表达，是生命气质的通透。侄子沈师白和沈元魁感情深厚，十来岁开始跟沈元魁学书法，沈元魁要求他"字要写得挺拔，跟做人一样"。

1985 年 9 月，天一阁千晋斋维修后欲开放。领导找到沈元魁，指定他连同宁波另外三位著名书法家一起，各写一幅书法，组成一组四条屏，配好老木框展出。可是半个月后的一天早上，工作人员发现千晋斋墙上四条屏中的一个框子被打破，里面的书作不翼而飞，正是沈元魁所书写的那幅。

2009 年，沈元魁和弟弟沈元发以及侄子沈师白一起，在宁波美术馆展出了百余幅书法作品。"三沈"书法与梅、钱两先生一脉相承，被誉为浙东书风的当代传人。但沈元魁从未在意过这些荣誉，他只想不断地精进自己的艺术水平。"活到老，学到老，我与前辈们的差距还太大"，老人的话语依然质朴、谦逊。

2016 年 11 月 9 日，沈老在家中溘然长逝，昔日过往俱成烟云。

宁波著名书法家陈启元和沈元魁交往 30 多年，难忘沈元魁对于理想、传统艺术的追求，更加难忘他不被时风、金钱所惑的那份坚持。

沈元魁在天一阁工作了 12 年。王金玉曾与沈元魁同事，听说沈元魁离世她几度哽咽。在王金玉的印象里，沈老有点内向且生活非常简单，一本书、一支笔、一方砚台就是他生活的全部。

在宁波书法家协会副主席林邦德的眼中，沈元魁字如其人，非常低调、谦逊，温文尔雅，书风也是谦谦君子、非常清雅。早两年，林邦德在月湖盛园办了一个小型的作品展览，考虑到沈元魁年事已高，他没想惊动老人，但没想到老人家却转了好几路公交车赶来。"沈老对后辈的关心和提携，让我相当感动。"林邦德说。沈元魁的晚年，不是看书阅报就是挥毫泼墨。经常与其接触的人，都能真切感受到沈元魁身上老一代浙东书风传人的文人情怀。在学生后辈眼中，他不仅仅是一位德艺双馨的书法家、腹有诗书气自华的学者、有着丰富阅历的传奇人物，更是一位可以敞开心扉倾诉衷肠的长者。

沈元魁纪念馆矗立于同泰嘉陵。纪念馆以"谦"为主调，取《周易》"天道下济而光明，地道卑而上行。谦尊而光，卑而不可逾，君子之终也"之意。通过"圆""断""连"等设计要素，再现沈老生平脉络与浙东书风之一脉相承。这辈子，他都在写字。写了一辈子，放不下也不愿放下。他的魂魄和写字连在了一起，那里有无尽的快乐。而今，笔停了，其人挥毫不辍的风姿，却永远留在了后人心中。远山苍翠，松涛洗耳，同泰嘉陵这一方纯挚、安宁的净土，而今也成为沈老的安眠之处。

宁波同泰嘉陵供稿

沈元魁墓

浙东书风的嫡脉传人沈元魁

杨氏太极拳第五代传人沈寿

沈寿（1930—2018），本名"洪水"，出生于浙江宁波的一个职员家庭。沈寿的父亲生前酷爱武艺，曾从四明山区的童崇武老师学武练功。后因参加居民义务救火组织，在一次夜半扑救火灾时受伤亡故，年仅 22 岁，当时沈寿出生尚未满两个月。沈寿从小就喜欢舞枪弄棒，希望以后可以保家救国。1934 年，他遵奉祖母之命，从童崇武老先生学练内家八桩和内家八拳等武术。当时他所接受的，虽只是一些易学易懂的启蒙性武术教育，但这对沈寿一生的影响都是十分深刻的，使他受益终身。

沈寿自幼好学，不论学文习武，都较执着。他自 1939 年逃难到上海后，在校读书的成绩也一直名列前茅。对于体育和武术等方面，更是情有独钟。1943 年，他始学杨式太极拳于复兴公园。后来沈寿还热衷于竞技体育，如举重、健美、摔跤和拳击等运动。约在 1950 年，他经精武体育会老友推荐，成为精武体育会的永久会员。

1953 年 5 月，沈寿在西部边陲的一次公出途中，遇山洪暴发，被激流冲走而负伤。此后，他的健康状况受到极大的影响，于是在住医院疗伤期间重拾杨氏太极拳。太极拳乃国之瑰宝，可说是因祸得福。1959 年初，沈寿与杨式太极拳拳友慈博相识，拳逢知己，十分投缘。两人从此结成对子，经常在一起切磋研究太极拳艺，一同练习推手、散手，相得甚欢。20 世纪 60 年代初，沈寿与恩师傅钟文先生重新取得联系。从此以后，沈寿在武术领域由博归约，潜心专攻杨式太极拳。

1971 年，在北方工作的沈寿重返故乡。遵照傅钟文老师所嘱，在宁波推广普及杨氏太极拳。1974 年，沈老建议宁波市体育运动委员会创办宁波市杨式太极拳学习班。经过筹备，由沈寿编写了《杨式太极拳入门》一书，分发给学员。该学习班在 1975 年五一劳动节正式开学，每期学员有 130 余名，盛况空前。在办班过程中，他还从拳德、拳艺较好的学员中选拔义务辅导员 40 余人，分批进行集训，充分调动了大家对学好太极拳的积极性。自 1975 年 11 月起，杨式太极拳 (85 式) 学习班师生走向社会，实行义务教学。至 1983 年的 8 年时间里，共培训了学员两千余名。这为创立宁波市永年太极拳社打下了较为扎实的基础。

宁波市永年太极拳社在 1983 年 10 月 1 日正式成立。沈寿被推选为第一任社长，连任了 3 届 (1983—1993)，至 1993 年 10 月换届时主动退位，后又被聘为名誉社长。在庆祝宁波市杨式太极拳学习班成立 28 周年和宁波市永年太极拳社成立 20 周年纪念时，沈寿被聘为"永久名誉社长"。国家一级编剧孙仰芳赞誉其为"拳师中的学者，学者中的拳师"。

沈寿早在少年时代，就曾以沉重、洪水为笔名，撰写新诗、散文，并绘制漫画，发表在上海各报刊上。青年时代也曾以汉泉、老骥、沈武、老租等笔名撰写过一些文学、体育和武术等方面的文章。中年以后，与太极拳、气功、导引学等著作结下了不解之缘。在沈寿的一生中，业余写作从未中断。几十年来，在全国体育、武术、文物、医学等各种刊物发表的文章不下 300 篇，共计 100 余万字。沈寿的文章不仅在国内学术界有较大的影响，有的还曾在国际上引起过轰动。

宁波同泰嘉陵供稿

沈寿墓

"中国的梵高"，世界的沙耆

　　他终因为精神疾病所困，成了中国美术教育队伍中的"缺席者"，与此同时，也成为后来半个多世纪中国画坛的"缺席者"，但他在艺术中向我们昭示的，却真真切切是一个虽处于清醒与迷乱交替的状态中却与肉身苦楚奋力搏斗的灵魂。画家不幸画坛幸，他为我们留下的大批用生命和心血换来的作品，极大地丰富了20世纪中国艺术的组成。

　　　　　　　　　　——钟涵（著名艺术理论家、中央美院教授）

　　沙耆（1914—2005），幼年就读于沙村上私塾，师从施樵耕、钱祥元先生，后就读于童家岙小学、严康懋小学和上海"宁波同乡会小学"，1926年因病休学。沙耆故居是其父沙松寿在旧屋的宅基上翻建的新宅。沙孟海引用子路食藜藿为母担米的故事，感念"子欲养而亲不在的身世"，为新宅题名"藜斋"。

　　1937年1月，经徐悲鸿先生推荐，沙耆前往比利时留学，成为比利时皇家学院院长巴斯蒂昂（A.Bastien）教授的入室弟子。临别前，一家人拍了合照，沙松寿在背面题诗以慰："万里鹏程路，行行不费时；三年如一日，转瞬即归期。送耆儿，留学比利时留念"。未曾想这一别竟是十年，直到父亲临终也未能再见上一面。

　　留学伊始，国内战争硝烟滚滚，沙耆意欲回国，父亲却希望自幼身体孱弱的他学成之后为国效力而未让他回国。1938年，沙耆在巴黎朱丽安美术学院深造，7月，泥塑作品独得首奖，油画作品获得特优奖。因成绩优异，沙耆获比利时皇家美术学院授予的金质奖章。1939年7月，沙耆从比利时皇家美术学院毕业，其油画、雕塑、素描皆获金奖，并获得艺术界难得的"优秀美术金质奖章"。当年授奖典礼在比利时国家美术宫举行，由布鲁塞尔市市长马格斯亲自授奖章，为此，沙耆引起了比利时美术界的重视。

1940，在德军占领比利时前夕，沙耆与毕加索等一批西欧著名画家共同参加阿特利亚蒙展览会。在这样隆重的场合，沙耆另画了一幅孙中山总理的油画像参展，画像上书写了总理遗嘱中的名句——"联合世界上平等待我之民族共同奋斗"，受到侨胞的一致称赞。

　　1942年，沙耆连续三次举办个人画展，主题为："君子以自强不息"。第一次在比利时"五十周年纪念美术馆"；第二次在比利时文艺复兴画廊；第三次在比底格拉地举办个人画展，此次画展的作品《吹笛人》被比利时皇太后伊丽莎白收藏，此事也在当时传为佳话。此后，沙耆被誉为"比利时家喻户晓"的中国青年画家。

　　1944年，盟军反攻胜利，比利时报纸刊登了各胜利国的国旗，当时国外外交人员尚未到达，报纸上竟刊登了伪满洲国的旗帜。沙耆十分气愤，亲绘国旗送往《北京晚报》，该报致函谢其义勇热忱。1945年10月，沙耆在佩底特美术馆举办以"为民族而艺术"为主题的个展，所画《雄师》以驻比侨胞名义献赠祖国。《北京晚报》评道："此画足增中国光荣，在此展出，尤足体现中比两国友谊。"

　　沙耆的民族情怀体现在他毕生最重要的语言"绘画"上，忧郁的《海棠依旧》、悲悯的《怒吼吧，中国！》、愤懑的《刑场旁的菜场》……他饱含家国忧思、对和平充满向往，对战争深恶痛绝加以无情的讽刺。他用油画呈现东方传统美学，如《婴戏图》《倚梅文心》《观音》。正如比利时画家、艺术评论家巴尔杜斯的评价一样："无论发生什么，在我们眼中，沙耆始终是一个不会因为到了欧洲而放弃自己传统艺术风格的画家。"

　　"对于沙耆来说，大自然是一切神奇的源泉。他花了许多时间细致地观察，也陷入了沉思，他的艺术风格认真严谨并富有深意。沙耆独创的、精细的着色令人惊奇，极富想象力、表达力的沙耆把我们带入一个充满东方梦的世界。"比利时皇家艺术学院终身院士史蒂凡评价说。沙耆在国内有八年的绘画学习经历，父亲沙松寿有深厚的传统书画造诣，曾抄录《送秦少章赴临安薄序》赠予沙耆共勉。徐悲鸿当年曾多次向沙孟海称赞"沙耆着色非常了不起"，鼓励沙耆"努力、努力、再努力"。1946年沙耆回国，徐公约聘他为北平艺术专科学校教授，沙耆却因病魔缠身而未曾任职。沙耆凭借深厚的国学功底和艺术熏陶，实现中西合璧、独树一帜，在国际上享有盛誉。

　　画家画看到的一切，即使在物质贫乏的六七十年代，沙耆也没有停止绘画，那时，他是村里人口中亲切的"傻子公公"。没有充足的颜料和画布，他就把墨水尽情挥洒，墙上、笔记本、报纸、旧书……大多数题材取自乡村生活，如泥瓦匠、野外垂钓、农耕、乡宴等，一幅幅画稿活像一部沙村生活百态纪实。

他的精神状态问题自 1942 年出现端倪。经过多年的治疗和观察，他的精神疾病是"逻辑思维混乱"——由于人的语言和文字是逻辑组成的，所以逻辑思维混乱的人，语言和文字的组织是破碎的、无序的。而他的形象思维则非常完整，绘画语言殊为独特，他的画作色彩强烈、情感丰富、喜怒哀乐表现强烈，寓意特别厚实，达到了一般画家难以企及的境界。

沙耆晚年的画风实现了印象派向抽象派的转变，最终走向返璞归真，实现了独有的"衰年变法"。自由的灵魂在狂热的笔触下绽放独有的沙氏色彩，人们称他为"中国的梵高"。1992 年，沙耆惊闻沙孟海去世，创作了油画《双马图》，画中一匹色彩斑斓的骏马恋恋不舍地望向渐行渐远的灰马，寄托了他对这位如父族兄不舍的深情厚谊，而这匹迷雾中的灰马的光已消逝。

1977 年 3 月，由于脑中风，沙耆被儿子沙天行接往上海住院治疗，从此放下了手中的画笔。2005 年 2 月 15 日 10 时 10 分，沙耆在上海田林医院病逝，享年 91 岁。他留下的光将继续照亮这个世界。

沙耆纪念馆于 2019 年 12 月 26 日正式落成，位于同泰嘉陵一个具有江南风格的院落内，分为前院、后院与中院，是一个对外开放的公益项目。馆内由人物年表、复制作品欣赏、部分实物展示、名家评论、墓碑衣冠冢等五部分组成，重在展示沙耆先生的生平和人文精神，还原一个真实的沙耆。走进纪念馆前院，侧柏茂然，铜塑栩栩如生，门侧一幅诗联——"十年磨砺饮誉欧洲立志为民族而艺术，一生坎坷不忘初衷君子以自强不息"。

宁波同泰嘉陵供稿

沙耆墓

筚路蓝缕桑梓情赵安中

赵安中（1918—2007），宁波市镇海人，曾任香港荣华纺织有限公司董事长、宁波旅港同乡会名誉会长、香港甬港联谊会名誉会长，苏浙同乡会赞助人。他是"宁波帮"爱乡助学的代表人物之一。1994年被宁波市人大常委会授予宁波市荣誉市民称号，1995年被浙江省人民政府授予爱乡楷模。

赵安中生前十分关心家乡教育卫生事业，捐助百余个项目，捐资总额达1.3亿元。几乎在全市早期所有的贫困乡（镇）都捐建了以母亲名字"林杏琴"命名的教学楼，还多次以后代的名义捐资助学，并用心良苦地率领祖孙三代回乡参与"希望之路"活动，在四明山区、象山海岛、云贵高原等贫困山区，留下了这位老人蹒跚的步履。

1918年，赵安中在宁波镇海骆驼镇杜塘畈的赵家老屋呱呱坠地。赵安中的祖父赵有伦曾是当地赫赫有名的首富，但当赵安中父亲赵志莱和母亲林杏琴结婚时，赵家已经败落。赵安中的童年，多数是在团桥镇外祖父家度过的。外祖父林炳荣对赵安中关爱有加，但好景不长，他10岁时外公猝然病故。一年后，外婆也去世了。当家娘舅把赵安中送到团桥小学寄宿。从受尽宠爱的外孙到被迫寄宿的生活，童年经历种种让赵安中先生渐渐养成了一种隐忍、坚韧、务实的性格。也正是这种性格，使得赵安中先生日后的道路更加悠长而艰难。

在校期间，赵安中表现出自己的潜质，在学习上勤学好问，很多问题一点就通，更是练就了不错的心算。这并非只有天赋就能做到，努力也是必不可缺的。校长曾经上过一堂课讲授《古文观止》，其中部分篇目赵安中先生不仅当年背得滚瓜烂熟，在近60年后，先生访问母校时，谈及这件事，他依然能流利地背诵。这令在场的同学钦佩不已，同时也感到惋惜，在当时时局动荡，赵安中最终选择了辍学就商。

但他的商路并非一帆风顺。1932年，进入宁波江厦街的承源钱庄做学徒。1935年，正当赵安中3年师满，踌躇满志地准备在商海大显身手时，一场空前的金融风暴从上海蔓延至宁波，席卷了宁波江厦街上林立的大小钱庄。十几天中，停业倒闭了几十家钱庄，承源钱庄也未能幸免。于是，赵安中失业了。不久，经过多次努力，赵安中成了一家保险公司的经纪人。两年后，1937年7月7日卢沟桥事变，抗战全面爆发。国破家亡，人民流离失所，哪里还有什么保险可做，赵安中面临又一次失业。1939年农历三月初九，母亲林杏琴因病去世，年仅40岁。母亲去世后半年，22岁的赵安中和20岁的龚碧华按两家父母既定的安排，喜结连理。1949年，离开宁波赴香港。在保险公司失业后，赵安中一直没有正式的工作。

此时的赵安中先生正处于事业的最低谷，寻不到出路的他，决定开始从头出发，坚持自己的本心。1959年，与李绍周一起创办"嘉丰"纱厂，1965年"嘉丰"改名"荣华"。但好景不长，日本商会进入中国市场，国内经济开始萧条。

在日本的打压下，赵安中先生的公司也很快破产，但赵安中先生创业的雄心却没有因此消失，他选择去日本公司磨炼自己，等待时机。

1970年，在日本公司深得器重的赵安中先生，在他晋升有望之时，却选择了从头再来，当然，这样的决定他早已准备许久。

1971年，经过一番考察分析后，赵安中决定捷足先登，把工厂迁往印度尼西亚的万隆。在此之前，从未有人敢这样做，而赵安中就是"第一个吃螃蟹的人"。从嘉丰到荣华的创业整整15年时间，一直是资不抵债，个中滋味实非一般人所能体会。但好在天道酬勤，他最终迎来了事业的春天。

安中先生在经商事业上精打细算，却在捐赠教育事业上慷慨大方。去过先生家里的人，方知道他的生活有多简朴。作家王耀成回忆在编写《希望之路——赵安中传》拜访赵家的情形时说，他的棉背心破了舍不得扔，让人在破的地方绣了一朵花继续穿；他的棉拖鞋是住宾馆穿过后带回来的。"十几年来，他为了祖国和家乡的教育事业几乎已经倾其所有，住在几十年前购置的旧公寓楼里。"

2002年秋，当小儿子赵亨文提出要出资为双亲改善住房时，赵安中却说，难得你有这份孝心，就把这笔钱捐给家乡吧，这就是对我们最大的孝顺！原来，他早就想好了，宁波大学还缺少一座像样的行政与会展中心大楼，这笔钱正好派上用场。于是他叫赵亨文与宁波大学签订了大楼捐资协议，这才有了现今宁大校园内那幢高高的安中大楼。正是因桑梓情深，安中先生常说："宁大是我第四个儿子！"君子虽在他乡，不忘父母之国。赵安中先生是当之无愧的君子。

2004年3月，他患重病，身上插着引流管，还发着烧，在这种时刻，他仍在担心因为他的病情，而使已经答应捐助南京大学1200万元建EMBA大楼的项目中途夭折。因此深夜叫秘书电呼南大驻港办事处的左教授星夜从深圳赶到香

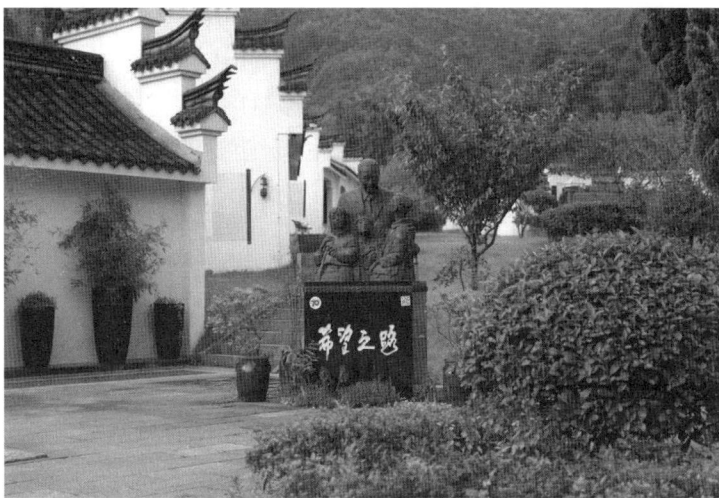
赵安中纪念馆雕像

港，当场安排捐款存到中国银行以保证款项落实。后来南京大学的蒋校长在赵安中先生捐建 EMBA 大楼奠基仪式上讲起此事时，不由得热泪盈眶。

2005 年 5 月 21 日，杏琴园教育基金向浙江大学捐赠人民币 1400 万元，用于在浙大设立"安中科技奖励金"专项基金。这种境界，诚如与他相知甚深的汤于翰医生对他的八个字的评价："自奉极俭，慷慨施人。"赵安中先生生前一直秉持着"自己的原则，他说他一生有两件绝不会做的事：一是不过生日，二是绝不请客"。都说赵安中先生"严于律己，宽以待人"，现在一看，确实不假。

赵安中先生作为宁波帮的杰出代表，他在而立之年，辗转漂泊香港，白手起家创立公司；又在耄耋之年，捐资 1 个多亿，为莘莘学子设立教育基金，助建了 160 多座教学楼。赵安中先生念念不忘报效桑梓，勤廉自律反哺故里，有一颗拳拳的爱乡报国之心，这种桑梓情怀和大爱精神，也是宁波帮纵横于中外商界而长盛不衰的根本所在。

2007 年 11 月 4 日早晨，赵安中先生在故乡的土地上安详地走了。故乡镇海中兴中学痛失一位杰出的老学长，宁波痛失一位"荣誉市民"，浙江痛失一位"爱乡楷模"！

11 月 4 日，天空布满了阴霾。黎明时分，他静静地闭上了眼睛，安详得像刚刚睡去；整整一天，闻讯来向他的遗体告别的人群络绎不绝，从省、市、区领导到普通校友；薄暮时分，我们目送着他的灵车在儿孙们的护送下，消逝在城市的夜色中，11 月 8 日，阳光格外璀璨。他的一部分骨灰按照其遗愿，撒在了四明山的大地上……

　　在同泰嘉陵和赵安中先生家族成员们的共同努力下，赵安中纪念馆最终坐落在同泰嘉陵的西边一隅，纪念馆外的空地，赵安中先生的雕像屹立其中，一进门映入眼帘的是赵安中和妻子赵龚碧华的灵位及照片。

　　在这纪念堂前，我们追思先生、怀念先生，更要传承先生的志愿，将这条希望之路走得更加长远！

宁波同泰嘉陵供稿

鱼翔浅底家国梦的中国工程院院士徐秉汉

一位从苏联学成归来的中国人，40多年如一日，在报效祖国的一腔热忱中，默默无闻地铸造着劈波斩浪的海上战舰，他就是久负盛名的船舶结构力学专家、中国船舶科学研究中心科技委主任、博士生导师、中国工程院院士徐秉汉。

一枝不是春，更喜花满园。从研究和实验平台，到三尺讲台，再到国家学术舞台，徐秉汉院士以他的智慧，处处迸发出生命的激情。茫茫大海，洒下他无数辛勤的汗水；一艘艘搏击沧海的战舰，倾注了他无限的热情。这些，都将铸成劈波斩浪的海上利剑，在共和国的海洋上闪耀着璀璨的光芒。

1933年，徐秉汉出生于浙江鄞县。18岁时聪慧年少、风华正茂的徐秉汉被上海交通大学录取，怀着"从此仗剑蹈大江"的宏愿，立志在祖国万里海疆乘风破浪。大学毕业后，经国家挑选，徐秉汉又考入苏联列宁格勒造船学院深造，师从著名船舶力学家库尔久莫夫教授。名师出高徒，在五年紧张而严谨的求知生活中，他勤奋刻苦，表现出惊人的才华。在导师指导下，他成功地解决了结构弹塑性数学计算机中解放的收敛性的理论难题，还应用数学家恰帕雷金定律，创造性地建立了结构弹塑性逐步迭代解收剑条件的方程和判据，并使之更加简洁明了，更利于工程设计与应用，受到苏联专家的高度评价。不久，列宁格勒电台在晚间新闻中报道了这位年轻的中国留学生全票通过答辩并获得副博士学位的消息。

学成归来，徐秉汉即作为专业组长，在中国船研中心从事结构力学试验研究工作。由于工作出色，30岁的他又被上级任命为海军核试验队技术中队长，踏上了西去的列车。徐秉汉此行肩负着一项神圣而特殊的使命：参加我国核爆炸试验，负责舰艇在核爆作用下的效应试验研究任务。从此，荒无人烟、风起沙舞的茫茫戈壁滩，留下了他一串串艰难探索的足迹。数百个日夜，徐秉汉帐篷里的灯光与大漠夜空的寒星交相辉映。他根据自己掌握的力学基础理论和在实践中积累的经验，设计出一套核爆作用下舰艇破坏规律的估算方法及实验方案。

1964年，随着一声崩天裂地的巨响，蘑菇云拔地而起，冉冉升向空中……我国第一颗原子弹试验成功了！徐秉汉来不及欣赏这壮观的场面和分享成功的喜悦，率领队员们冒着随时受到辐射的危险，迅速冲到试验现场，在一座座扭曲的舰艇效应物上测量数据……结果表明，徐秉汉的分析理论和试验方案经受住了这场重大考验，为数据的收集、分析打下重要基础。就这样，席地幕天、饮风餐沙，在长达4年的时间里，徐秉汉和队员们搜集了大量珍贵的试验数据，完成了一批批具有重要价值的技术报告。他们为中国舰艇装备抗原子设计与作战指挥研究做出了贡献，多次立功受奖，受到毛泽东主席和中央其他领导人的接见。

70年代以来，从我国第一艘潜艇到第一代核潜艇、从地中海到中国南海，在一系列重大科学试验中，徐秉汉的生命和才华在深水世界里放射出奇光异彩。1968年到1970年他主持了09首制核潜艇结构强度研究工作，并主持了09首制艇试水中的艇体安全监测。我国研制第一艘核潜艇时，徐秉汉主持了核潜艇各类舱段的强度和稳定研究工作，在国内首次获得了宝贵的系统数据。

在战略上，深潜意义重大。水深200米以下，几乎是黑暗世界，潜艇隐蔽自身，发动袭击，便于机动作战。但深潜，也充满无限玄奥和风险。历史上，艇毁人亡的惨剧几度发生。在试验场上，徐秉汉总是说："我带几个人下去。"科学，不仅需要科学家具有聪明才智，而且还要有超人的果敢和魄力，甚至要献上宝贵的生命。勇气，是科学家珍贵的品格，来自千百次实践的经验和智慧，使徐秉汉敢于受命于危难之际，让科学在那个特定的岁月里熠熠闪光。

在生命的禁区，徐秉汉从未畏怯。从60年代参加我国核潜艇的研发及实验，到80年代多条潜艇的诞生，在这一系列开创性的大型科学试验活动中，他的生命在深潜的研发和实验世界里放射出异彩，为现代潜水器的研制奠定了基础。在生命的最后几年，他还在为研制7000米载人深潜器不遗余力地奔波，在"蛟龙"号球壳设计、制造和对外合作中发挥了重要作用。

几十年来，徐秉汉主持过几十项重大科学试验与研究项目，积累了丰富的实践经验，奠定了坚实的理论基础。他在国内外学术刊物和国际学术会议上发表的30余篇学术论文和专著，受到很高评价。世界著名壳体力学专家S.Kendir曾几次撰文，向国际学术界介绍推广徐秉汉的专著《壳体开孔理论与实践》，称赞他建立的独特计算方法"十分有用"，是一本"理论与试验结果完美结合"的好书。我国著名力学家钱令希教授也对这一专著赞赏有加，认为"是一部落实到解决工程方法的典范"。

徐秉汉在船舶结构力学研究领域的建树和开拓精神，得到了党和国家领导人的高度评价及国内外学人的赞誉，称他是这一领域的开拓者和奠基人。他曾作为我国船舶力学委员会结构力学部分的创始人之一，与国内著名专家发起并组建了结构外载荷、应力、疲劳、振动四个全国性学术组织，紧跟国际学术前沿，开展学术交流。在他的带领下，我国形成了一支具有相当实力的科技队伍，他指导的16名博士生、硕士生大都学有所成，成为舰船科研领域的精英。

在国际学术界，徐秉汉也备受推崇。1979年，他率领中国船舶结构专业代表团，应邀参加国际造船界权威学术组织——国际船舶与海洋工程结构大会(ISSC)第七届会议，成为我国20多年来正式进入该机构的技术委员。1991年，他又作为主席组织开展了在中国举行的第11届ISSC大会。使大会圆满成功，同时也让世界了解了中国造船业几十年来的巨大成就和变化，这些都将载入ISSC的光荣史册。徐秉汉院士以严谨的科学作风和创新求实的精神，毕生致力于船舰科研和海洋工程的发展，为国防科研献身，为中国舰船事业和海洋强国的建设做出了重大贡献。

万物葱茏如华盖，正是人间四月天。2019年4月27日，"戈壁沧海家国梦，深潜人生一蛟龙——主持第一代核潜艇结构研究的中国工程院院士徐秉汉伉俪落葬暨追思仪式"在同泰嘉陵举行，甬籍院士陵迎来了第二位甬籍院士的叶落归根。这是徐院士生前的遗愿，在宁波市科协的关注、推进下，徐老的家人多次到访考察，女儿还亲自参与了艺术墓的设计。洁白的涛浪基座，舰艇影雕，书本卧碑，头像石雕，寄托着后人的无限缅怀。

宁波同泰嘉陵供稿

徐秉汉夫妇合墓

鱼翔浅底家国梦的中国工程院院士徐秉汉

应无所住而生其心的中科院院士徐祖耀

"士之立身如素丝然，慎不可使点污，少有点污则不得为完人矣。"遥望历史，完人皆是卓尔不群，其伟业成就常人虽难以望其项背，但人心、品质却是人们亘古不灭的追求。徐祖耀老先生一生清明，为我国科学发展付诸全部心血的奉献精神，无愧于"完人"之名，当为我辈瞻仰、学习之楷模。

1921年3月，徐祖耀先生生于宁波鄞州，其曾祖父曾是清末江南提督，家族也曾显赫一时。徐祖耀先生从记事起，便目睹了近代中国的积贫积弱，意识到了民族的停滞不前，祖国的大好河山在日寇列强的侵略铁蹄之下满目疮痍。他意识到，国家要强盛，必须发展工业，由此他便开始发奋学习，刻苦钻研科学，立下了"冶金强国"的宏愿。在此后的70多个春秋里，先生潜心于材料科学研究与教学，为我国材料科学与工程的发展奠基，并于1995年当选为中国科学院院士，所发表的论文逾500篇，撰写了《金属学原理》《马氏体相变与马氏体》等近10本著作。

徐祖耀

相比先生的成就，更为可贵的是他身上一种"壮志已酬人未老"的少年衷肠，使他能坚持十数年如一日地潜心研究。这份赤诚之心，于我辈而言，尤为可贵。就如先生时常所说："我在科研中的快乐，是一般人一生都无法享受到的。"

这样一位学术界的泰斗，在大家面前却丝毫没有架子。亲人回忆说：先生待人和善，一口宁波闲话，穿着朴素，生活非常俭省。在学校，先生十年如一日地教书育人，和自己的学生相处得极为融洽，大家都觉得他亦父亦友，不仅传授给学生治学强国之道，更以身作则授之以为人之道。不仅在学生的学业方面做出指导，更把学生的生活小事都放在心上。学生毕业，他记挂他们的前程，学生出国深造，他惦念他们的生活。先生总说："个人的能力总是有限的，只有培养出大批科技人才，国家才能兴旺发达，因此，教育是根本，教师的天职就是为国家培养人才。"

他出版的《马氏体相变与马氏体》《材料科学导论》《材料热力学》《变相原理》等著作，为我国几代材料科学家的科研奠定了基础，另外，他也培育了新中国成立后的第一代材料工作者，他的学生中有3人成了中科院院士，成为我国材料科研的坚实力量。先生一生治学严谨、孜孜不倦，是精勤不倦怀大爱的榜样，是淡泊名利求报国之典范，发掘和培养了一代又一代我国材料学发展的领军人才。徐祖耀先生虽终生未娶，无儿无女，但是他以科研为妻，以教育为子，以资助扶贫为生活，用他的一生践行着"明德惟馨，年高德劭"。

曾经有记者去过徐祖耀先生的居所，小院是约70平方米的两层小楼。起居室在二楼，有一间不足10平方米的小房间。房间内陈设简单，基本找不到几件像样的家具。他从不会乱花钱，一日三餐以素食为主，从不买营养品和补品。除去生活的基本需求，他从不在提高自己的生活品质上多花一分钱，没有多余的社交活动，专心搞科研和教书育人。即使是在休息之余，老人也是在撰写他的著作。

对自己如此苛刻的人，对待别人却大方得令人诧异。2011年3月，徐祖耀先生捐出100万元在上海交通大学设立"徐祖耀基金"，主要用于资助优秀青年教师开展科研、资助家庭经济困难的学生。2014年5月，他捐款50万元，在闵行区慈善基金分会设立"徐祖耀慈善爱心专项基金"。同年10月，他又捐款50万元，对失独或子女残疾的老年人养老实施补贴。2016年4月，躺在病床上的徐祖耀再次捐款100万元，设立了"托起夕阳"徐祖耀基金失独家庭特困老人大重病救助和"呵护花朵"徐祖耀基金儿童大重病救助基金，资助患大重病的困难老人和孩子。

即使是在生病住院期间，他的施善之举也没有停止。因患败血症，先生重病期间难以开口，也不能提笔写字。他害怕自己的身体不足以支撑到完全康复，便急于把 100 万的积蓄捐赠出去，但是银行需要他本人的签字或是录音。这让他犯了难。但即便是再难，他也想出办法去解决。不久，老先生委托他的学生金学军教授帮忙捐赠，辗转三次才将钱捐出。老先生如此牵挂百姓、扶贫济困的大爱情怀实在让人为之动容。而他自己在退休后卖掉在上海的房子，生活在不足十平方米的起居室，整个房子都没有一件能称之为大物件的电器，平常生活从来没有娱乐。

2010 年 5 月，徐祖耀老先生在 90 岁生日宴上许下了三个愿望：第一，希望大家立志做好人，助人为乐；第二，希望大家要做强人，要内心坚强，工作负责；最后一个愿望是，现在我国是钢铁强国、水泥大国，希望 21 世纪能成为工业强国。这三个愿望无一是为了自己。回顾先生的一生，他把自己献给了祖国、献给了科学研究、献给了教育、献给了慈善事业，不计回报。都说形而下之生计是世人的追求，而形而上之精神世界少有人及。而他就是不计回报的少数人，一个人生命的长度与宽度，在徐祖耀先生这里达到了完美的统一。

2017 年 3 月 7 日，徐祖耀老人在宁波逝世，享年 95 岁。"悲风呜咽，山河失色。"2017 年 3 月 10 日，徐祖耀先生的哀悼会在宁波市居士林养老院隆重举行。来自全国各地的社会各界人士络绎不绝，用不同的方式来缅怀徐老：党和国家领导人，中央组织部、上海市委组织部、中国科学院、宁波市委组织部、上海交通大学、鄞州区委组织部等，沪甬两地各级相关部门领导，徐老先生生前所在单位及他的亲朋好友、学生弟子等社会各界人士都敬献了花圈与挽联。一圈圈素洁的花圈表达了对徐祖耀先生逝世的无限哀伤之情。

徐祖耀墓

这个为祖国奉献了全部，淡泊名利的老人，永远离开了人世间。所谓"如月之恒，如日之升。如南山之寿，不骞不崩。如松柏之茂，无不尔或承"，物质上的生命质量虽不能比肩日月的亘古弥长，他的崇高品格却成为后人永恒而宝贵的精神财富。

宁波同泰嘉陵供稿

应无所住而生其心的中科院院士徐祖耀

"四明弈派"传承人之一顾祖金

顾祖金 1934 年出生于浙江省宁波市余姚朗霞镇，少年久远，记忆也随之朦胧，但他直至临终也清楚地记得他与象棋的缘分结于 1947 年春天。

那时，年仅 15 岁的他在余姚泗门镇一家中药店当学徒。平时工作闲时店里的大人常常下象棋，顾祖金得空时就跟大人下棋。刚开始与别人对弈，常常落败，不服输的他开始在象棋上下苦功，虽然还是技艺平平，但他乐在其中。也就是在这时，他为以后的棋艺道路打下了坚实的基础。

天道酬勤，他的努力也得到了回报。1952 年至 1958 年，他得到了象棋前辈谢英辉的指导。一开始两人对弈之时，谢老前辈常常让顾祖金双马。可即便如此，他也不是谢老前辈的对手。顾祖金从上海购入传世两大象棋谱之一《橘中秘》进行学习，经过一年的埋头苦学后，顾祖金的象棋技艺突飞猛进，谢英辉与之对弈已经不能再让子，双方常常互有胜负。

1958 年，机缘巧合之下顾祖金被调往宁波工作，有幸与甬城象棋名手徐葆康相识。徐老对顾祖金甚为看重，对其手把手指导，顾祖金的象棋水平因而不断提升，从一开始的难以抗衡直至能与徐老先生基本持平。

1959 年，颇具造诣的顾祖金开始在各类赛事中崭露头角。除了获得首次宁波市象棋比赛第三名，1963 年还获得浙江省工人赛冠军。后来，顾祖金又与江浙一带诸多名手交手，均有不俗战绩，包括两次省赛战平"仙人"刘忆慈、"棋坛怪杰"沈志弈、"单提马名家"高琪等。其中最为出彩的当属 1960 年宁波队与上海队交流赛时，顾祖金一胜一和击败了被誉为中国象棋界一代宗师、当代象棋学派主要奠基人的胡荣华。回望顾祖金的象棋之路，成于几位象棋前辈倾囊相授、悉心指导之恩，更成于他勤勉钻研、一心向学的痴棋之心。

中国象棋史上曾有过不少流派，例如"江西弈派""扬州棋派"等，而顾祖金则属于"四明弈派"。"四明弈派"的概念是宁波历史文化研究专家、宁波大学人文与传媒学院教授张如安在《中国象棋史》中最早提出的，该言论一经发表迅速得到学术界的认可。之后，《中国象棋"四明弈派"研究》一书进一步将"四明弈派"的概念发扬光大。

　　"四明弈派"源起于晚清著名棋手、余姚人吴梅圣，早期代表人物还包括慈溪人叶燕、宁波人王泳笙、鄞县人蔡鸣阳、余姚人董文渊等，一直延续至徐葆康、忻焘、何顺安、徐天利、顾祖金等，留名史册的象棋高手达数十人。

　　顾祖金师承徐葆康，保留了后者的棋谱手稿等大量珍贵遗物，如徐葆康《桃花谱》、《吴氏梅花谱》诠定稿、《藏珍阁象棋谱》等，堪称"四明弈派"的活百科全书，与贾宝裕、丁祥馆三人并称"宁波三鼎甲"，也是"四明弈派"流传至今的重要传承人之一。

　　在埋头苦学时，顾祖金也不忘与朋友们交流心得。他与国内诸多象棋名家一直保持书信往来，得以收藏了一批全国各地棋友编写的象棋全局、排局谱手抄本、油印本。他曾主编油印本《弈海聚英录》1—7册、《实用残局》(1—10册，与李云章合编)、《中炮过河车急进中兵对屏风马》、《中炮对屏风马双炮过河》、《中炮对屏风马左马盘河》等，热心肠的他也曾参与《百局象棋谱》《心武残编》等残局古谱的诠定工作。一生笔耕不辍，顾祖金在他的著述中留下的是对象棋事业的一片热忱。

　　赛时他驰骋棋场，幕后他在裁判工作、棋艺类文史研究等方面也有丰硕建树。此外，顾祖金还培养了一大批学生。他的弟子们是当下宁波象棋界的中坚力量，包括宁波市象棋协会前任秘书长胡天放、现任秘书长严世恩，以及国家一级象棋裁判员王解南等。"1962年，我和严世恩进入当时的宁波国防俱乐部练棋时，顾先生就是我们的总教练。可以说，后来宁波的象棋高手中绝大多数人得到

顾祖金墓

过他的指点。"胡天放回忆道。

但个人的影响力终究太小。为了把棋业发展得更加繁荣，顾祖金开始致力于青少年象棋教育。在他70多岁高龄时参与创办了成绩斐然的白云棋校，对学棋儿童无保留、低收费、高质量地加以培育，培养了一大批优秀学生。

对于棋类教材他也颇为操心，他耗费心血为青少年编写的初始教材，经过多次提笔不定、反复修改，历经数次打磨后最终发表。教材一经发表就被宁波大市范围棋校、少年宫、各棋类培训点广泛采用。顾祖金为推动宁波象棋事业的发展做出了重要贡献。让更多人更加系统、更加专业地开始学习棋艺。他对后辈们的关爱、呵护之情，至今还在滋养着宁波棋坛的幼苗们，也深刻影响着更多喜爱象棋的年轻人。

2018年5月3日，这位甬城棋坛的传奇人物长眠于同泰嘉陵。顾先生的墓穴低调朴实，在众多朋友所献的花簇下，叮咚的鸣泉畔，清净的山风中，川流不止的溪水里，万物欣荣，就像生命并未停止步履。墓碑上呈现"四明弈派"图腾的雕刻小品，象征他在楚汉的交界虎踞霸业，就像他一生热爱的棋艺事业。他从未停止前进的脚步，他在金戈铁马的交锋中纵横驰骋，他在铿锵的棋声里妙手运筹，从未远去。

宁波同泰嘉陵供稿

舞动青春的舞蹈艺术家崔咏

他叫崔咏，一个阳光、活泼、热情、爱笑的大男孩，一个真实、鲜活的舞者。

1989年1月22日，崔咏出生于浙江宁波。受家学熏陶，从小对舞蹈情有独钟，年幼的崔咏有很高的舞蹈天赋，加之他格外努力、每天练舞，与同龄人相比，他的舞技早已纯熟，身体的律动感和平衡感一流，对于每个切分节奏身体早已形成了肌肉记忆。每次做出一个舞蹈动作，身体会自己做出判断，展现出最优美的角度。

舞蹈虽美，但其中的艰辛却并无几人可知。他的小学同学回忆，1998年5月江北中心小学在逸夫剧院举行第九届艺术节汇报演出，当时崔咏没有表演舞蹈，这或许就是所谓的真人不露相。崔咏的这个同学倒是被老师叫去赶鸭子上架，与另外七个同学一起跳了一段恰恰舞，不过是一天，就已经浑身酸痛。崔咏这么多年坚持每天练舞，是何等的热爱和坚持才让他走到了现在，正是这段经

崔咏

历，让他感受了舞蹈练习的辛苦，也明白了同学崔咏对于舞蹈的决心和热爱。

这样一位对舞蹈痴狂的人，私底下也是一位青春的少年。小学时，崔咏就读于江北中心小学，那时的他少不更事，活泼好动，调皮淘气，在班上找到了一起玩耍的小伙伴，两人脾气相投、相互帮助，在班级里也常常闹出不少笑话。虽然崔咏外表看上去并不是很强壮，但他的内心非常强大，可能也与他常年习舞有关，他精干有劲，是班上的运动健将，在运动会比赛中常常独占鳌头。在当时老师的眼里，崔咏也是个"皮孩子"，玩心很重，学习不专心，作业拖拉，做事三天打鱼，两天晒网，也因此没少让家长操心、老师烦心。但谁也没有想到，这个曾经的叛逆少年，最终蜕变为一名优秀的舞者。

2008年9月，他一路过关斩将，考入北京舞蹈学院，在进入大学后，因为屡次获得名师的提点，相比尚未走出校门的同龄人来说，他早已初露峥嵘。后来他首次创作编排的国际标准舞作品《往事》入围了桃李杯舞蹈决赛，其优美的舞姿、精致的编排受到了一致好评，并且获得优秀表演奖。大学毕业后，他多次与著名导演合作，主创出视听盛宴的艺术作品《鸟巢·吸引》，创作上海亚信峰会大型文艺演出、广西大型民族歌舞《山花》、新编音乐剧《北京人家》等。这几部作品一经上演，好评如潮，影响甚广。大家都说崔咏的前途不可限量。

2013年10月，崔咏的部分小学同学组织聚会，崔咏也去了。他挺拔健美、身形修长，人也是温柔和善，早已看不到当年那个"小霸王"的影子了，崔咏告诉同学们他要在北京靠自己的努力闯出一片属于自己的立足之地，他要去实现他多年作为舞者的梦想。其实大家都清楚，他能考上国内舞蹈艺术的最高学府，是多么不易，这不仅靠非凡的天赋，更需要辛勤的付出。对于这位优秀的舞者，大家都十分钦佩，因为光鲜的背后是这些在父母身边生活、在故土工作的人不曾体会的滋味。当时的崔咏笑颜如花，诉说着豪情壮志，那样的青春热血，让人艳羡不已。

然而天妒英才，一场突如其来的意外，让他绚丽的人生戛然而止。2014年12月20日，离他26周岁的生日只差33天，崔咏在北京居所因煤气泄漏意外去世。噩耗令身边的人顿生悲痛。生命竟如此脆弱，大家都无法想象，如此矫健鲜活的身影就这样悄然消逝了！

他开朗的笑容和动人的舞姿永远定格在年少轻狂的岁月里。26岁，正是花样的年华，正是一个朝气蓬勃的生命蓄势待发的时刻，他却陨落了。带着亲人的无尽哀思、带着友人的恋恋不舍、带着世人的深深遗憾，他走了，去往另一个充满爱和力量的世界，以他昂扬的姿态和对生命的热爱，去天堂继续跳舞，舞出更璀璨的人生。崔咏，每个人心中的舞蹈精灵，天堂里没有意外、没有黑暗。

在这个世界上，有些生命匆匆绽放，在最绚烂的时刻悄然离去，虽然我们感到痛惜，也许我们无法挽留，可正是生命乐章的戛然而止震撼了心灵，令人难忘流星般呈现的美丽……

崔咏的父母难掩悲伤，崔咏的离去对他们来说仍是一场不愿醒来的噩梦。为此同泰嘉陵策划了一起崔咏的告别会，崔咏的家人亲朋、同学好友纷纷到场致以他们的哀思。印象深刻的是，崔咏的同学们听闻噩耗，纷纷来到现场，最后离别时刻，大家唱起了崔咏生前最爱的一首《新不了情》，"如何面对这一切，我不知道"。歌词似乎道出了大家的心声，我们始终无法相信这个年轻的生命离开我们了。

经与崔咏父母沟通，同泰嘉陵为其定制专属艺术墓，墓碑上的照片上没有逝者，而是一位青春活泼、笑容满面的舞者，在同泰嘉陵人文纪念园里，依山傍水，幽静肃穆，墓碑四周花草繁茂，带着生命的生生不息，就像崔咏一样，永远青春、永远热血。

宁波同泰嘉陵供稿

崔咏墓

舞动青春的舞蹈艺术家崔咏

宁波现代影业的奠基人梁家骥

梁家骥 1950 年 1 月 10 日出生于浙江省宁波市。年少的梁家骥目睹了"文革"时期民族文化的衰败，大批艺术家和文学创作者相继被批判，而作为国粹的戏曲也被打上了"腐朽"的标签，振兴民族文化产业成为他心里不可忘却的目标。新中国成立以来，逐渐出现了新的艺术传播方式——电影，那时梁家骥被这门艺术深深吸引。从无声到有声，从黑白到彩色，从胶片到数字，电影的一路成长就伴随着梁家骥的青春。最开始，梁家骥的身影在放映机白亮的光雾旁边，耳边伴随着若有似无哒哒转动的齿轮声。

1971 年梁家骥进入宁波电影公司工作。了解到宁波最早的国营电影院建于 20 世纪 50 年代初，在那个年代，电影院是大家约会的经典场所，不知多少年轻人留下了美好的回忆。而修建影都的初心，源于 20 世纪 80 年代末，宁波开始进行大规模的城市改造。1989 年 3 月，位于江厦桥边的宁波市人民电影院因建设江厦公园而被拆除，暂时借用宁波军分区礼堂作为放映厅。影院暂时被征用，那就修建新的影院。

梁家骥

那几年，修建新的影院成了梁家骥的工作重心。刚开始，选址成了首要解决的问题。原地重建是不可能的，因为江厦公园要建成绿地。大家讨论的意见比较一致——就近选址。因为江厦桥和电影院是多年的"邻居"，彼此已经有了感情，心理上似乎已经习惯了，当然还有东门口江边风景好、繁华、交通便利等诸多因素。作为电影公司的总经理，梁家骥立刻起草了报告递交宁波市政府。

这份报告当时的梁家骥根本没抱太大希望。东门口是宁波的繁华要地，那时候占着这个"风水宝地"的都是些计划经济年代很重要的部门：商业局、医药公司、交通局、五交化公司等，谁不想在那落地生根？梁家骥说如果没有市政府的重视和协调，这个工作几乎是没法想象的。即使经过努力最后选择了东门口的位置，但是涉及那么多个利益单位，在房屋密度这么高的地方建电影院，光拆迁就是件非常麻烦的事情。

为了解决这些现实问题，为此，当时分管文化的宁波市副市长还特别叮嘱市计委牵头开了个电影院选址的协调会议。所以接下来的拆迁工作非常顺利，也非常快。地址确定了，就在战船街三江口。

想要修建出时代的美感少不了花一番工夫。梁家骥说，当时电影院设计的理念是江边的一艘正在起航的船。为了美观，宁波建筑设计院的周明才设计师还把它设计成悬式的结构，而且是大跨度的那种，非常通透且具有时代感。

1990 年 5 月 5 日，电影院正式开工建设。那时的梁家骥天天都往工地上转。记得刚开始挖地基的时候，施工中还挖出了唐宋时期的沉船，还有很多碎瓷，梁家骥笑着说这跟后来和义路考古发掘出来的沉船一样，说明宁波是古代的海商通运大城，是非常有意义的。

为了研究透彻这一建筑的具体施工，梁家骥经常待在工地。在工地久了，梁家骥成了半个建筑专家。他还清楚地记得原来设计的桩基是 22 米，但在打桩的时候发现江边的承重层在较深处，为了安全起见，把桩基的深度加到了 27 米。而当时的宁波市市长也提出要造一个高标准的综合性电影院的要求，所有工程他全程都在旁监督。

在建设和装修的过程中，自上而下大家都是热火朝天地工作，非常认真和投入，工作效率也非常高。面积 5000 多平方米的新电影院落成后，他们还郑重地请来了沙孟海老先生，沙老欣然挥毫为家乡这个新建的最好的影院题写了名字。

最终，功夫不负有心人，1991 年的国庆节，位于风景优美的三江口的宁波影都建成开业。它是宁波最大的综合性文化消费场所：多功能的影都不仅仅拥有浙江省最大的银幕，还有当时最好的舞厅、卡拉 OK 厅，以及配套专业的小剧场、餐厅、宾馆等。影院初期受到很多人的支持，受追捧的程度令人惊叹，连他自己都没有想到。当时市总工会和劳动局等单位组织了全市的退休职工来参观这个文化设施建设，共有 10 多万的老年人来到这，每天好多批的参观人员，最后整整一个多月才参观结束。影院担心老人们的身体状况，还为此还配备了医务人员和专业的工作人员。

这个矗立在宁波三江口的影院，以其专业、新颖的建筑设计荣获了国家、省、市三级设计大奖。当时的国家广电部副部长赵实先生，称宁波影都是"最美影院"。国家电影局局长滕进贤和中国电影协会党委书记李国民，也称宁波影都为"花园式影城"。时至今日，宁波影都也是宁波最具有经济、文化影响力的影院。

连梁家骥自己都感叹："开业后的影都作为宁波文化娱乐的中心一下子红火起来，每天的上座率也非常高。不光是电影院，舞厅、卡拉 OK 厅也常常人满为患。市民对文化娱乐的渴望呈现出让人惊叹的热情。"在当时，宁波影都是宁波最大的综合性文化消费场所。它的建成开业，大大丰富了宁波市民的业余生活。

2000 年 11 月，为了迎接第十届金鸡百花奖在宁波的举行，作为主场地的宁波影都开始改造，2001 年 10 月重新投入使用。经过整修后的宁波影都已成为全省首家集电影、娱乐、休闲、购物于一体的综合文化城。回顾宁波影史的发展，梁家骥是当之无愧的宁波影视文化的奠基人。他用自己对于电影的那一份赤诚之心，撑起了一个个有电影梦的人。

2018 年 1 月 19 日，梁老先生不幸病逝，为了纪念梁老先生这一段不平凡的人生，经与其家人沟通，同泰嘉陵为他定制电影墓碑，墓碑上铭刻"电影人生"四个大字。一旁的石碑上题诗虽寥寥数句，却道尽先生的一生，周围鲜花数簇，绿植葱郁，环绕先生，唯愿这位宁波电影事业的奠基人能够安稳睡去。

宁波同泰嘉陵供稿

梁家骥墓

百岁爱国书法家蒋思豫的传奇人生

在生命的长河中，102 岁是一段悠长的时间跨度，浮浮沉沉，历经沧桑和荣耀……它可以穿越抗日战争的枪林弹雨，可以在烽火硝烟中书写战地报道，也可以见证新中国成立的风雨历程。这位人生跨越 102 岁的老人，就是战地记者、著名书法家、镇海书画院顾问、宁波市书画院画师蒋思豫先生（1914—2016），邓中哲评价蒋思豫为"中国百年历史的见证人，苦难中国百年的缩影"。

1914 年 4 月 25 日，蒋思豫出生在江苏宜兴的一个名门世家，字斯圉，号上渔（另有耕臾、思予、师愚、阿豫、江南布衣等别称）。其父是清末秀才，擅长书法。外祖父徐致靖先生是光绪皇帝的得力大臣，系参与戊戌变法的"七君子"之首，官至二品的礼部右侍郎。受家庭熏陶，蒋思豫自幼酷爱书画，对历代碑帖临习不辍，为日后的书画艺术打下了扎实的基础。1933 年，他从持志大学转入复旦大学，就读中文系。当时于右任协助马相伯创立复旦公学并任校务委员、教授。蒋思豫景仰于右任的道德文章，更对他个性卓然的书法心仪不已，时时临习于右任的标准草书。

北平城外，卢沟桥畔，蜿蜒流淌的永定河沉淀了一个国家的血难，沉默不语的卢沟桥石狮目睹了一个民族不屈的斗争。抗日战争全面爆发之际，蒋思豫在武汉第三战区驻京办事处工作。后随李公朴去了太原，在阎锡山与中共合办的山西民族大学当教育干部。1938 年日寇攻陷太原，蒋思豫返武汉入国民政府军事委员会政治部三厅任宣传干事。动荡的时局并没有影响蒋思豫对书法的热情，他说："当时呈给蒋介石的行文由我撰写，我就当书法练。"

当时的政治部第二副部长是周恩来，这段经历对蒋思豫后来的人生态度有深远的影响。在周总理诞生 100 周年的时候，蒋思豫花了两天时间，写了一篇回忆文章来纪念，文中提到："周先生也谈三民主义，也谈国共合作，主题是一致抗日，力争最后的胜利，他的一片真情博得众人的崇敬"，其文刊发在《镇海报》上。

蒋思豫夫妇

抗战期间，蒋思豫身兼《中国青年》编辑和《中央日报》《扫荡报》记者、特约撰稿人等职，亲历了台儿庄战役和武汉保卫战。战地记者，一个注定要面对枪林弹雨的工作。在战地的蒋思豫要面对无数次的生死考验，我不知每一次与死神擦肩而过时他在想些什么，但我确信面对日军的进攻他从未怕过。蒋思豫有一次赴前线采访时，正遇到日军的进攻，在炮火无情的战场上，他的同伴只因将头稍稍抬高了一点就被削去了半个脑袋。还有一次在重庆工作时，恰遇日寇飞机狂轰滥炸。躲避时，前后与他相距数米的两位同事相继被炸身亡，蒋思豫却连弹片也未碰到，侥幸逃过一劫。

1941年，蒋思豫重入重庆北碚的国立复旦大学学习，后又考入当时的财政部财政研究学会，再转入粮食督导司等机构任职。1945年起，蒋思豫任国民党贵州省党部秘书室主任、候补执行委员兼贵州省政府顾问。此时任国民党贵州省党部主任委员的周伯敏是于右任的外甥，书法得于嫡传。他与蒋思豫是复旦校友，又同好于体，关系密切。经周伯敏推荐，蒋思豫的品行、书艺得到了于右任的认可，成了于的入室弟子。说到拜师仪式，蒋思豫至今记忆犹新："那是1947年7月的一天，在南京于右任长子于望德府邸中，我双膝跪下，恭恭敬敬地向于先生磕了头。于先生见此忙过来拉我起身说：'行个鞠躬礼就行啦。'"

蒋思豫的于体达到一定火候时，于右任曾对他说："你的字可以过关啦。"但蒋思豫认为自己的书法与于右任先生的境界还差得很远。考虑到先生出生于陕西三原，蒋思豫便刻了一方"三原门下"的闲章，把于先生作为自己的终生楷模。

1948年秋，江苏第一绥靖区司令部调蒋思豫为高参（少将军衔），并兼高邮代县长。蒋思豫回忆说："目睹国民党大势已去，在高邮我曾放了70多名在押收监者，其中有中共地方领导人多名。后来我乘江苏省政府的撤退专列时遇到省主席丁治盘和老友方元民委员，他们劝我不要去台湾，我就留了下来。"

蒋思豫墓

　　1951 年，蒋思豫即被华东公安部以"战犯"名义逮捕入狱，关押在安徽劳改农场。"文革"的风暴将其卷入灾难的深渊，他被迫接受劳动改造。在农场工作时，蒋思豫是《新生报》的主编，还负责出墙报、黑板报。"文革"开始，由于写"忠"字以及画毛主席头像还得靠他，蒋思豫倒也平安无事。在农场工作空余时就到江边打鱼。他在书画中落款"江上渔""孑遗子"，就是当时生活和心理的写照。

　　1976 年，作为第三批特赦人员，蒋思豫回到夫人的故乡宁波镇海的家中。从此，他就在这个安静的小镇，和夫人过起了隐居的生活。在蒋老住宅的门楣上，刻有"窭隐"二字。"窭"是贫穷之意。蒋思豫笑呵呵地说："我是一个被历史遗弃，或说是被淘汰了的'闲云野鹤'，一生无所作为的糟老头。"跌宕起伏的人生经历，至尊至贱的世事体验，使蒋思豫对人生有着常人难以企及的旷达洒脱。他说："不开心是一天，开心也是一天。何不笑看烟霞，落得一身轻松呢？"

　　2015 年 4 月 7 日，家住镇海的蒋思豫先生在太太、儿子，志愿者沙力、胡茂伟等人陪同下，以 101 岁的高龄重返台儿庄，参加台儿庄大捷 77 周年纪念活动。对此蒋思豫先生感慨万千："重回故战场看看，是我的一大心愿。这次，我要再去看看那一片土地，悼念阵亡的抗日将士！"

　　蒋老于 2016 年 1 月 9 日在镇海龙赛医院逝世，在人世间度过了 102 年的岁月，书写了其灿烂的人生，无愧于中国百年历史的见证人。余秋雨先生曾对蒋老评价道："一种生命、一种书写，居然把乱石嶙峋的百年长途全然穿过，让后人知道何谓短暂，何谓久远，何谓高畅，何谓低下，何谓从容，何谓匆迫。"

百岁爱国书法家蒋思豫的传奇人生

为了表达对蒋思豫先生的敬仰之情，同泰嘉陵为蒋老专门设计艺术墓碑，上面镌刻着一尊他的速写画像，看上去慈眉善目，彰显着先生的儒雅气质。墓碑上还雕刻着于右任先生在台北临终前留下的三章哀歌《望大陆》。这是 1991 年 9 月，宁波市台联会与台北宁波同乡会联合举办的《海峡两岸宁波乡情书画展》中的展品，此次画展宁波和台北各自选送了 50 件参展作品。其中，蒋思豫先生用于体写就的《望大陆》十分引人注目，并引起热烈反响。墓碑对面是蒋思豫先生的纪念馆，我们以素朴、庄重的设计表达对这位淡泊宁静、飘逸儒雅的老者的尊重与怀念，通过纪念馆的形式再现蒋老的一生，记录其风华绝代的生命故事。

宁波同泰嘉陵供稿

温州

温州市是浙江省下辖的地级市，简称"温"或"瓯"，是国务院批复确定的东南沿海重要的商贸和区域中心城市，地处浙江东南部、瓯江下游南岸，东濒东海，南毗福建，西接丽水，北连台州，是中国数学家的摇篮、南戏故乡和著名的鞋都。全市共有鹿城、龙湾、瓯海和洞头四个辖区，瑞安、乐清、龙港三个县级市，永嘉、平阳、苍南、文成、泰顺五个县。全市陆域面积12110平方千米，海域面积8649平方千米。2020年末户籍人口833.7万人。

唐高宗上元二年（675），处州析置温州，始得名。《图经》说："温州其地自温峤山西，民多火耕，虽隆冬恒燠。"温州古为瓯地，亦称"瓯"。冬夏季风交替明显，温度适中，四季分明，雨量充沛，主要河流有瓯江、楠溪江、飞云江、鳌江、蒲江，原始植被为典型阔叶林。历史上以造纸、造船、鞋革、绣品、漆器著称，也是青瓷发源地之一。南宋时海上贸易发达，是四大海港之一。

温州考古发现新石器时代文化遗址100余处，夏商属百越之东瓯，东晋析临海郡温峤岭以南地区为永嘉郡，南朝谢灵运贬至永嘉，遍历诸县，多有题咏，为山水诗鼻祖。温州历史悠久，文化遗存丰富，瓯越及山水文化源远流长，景色集山、江、海、湖、岛、泉之大成，乐清雁荡山尤为著名。历史上名人荟萃，文化独特，风土有别。历史文化名人有林景熙、高则诚、徐照、玄觉、王十朋、刘基、黄公望、王瓒等，近代有孙诒让、宋恕、夏鼐、夏承焘、苏步青、郑振铎、陈光中、叶永烈等。

温州第一家殡仪馆温州市殡葬管理所成立于1960年，1980年成立了第一家公墓温州市翠微山公墓，从此开始由土葬发展到骨灰安葬的殡葬改革，并于2020年建设了第一个海葬纪念公园"怡园"，海葬、生态葬、节地葬等新概念安葬形式蔚然成风。温州现有桃园陵园、白塔陵园、永泰陵园、凤凰山陵园、基安山陵园等18家陵园。

风雨人生诗为伴的诗人、作家马骅

　　中国作家协会、散文诗学会、寓言文学研究会会员，中国作协浙江分会理事马骅先生，字瑞蓁，笔名莫洛，曾用笔名林渡、林默等，1916 年 5 月 18 日出生于温州市百里坊口著名的马宅。在温州，说起百里坊的马家，不少人都知道是温州的名门望族。马家是医药世家，书画传家，在三百多年漫漫历史长河中，始终保持着重视文化传承的特色，代有人才。马先生在《温州马氏家族琐记》中写道，纵观马氏家族历史，似乎大家都遵循着这样一个不成文的家训：认认真真读书，踏踏实实做学问，但求真才，不事宣扬；不谋官职，不图私利，只求学有所长，服务社会。最终都得到了社会的承认。

　　马骅老先生的祖父马兰笙是著名的书画家，精通琴棋书画，而且还懂得因材施教，将书画传给了艺术天分较高的二房马祝眉，出了马孟容、马公愚、马辅及孙辈马亦钊等书画家。马先生的父亲马寿朴，字剑三，是三房。马先生有六个姐姐一个哥哥，他年纪最小。

　　马家书画传家三百年，到马老这一代是成就和名望最为辉煌的一代，除了继承传统的书画艺术之外，更有作家、诗人、文学家、农学家、测量学家、医师

马骅

等，他们大都是著名的专家、学者。在马老的下一辈中，更是人才济济，不乏出类拔萃者，其中有图书馆学资深专家、中美贸问题专家、文学家、教授、主任医师、建筑专家、高级工程师、企业家等。

马先生的大儿子马大观是高级工程师，曾任浙江东方集团公司副总经理，2003年3月退休后受聘浙江东方职业技术学院经济管理系教学指导委员会委员、副主任。次子马大康1993年获曾宪梓全国师范院校优秀教师奖，被评为教授，担任温州师范学院最后一任校长，在完成了温州师范学院和原温州大学合并新建工作后，因年龄原因改任温州大学正校级巡视员、温州大学学术委员会主任、硕士研究生导师、浙江省重点学科文艺学学科学术带头人。三子马大正曾任浙江中医药大学博士生导师，马大康和马大正都获国务院颁发的政府特殊津贴。在孙辈中涉及的领域更为广泛，有研究生命起源的博士生、免疫学专家、文学家等。

马先生经历坎坷，6到12岁先后入温州中前小学、第一高等小学和省立十中附小就读。十中附小师资好，每逢周末都有文艺演出，马生先最初的写作和表演都从这里开始。1934年入温州中学高中，次年与同学组织野火读书会，负责编辑《野火壁报》；同年下半年被选为学生自治会学术股长，主编学生刊物《明天》。1935年"一二·九"运动爆发后，与胡景瑊等带领学生罢课游行，抵制日货，要求拆毁日本人开的商店东洋堂，因此被学校开除，并遭到当地政府通缉，流亡上海。1937年毕业于上海私立民光中学。抗日战争全面爆发后，回到温州，8月加入中国共产党。与友人发起成立永嘉（今温州）战时青年服务团，负责宣传部和学生救亡工作组工作。10月任中共永嘉县委委员兼文化工作委员会书记。1938年与友人组织海燕诗歌社，编辑"海燕诗歌"丛书，主编《暴风雨诗刊》，出版诗刊第一辑《海燕》、第二辑《风暴》，后遭查禁，被迫停刊。1939年主编《战时商人》月刊。为国际新闻社特约通讯员、浙江省战时作者协会永嘉分会理事、浙江省战时音乐工作者协会永嘉分会理事、浙江战时剧人协会永嘉分会理事等。

1940年赴皖南参加新四军，后辗转到达新四军抗日根据地盐城。1941年任盐城中学训导主任兼国文教员。在盐城期间，创作了《晨》《渡运河》《陈毅同志》《射阳河岸上的向日葵》等诗作，其中有些发表于上海出版的刊物上。暑假回温州途经上海，滞留近两个月，寓居堂哥马公愚处。8月，在上海作诗《母亲》《山店》，后者发表于《上海诗歌丛刊·收成》。10月，回到温州，在隐蔽状态中完成组诗《光》（含《闪电》等5首），发表于福建的《现代文艺》第4卷第3期。1942年，组诗《风雨三月》发表于广州的《新世纪》，《太阳系》发表于桂林的《诗创作》。

1943年1月，由于叛徒夏巨珍的出卖，深夜在温州家里被捕。不久，散文

风雨人生诗为伴的诗人、作家马骅

诗《浪子回家》《记忆之囊》等发表于丽水出版的《东南日报》副刊《笔垒》。出狱后在温州创作散文诗《斑歌鸟》。应邀去丽水任《浙江日报》文艺副刊《江风》和《文艺新村》编辑兼资料室主任。6月，以歌雷为笔名创作散文《无罪的囚徒》，反映狱中生活。1944年，诗辑《太阳系》发表于广西桂林《诗创作》第19期。诗《想像》《寂寞》等在《浙江日报》副刊等发表。抗战胜利后，随报社迁往杭州。1946年5月，《欢迎的期待》发表于上海《文坛》月刊。因《浙江日报》被国民党接收，去南京《益世报·晚刊》工作，被解聘后于1947年9月回温州。次年，在温州工业职业学校担任国文教员兼训导主任。5月，诗集《渡运河》出版不久，唐湜即在《诗创造》诗论专号《严肃的星辰们》上予以高度评价。11月，散文集《生命树》由上海海天出版社出版，唐湜在温州发表了《生命树上的果实》予以评论。1949年5月7日，温州解放，任《浙南日报》副刊《新民主》主编，其间写了不少诗，《陨落的星辰》由上海人间书屋出版，其中关于文艺家的部分曾以《呈献了血和生命的作家们》为题先发表于郑振铎、李健吾主编《文艺复兴·中国文学研究专号（上）》。本年还参与创建温州市新华书店。1951年被选为温州市文联第一届主席，并担任温州中学语文教员、副校长。

1954年2月，调往浙江师范学院（后改名杭州大学）任教20余年，历任中文系讲师、现代文选及习作教研室主任，杭州大学中文系写作教研室主任。次年，他被指控为"胡风分子"受到隔离审查，因证据不足而作罢。在杭州大学中文系开设写作课，为浙江省第一次在高校里开设写作课程。1966年被打为"漏网胡风分子"惨遭迫害，关"牛棚"，受批斗。10年后，粉碎"四人帮"的前两个月从杭州大学离休回温州。次年被温州市教师进修学院聘请，教中国现代文学与写作7年。

1981年65岁的马先生，在温州恢复写作，发表了大量的诗作。是年在藤桥中学任教的林正华老师、曹云和表兄夏凯荣等同学就读马先生执教的温州教师进修学院，他们经常向我介绍马先生以他自己的创作实践与写作的经验进行讲解指导，很有亲切感、真实感。他的课，既通俗又经典，很有启发性和感召力。从此，我拜读并珍藏了马先生的著作。马先生在我的心目中是位形象高大的诗人、作家，可谓山高水长、高山仰止。1982年7月，马先生加入中国民主促进会，任温州市委员会主任委员。2001年10月20日，我去瓯海将军大酒店拜访从美国回乡的琦君夫妇时遇到了马先生，这时马先生与我和林长春一起拍照合影，该合影收录拙作《鹿城风雨春秋》书前插页。

2007年7月20日，91岁的马先生因呼吸道严重感染住进温二医呼吸科监护室，两天后病情稍稳定，他仍然在唱着他的大爱者的生命之歌，口述在病榻上构思好的五首散文诗，由陪在身边的大儿子马大观记录，题名《病房滴墨》，表达了自己同病魔抗争，赞美人间的"爱"和大自然的"美"，抒发自己强烈的求生愿望，这是诗人给世人留下的最后诗篇。

马先生说过：人的一生是在追求中度过的，不管他追求的是什么。人一旦没有了追求，就像溪流干涸了不再流动，失去了生命的活力。马先生都是在有意无意地追求真善美，真善美的含义应该比我们通常所想的广阔得多。他却把它简单地概括为：爱才能达到真善美，真善美才能获得爱。这就是他经常歌颂的"大爱"。2011年6月15日，年迈辞世，享年95岁，安然走完人生之旅，带着大爱者的诗与"真、善、美"的追求进入了天国安息。6月18日，他的骨灰被安放在瓯江北岸的桃源陵园。《温州日报》《温州都市报》《瓯风》《温州文学》刊发纪念专版、专栏、专题和专辑。

马先生出版了诗集《叛乱的法西斯》《渡运河》《风雨三月》《我的歌朝人间飞翔》；散文集《生命树》；散文诗集《大爱者的祝愿》《梦的摇篮》《生命的歌没有年纪》《闯入者之歌》；文艺传记史料集《陨落的星辰》；作品分析《小学教师语文进修用书》（与人合作），《初中文学》（上册，与人合作）；教材《写作基础知识讲话》；部分作品被选入中学语文教材。2012年《莫洛集》出版，全书120余万字。

马先生曾任浙江省文联委员、国际文化交流协会理事、浙江写作协会会长、温州市文联顾问、温州市第四至第六届政协常委。1999年，马骅获浙江省作协授予的"浙江当代作家50杰"称号，2002年获浙江省文联授予的"浙江省有突出贡献的老文艺家"称号。

李岳松

马骅夫妇合墓

风雨人生诗为伴的诗人、作家马骅

|337|

余生无求究民俗的民俗学大家叶大兵

提起叶大兵很多人知道，1990 年他的第一部著作《中国风俗辞典》出版一炮打响后，后来又出版了《俗海探微》《俗海泛舟》《俗海拾贝》等 "俗海三部曲"，在全国民俗学界产生很大的影响，这更奠定了他在中国民俗界的地位和影响。让我们重温民俗大师叶大兵的传奇人生，缅怀他在民俗学海的不断探索和贡献。

从实践中学习积累知识

叶大兵，笔名老军，1928 年出生在温州市区岑山寺巷，他 9 岁那年，抗日战争全面爆发，1941 年 4 月，温州沦陷，他和全家逃难到玉环楚门岛屿上。在楚门小学毕业后便辍学了。校长看他成绩优异失学可惜，聘他在楚门小学当一名临时教师。学校里师范学校毕业的老师，对他这个只有小学学历的教师有些瞧不起，于是他下决心要努力学习文化。

虽然叶先生 15 岁就在楚门教书，但是他的心仍然依恋着家乡温州。抗战胜利后，19 岁的他马上坐轮船回到温州，当上了私立东南小学的音乐教师。他一有空就去图书馆，学习更多的知识。叶先生擅长音乐，1948 年组织温州市的小学音乐教师成立了雨声合唱团，他担任团长。由于合唱团学唱进步歌曲，遭到了国民党特务的监视并受到威胁，被迫停办。1949 年 5 月 7 日，温州和平解放，雨声合唱团恢复，成为温州解放后的第一个音乐团体，组织广大音乐工作者开展一系文艺活动。

1955 年，他到温州市文化局文化科工作，在撰写《瓯剧的调查研究》一书时，收集和采录浙南民间故事、传说和歌谣，原来地方戏曲与歌谣、民俗文化息息相关，从此，对戏曲和民俗产生了浓厚的兴趣，也为他日后的民俗研究打下了扎实的基础。叶先生虽然没读过中学、大学，但他说过："实践也是个大学，可从中学习、积累许多知识。"

叶大兵

以"辞典""三部曲"奠定民俗学界地位

20世纪60年代，叶先生在研读近现代学者、诗人胡朴安的《中华全国风俗志》时，就有了编写《中国风俗辞典》的愿望。1981年，他在北京图书馆看到日本著名的风俗专家柳田国男主编的《日本民俗辞典》，更加坚定了要写一部风俗辞典的决心。回温州后，他就试着写了3000多条有关中国民俗的词条，于1980年附信寄到上海辞书出版社，出版社高度重视，立即派编辑徐福荣来温州，与叶先生商讨《中国风俗辞典》编写出版事宜。1985年3月，《中国风俗辞典》编写工作领导小组在上海成立，叶大兵任组长，各省市108位民俗学家组成编委会，参与撰稿，叶大兵为第一主编。通过8年的数易其稿，一部260.8万字的《中国风俗辞典》于1990年出版发行。这部全面记载中国56个民族古今主要风俗习惯的辞书，被一些国外民俗学家称赞为"了解中国的第一书"。

民俗专家、北京大学中文系教授段宝林在《文化学刊》刊登了《"余生无所求，惟将民俗究"——读叶大兵"俗海三部曲"》，文中说：叶先生用毕生心血凝聚的"俗海三部曲"，既有对民俗基本理论的探讨，又有对应用民俗学和区域民俗学的专题研究，还有民俗专题调查和比较研究的许多成果，从中可以学到许多民俗学的知识，这些知识在别处往往难以学到，因而弥足珍贵。这是对叶先生在民俗学研究方面贡献的充分肯定。

让民俗学研究成果服务社会

20 世纪 90 年代末，叶先生在中国民俗界率先提出"应用民俗"的理论，为民俗学界指明了一个新的研究应用的方向。1999 年，叶先生向全国民俗界提议，21 世纪民俗学研究，必须与时俱进，走田野作业、理论研究和社会实践相结合的道路。民俗学必须致力于应用，为经济建设和社会发展服务。1998 年 8 月，已是 70 岁高龄的叶先生，以自己民俗学的研究成果，帮助有关企业在温州、上海等地举办鞋文化展览，为民俗学研究开辟了新的天地，帮助企业创造了文化品牌，创办了中国纽扣博物馆、中国鞋文化博物馆以及中国锁文化展览馆。

2005 年 10 月 19 日至 20 日，第二届温州民俗学知识培训班在苍南灵溪镇举行，笔者在培训班上聆听了叶先生的讲课。2016 年，笔者拜访叶先生时，他从探俗斋的书架上取下自己的研究成果说，专家学者一个课题研究完成了，研究成果出了书放在书架上是不够的，要把民俗学的研究成果拿到社会上，让理论与社会实践相结合，使民俗学服务社会。我每年将主编的鹿城党史刊物《鹿之鸣》和党史专著、文集寄给他，他知道我是做党史研究工作兼任温州市民间文艺家协会副秘书长、中国民间文艺家协会会员，我们在交流时他鼓励我要多做田野调查，进一步深入挖掘素材，多做研究，多出成果。

温州是民营经济的先发地，轻工业发达，这为叶先生的探索研究提供了有利的条件。桥头纽扣市场被国内外誉为"东方的纽扣大市场"，占全国纽扣产量的 80%。纽扣是服饰民俗的一个组成部分，他从 1988 年冬萌发了研究中国纽扣的念头。在女儿叶丽娅的协助下，开始分工调查和搜集大量的实物、图片和文字材料，三年多来，到北京、山东、南京、广州和云南等地的纽扣厂和博物馆进行调研，收集有代表性的古今纽扣样品及别具特色的少数民族纽扣。到 1995 年，主编出版了我国第一本系统研究中国纽扣文化的《中国纽扣》，该书从民俗学、工艺学、美学、考古学等不同的视角展示了中国纽扣的发展史。

在中国鞋文化博物馆筹建期间，叶先生亲自到各地收集古今各类鞋履，撰写出版了《中国鞋履文化辞典》一书，并主编出版了《东方之履》系列专辑。2001 年，温州红蜻蜓集团的鞋文化中心通过专家评审，获得命名证书，成立中国第一个"中国鞋文化博物馆"，并召开了首届鞋文化学术研讨会，将民俗学研究与企业文化建设同步进行。如今的博物馆已经成为红蜻蜓企业的文化品牌，浙江省社科普及基地、"浙江省市民终身学习体验基地"。

2003 年，叶先生又开始了为"中国锁都"——温州寻找文化载体的跋涉。2006 年 3 月 31 日至 4 月 2 日，中国民俗学会第六届暨"新世纪的中国民俗学：

机遇与挑战"学术研究会在北京召开，会上他的论文《漫谈中国锁文化史》进行了交流，并收入《新世纪的中国民俗学：机遇与挑战》论文集。4月，论文《谈中国锁文化史》，在世界华人交流协会和世界文化艺术研究中心举办的2006年国际论文交流评选中获国际优秀作品奖。8月发表了漫谈中国锁文化的文章，其中建议锁行业应该建立锁文化，将中国锁文化的审美观点、工艺特长和文化内涵融入企业发展之中，抓企业文化，促进企业发展。

一家锁业集团看到文章后找到叶先生，邀请叶先生带着搜集的锁具和锁的研究成果，代表该集团参加在上海举行的国际五金展，其锁文化成为展会的一大亮点，吸引了不少外国客商，甚至有人想购买他的展品。2012年，一部图文并茂的《中国锁文化史》出版。2013年，该书入选国家出版总署第四届"三个一百"原创图书出版工程人文社科类书目。

笔耕不辍硕果累累

"余生无所求，惟将民俗究"，这是他人生的写照。他不仅研究民俗文化、民间文艺、戏剧，还研究温州历史和地方党史。俗海探微70载，出版专著30部，论文百余篇，达千万字。其中《中国风俗辞典》（第一主编）获全国第五届图书"金钥匙"优胜奖和上海市优秀图书一等奖。《俗海探微》《俗海拾贝》均获中国民间文艺（学术著作类）最高奖——山花奖和浙江省社会科学优秀成果奖。另外，主要著作有《中国百戏史话》《中国渔岛民俗论文集》《俗海泛舟》《瓯剧史研究》等。2007年，已近80高寿的叶先生再添新作，出版了《温州竹枝词》《瓯歌研究》《叶大兵民俗学论集》等。论文《中日象征民俗比较研究》被译成日文，收入《中日文化交流事典》，并两次应邀赴日讲学。2020年11月27日，温州民俗学家叶大兵先生于家中辞世，享年93岁。他的骨灰放在瓯海基安山陵园。

叶先生青少年时期生活坎坷，没有上过高中和大学，靠着勤奋好学，自学成才，就职于文化局后更是如鱼得水，一心扑在民俗学的研究上，成果显著。1993年10月，在中国民俗学会第三次代表大会上，叶先生当选为常务理事，可见叶先生是中国民俗学学科发展史上的先行者之一。在他的努力下，温州民俗学研究团体在民俗界有了一席之地，同时也为浙江的民俗学发展奠定了基础，被誉为温州民俗学的创始人。纵观叶先生几十年的研究成果，无论是学术研究范围的广度、内容的深度，还是创新性研究方面，以及民俗学应用研究与以文化为经济建设服务等方面，不仅是一位领军人物，而且为年轻学生树立了民俗学研究的典范。

　　叶先生历任温州市文化局副局长、温州市文联副主席、浙江省民间文艺家协会副主席、温州市民俗文化研究所所长、中国民俗学会顾问、辽宁大学民俗研究中心兼职研究员、温州市收藏协会会长、温州大学兼职教授和浙江省博物馆民俗顾问等职务。中共党员。曾获浙江省劳动模范，浙江省先进工作者，全国、全省从事文艺工作 30、40 年荣誉证书。

李岳松

叶大兵夫妇合墓

温州经学文史家刘绍宽

温州地处浙江东南部的偏远山区，形成了具有独特的文化氛围，费孝通先生说温州地区的历史传统是"八仙过海"，其历史上的以讲究实效、义利并举的永嘉学派自成一体，影响学界，特别在近现代更是名人辈出，有孙诒让、吴承志、夏承焘、苏步青、夏鼐、郑振铎、南怀瑾、叶永烈等，而一代经学文史教育家刘绍宽则是其中一位较有影响的学者。

刘绍宽，生于1867年，平阳白沙乡刘店村（今属苍南县龙港镇）人，字次饶，号厚庄。父亲刘庆祥，清代廪生，以诗文、篆刻闻名，著有《铁耕小筑印谱》。刘绍宽自幼就在父亲的熏陶下成长，17岁时县试第一名，20岁就开始了教读生涯，曾从学吴承志，后转承瑞安的金晦，并向朴学大师孙诒让、黄绍箕多有请益，博览群书，通达时务，虽居东瓯一隅而承永嘉学派遗风。并受维新变法影响，主张废科举办新学堂，光绪二十八年（1902）获拔贡，任龙湖书院山长。光绪二十九年（1903）走出温州，考入上海震旦学院，从学于马相伯，后回平阳任县中学堂教习。先生将震旦经验植入县学，每间隔一周演说一次，预日出题，命学生预备，所议皆国家政要，令诸生知有国事，以动其爱国之心。他与学生谈话说："瓜分之说，诸生谅已有闻。向时不学西文、不通西语，尚无大碍，今则处处将与外人交涉，如不通西语，将大有妨害。"光绪三十年（1904）与同道陈子藩东渡瀛洲，走访日本学界，考察大学、乡村小学，探讨教育之方向。回国后撰写《东瀛考学记》，对日本的学制及教育对社会的影响，多有记述，影响广泛，遍及江南，一时以此为办学方法的小学开办有十余所。其后应孙诒让之邀，谋划温处学务，并任温州府中学堂（浙江省第十中学前身）监督，力矫学风，整顿教务校规，致力于温州早期教育现代化，使学生受其教育而皆能成才，由此学风大振，学堂数居各县之首。

先生两度任温中校长，指出："热心学问之士，专自早就其国民资格，万不可希冀利禄之心，以致荒废正业。任教育者，须于此准定方针，指示来学。"并整理形成一整套《温州府官立中学堂暂定章程》计二十六章，"不仅在温州为首创，即使全国亦不多见，为温州中学历史上依法治校奠定了基础"。（见郭绍震《刘绍宽对省立十中的贡献》）成绩斐然，为浙中诸校之冠。校内教室、实验室、图书馆、大礼堂、师生宿舍、自修室、厨房、浴室、厕所等一应俱全，在当时省内数一数二。陶铸人才，厥功甚伟。

因经费掣肘和政治介入，刘绍宽辞去校长一职，主修《平阳县志》。其间与同事考察寺庙祠祀、摩崖碑板、学校书院、村名土俗、族谱文献、河流山林，并往来瑞安玉海楼、杭州文澜阁、南京图书馆、上海涵芬楼等地查阅资料，力求皆经目验，穷原竟委，纠偏查误，比对求证，严格审核，并撰《修志辩误》，多有校正不实之处，体大思精，为现代修志范例，被董朴垞评之曰："为近出新志之冠。"洪焕椿《浙江方法志考》誉之谓："近代浙江方志之佳作。"《平阳县志》从1915年开始编撰，至1925年完成，历时十年，岁月淹迟，备尝艰辛，苦于心智，词因难重，逐一克服。他为之欣慰地说道："十年之功得以告成，虽覆瓿亦无憾矣。"

刘绍宽先生作为一个温州地区的社会活动家、经学家和教育家，一生著述颇丰，流传至今有《厚庄诗抄》《东瀛考学记》《民国平阳县志》《厚庄日记》，为当今学界关注，被誉为"跨越清季与民国时期的地方史料库，记录温州风云的乡土文献"。先生铢积寸累，撰成百万字《厚庄日记》，载录晚清至抗日战争历史风云演变，实为温州一代贤者。

刘绍宽先生于1942年病逝于温州，安葬于平阳县昆阳镇牧垟村古岩山。此地海拔约43米，墓域依山势而筑，坐东南朝西北，其形制呈扶椅式，由拜坛、墓室（中坛）、墓室（上坛）三部分组成。拜坛前用砖砌高约45厘米的矮围墙（围墙正中开一个约1.38米宽的通道）。拜坛后为中坛墓室，左右两侧为三级砖砌踏步登临中坛；中坛后左右两侧亦为三级踏步，上坛为二穴墓室，墓室顶背微凸起，其墓室顶背后侧正中立有青石墓碑（宽38厘米，高64厘米），此碑系刘绍宽先生孙子刘昌汉所立，系"门生张鹏翼敬书"。上墓坛周边为内、外二圈扶椅式的墓圈。因G228国道平阳段建设需要，刘绍宽墓在红线内。平阳县松鹤陵园本着保护地域文化的责任和热心于公益的情结，故将其迁移至松鹤陵园内，按原形制复建，并在其迁建墓的左前方设立一座花岗岩碑亭，亭内正中立介绍刘绍宽先生生平业绩石碑一方，以供后人瞻仰。

李钢

刘绍宽墓

刘绍宽墓碑

躬身桃李写春秋的瑞安地方史专家许希濂

![云纹装饰]

坐落在瑞安西郊小横山的永泰园，山环水抱，风光秀美，是温州著名的生态示范陵园，享有"人生后花园"之美誉。难怪毕生热衷于乡邦文化研究的瑞安地方史专家许希濂先生，生前要将自己的墓地选择于此。在这里，他不仅与生于斯长于斯的瑞城近在咫尺，还可以遥望滔滔东去的飞云江，尽情抒发对这条家乡母亲河的眷恋……

(一)

许希濂 (1936—2020)，生于瑞安城关水心街许宅大院，系清代名将、福建水师提督许松年嫡系裔孙。他自幼聪颖，承继家传，喜好读书。1952 年就读瑞安中学，后考取温州师范学校。1957 年毕业，被分配到瑞安湖岭山区执教，当了

许希濂

近 30 年的乡村"教书匠"，并在那里娶妻生子，成了半个"湖岭人"。

他热爱教师工作，视其为"太阳底下最崇高的职业"。在大山深处的林溪、岭雅等地，孜孜不倦地耕耘，就像一支燃烧自己照亮他人的红烛，默默地奉献青春的光和热。他知识丰富，授课生动，而且性格温和，平易近人，从来不摆架子、不训人，学生们都喜欢听他讲课、与之亲近。教学之余，他还会给学生讲述瑞安历史和乡土人情故事，娓娓道来，风趣感人，不仅学生听得津津有味，许多家长都慕名赶来聆听。许先生则是多多益善，人越多，讲得越起劲，济济一堂，场面颇为壮观。

多年以后，他都调到瑞安去了，湖岭那边仍有不少学生，几乎年年都要来探望，说许老师当年的谆谆教导，以及所讲的故事，给他们的童年留下了美好珍贵的记忆，让人终生难忘。

然而，在那个特殊的年代，阶级斗争被肆意扩大化，他也承受着种种不公正的待遇，出身给他带来的磨难，远多于祖上的余荫福祉。但无论是家人亲属蒙冤受屈，还是他本人面对诸多的坎坷劫难，被无端关押，强迫下放到荒僻的农村劳动，他都从容淡定，无怨无悔，始终固守为师的初心与本分，直至重返教坛，继续躬身育人，将博大无私的情怀，化作春雨甘露，换取满园的桃李芬芳。

党的十一届三中全会后，国家发生了巨变，许先生也迎来了人生的春天。不久，在湖岭山区执教半辈子的妻子，终于被调到瑞安城关一小任教，他自己也因擅长历史教学，被调至瑞安中学担任历史教师。总算一家人团聚，回归瑞安城关。

（二）

瑞中为百年名校，许先生在此可谓如鱼得水，他青春焕发，将自己的聪明才智发挥得淋漓尽致。在这里，他很快就挑起执教高三文科班历史的重任。几年下来，各届考生成绩斐然，他也声名鹊起，当选为瑞安市政协委员，还连任了四届瑞安市历史学会会长。他本属无党派人士，1988 年，由温州市政协副主席、民进温州市委会副主委马允伦老先生推荐加入民进，成为瑞安民进组织创始人之一。作为一个与中共"荣辱与共、肝胆相照"的民主党派组织成员，他深感荣幸。在教学之余，不仅履行参政议政的职责，还积极参加各项社会活动，开展爱国主义和革命传统教育的历史讲座。

据玉海文化研究会副会长施正勋撰文回忆，他当年在瑞安总工会就聆听过许先生的历史专题讲座，语言平实，脉络清晰，把几千年的历史讲述得生动形象。引经据典时，毫无学究味，听来通俗易懂，印象深刻。

许先生酷爱文史，擅长写作，年轻时就崭露头角，在报纸和刊物上频频发表文章与诗作。此时，更是一发而不可收，奋笔疾书，笔耕不辍，先后在海内外报刊上发表100多篇文章。在香港、澳门回归祖国前夕，为使广大市民和中小学生深入了解两地历史及回归祖国深远伟大的意义，他精心收集有关史料，夜以继日地赶写《百年沧桑话香港》和《澳门小史》两本小册子，并在《瑞安日报》上开设专栏，连续刊载，引起了很大反响。

同时，在瑞安民进总支的支持下，他马不停蹄，相继到全市机关单位、中小学校、乡镇社区、厂家企业进行专题讲座100余次。还应邀去瓯海多所学校做演讲，当地多家报纸、电视媒体予以报道，成了瑞安人人皆知的"宣讲名人"。

（三）

许先生退休之后，依然精力充沛，老当益壮，成了名副其实的大忙人。他被推选为瑞中退休教师协会的负责人，还以退协名义创办了一个高考复习学校，自任校长兼教历史。此外，又在电大、党校、任岩松中学等处兼课。有时亲戚朋友面子推脱不掉，晚上还得给他们的子女单独辅导高考历史。整天忙得团团转，工作量比起在职时多得多。家人担心他过于劳累，影响身体健康。许先生却乐此不疲，尽情发挥余热，精神状态相当好。

善写能讲是许先生的一大特长，凭着长期积累的文史知识，他坚持通过讲座或在报刊撰文等方式，讴歌改革开放的新时代，赞美盛世崛起之中国。凡瑞安民进组织的有关活动，总是积极报名参加，尤其是历史专题讲座，更是非他莫属，曾多次为公众讲述中共党史、抗战史、台湾史，以及瑞安的乡土历史和浙南革命斗争史等，受到社会各界好评。

他曾先后8次被评为瑞安民进先进会员，5次被瑞安市人民政府评为关心下一代先进工作者，4次被温州市人民政府、温州市委宣传部、温州市教育局等单位评为思想品德教育优秀报告员。他撰写的文史类文章，多次获《瑞安日报》《温州日报》及省级报刊优秀奖。

许先生长得清瘦，个子不高，但此等瘦弱之躯，竟能释放出如此巨大的能量，简直令人难以置信！先生平时烟瘾甚重，有人说他正是借就那缕缕烟雾，驱散心中的杂念，提神醒脑，坚守自己的爱好与追求。先生却说，这是"岁月长吟歌盛世，时光流逝忆菁华"，是时代使然，心境使然！

（四）

2007年春夏之交，年逾古稀的许先生又干了一件"老有所为"的大事——应瑞安市委宣传部和文化局之邀，组建瑞安市玉海文化研究会，相继担任副会长、会长，专事地方史的搜集、梳理、编纂、出版工作。

从创会开始，一连十多年时间里，先生以会为家，每天上午，总是早早来到办公室，风雨无阻，寒暑不易，全身心投入，从不计个人得失。凡有会员或各种不同身份的来访客人，一律热情接待，对提出的各种咨询，总是不厌其烦，尽量予以释疑解惑，热心乡邦文化的精神，令许多人钦佩。

这十多年来，许先生先后参与《瑞安十大历史人物》《瑞安历史人物传略》《瑞安历史文化品读》等地方历史文化丛书的编撰；由他本人著述或主编出版的就有《水师名将许松年》《玉海人韵》《瑞邑山韵》《江湖风韵》等多部专著，还包括10多期《瑞安玉海文化》期刊，对地方文史研究和文化传承所做的贡献，有目共睹，功不可没。

2020年5月12日，忙碌一生的许先生因病去世。他走得有点匆忙与突然，就像一台高速运转的机器，戛然而止。有众多的亲朋好友、同事、学生前来为他送行。

"一世耕耘赢来桃李遍天下，几番神驰延续文脉传梓桑。"这是他的同事与好友施巨欢先生为其撰写的挽联，概括了他教书育人、撰书诲人的一生。原城关中

许希濂夫妇墓

躬身桃李写春秋的瑞安地方史专家许希濂

学校长林成植先生，也在《瑞安日报》上发表《长忆先生泪满襟》的悼念文章，对许先生提携后学、致力乡邦文化研究与传承的学养品行，表示深切缅怀。

许希濂先生走了，瑞安失去一位知名的文化老人，永泰园里却多了一位博闻强记的地方文史专家。也许此时此刻，他正在那儿侃侃而谈，依然在诉说瑞安历史，传播瓯越优秀的乡土文化！

马邦城

笔端云涛透饱学的温州学界奇士张乘健

张乘健，1944年1月出生于温州市区，曾于温州师范学院（现温州大学）任教，并担任过中国红学会会员、《红学通史》特约哲学编委和国际中国哲学会通讯会员。先生被称为"温州学界奇士"，不仅是一名致力于研究中国古典文学和哲学史的专家，还是一位富有才情的诗人。

图书馆里的学士

张乘健先生进入温州师院之前一直是"业余为学"，是学院外、体制外的学者，常自称是"草莽治学者""业余治学者"。

先生少时极其聪明好学，并连连跳级，名列前茅。但是在那个年代，出身决定了一个人一生的命运。由于出身问题，升学（大学）对于先生而言虚诞无比。1958年毕业于温州四中后，先生在当年年底参加工作，在温州冶金厂、市财政

张乘健

贸易办公室、市供销社等与学术并无关联的单位工作。编制与头衔并没能限制住这位业余身份的文化人从事学术研究，图书馆成为他获取学问、资料以自学的重要途径，深深地滋养着他的求学问道之心。采访过张乘健先生的资深报人金辉先生曾说，张乘健自学成才，是温州市图书馆这所"大学"里走出来的学者。张乘健先生自己也曾表明："图书馆在这个世俗社会中，是浊海清流，沙漠绿洲。"

先生还经常在图书馆举办文化讲座，有《西游记与中印文化之谜》《贾宝玉是谁》《尤三姐新论》《孟子与卢梭》《追寻中国的奥林匹亚》等。先生思维敏捷，逻辑严密，举重若轻，旁征博引，信手拈来，皆是妙语。

于1994年进入温州师院后，张乘健先生依然是图书馆里的常客。据其夫人吴雅丽说，为研究《周易》，先生经常往返于市图书馆与学校图书馆之间，搜集有关《周易》的资料。1997年，先生参加了研究生入学考试，虽因"政审"关系再次失去深造机会，但其优异的考试成绩足以证明先生的确就是图书馆里的"学士"，其学识见地之广博宽厚，连王海晨教授都直言其为"才子高人"。

熔无限哲思于著述

张乘健先生于1984年首次在权威期刊《文学遗产》发表论文《〈桃花扇〉发微》，获得海内外学术界广泛嘉评和关注。此后，先生在《文学遗产》《文史》《社会科学战线》《红楼梦学刊》《明清小说研究》《吉林大学学报》《安徽师大学报》《中南民族学院学报》《河南大学学报》等学术刊物发表学术论文60余篇，并出版专著《开天史考论》《红楼梦与佛学》《古代文学与宗教论集》及话剧剧本《杨玉环》、小说集《荒城述奇》等。先生的论文及专著见解独到、深刻，曾获浙江省社科优秀成果奖、浙江省教育厅教学科研成果奖。其中，多篇论文被收入海峡两岸《唐代文学研究论著集成》、北京师范大学编《元代文化研究》与国家重点社科项目成果《中国墨学史》。

先生之作为其哲思之显，最显之作乃《周易本事》。"父亲生前最大的愿望，就是发表耗费他大量心血写成的著作《周易本事》。"在2014年10月3日举行的"张乘健遗著《周易本事》新书品读会"上，张乘健之子张抱一如是说。谈及这本著作的缘起，吴雅丽说，那是因为上海师范大学教授潘悟云的一席话深深触动了张乘健，"当年，乘健刚刚调入温州师范学院（现温州大学）工作不久，有一次偶遇潘悟云，他劝乘健在教书之余要搞科研，写著作"。于是，自那时起，张乘健先生便两点一线，往返于市图书馆与学校图书馆，搜集有关图书，立志要从文、史、哲及宗教的角度来研究《周易》。张乘健先生写作《周易本事》是另辟蹊径的，不同于三国王弼、唐代李鼎祚、北宋朱熹等人对于《周易》的诠释。

心系现实，情系文脉

张乘健先生在授课之余一直关注温州文化的变迁，他对温州这座城市的文化有着自己的努力，是一位温州文化符号的挖掘者、传扬者与反思者。

张乘健先生在研究中，曾提出"今天的温州话就是魏晋时期中国的'普通话'"这一观点，此中微机，深入发掘、研究，有助于破解许多学术问题。在《温州会刊》征稿时，张乘健先生积极为相关栏目撰写文章，介绍温州的人情、习俗和名人，揭示温州的文化底蕴，传扬温州的人文智慧与精神特质。

对于旧工人文化宫的何去何从，2006年9月23日，张乘健先生进行了一场名为"孔子：中国文化贞元之际的反思"的讲演。在讲演中，先生旗帜鲜明，态度坚决，建议重修温州孔庙，在温州孔庙原址依古建筑原貌复原，并在孔庙内新辟永嘉学派纪念馆，陈列薛季宣等人的学术著作和生平事迹，展现温州的文化价值，同时吁请海内外志士仁人合力赞襄这一意义重大的文化伟业。张乘健先生认为家庙、宗庙、政庙，其意义都在于儒学和中国文化；而孔庙的命运，关系到儒学以至整个中国文化的气运。先生认为从孔庙切入，可以感触中国历史的痛感神经，足以引人启迪、令人深思。

孔庙包含传统中国文化很重要的特质，有宗教、教育等多方面的现实意义。例如龙湾孔庙就承载着温州古城文脉，先生曾写文《龙湾孔庙：沉郁苍凉的中国文化意义》。张乘健先生以为，孔庙是反物质化、反怪迁化的希望，寄托着中国文化意义。"当此国学方兴之时，此举不仅是表彰乡贤，使邹鲁之风再现于东南，而是再延文脉慧命，重燃民族精神之圣火，更新21世纪的中国文化。因为这才可以真切地反映当代儒学史的实际，于今后儒学和中国文化的重构重建更具借鉴和启迪意义。构建当代文明框架，提升城市文化品位，弘扬优秀传统文化，促进历史文化名城建设，有积极意义。"先生如是说。

在教育史馆对文保单位籀园造成破坏后，张乘健先生在金陵先生送去建议书之前，便已针对这一现象另外写了文章，并在文章中就抢救籀园提出了上、中、下三策。可见先生对于现实的关注、思考与内在的使命感。

张乘健先生心系现实、情系文脉，将个人的研究融入中国文化发展的历史进程，推动了地方文脉赓续，涵养了城市文化之魂。

笔端云涛透饱学的温州学界奇士张乘健

为师乐教，桃李芬芳

先生享受课堂教学，喜欢课堂上师生之间的共鸣与碰撞，"当他在台上讲课的时候，两眼是放光的，是满面红光的，头发会翘起来，两手会不自觉地舞动，这便是发自内心的一种快乐"。"先生上课幽默风趣，神态十足，每堂课都是一个完整的学术话题。先生上课喜欢互动，时不时瞪大眼睛提问。先生有一个习惯，每讲到得意处，双手提一下落下去的腰带，动作很是潇洒。"

在学生们眼中，张老师"目光炽烈而富有神采"，有"魏晋时代人物的风范"，"步子里又富有民国时代慢条斯理的风度"，他们都喜爱张老师讲课时的"激动"。在温师院最受欢迎的老师名单中，也常见张老师的名字，可见张老师的博学、风趣以及赤诚之心深受师院师生喜爱。

奇士之风

张乘健先生与郑张尚芳先生、潘悟云先生并称为"温州学界三奇士"，他的奇士之风贯穿学术与生活。

先生曾言："我们总得往难处努力。"而他主攻《周易》的行为便是在往难处努力。《周易》是中国最早也是最难的儒家经典，研究《周易》是一件困难又寂寞的事。但在孤独与惶惑中，先生依然坚持着自己的追寻，最终于2007年完成著作《周易本事》。

张乘健夫妇合墓

先生病榻期间仍醉心治学，坚持写作，坚持去做讲座，力图将自己的学术思考尽可能完善地传递下去。这是一位立命学术研究的读书人的傲骨。

先生为人低调，不事张扬，只会在学术立场上与人较真。沈克成先生曾言先生的言辞较他本人更为犀利。

先生把古代科举考场避嫌的规矩继承了。当其子张抱一考大学填报志愿时，先生因自己在温州师范学院工作，于是便不许张抱一填报师范院校的志愿。

先生在学术上尽显奇士之风，将前人未竟的思考加以延展；在生活上尽显奇士之气，将个体的生命融入文化的生命。

张承健先生于 2013 年 4 月 21 日逝世，安葬于瓯海凤凰山生态陵园。

卢铭约

笔端云涛透饱学的温州学界奇士张乘健

浙南南拳名师黄瑞虎

浙南武术源远流长，在清朝康熙年间，泉州少林寺武僧在被清政府围剿后四处流散，其中有武僧逃到温州平阳一带，使得南少林武术在温州地区流传，并与当地船拳相融合，形成刚柔法、鹤法、五龟法、中拦门、飞鸿法等，涌现出一批又一批的优秀拳师。

20世纪七八十年代，温州民间曾流传着一句民谣，叫作"阿虎的爸打拳，一手一手来"。这句话包含了"阿虎老师、阿虎老师的爸爸、打拳、风格"等内容，充分体现了阿虎老师的南拳在温州的影响。

阿虎老师家是南拳世家。阿虎老师的爷爷是温州武术界著名的"阿灯老师"，曾有民间民谣："阿灯老师推马，七门推出八门来"，意思是功夫深厚、无人能敌。阿虎老师的爸爸叫黄必华，他天性敦厚少言，但一身功夫却是了得，在江南一带赫赫有名，因拳风彪悍，招式有板有眼而著名，人称"黄老彪"。

阿虎老师的大名是黄瑞虎，又名黄文亮，生性好动，受家教武术熏陶，9岁就开始正式练武。他苦练基本功，每个套路的一招一式都严格要求自己，在19

黄瑞虎

岁那年开坛传教，人称"阿虎老师"。因为阿虎老师的名气，以及民谣的流传，1995年温州电视台曾在《万家灯火》栏目里特意对他做了专题报道。

黄瑞虎先生当年练武所用的石锁、石鼓、石墩，至今温州武术界人士仍津津乐道。尤其是那青石墩，相传是清末一武举人赠送给阿灯老师的，重达380斤，这石墩一般人不要说搬得动，就是想撼动一下都很困难。而阿虎老师在17岁那年的奋力一举，打响了"牛虎"的名气！

1979年黄瑞虎先生参加太原全国武术交流大会，引起了武术界广泛的注目，载誉归来后被温州市武术协会增补为副主席。后来他多次参加全国武术交流大会，1982年夺得全国武术比赛南拳组冠军，受到武术界老前辈蔡云龙先生的嘉奖，还被国家体委录像，大会评论他的拳术是"步稳势猛，以气催力、以声作威、以声发力，沉肩闭胛，手法多变，堪称南拳一绝"。他在全国各地多次与武术界名人切磋交流时取胜，众人除惊叹他的拳术风格独特、气势威猛以外，还被他惊人的推手功夫所折服。为此，《中华武术》杂志曾来温专程采访他的南拳。

阿虎老师博学多才，在武术道路上精益求精，除南拳外，八卦、太极无不精通，是以他的一身劲力刚中有柔、柔中有刚，技击之试力、听力、发力功夫精纯，变化莫测。曾有日本、西班牙等地著名武师来切磋而败于老师手下。

然而，他最乐于教授的却是"武德"精神。黄瑞虎先生19岁开始在巨二乡开坛授拳，后来相继在温溪、乐清、平阳、龙港、温师专等担任武术顾问、教练，并教授南拳，收徒数以千计。他收徒从不计较实利，对热爱武术的年轻人总是倾囊相授，但对那些企图通过练武达到以力服人之徒则是严之以武德。阿虎老师常说："尚德不尚力"，他告诫学生练武之人道德比武功更重要，练习武术不

黄瑞虎墓

是为了炫耀自己，是强身健体，也是扶弱抱不平。他以身作则，多次见义勇为，《温州日报》就曾报道先生独自一人勇擒劫匪的事迹。而跟随他习武的一些原本好斗的社会青年，也在老师的谆谆教诲下一改原来急躁、冲动的坏脾气。1983年阿虎老师被评为浙江省百名优秀武术辅导员，赢得社会和人民群众的赞可。

阿虎老师中年以后身兼社会数职，有温州市建筑公司项目经理、顾问等，他在百忙之中不忘初心，仍坚持在家、在训练场教授南拳、散打。曾多次担任浙江省武术队领队、教练、裁判，曾担任全国武术散打比赛裁判长、顾问，长期担任温州市武术协会副主席等职，为温州武术界贡献了自己毕生的力量。其学生数人获得全国武术散手比赛冠军、太极推手冠军，在浙江省及温州市各级比赛中也屡屡获得散打、南拳、摔跤等各种奖誉，可谓桃李满天下。

黄氏家传精湛武艺，阿虎老师德艺双馨，享誉国内外，桃李满天下！他精纯的南拳技艺、高尚的武德，他的认真好学、勤学苦练精神将永远地留在我们的心中！

桃园陵园供稿

一生耕耘于史学的地方史研究专家蔡克骄

蔡克骄（1954—2018），是温州资深的地方史研究专家、教授、硕士生导师。在蔡老师 30 多年的学术生涯中，他从自己所从事的历史专业出发，钻研史学理论与史学史；从学术的角度探究温州地方历史文化与民风民俗；又从文化的视野追究温州人生存发展的原动力，审视当代温州人的文化、精神、生存状态。他一生耕耘于史学，为温州史学的繁荣，为省、市历史学会的发展，为温州大学历史专业的发展，做出了卓越的贡献。

身负重任深藏功名

蔡克骄 1954 年 12 月出生于浙江省温州市，1978 年考入中山大学历史系。1982 年 7 月，他从中山大学历史系毕业后回到了故乡温州，成为温州师范专科学校的一名历史教师。12 月，温州市历史学会成立，蔡老师成为第一批会员，也是当时最年轻的会员。1987 年蔡老师担任温州市历史学会第二届理事会副秘书长，1995 年在第三届理事会上当选为副会长，并从 1999 年到 2015 年连续担任四届会长，其间还担任浙江省历史学会副会长。他为省、市历史学会的发展，为温州史学的繁荣，也为温州大学历史专业的发展，做出了卓越的贡献。蔡老师在温州大学及其前身温州师范学院工作 30 余年，是温州历史学的开山鼻祖，在校期间，承担《中国法制史》《中国传统文化》《瓯越文化史》《中国史学史》等多门课程，他还先后担任过温州师范学院政史系副主任、主任，温州大学法政学院院长、书记，以及温州人口学会副会长，温州儒学会副会长，政协温州文史资料委员会副主任等职，主要从事史学理论与史学史、地方历史文化的研究，先后在《史学史研究》《近代史研究》《复旦学报》等刊物上发表论文 40 多篇，其中多篇文章由人大复印资料中心全文转载。著作有《瓯越文化史》（独立）、《浙东史学研究》（与夏诗荷合作）、《中国文化概论》（参编）、《温州发展论丛》（主编）、《史学概论》(参编) 等。曾多次获浙江省和温州市哲学社会科学优秀成果奖,是温州市 551 人才 (第一层次)、温师院中青年学科带头人。

一生耕耘累累硕果

30 年来,蔡老师笔耕不辍,始终以严谨的治学态度与踏实的行事风格钻研史学理论与史学史,蔡老师从自己脚踏的这片热土出发,沿寻历史的脉络,给史学界带来丰硕的成果。1987 年,他发表《叶适史学思想初探》,这是国内第一篇研究叶适史学思想的论文,论述了叶适初露端绪的“六经皆史”与经世致用思想,进一步完善了叶适在史学方面的思想理论。此后,他相继发表《王夫之的“治统”和“道统”》、《比较史学在中国的发展与前景》(获浙江省哲学社会科学优秀成果三等奖)、《“诗亡然后春秋作”的史学意蕴》、《论唐才常的中西比较史学》、《陈黻宸论良史》、《陈黻宸与“新史学”思潮》等史学理论与史学史论文。

同时,蔡老师敏锐地关注到浙东学派,一篇《浙东史学再认识》拉开了他深入研究浙东史学的帷幕。随后,《20 世纪关于“浙东史学”研究的几个问题》《民族精神与浙东史学》《论晚清浙东史学》《论胡三省在浙东史学中的地位》《南宋浙东学派的史学批评》等一系列文章相继发表,最后促成大作《浙东史学研究》(与夏诗荷合作),2009 年 10 月正式问世,并荣获温州市第十一届哲学社会科学优秀成果一等奖、2010 年浙江省高校科研优秀成果三等奖。该书在各家看法的基础上,试图把浙东史学作为一个在一定区域内不断发展的史学流派进行研究,并概括其史学学术特点,以期说明其在中国史学史上的地位。关于浙东史学的特点,他认为:一是强烈的民族意识;二是重视历史观的研究;三是重事务、贵事功;四是经史并治的旨趣;五是在历史编纂学上的贡献。全书对吕祖谦与金华学派,陈亮与永康学派,叶适的史学思想,王应麟的史学成就,胡三省的《通鉴音注》,胡应麟的史学成就,明末清初的社会背景与学风,黄宗羲、万斯大、万斯同的史学成就,全祖望、汪辉祖、邵晋涵的史学成就,章学诚与《文史通义》,李慈铭、章太炎的史学成就等问题,均做了详细论述。

蔡老师治史兴趣十分广泛,在深入探究地方历史文化的同时,也不断开拓史学研究的新领域。《论汉初的楚文化》《牧野之战的时间与地点》《论孙中山的国民经济建设思想》《建构洪门史研究的新体系》《再论清初的“复明运动”》《唐才常日本之行考辨》《近代中国博览业的先驱陈琪及其著述》等论文的发表,充分彰显了他史学研究的广度,也得到了史学界同仁的广泛认可。

关怀现实心念温州

作为一个温州人，蔡老师深爱着这方生他养他的土地。与温州有关的问题，蔡老师都能如数家珍。他以学术的视角向世人介绍温州的历史文化和民风民俗。1998年2月，作为《瓯越文化丛书》的第一本专著，蔡老师的《瓯越文化史》出版。此书是蔡老师最初几年对温州历史文化研究的结晶，较全面地讲述了瓯越文化的发展脉络，即瓯越文化的渊源、转型、繁荣至沉寂与转折以及开新的过程，还介绍了瓯越文化在工艺与特产、诗歌、戏剧、学术、科技方面的文化成果，曾荣获温州师范学院科研成果二等奖。此外，在广泛阅读收集史料的同时，他还点校整理多种温州历史文献，如《歧海琐谈》《龙门集》《神器谱》《王叔果集》等。蔡老师还关注到温州地区特殊的民风民俗，曾主持温州市文化工程项目《明代温州民俗研究》，并出版《明代温州民俗文化》（2011年1月）一书，蔡老师选取明代为时间段，利用温州地方文人笔记、家谱、碑刻等资料，对明代温州地区的民俗文化进行了细致的描述和较为深入的研究，如今温州历史文化的保存与整理工作能取得如此成就，离不开蔡老师一直以来的付出与努力。

蔡老师常说："作为历史研究者不仅要研究历史，还要对现实进行关怀。"正是带着这种责任感、使命感，他开始关注温州人的文化、精神、生存状态，积极撰写文章并主动参与省市有关"温州模式"等方面的课题研究。《温州人文精神剖析》《温州模式与温州人精神——兼谈温州人精神面向未来的变革与重构》《华侨华人与温州经济》《试论温州人的财富观》《论温州人的休闲观》等文章陆续发表；还出版了《温州：敢为人先，民本和谐》一书，在业界引起巨大的反响，这本书是属于浙江省哲学社科重点课程的阶段性成果，入选了浙江省文化工程，书中写"温州人自由中有那么点野，但又充满了生命的张力。这是温州的特性"，真可谓一语中的，入木三分。

为人师表桃李天下

蔡老师不仅是一位地方史研究专家，更是一位德才兼备的老师。蔡老师曾在自己的《好为人师新解》这篇文章中写道："'好为人师'呢，以前是作为贬义词，或者自高自大，或者指手画脚，或者不谦虚，而我觉得它有另外一层意思，'好为人师'对教师来讲，它有特殊的意义。我喜欢这个职业，爱好这个职业，才会'好为人师'。'好为人师'有一种自信，对从事教育事业的一种自信，我一直能坚持教育事业 38 年。我数了一下我的工龄是 42 年，读大学除掉，都是当教师，38 年当下来，觉得有体会。另外一个是自觉，你好为人师就要奉献，就要当仁不让，不是什么自夸，你有多少东西都要教给学生。再一个就是不能自满，好为人师你要比学生多一点。"正是以这种为师之道，蔡老师坚持为人师 38 年。在学生毕业后，蔡老师仍与学生保持积极的联系与交往，将自己的佳作赠予学生，即使身体状况不佳，仍热情邀请学生来家中小聚。也正因为如此，蔡老师深受学生们的爱戴。

儒雅严谨踏实向学

在长期的学术研究中，蔡老师也形成了自己一以贯之的治学思路、态度和精神。其中主要体现在以下几个方面：

1.凝练方向，抓住重点。从研究史学史到地方史，再到现实关怀，蔡老师始终秉持学术研究的可持续性，遵循由浅入深、由粗及精的学术研究规律，为自己所钟爱的历史研究坚持不懈，奋斗终身。

2.严谨治学、文如其人。在研究具体问题上，蔡老师十分严谨，强调实事求是，可谓文如其人，事如其人。蔡老师曾说："写文章要实事求是，要经得起历史的检验，如果文章还有缺陷和不足，就不要轻易拿出来。"这样的治学态度

蔡克骄夫妇合墓

也始终贯穿了他的治学生涯。

3. 勤奋刻苦、坚持不懈。蔡老师之所以能够取得如此成就，主要在于他有勤奋刻苦、顽强拼搏的精神和常抓不懈、持之以恒的毅力。他在研究温州人精神时，十分喜欢用"历史基因"这个词，而他也将温州人拼搏、刻苦的优秀"历史基因"用在自己所从事的史学研究上。直到他身体不好，手脚不听使唤，甚至去世前夕，他还在克服种种困难，努力坚持写作，细心为学生修改论文！

可以说，作为地方史专家，蔡老师带着一种使命感，关注温州人的文化、精神、生存状态；作为温州人，蔡老师不忘初心，关怀现实，深爱着这方生他养他的土地；为人师表，蔡老师时刻关注着学生们的学业与生活，经常以自身渊博的学识、历史眼光给学生们提供指导与建议。蔡老师的治学精神和学术经验是当今史学领域所需的，值得珍惜、传颂与秉承。

梁列列

嘉兴

嘉兴别称禾城，地处浙江省东北部，长江三角洲杭嘉湖平原腹地，东临大海，南依钱塘，背负太湖，西接天目，为江河湖海交汇之所，大杭州湾区核心城市，沪杭、苏杭交通干线中枢。自古繁华富庶，全市下辖南湖、秀洲2区，嘉善、海盐2县和海宁、平湖、桐乡3个县级市，总面积4275.05平方千米，截至2020年11月30日，全市户籍人口3673799人，为中国共产党诞生地。

嘉兴是距今7000多年新石器时代马家浜文化的发祥地，建制于秦。春秋时称"槜李"，秦置由拳。孙权以祥瑞改为禾兴，赤乌三年（242）改称嘉兴，为中国东南重要产粮区。嘉兴地处北亚热带南缘，属东亚季风气候，四季分明，气候适宜，雨水丰沛，日照充足。作为吴越文化的传承地，史称"吴头越尾"，兼有"泰伯辞让之遗风""夏禹勤俭之余习"。

嘉兴自古崇文好学、秀慧工巧、进取求新，故而名人辈出，西汉有辞赋家严忌、严助，南晋有小说祖师干宝，唐有名相陆贽，宋有皇帝赵眘，元有画家吴镇，明清吕留良，近现代则王国维、茅盾、徐志摩、李叔同、丰子恺、朱生豪皆出嘉兴。清代进士嘉兴有695人，今两院院士就有39位之多。

嘉兴第一家殡仪馆嘉兴火化殡仪馆成立于1965年，第一家墓园是海盐县永安公墓，成立于1986年。目前拥有嘉兴公墓、平湖的福陵园和九龙山公墓、桐乡的龙山公墓、海盐的永安公墓等10家，2009年开始在浙江省最早尝试海葬。

一同雨里梦亦眠的莎士比亚戏剧翻译家朱生豪

朱生豪，诗人、著名莎士比亚戏剧翻译家，1912年2月2日出生于浙江嘉兴东米棚下一个衰落的商人家庭。1924年从嘉兴第一高级小学毕业后，就读于嘉兴秀洲中学。在中学期间开始接触包括莎士比亚作品在内的中外文学名著，并且在校刊《秀洲钟》上发表过多篇诗歌、论说文及独幕剧等文学作品。由于他在中英文方面的优异成绩，1929年毕业时被学校保送进杭州之江大学深造。

朱生豪在之江大学主修中国文学系，并选修英文为辅系。其间进一步涉猎了古今中外的文学遗产，增进了学识，并以其独到的见识和卓越的才华为师友们所称道。朱生豪在大学期间屡有作品在之江校刊上发表，其代表作是为1933级写的级歌《八声甘州》和临毕业前写的新诗《别之江》，其中"慨河山瓯缺，端正百年功"的词句，表明了他们那一代青年学子在国难当头的时候，决心以自己毕生的努力来为国效力的决心。大学期间朱生豪还结识了比他低三级的同学，曾被《现代》杂志主编施蛰存称誉为"有不下于冰心女士之才能"的女诗人宋清如，并在以后执手走上了人生之旅。

朱生豪

朱生豪 1933 年从之江大学毕业，进入上海世界书局工作，任英文部编辑。出于对莎士比亚的挚爱，并且在同事的建议下，朱生豪决定着手翻译莎士比亚的戏剧作品，并于 1935 年开始收集资料，做准备工作，1936 年正式动笔。其间听说中国因为没有莎士比亚的译本而被日本人耻笑为"没有文化的国家"，这大大地激发了朱生豪译莎工作的热情。到 1937 年夏，已经译出了莎士比亚的大部分喜剧作品。

1937 年"八一三"，日军进攻上海，朱生豪被迫半夜逃离住所，已经交给书局的译稿均被毁于战火，经过一段颠沛流离的逃难生活，一年后又回到上海"孤岛"（租界区）内的世界书局，后转到中美日报社担任编辑工作。其间他写作发表了大量宣传抗战、痛斥法西斯的时政短论《小言》，同时继续用业余时间重新补译莎剧，还写作发表了一些诗歌、散文和翻译作品，基本上都以抗日救亡为主题。

1941 年太平洋战争爆发，日军攻进"孤岛"并查封了中美日报社，朱生豪再次仓促逃离，译稿也再次被毁。

1942 年 5 月 1 日，朱生豪和从四川回来的宋清如结婚，在常熟宋清如的娘家小住后，于 1943 年 1 月回嘉兴老家定居，从此闭门不出，摒绝交往，把全部精力投在翻译莎士比亚剧作的工作中。在日寇统治极其艰苦的条件下，在近两年的时间里，译出了莎士比亚的全部喜剧、悲剧、杂剧和部分历史剧（包括补译了在战火中散失的全部译稿），共 31 部半。超负荷的工作和贫病的煎熬摧垮了朱生豪原本就羸弱的身体，他终于 1944 年 12 月 26 日抱恨去世，抛下了十年苦恋后仅过了两年半夫妻生活的爱妻宋清如和刚满周岁的稚子，年仅 32 岁。

朱生豪去世后，其译作经宋清如整理、校订后，于 1947 年由世界书局出版了《莎士比亚戏剧全集》第 1 至 3 卷（收入了除历史剧外的 27 部译作）。1954 年由作家出版社出版了包括全部 31 个已译出剧本的《莎士比亚戏剧集》。1955 年到 1957 年，宋清如补译完成了朱生豪未及译出的五部半莎剧，但因历史原因未能出版和留存下来。

20 世纪 60 年代，人民文学出版社组织人员补译了朱生豪未译完的 6 部莎剧以及莎士比亚的全部诗歌作品，并对朱译莎剧进行了全面的校订，于 1978 年出版了我国第一部外国作家的全集《莎士比亚全集》。学术界认为"朱译莎剧文辞优美畅达，人物性格鲜明，已成为广大读者所珍爱的艺术瑰宝"。认为朱生豪"付出了毕生的精力，终竟成为播莎翁文明之火的普罗米修斯，成为译莎事业的英雄和圣徒"（屠岸、章燕），为我国人民认识莎士比亚、熟悉莎士比亚、分享这一人类文明的优秀成果发挥了重大作用。

朱生豪去世后，灵柩暂寄厝在嘉兴的广东会馆。抗战胜利后，才于 1947 年由宋清如和朱生豪的胞弟朱文振操持，将朱生豪和朱家其他多位先人的灵柩或骨殖下葬于嘉兴西丽桥西堍的姚家第二公墓，朱家其他先人合葬为一大墓，因宋清如希望在身后与朱生豪合葬，故单独为其建一小墓。此处公墓于"文革"期间被征迁，但因宋清如和其他家人均在外地且无法前来处理，故原墓被毁，遗骨也被有关方面统一处理，现已无法查找。

宋清如于 1997 年 6 月 27 日在嘉兴病逝。为表达对先贤的崇敬和追思，由中国莎士比亚研究会、嘉兴市文学艺术界联合会以及朱生豪、宋清如的家人为他们在嘉兴泰石公墓建了合葬墓，以一套朱生豪用毕生心血凝结成的中译《莎士比亚全集》及一本宋清如整理的朱生豪书信集《寄在信封里的灵魂》和宋清如的骨灰合葬在一起。墓碑上刻的是朱生豪的手迹："要是我们两人一同在雨声里做梦，那境界是如何不同，或者一同在雨声里失眠，那也是何等有味。"那是在他们婚后不久，宋清如春节时回娘家住了一些天，朱生豪因为耐不住暂时分别的思念而写的一封没有寄出的信中的两句话。

合葬墓位于离公墓入口处不远的假山旁。墓边草地如茵，松树长青，近旁就有小桥流水，周围是一片江南的田园景色。希望两位先贤能在这里找回半个多世纪前那短暂的温馨，摆脱一切尘世的俗事，重新生活在诗的世界里。一同在雨声里做梦，一同在雨声里失眠，再没有战争，再没有动乱，再也不会分离，直到永远……

朱尚刚

朱生豪、宋清如夫妇合墓

在宋庆龄身边的张珏女士

![云纹图案]

在伟人身边工作的岁月，是她人生中最为绚丽的章节。

张珏同志，国家名誉主席宋庆龄生前的秘书，上海宋庆龄研究会理事，张宗祥纪念馆名誉馆长，浙江海宁人。著名学者、书法家、原浙江图书馆馆长、文史馆副馆长、西泠印社社长张宗祥先生的长女。1914 年 2 月 28 日生于杭州，1922年进入杭州弘道女校读书，后在上海大同大学附中培成女中至高中毕业，1932年夏考入沪江大学工商管理系。1936 年夏毕业后，经人介绍到汉口中国农民银行总行会计处工作，一直到 1948 年 12 月。其间担任过办事员、组长、课长等职。

1949 年 7 月张珏同志经同学郑安娜介绍到中国福利基金会工作。先后担任过外籍顾问的秘书、会计组组长、行政科副科长、秘书科副科长等职，此间，见到宋庆龄主席，主席常召她去上海淮海中路寓所做些文书工作。60 年代初，她还在上海儿童艺术剧院学馆兼任语文教师。1963 年春，张珏同志首次作为秘书随宋庆龄赴北京后海北河沿寓所工作。

张珏

在京一次"中福会"成立 25 周年的盛大招待会上，当周恩来邀请张珏跳舞时，周总理问张珏叫什么名字，是什么地方人。张珏告诉周总理，自己是浙江海宁人。周总理即问张珏："海宁有个张宗祥，你知道吗？"张珏答道："他是我父亲。"周总理听了很高兴，接着又对张珏说："张宗祥先生在杭州灵隐寺的那副对子写得好，它把灵隐寺的来龙去脉以及它的历史全部概括了，很有学问。"就这样，宋庆龄也知道了张珏的家庭出身。她在得知张宗祥先生就是张珏的父亲后也曾多次对张珏说："你父亲张宗祥先生学问博大精深，各方面都很精。"

1964 年到 1967 年，由于张珏同志的父亲年迈，经宋庆龄同意张珏一度调到杭州大学外语系从事英语教学工作。1967 年 5 月，宋庆龄第二次召她回到自己身边。当张珏刚步入北京后海北河沿 46 号二楼的会客室时，宋庆龄就喜出望外地迎了上来，紧紧握住了张珏的双手，第一句便是："1963 年，如果不是你父亲提出调你，我是不会让你去浙江的。"

从 1967 年 5 月起直到 1981 年 5 月 29 日宋庆龄逝世，张珏再也没有离开这个工作岗位，她前后在宋庆龄身边担任秘书长达 15 年。

在张珏与宋庆龄朝夕相处的 15 年中，宋庆龄从没对她发过火，也从未说过分量重的话，她对待张珏像对待自己的亲人，又像是忘年交。1969 年 10 月 16 日，在绝对保密的情况下，宋庆龄和张珏一行乘坐周恩来总理的专机，自北京返上海休假。在飞机上，宋庆龄十分亲切地对张珏说："你千万记住，无论什么时候，我都是你的朋友。"

为此，宋庆龄曾送给张珏一件象征着她们之间友谊的纪念品———一匹锦缎，并在上面的附纸上，用英语写下了一句亲切感人的话语："这是作为我们友谊和合作的一件纪念物。"此后，宋庆龄不再叫张珏这个中文名字，而是称张珏的英文名字——"Lrene"（和平之神）。以致所有的外国友人都从此跟着宋庆龄叫张珏为"Lrene"。

张珏晚年在回忆文章中写道："作为宋庆龄的秘书，我很重要的一个工作是为宋庆龄记日记，记宋庆龄每天的活动和她所关心的国家大事。现在这些日记都存放在北京后海北河沿的宋庆龄故居里。"从这段回忆中，不难看出宋庆龄对张珏的高度的信任。

张珏在跟随宋庆龄工作期间，深受宋庆龄的教益。尤其在十年动乱期间，为保护和关心革命同志，国际友人，做了不少工作。

1967 年，刘少奇、王光美夫妇被监禁后，他们的孩子千方百计地打听其父母的下落。在万般无奈的情况下，他们只得写信给宋庆龄，求助"宋妈妈"。宋庆龄阅读此信后，心中百感交集，不怕风险，立即将此信附上自己的亲笔信，关照张珏转呈毛泽东。同时她又让张珏代写了一封信，并带上一些慰问品，代表她去看望刘少奇、王光美的孩子们。

1969年，当宋庆龄得知她的好友路易·艾黎正面临着造反派的威胁时，就立即用英文为他写了一份"保证书"，即交张珏译成汉语并润色，最后亲自签上"宋庆龄"的名字，让张珏送到路易·艾黎的家中去。"文革"后，路易·艾黎对张珏说："在'文革'中，我亏得宋庆龄的这张护身符，才免遭冲击，免除厄运，安然地度过了这场浩劫。"

遇到一些重要文件与信件，先由宋庆龄用英文起草，再由张珏翻译成中文，交宋庆龄签名审定，最后才交张珏亲自送给对方。这已成了宋庆龄与张珏之间约定俗成的规定与习惯，一般情况下，再没有第三人参与。

1976年8—9月间的一天，宋庆龄忽然把张珏叫到卧室里，笑着对她说："Lrene，你不是一直想要我的一幅画吗？今天我送你一幅。"张珏一听高兴极了，接过那幅画一看，只见宋庆龄在一张八开大小的宣纸上，画了一只伫立在岩石上，正朝东昂首引颈的大公鸡，一轮太阳正喷薄欲出。宋庆龄给这幅画题名为《报晓的雄鸡》。张珏略一思索，就马上领会了宋庆龄这幅画的含义。当下，两人不由相视着露出了会心的微笑。

1981年5月宋庆龄病危，张珏始终守候在她的病榻前，并把每天在北京寓所家中发生的一切活动做了详尽的记录。宋庆龄逝世后，张珏仍应命住在北京后海北河沿的家中，参加了宋庆龄的骨灰安葬仪式。为了准备宋庆龄的事迹展览，

张珏墓

她继续在京搜集与准备材料，翻译宋庆龄留下的英文文章。当她译到第13篇文章时，过度的劳累使她突患脑血栓，不得已退休南返，回到上海定居。

退休回沪后，张珏又发挥余热，笔耕不辍，撰写了《片纸只字》《往事不是一片云》《情系369》等37篇40多万字的回忆文章。真实地写出了宋庆龄那和蔼大度，为国为民，团结国际友人，为中华民族、为社会主义建设、为造福子孙后代奉献一生的光辉史实。还经常接待中外记者的采访，被邀到学校、里弄给学生、青年讲述宋庆龄的思想和事迹，参加了《宋庆龄书信集》部分信件的翻译，留下了珍贵的历史资料。

张珏同志追随宋庆龄，在自己的美好年华工作于宋庆龄身边，悉心研究宋庆龄的一生。她在秘书工作中，总是尽心尽力、兢兢业业、勤勤恳恳，并严格遵守工作纪律，忠于职守。正如张珏在她所写的《在宋庆龄名誉主席身边工作的难忘岁月》一文所写的："在宋庆龄身边十五个春秋，流水般地逝去，而她谢世后，人们誉她为'出淤泥不染的荷花'，称她为'国之魁宝'，'20世纪的伟大女性'。而我也越来越感到在她身边十几年春秋是值得自豪的。"

嘉兴殡葬协会供稿

海宁硖石乡贤、近代实业家徐申如

徐申如（1872—1944），名光溥，谱名义炜，字申如，号曾荫，海宁硖石人，诗人徐志摩之父，近代实业家。因兴办实业，蜚声浙江、惠及乡里，成为一代乡贤。徐申如生于硖石镇芙蓉溪北，因这一年阴历为壬申年，故取名申如。徐申如按族谱排行老七，人称"老七爷""七叔"。徐申如早年继承祖业，独资经营徐裕丰酱园。光绪二十三年（1897），与人合股创办硖石第一家钱庄——裕通钱庄。光绪二十四年（1898），清政府与英国草签了《苏杭甬铁路草约》，借款筑路，出卖路权。20世纪初，各地兴起了收回路矿权利以后，江浙民众要求收回苏杭甬路权。光绪三十一年（1905）初，江浙代表汤寿潜与张謇联手领导保路筑路运动，提出"保路权，拒借外款"口号，请求清政府废除与英帝国所定的《苏杭甬铁路草约》，但遭到拒绝。7月，汤寿潜在上海成立"浙江全省铁路公司"，发动民间集资，建造商办铁路，徐申如为董事之一。光绪三十二年（1906），加入政治团体预备立宪公会。光绪三十三年（1907），为保沪杭甬铁路路权，多方奔走。

徐申如（左）与徐积锴（右）

1908年，浙江、江苏两省先后成立铁路有限公司，协力修建苏杭甬铁路，浙江的筑路经费由浙江省集股自办。按原来的勘测设计，这段自上海到杭州的铁路经由嘉兴、桐乡崇德直线施工，而当时桐乡的士绅担心筑路要征用大量的农田，拆毁房屋和坟墓，坏了本县的风水，竭力反对铁路过境。徐申如当时任浙路公司董事，以他独有的眼光看出铁路"人利于行、货畅其流"的重要，亟望通过发展交通改变硖石当时闭塞落后的面貌，一面与浙路督办汤寿潜交涉，一面说服海宁士绅筹集资金，联名具呈，恳请铁路绕道由海宁境内通过并设硖石站，使海宁很早通了火车，促进了海宁经济的快速发展。

宣统二年（1910），与人集资创办硖石电灯股份有限公司。1913年2月，硖石电灯股份有限公司建成发电，结束了海宁无电的历史，同时也拉开了海宁电力工业发展的帷幕。宣统三年（1911），积极帮助浙江新军起义。1916年，与人发起开办捷利电话股份有限公司，购置旧磁石式交换机一部240门，于次年五月正式营业，镇区较大商号、机关、事业单位装通了电话，并在主要街道设置公用电话，其时装有电话120余户，这是海宁电信通信业的起步。1919年4月，与人集股40万元，筹建华商银行；同年，与兄徐蓉初创办贫民习艺所。1921年，与李伯禄等合资兴建硖石双山丝厂，并附设收茧站，是海宁近代丝织业中的先导者，为振兴和发展海宁缫丝工业奠定了基础。1923年4月，海昌公所召开年会，徐申如当选为协董。8月17日，苏浙平和协会成立，徐申如当选为干事。1924年4月17日，印度诗人泰戈尔由上海前往杭州的途中，在海宁硖石站稍作停顿，与徐申如等士绅以及硖石学界、学生见面。同年，徐申如等加大在硖石电灯股份有限公司的投入，新增120匹双缸蒸汽机及80千瓦发电机发电，用户增加到500余户。9月3日，江苏督军齐燮元与浙江督军卢永祥发生战争，徐申如全家迁居上海。10月中旬战争结束，12月4日，徐申如携全家回到硖石。1926年，先后参与了硖石火灾和杭州水灾的救灾工作。1930年春，海宁成立农民银行，徐申如受聘为海宁农民银行监理委员会委员；1931年2月，浙商联合会召开第三次大会，徐申如等15人为执行委员。11月19日，徐申如之子徐志摩因飞机失事去世，享年36岁。徐申如亲自撰写挽联祭奠。1932年7月，海宁赈捐会成立，会议选举徐申如等31人为会董。8月，海宁旅沪同乡会徐申如等50余人，为家乡海宁募集钱款并定期发放，共募集款项21000余元，大米1800余石。9月，浙江民电联合会召开第四届年会，徐申如为委员。1934年，海宁大旱，徐申如出任县旱灾赈济委员会首席常委兼上海分会主任。1935年9月14日，当选为全国民营电业联合会浙江分会第七届年会主席。

徐申如与夫人合墓

1944年3月21日，徐申如病逝于上海。徐申如去世后，海宁及硖石镇派遣代表赴上海参加徐申如的追悼会。后又在硖石举行追思会，绅商等各界人士参加并送上挽联等，寄托哀思，缅怀其功绩。当时硖石镇绸布业公所送的挽联是对徐申如一生作为和功绩的高度概括。文字曰：

功垂桑梓永难忘，自从与蛰老季老缔交，筑铁路兴工商，两省常留鸿雁影；

名载志书长不朽，此去共啸庐止庐叙旧，谈治安论教育，双山忽听鹧鸪声。

（挽联中的"蛰老"和"季老"分别是指汤寿潜和张謇，"啸庐"和"止庐"分别指乡贤吴小鲁和吴廉臣。）

两年后的1946年春，按照徐申如的遗愿，张幼仪携儿子徐积锴将徐申如归葬于硖石东山徐志摩墓的左侧。

嘉兴殡葬协会供稿

湖
州

湖州市位于浙江北部、太湖南岸，是环太湖地区唯一因湖得名的城市，市域面积5820平方千米。辖吴兴、南浔两区，德清、长兴、安吉三县，常住人口298万人。先后被列为国家绿色金融改革创新试验区、国家创新型试点城市、全国文明城市、全国首个地市级生态文明先行示范区，先后获国家环保模范城市、国家卫生城市、国家园林城市、中国优秀旅游城市、全国城市综合实力百强市等荣誉称号。

　　湖州是一座山水清丽的城市。作为习近平总书记"绿水青山就是金山银山"理念的诞生地，历史上就有"行遍江南清丽地，人生只合住湖州"的美誉。今天的湖州，国家级生态区县实现全覆盖，是首批国家生态文明建设示范市和全国"绿水青山就是金山银山"实践创新基地。全市拥有两个国家级旅游度假区，以及安吉竹博园、亚洲第一的天荒坪抽水蓄能电站、国家5A级景区南浔古镇、避暑胜地莫干山以及长兴金钉子等生态景观。"在湖州看见美丽中国"城市品牌持续打响。

　　湖州是一座人文荟萃的城市。湖州具有4700多年文明史、2300多年建城史，是丝绸文化、湖笔文化、茶文化、瓷文化发祥地之一，湖州市郊钱山漾遗址被命名为"世界丝绸之源"；著名的湖笔产于湖州，曹不兴、赵孟頫、吴昌硕等书画大家都是湖州人，有"中国书画史半部在湖州"之说；茶圣陆羽在湖州完成了世界上首部茶学巨著《茶经》；德清原始瓷窑址被称为"中国瓷器发源地"。太湖溇港、桑基鱼塘系统入选世界灌溉工程遗产和全球重要农业文化遗产。新中国成立以来，湖州籍"两院"院士有41名。

　　湖州是一座安定和谐的城市。湖州耕读文化底蕴深厚，百姓讲诚信、守规矩，民风淳朴，孝文化源远流长，是著名的孝子之乡。社会大局稳定，平安湖州建设实现"十三连冠"，群众安全感满意率多年位居全省前列，形成了乡村治理"余村经验"、镇域治理"织里经验"。2019年"中国治理的世界意义"国际论坛在湖州举行，成为展示中国之治的重要样本。

　　湖州于 1964 年成立了第一家殡仪馆，1979 年建设第一家公墓湖州市灵安公墓。目前拥有枫树岭陵园、安吉龙山源公墓、长兴观音山陵园等 12 家公墓。

殚精竭虑育桃李的于同隐教授

于同隐（1917—2017），江苏无锡人。高分子科学家和化学教育家，中国高分子学科奠基人之一，复旦大学高分子专业的创建人和学术带头人。1938年毕业于浙江大学化学系。1951年获美国密歇根大学哲学博士学位。1956年加入中国共产党。历任浙江大学教授，复旦大学教授、材料科学研究所所长，《化学世界》杂志副主编。从事高分子粘弹性和高分子合金研究。1984年领导研制成功微孔聚丙烯中空纤维人工肺。著有《高分子粘弹性》，发表论文60余篇。于教授勇于创新，淡泊名利，倡导学术自由，培养了众多优秀人才。

抗美援朝战争爆发后，1951年于同隐和爱人蔡淑莲冲破重重困难从美国回国，在浙江大学任教授。1952年全国院系调整，于同隐从杭州到上海复旦大学任教授，在有机化学教研室工作。在于同隐出任有机化学教研室主任期间，他一方面培养青年教师，一方面整顿和建设实验室，编写了《有机化学》《有机结构理论》等教材，翻译了《有机化学教程习题》。

于同隐

1958 年根据国家发展高分子工业的迫切需要，于同隐受命筹建化学系高分子研究所和高分子教研室。一般人往往认为高分子和有机化学差不多，而于同隐早就认识到高分子是一门综合性学科，仅有接近有机合成的高分子合成是不够的，还必须将高分子物理化学、高分子物理和高分子工艺等结合在学科体系内，才能形成研究所（室）的完整教学和科研体系。但在那时教研室内连高分子化学都是新鲜的名词，更缺乏高分子物理。于同隐虽然学的是有机化学，为了事业的发展，决心带头去搞高分子物理。经过几年的努力，制造和购置了部分仪器，结合实际选定了课题，在出产品的同时，写出了论文，培养了青年教师、研究生和博士生，也充实了教学内容，自力更生地建成了比较完整的高分子教研室。

于同隐深谋远虑地认识到，学科建设的关键是培养人才。从国家利益，从今后长远、稳定的发展考虑，加速培养中青年一代是当务之急，因而把培养中青年教师和科研人员作为自己的重要职责，倾注了大量心血。他针对每个教师的业务情况，因人而异提出不同要求，有的放矢地进行培养。他倡导每星期二下午为教研室的固定学术活动时间，要求每个教师轮流做专题报告，介绍高分子学科的新发展，并开展讨论。他不惜花费时间亲自组织、指导，帮助中青年教师定题，提供参考资料。为尽快赶上国际先进水平，于同隐利用他在国际学术界的联系，有计划地派出人员去美、英等各国的著名高分子研究单位，在高分子合成、高分子物理、膜科学、核磁表征、高分子结晶等方面进修、研究，并邀请各国著名高分子科学家来校讲学，从而建立起广泛的国际学术交流关系。

在培养中青年教师方面，于同隐踏实细致，殚精竭虑，提掖后进，甘为人梯。加之他平时谦虚诚恳，平易近人，赢得了广大教师的尊敬和爱戴。在整顿教学的过程中，于同隐有意识地把中青年教师推上第一线，在实践中增长才干。他鼓励几位中年教师为研究生开课，为他们提供参考书目，一起讨论教学大纲，耐心指导，亲自听课。他组织教师编写《高分子物理》《高分子实验技术》等教材，以提高课程质量，这些教材后来为不少院校所采用。教研室在翻译国外专著如《大分子》等书时，于同隐也从培养人的角度出发，让教研室内 20 位教师参加，他担任总审校。有些教师从未搞过翻译，问题不少，给总审校增添了不少困难，但他对此毫无怨言。

1982 年，复旦大学根据需要成立材料科学研究所，于同隐出任所长。在此前后，高分子实验室进行了整顿和重建，大规模地更新了仪器设备，达到国内一流水平，并接近国外的先进水平。如今，复旦的高分子专业已具有完整的教研体系，有本科、硕士、博士、博士后科研流动站和"聚合物分子工程国家重点实验室"。这一切都离不开于同隐教授筚路蓝缕的开创之功。

于同隐教授从事教育、化学工作 50 余年，不但自己的学术成就斐然，而且桃李满天下，为国内外同行广泛赞誉。2017 年 2 月 6 日，于同隐教授在上海逝世，享年 101 岁。他和夫人蔡淑莲的骨灰合葬在安吉龙山源人文纪念园，河石墓碑上是名家制作的他们伉俪的浮雕铜像。每年都有大批学生从全国各地赶来扫墓祭奠，缅怀师德。

于民

于同隐夫妇合墓

殚精竭虑育桃李的于同隐教授

一生事茶的孔宪乐先生

《当代茶人》诗一首：

> 孔君浙省为老总，开拓华茶有大功。
> 列国周游谋茗事，著书翔实内涵丰。

孔宪乐的一生就像一杯绿茶，既有淡淡的清香，也有浓郁的醇甜。

孔宪乐，宪字辈，孔子第 72 代传人。1932 年出生于宁波北仑。16 岁时便跟随大哥去上海茶厂拜师学艺，从此与茶叶结下了不解之缘。

孔宪乐

孔宪乐热爱学习，在上海期间曾利用业余时间去上海复旦大学中文系学习深造。1951年3月，以全国第一名的应试成绩，被原中国茶叶公司录取分配至浙江省茶业分公司茶叶科工作，从此，全身心地投入新中国茶叶事业的建设之中。

1951—1993年，在浙江茶叶公司就职期间，曾担任技术员、科长、副总经理、总工程师，兼任中外合资企业总经理。

1956年1月，孔宪乐跟随以方毅副部长为团长的援外团队奔赴越南，代表国家援助越南民主共和国恢复经济建设。作为年轻有为的中国茶叶专家，帮助越南商业部所属茶叶企业规划设计与实施制茶工业的改革。在条件比较艰难的情况下，建立和完善了相应的技术规程与标准系列，为越南的茶业发展做出了重要的贡献。由于工作表现出色，1959年获得越南民主共和国胡志明主席亲自授予的外国专家友谊奖章、证书和越南民主共和国商业部表彰等多种奖励。

1965—1967年，孔宪乐又一次代表中国茶叶专家奔赴非洲工作，其间他通过考察马里共和国农业区及国家经济发展部研究所试种园，探索我国的茶种在当地由于生态条件改变后的生物特性与品质特点，提出了适应新环境条件下的绿茶工艺制程与联合工厂的初步设计书。

回国后，受国家农业部及浙江省委托，兼任援外茶厂工程试验设计组组长和项目总审定人。他善于依靠集体智慧和力量，博采众长，将科研、设计和生产紧密结合，完成了制茶蒸汽热源改革实验与国际工程项目的成套设计，并通过了部级鉴定。马里锡加索成套项目是制茶工业史上的一项重大突破，该项目的试产品和产成品分别获国际农业博览会和国际贸易博览会金奖。

孔宪乐夫妇

除了多年的援外工作，孔宪乐身兼商贸与科研等数职，曾先后奔赴东南亚、西南亚、中东及东亚和南北美洲等 30 多个国家和地区进行调研和商务考察，向他们介绍和推广了中国的茶叶与茶文化，并与多国开展了茶叶的生产合作、技术交流与贸易往来，为浙江茶业走向世界做出了不懈的努力。

孔宪乐获得的其他荣誉还包括：

1979 年作为先进集体（茶叶科）出席省劳模与先进代表表彰大会；

1987 年合著作品获全国优秀科普作品奖；

1992 年合作研究的"TO-891 制茶专用油脂"课题获国家发明四等奖（中科委 92-10-153 号）；

1994 年被授予全国外贸茶叶公司系统茶叶生产、出口贡献突出专家；

2004 年被中国茶叶学会授予茶叶工作奉献奖等。

在努力工作的同时，孔宪乐还将工作中积累的经验著书立说，撰写或主编、合著了《中外茶事》（1993 年上海文化出版社）、《茶叶制造与审评》（1957 年越文教材）、《茶与文化》、《饮茶漫画》、《茶的历史与文化》、《龙井问茶》、《中国茶经》、《中国名茶志》、《浙江茶业志》、《中华茶人》等，其中有部分作品译为越、日、韩、英、法文介绍到海外。

退休后，孔宪乐退而不休，一如既往地关心浙江茶叶事业的发展。发挥余热，继续担任浙江省茶叶学会副理事长、浙江国际茶人之家理事长、中国国际茶文化研究会常务理事和副秘书长、中国茶叶学会理事、中华茶人联谊会理事等职，为中国茶叶事业的发展献计献策。他老人家曾说过："本人一生事茶，深感欣慰与荣幸，坚信茶、茶文化事业必将日益辉煌。"同时被收录于《中国专家大辞典》工程与技术类专家行列。

孔宪乐为人谦逊，真诚待人。从不炫耀自己曾经拥有的光辉经历，以至于后代们对他的过往历史也知之甚少。有很多往事，都是在他年老患病回忆时提起，儿女们才得以知晓一二。孔宪乐总是彬彬有礼，以礼相待，永远给人以谦谦君子的印象。不管是单位同事、街坊邻居，都一致认为他是一个谦逊、温和、友善之人。

孔宪乐淡泊名利、与世无争，只愿付出不求回报，从不争名利地位。他曾主动放弃了更高的领导职务和更好的待遇，只愿意从事最有利于茶叶事业发展的工作。也从不利用职务之便为家人或亲戚、朋友安排工作等谋取各种私利。孔宪乐的这种"非淡泊无以明志，非宁静无以致远"的超然、达观的处世态度，令人敬佩。

孔宪乐生活简单而朴素，食不求甘，粗茶淡饭，一直保持着勤俭节约的生活态度。然而对待长辈，他却是一个地地道道的孝子，每年都会定时地将工资的很大一部分寄给长辈，以尽孝道。晚年的他对生活的要求特别简单，在膳食方面，只要有几碟清淡的小菜就已满足，从不奢华，也不要求添加更多的衣服，总说不用买了、够穿了……

2019年11月9日，孔宪乐与世长辞，享年88岁。长眠于风景秀丽的安吉龙山源公墓。

安吉龙山源供稿

孔宪乐墓

腕底书就灵秀气的湖州书法家李英

湖州古称吴兴，得天地之气质，山水之灵秀，从钱山漾到碧浪湖，从天目之东西苕溪到八百里太湖，自唐宋以来书画传韵，文酒流毓，曹不兴、张僧繇、王羲之、颜真卿、文同、苏东坡、赵孟頫、王蒙、王一亭、吴昌硕曾在湖州留下千古诗篇与绝佳书画，自有史记载以来的 2000 余年，几乎每代都有书画名家来湖州，而中外著名的"湖笔"产自湖州，足见湖州在中国书画史上的地位，有"一部中国书画史，半部在湖州"的雅称。当代著名书法家李英先生就诞生在这文兴书盛的湖州。李英生于 1930 年 7 月，浙江湖州人，字毓麟，号其光，别署红梅馆主，斋名红枫阁，生前为原湖州市群艺馆副研究馆员，曾任《湖州市地名志》主编，《湖州市文化艺术志》副主编，1956 和 1957 年度省级先进工作者，中国书法家协会会员，浙江省书法家协会常务理事，九三学社浙江文澜艺苑副会长，湖州书画院名誉院长，湖州市书法家协会主席和名誉主席，湖州市第三、四、五届政协委员。

李英自幼好丹青，写得一手好字，并为求得书法艺术真谛，开始四处寻求名师。同是湖州人的沈尹默先生当年卜居上海环龙路，任中法文化交换出版委员会主任，兼孔德图书馆馆长。沈先生集诗人、学者、教育家和书法家于一身，他的书法艺术在当时名动南北，民国初年，书坛就有"南沈北于"之称，20 世纪 40 年代书坛有"南沈北吴"之说。沈尹默先生以"二王"体系为本体，又具有当代性创新的妍美流畅的经典书风，在赵孟頫后，难得一睹。浙江美院陆维钊教授评沈老书法时云："沈书之境界、趣味、笔法，写到宋代，一般人只能上追清代，写到明代，已为数不多。"李英非常敬慕沈尹默的学问和书法，故有缘结识了沈尹默先生，遂为其入室弟子。从此李英勤学苦练，遍临诸帖，得乃师真传。沈尹默先生当年评其书法曰："用笔精到，方中带圆，生动自然，赋灵秀之气。"李英当年与丰子恺、费新我、沙孟海等诸多名家交往过从，广泛吸取书法艺术的养料，从而成就了自己的书法艺术。其书法各体皆备，以行、草见长，既工小楷，亦善牌匾。

李英书作

从艺数十年来，治学严谨，博识多闻，正直谦和，德艺双馨，闻名遐迩。长期以来，厕身于小阁，俯首于陋室，夜以继日，奋勉勤书，终入书艺之堂奥。李英先生大力推广书法艺术，为湖州成立书法家协会不遗余力，为当代湖州的文化艺术事业做出了贡献。

自1982年以来，先后在四川、北京、广东、安徽、黑龙江、湖北、山东、广西、江苏、云南、浙江、上海和台湾等地展出，并曾远赴日本、新加坡等国家展出，荣获国际文化交流荣誉奖、国际金奖等。有《李英书法集》《李英书法艺术》《李英师生书法选集》出版。《中国当代墨宝集》《当代中国书法艺术大成》《中国当代书法名家作品集》《中国古今书家辞典》《国际现代书画篆刻家大辞典》等数十种书收录其艺术传略和墨迹，1995年被评为中国人才研究会艺术家学部委员会一级书法艺术委员。原浙江省书法家协会主席朱关田先生评之谓："外秀内刚，圆润逸宕。"2006年7月19日下午6时10分，著名书法家李英因病逝世，享年76岁。2008年6月12日下午，李英遗作和书法作品集捐赠仪式在湖州市文联举行，李英的家属张玉琴将李英生前所作的6幅书画作品及500余本书法作品集捐赠给了湖州师范学院和湖州市少年宫。

李英先生逝世后，安葬于湖州枫树岭陵园。

李钢

李英、张玉琴夫妇合墓

构筑现代文化社区规划的张轶群

张轶群（1972—2016），辽宁沈阳人，著名建筑规划设计师，同济大学建筑与城市规划学院工学硕士、讲师。1991 年考入同济大学，1999 年在同济大学建筑与城市规划学院研究生毕业，获工学硕士，同年留校任教。1996 年成立"源·筑创作"工作室，任主持设计师。在此基础上 2002 年成立上海济景建筑设计有限公司，任总经理兼首席设计师。

在 20 年的建筑设计实践中，张轶群主持或参与了上千个项目的规划设计。他团队的作品涉及城市设计、大学校园、商业中心、社区和景观设计各个领域，尤其在城市设计、大学校园与社区营造方面业绩突出。许多作品成为国内同类型项目营造实践的典范，如西藏布达拉宫广场、绿城·合肥桂花园等，并在 50 多项

张轶群

国际、国内设计竞标中获得第一名。尤其在社区开发方面，张轶群团队与绿城集团合作了 16 年，完成绿城集团 200 余个项目的规划设计工作，作品遍及新市镇开发、城市更新、历史街区保护、产业园区、城市公寓、花园别墅、度假社区、商业中心、中式社区、养老社区、现代农业、乡村建设等领域。

一个设计团队能与国内以追求引领时代潮流著称，甚至可说对规划十分挑剔的绿城集团有如此长时间的合作，实属罕见，说明张轶群团队确有其过人之处。

张轶群的父亲毕业于鲁迅美术学院油画系，并在大学教书。受家庭环境影响，张轶群从小学习绘画，骨子里始终有一种艺术情结。绘画艺术既注重对视觉形式的表现与探索，更注重对精神世界的关怀与抚慰，"与众不同""特质鲜明""言人所不言"是基本的要求。那段艺术学习的经历对张轶群有着很深的影响，在他看来，"特色"是一个设计师的价值所在，是立身之本。因此在设计中他常常有这样一种信念：不拘程式、自由表达，一定要有特色。这就是他的团队能与国内外众多顶级设计团队既长期竞争又合作的原因所在，因为他的工作不能或缺，无可替代。

1995 年大学本科毕业后，张轶群即投入了一个教师的规划设计团队。那时的项目很多，遍及全国。但一年时间下来，所做的很多规划设计工作让他困惑：相同的理念、程式化的结构、雷同的手法，用于应对东南西北不同城市的不同诉求。大量复制性的设计让人疲惫，工厂化的工作方式和他对设计师职业的想象也相距甚远。于是，张轶群又开始读研，重新进行学习、思考和求索。

在这期间，张轶群阅读了很多书，开始关注"地方性""特色""文脉"等城市问题，尤其看了很多台湾建筑师的实践。他们对乡土文化的眷恋、对地方性诗意的描述，以及对设计师所肩负的责任和使命的定义，都让人动容。这些理念和实践让张轶群深受鼓舞，坚定了作为一个设计师应该走的一条正确的路：尊重并传承地方文化，从人本的角度，反映时代的变化和诉求。

2000 年绿城集团的宋卫平董事长首次委托张轶群做"合肥桂花园"的设计，这是绿城在杭州之外的第一个项目。在此之前，绿城在杭州的作品"桂花城"在业内已经很有影响，张轶群早闻其名。但当他第一次进入参观时，还是被园区的生活氛围和场景打动了，人与人之间的那种温情美好的东西在园区不时呈现。相对于当时住区规划的主流范式特别注重形式感，"以人为本"成为一个口水化说辞的情况，张轶群觉得这就是住区营造的理想愿景，真正研究人的需求、重视人的体验，围绕活动内容来组合空间、塑造场所。宋总的开发理念和作品，让张轶群改变了学院派的思路和方法，开始关注物质形态背后的逻辑和内容，从人的视角，关注细节，围绕生活来设计。张轶群仔细研究了"桂花城"的规划设计，把其有意无意所展现出来的住区规划"形态背后的东西"，那种"人与自然、人与人、人与自我"的住区设计的精髓，定义为"社区性"——指一定地域内人与人之间的社会关系，重点是研究人、表现人，进而影响人、塑造人。他把这个概念作为自己的设计理念和哲学提出来，也成为其团队开始设计生涯之初的"核心理念"，并进行持续的实践，在不同规模、不同尺度、不同类型项目中持续的实践和追求，真正实践"人本设计"，表现生活场所的魅力和精神。尤其和绿城集团长达16年的合作中，借此理念不断做出许多完整性、完成度非常好的社区，其建成环境所展现出的生活场景和吸引力，充分实现了其当初美好人居的理想。在不断寻求方法、塑造不同项目的特质、尊重差别、创造变化的过程中，他和他的团队形成了自己的风格和特点，就像乔布斯所说："Make it different."（与众不同）

但是真正要在实践中实现"社区性"概念，还需要改变传统的设计理念和工作方法。

当时国内建筑专业教育的分界明显：规划专业侧重于政策法律的研究、法定规划的编制以及概念性城市设计，修建性详细规划和规划实施设计的能力日渐薄弱（不能做细）；建筑专业局限于城市小尺度和微环境的具体设计，关于城市尺度的规划教育与训练非常缺失（不能做大）；景观专业也是仅止于城市开放空间节点和花园设计（难成系统）。而许多大规模的城市开发的实施设计是由建筑师和景观设计师来完成的，由于专业视角不同，在处理大规模的城市环境时常常显得力不从心，带来很多的问题。规划因为涉及项目的规模非常大，实施一个项目需时颇久，几年、十几年乃至几十年。所以原来有"规划规划，图上画画，墙上挂挂"的调侃。

张轶群教育背景虽是规划专业，专业研究和实践的方向是城市设计，在同济大学也是在城市设计团队任教；但本科期间一直在辅助建筑系的老师从事建筑设计实践，在研究生学习期间，因为对景观和艺术的关系抱有浓厚的兴趣，又做了许多景观设计的实践。所以在实际工作当中，有一种强烈的表达愿望：表达对规划、建筑、景观的整体理解和概念，强调城市综合情境的塑造和建成环境的完整。另一方面就是基于对规划设计方法、结构的生成以及设计特色的寻求：因为城市公共空间和场所是城市设计的核心诉求，景观设计和场所塑造可以成为城市结构生成的线索和脉络，其差异性造就了城市结构的多样性和特色。尤其是景观和规划有着更为密切的关联，张轶群更热衷于景观营造。因为张轶群的学习和实践的经历，为了克服专业视野的局限，在他1999年研究生毕业留校教书、真正开始设计生涯时就提出变"线性设计"为"整体设计"的设计理念和工作方法。即在规划设计之初，从"场所营造"的角度，引入景观设计和场所营造的概念，融

构筑现代文化社区规划的张轶群

合建筑、景观的设计，提供一个项目开发的完整设计和最终愿景。所以他主持的规划设计，在设计表现和深度上，更接近建筑和景观，借助建筑群体来塑造城市空间，在公共空间设计中表达其城市理念和艺术品格。对于城市文化的研究得以转化成视觉形式和艺术语言，从概念规划中的文化研究到具体的城市公共空间的雕塑设计，都表现出很高的水准，有很多景观和艺术充分融合的公共空间建成。

这样的方法体系，通过绿城集团大量的住区开发，在实践中不断地验证、总结、调整，张轶群团队在社区空间和户外场所营造方面积累了丰富的经验，进而推及城市设计、大学校园和景观设计等领域。因为在住区开发方面所积累的丰富的经验，使得其规划设计呈现出不同的专业深度和质感，更超越了大部分规划设计团队所从事的概念规划的层面，进入规划实施和城市营造的领域。在大学校园的设计实践中，也是运用"整体设计"的方法，从场地出发，塑造了具有不同特色的校园，前后在国内已完成30余所大学校园的规划设计工作，在设计竞赛中屡屡获奖。

因为"整体设计"这一理念和方法，济景公司就能提供完整度、完成度极高的专业设计，在实践领域表现出极强的竞争力。它的工作属性在国内设计院系统里很是另类，在规划的基础上，发展出景观、艺术、建筑、策划、生态和交通，成为具有"策划—规划—建筑—景观—艺术—生态—交通"全专业链的精品设计团队。这一专业特色使其在整个设计开发体系中的角色变得非常重要、不可或缺，成为衔接大尺度城市规划和具体建筑设计之间的桥梁，一个处理中小尺度城市设计的专业团队，一个承上启下的角色。

张轶群不但在实践中勇于革新，也积极开展理论上的思考和研究。他既是一个设计团队的主持人，自称是个"匠人"，同时又是一名教师，在实践中思考、研究表象背后的逻辑是张轶群的专业习惯。"思考的规划"，这是一个职业设计师必备的敏锐和能力，眼高才能手高，"想得有多深"决定了"能够走多远"。中国在城市开发方面有那么多的实践，经历了那么多的挫败，但这些教训缺少系统的研究和梳理，他们在城市高速发展的今天，停下来想一想的思考是弥足珍贵的。

"城市形态学"一直是张轶群团队多年实践关注的重点。大到城市设计、新市镇开发，小到街区、邻里；无论是城市尺度，还是小尺度、微环境，他们都极为注重形态的研究、比较，找到对于那个地点比较恰当的表现形态。对于城市公共空间设计与场所营造，"景观"作为一种城市营造的媒介作用，运用的理念与社区营造的方法等等，他们做了很多的梳理和总结。比如关于中国的"新城开发"，他们从2006年开始，以上海的"一城九镇"为研究对象，从规划设计到建设环境，持续跟踪了近十年。在此期间，也考察了北美的新城建设，比较了欧美新城开发从理论到实践的成果。在 2013 年，张轶群做了一篇名为《空城记》的研究报告；2015 年，张轶群又做了《再访安亭》《再访浦江》以及《理想小镇开发的基本框架》的报告。这些研究都以实施项目、建设环境为研究对象，采访了开发者、建设者以及设计者，听他们讲述项目建成多年之后的反思和教训，这些思考极为难得，难以从西方设计大师那里获取。因为欧美近年来兴起的"景观都市主义"的思潮和"整体设计"理念和实践，虽与我们在国内这么多年的实践有许多相似之处，但他们在西方却缺乏这样大规模开发建设的经验，在这方面，他们并不比我们知道的更多。

2016 年，张轶群因心脏病突发不幸英年早逝。虽然他的人生是短暂的，但作为一个建筑规划设计师，他又是幸运的。对张轶群的老师辈的教育家、规划师来说，一生能够实施的项目很少，而他赶上了好的时代，有许多实践的机会，不同类型、不同规模和尺度的项目得以实施，在社区营造过程中积累的经验，使得对社区与城市的关系、城市更新以及新市镇开发等问题的思考和实践也都成为可能。如今张轶群设计的经典作品，已雕刻在安吉龙山源公墓人文纪念园中他安息地的黑色花岗岩墓盖之上，长留人间。

郭芳芳

张轶群墓

著名昆虫病毒学家苏德明先生

苏德明（1932—2019），祖籍浙江平阳，著名昆虫学家和昆虫病毒学家，我国著名数学家、教育家苏步青先生之子。苏德明出生于浙江杭州，1946 年进入浙江大学附属中学高中部读书，1949 年考入浙大生物系。1952 年全国高校院系调整时，苏德明随系转入上海复旦大学生物系学习。1955 年毕业后留校任教，1984 年评为教授。1985 年由国务院学位委员会特批为病毒学博士生导师，是国务院学位委员会第二届、第三届学科评议组成员，享受政府特殊津贴待遇。

自 1952 年起，苏德明在复旦大学原生物系，现复旦大学生命科学学院学习、工作和生活 67 年，历任生物系主任、生命科学学院院长、中国昆虫学会第四届副理事长、上海市昆虫学会第四届理事长、中国植保学会副理事长、上海市植物保护学会第四届理事长。其间他以访问学者身份，分别在 1979—1980 年赴加拿大蒙特利尔大学医学院，1986—1987 年赴美国加州大学贝克莱分校，于病毒生化和免疫学领域进行合作研究，并担任国际比较病毒委员会中国委员。苏德明先生先后发表论文 40 余篇，多次获得上海市重大科技成果奖等重要奖项。他是《科学》《昆虫学报》《微生物杂志》《中国病毒学》的编委，译有《昆虫微生物

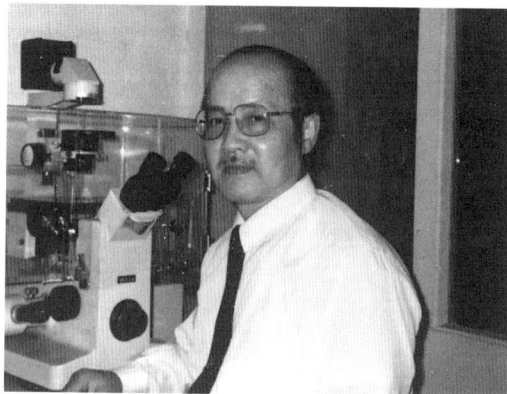

苏德明

|398|

与昆虫病理学实验指导》，曾赴美国、加拿大、日本、澳大利亚、肯尼亚、伊朗等国参加国际学术会议和访问。

在学术上，苏德明先生专于昆虫学、病毒学和生物防治。在半个多世纪的工作生涯中，他秉承求真务实、开拓创新的科学精神，以巨大的热情和求知欲，去探索真知，勇于创新，成就突出，在昆虫学领域有极高的学术威望，享誉国内外。

自60年代开始，他从事研究真菌和细菌在害虫防治中的应用，在国内首次分离、鉴定并人工培养成功蚜霉，并著有《植保员手册》。20世纪70年代中期以后，苏德明先生开展昆虫病毒的深度研究，他与研究室人员一起分离、鉴定了近20种农林害虫病毒，并在江浙等地开展棉铃虫病毒防治的试验应用和推广工作，1977年始获上海市重大科技成果奖。关于大袋蛾核型多角体病毒的研究和应用，1982年与上海园林研究所一起获上海市重大成果奖。80年代初，苏德明先生以昆虫病毒的感染和复制为研究主题，建立了病毒生化和昆虫细胞培养实验室，在细胞和分子水平上开展昆虫病毒的研究，棉铃虫质型多角体病毒的生物学特征鉴定、体外复制以及分子生物学方面的成果属国际先进水平。1979年与忻介六教授合编《昆虫、螨类、蜘蛛的人工饲料》一书，详尽地汇编了国内外有关昆虫人工饲料的研究和应用的文献，较系统地阐明其基础理论。在他领导的研究组首先建立了半人工饲料繁殖棉铃虫和增殖棉铃虫病毒的实验室，为病毒杀虫剂的研制奠定了基础。

苏德明先生笃信科学的探索是理论加实践。在学院里，他尤其重点关注图书馆、标本室、信息部和相关人才的建设，用他的话说："现代生物技术日新月异，稍有放松，失之千里！"去过苏老师办公室及实验室的同事学生，都对那几

苏德明夫妇

著名昆虫病毒学家苏德明先生

屋子的堆积如山却又条目清晰的书和资料印象深刻，特别是那些小纸卡组成的索引，上面用打字机或色笔写明中英文标注，一目了然，体现了苏先生严谨认真的做事风格。

抗战时期，浙大内迁，苏德明先生在贵州湄潭度过了少年时期，山川河流、田间地头的生活，培养了他吃苦耐劳的品格，他种得一手好菜，打小就对农作物的习性和种植非常熟悉。或许就在那时，他有了从事生物研究和植保工作的理想。1992年雁荡山实验教学，苏先生走在第一个，也是第一个判断虫源并采集到样本的人。大家不会吃惊于70岁的苏教授的丰富经验，而是钦佩他犹如年轻人一般的激情。他卷起袖子、裤腿，下河涉溪，手臂、双腿满是虫咬的红点，却毫不在乎。在学院里，他制作的昆虫标本，人人称赞技艺高超。他本人极爱摄影，对电镜技术也颇有研究。

在担任复旦大学生物系主任和生命科学学院院长期间，苏德明先生克己奉公、任劳任怨、亲力亲为，为院系的发展殚精竭虑，推动了一系列卓有成效的改革。他为人公正，决策果断，切实关心同事们的工作及生活，深为大家膺服和尊敬。一年四季除大年初一外，他的身影总会出现在生物楼，一个人、一辆自行车、一间使用了数十年的办公室兼实验室，不论冬寒夏暑，风雨无阻，退休后也始终如一。即使罹患绝症，苏先生仍旧挂念学院和学校的发展，对前来探视的同事们问长问短，心中总装着别人，感受着别人的不容易。

苏德明先生具有为人师表、传授真知的高尚师德，他风趣幽默，谈笑风生，同时直言不讳，正直坦荡，深受学生爱戴。他潜心三尺讲台，长期从事昆虫学和病毒学教学，为本科生和研究生开设了一系列课程，包括"动物生态学""普通昆虫学""农业昆虫学""昆虫形态分类学""昆虫生态学""昆虫解剖生理学""昆虫病理学""病毒学和比较病毒学"等。苏德明先生讲课条理清晰，善于总结概括，引导学生思考和提问，特别是他授课时激情饱满，课堂气氛活跃，教学效果好。他注重导师制，花了很多时间为学生开设专业课程，用英语讲授，细心指导他们查阅文献资料，掌握最前沿的学科进展，并结合到课题研究中去。

苏德明先生强调学生是主体，学校、学院工作应该围绕学生而做，他深感老一辈科学家的辛勤耕耘，造就了如今学校、学院的桃李满天下。同时他也希望学生要充分依托学校与学院的资源，努力提升自我，实现自己的理想。苏德明先生在培养后备人才方面硕果累累，曾获得复旦大学研究生培养一等奖、复旦大学先进教育工作者等荣誉，一个典型例子是生物系1985届动物专业班全部16名同学中，有15位考取了研究生。苏先生在他的研究生、助教、学生及同事身上倾注了大量精力和关爱，在他们的成长道路上不断激励，很多人如今已是复旦生命科学学院或其他院校的业务骨干和领导人员，这离不开苏德明先生多年的教诲和培养。

　　对许多人来说，苏德明先生是一位出类拔萃的学者，是一位虚怀若谷的领导，是一位睿智乐观的长辈。而毕生致力教书育人的他，也没有忘记那些自己人生道路上的师长和前辈们。在苏步青励志教育馆筹办中，苏德明先生积极参与，不仅为了自己的父亲，为了老一辈科学家，更是为了给无数的年轻后代树立一种学德风范。他亲自审阅相关材料，要求馆展文字表述一定要准确，要实事求是，尊重客观事实，不要人为拔高。比如苏老学生众多，如果有些人后期转了专业，跟了其他教授并且出名了，就不必拉到苏步青先生名下。苏先生亲手整理登记大量照片，并做文字备注照片背景及人物情况，然后交给苏步青励志教育馆，因为他认为那样的照片才真正有价值，这些都说明了苏德明先生做事的严谨认真。2015年9月开馆之日，苏德明先生将自己珍藏的、给父亲理了20余年头发的理发剪捐赠给苏步青励志教育馆。

　　1952年院系调整，苏德明跟随著名人类学家吴定良来到复旦大学。2018年1月20日，复旦大学人类遗传学与人类学系正式成立，苏先生无限感慨："建系一直是复旦人类学专业所有师生的梦想，有生之年终于梦想成真！"

　　曾几何时，苏德明先生恭贺我国高分子科学家、化学教育家于同隐先生百年诞辰。而今，两位老人又同眠于安吉龙山源公墓，无声地述说着他们的故事……

苏泉

苏德明墓

著名昆虫病毒学家苏德明先生

千古难有只为情的书画名家沈左尧

著名书画艺术家沈左尧，于1921年在海宁出生，祖籍湖州，别署沈行，号胜寒楼主。中国科普（创作）研究所研究员、中国科普作协美术委员会副主任委员、中国美术家协会会员、中国老年书画研究会顾问，曾获中国科普作家协会授予的"成绩突出的科普美术家"荣誉称号。

在沈左尧孩提时，他家有一个过年用的灯笼，红灯笼上写着"吴兴沈"三个字。从那时起，他就怀疑自己是湖州人，后来认识了湖州的徐重庆后，才知道自己的祖籍确实在湖州。沈左尧的祖籍在菱湖竹墩沈家，是"贻谷堂"的一支，祖父沈士青，号霭卿；父沈景烈，号谷桢。沈左尧自幼爱好诗文，1933年在他12岁时就开始在上海《时事新报》公开发表作品，13岁时对篆刻艺术发生兴趣，此后钻研一生。1937年抗日战争全面爆发后，沈左尧随同济大学流亡昆明转学国立艺专，1942年他考入中央大学艺术系，师从傅抱石、徐悲鸿，求学期间他像海绵一样吸取大师之长，"学如不及，犹恐失之"，在大师们的悉心指导下，沈左尧学艺精进，徐悲鸿称他刻印"好古敏求，卓然不凡"，在校期间，沈左尧还组织了治印"阆社"和诗词"恒沙社"，切磋艺事，讨论印学，蔚为风气。1945年沈左尧从中央大学毕业，开始了长达一生的专职创作。1944年以一幅人像素描入选澳大利亚博物馆。1946年《和平》宣传画受联合国表彰，获教育部奖金。

沈左尧（右一）

20 世纪 40 年代陪都重庆街头流行的印花绸布有一些也出自沈左尧的设计。1948 年，沈左尧受上海的中国交通大学之聘到唐山工学院建筑系任美术教员，1950 年 1 月沈左尧调入中央文化部科普局任美术编辑，1956 年任中国科协《知识就是力量》《科学大众》等杂志美编，此间他发表大量绘画、装帧、插图、摄影及科普文章，并翻译出版了俄国柴可夫斯基的歌剧《叶夫根尼奥涅金》及美国高池基的《水彩风景画技法》等书。在科协期间，他的工作量之大是罕见的：他同时负责《知识就是力量》和《科学大众》两大杂志的封面设计、绘制和美编兼记者，还兼另外两个杂志的美编，此外尚需应付八方约稿。尽管工作非常紧张和劳碌，沈左尧却倍感充实，以一如既往的热情取得累累硕果，成为战斗在科普美术前线的尖兵，如 20 世纪 50 年代，《大众科学》《大众医学》《大众农业》三大杂志征求封面设计，沈左尧的三个设计均被采用并获一等奖。

　　1980 年，沈左尧调入中国科普（创作）研究所并担任中国科普作协美术委员会副主任委员的职务，在新的工作岗位上他依然激情迸射，勤奋工作，取得了优异成绩，1985 年他被评为先进工作者。沈左尧的一生是艺术的一生，他才高艺绝，其艺术成就高山仰止，他擅诗、书、画、印、楹联，几乎在每个领域都有自己独特的创作风格和卓越建树。同时他又广交朋友，他一生光辉之处并不限于其艺术成就，更在于他的爱国精神，先生向来生活简朴，谦虚待人，因他的人格魅力，与傅抱石、徐悲鸿、郭沫若、吴作人、李可染、丰子恺、黄苗子等多有交往过从。沈左尧曾为郭沫若、徐悲鸿、傅抱石、吴作人、李可染等众多大家治印，和他们交往甚密。尽管如此，他从未向任何一位书画家求过一幅墨宝。在大学读书时，他是傅抱石的学生，他为傅先生全家都刻过印，还为傅先生写过传，他收藏的唯一一幅傅先生的山水画，是他为傅先生拍作画照片时傅先生将现场所作送给他的。他曾为《人民日报》海外版连载《大漠情·吴作人》撰稿，并多次为吴先生治印，吴先生主动要送画给他，但后来到了吴作人谢世，他也没有吴先生的画。他送给湖州师范学院的吴作人的国画是一幅"鱼"图，这是吴先生的夫人萧淑芳在整理吴作人的遗物时，见有一幅画已经落款题给沈左尧，才告知沈老。

　　沈左尧是我国著名的艺术大家，1987 年，沈左尧以耄耋之年从工作第一线退下来，却"离而不休"，倾心于艺术创作，并四处讲学和做文化交流，他曾两次受邀访问台湾，1998 年获台湾"全球中华文化艺术薪传奖"之"中华文艺奖"。20 年来他还在国内外报刊发表大量诗文。沈左尧 10 岁出头学习篆刻，16 岁时创作的印，在海外尤其是日本文博界身价不菲。沈左尧书法工于真、草、隶、篆，尤长于汉隶，作品皆以骨力雄健、气势饱满、凝重质朴、用笔骏爽取胜，隶书尤为挺劲飞动、力透纸背。李可染称赞其"铁笔遒丽"，傅抱石则誉曰："取法雅正，终有所归"，"其印殆出于天，谱中固可一一迹其所自来，而君之才艺足多处未可漠然视之也"。徐悲鸿亲自为他题词："多才多艺，于绘事外尤精治印，好古敏求，致力甚笃，其所造诣卓然不凡。"后陈之佛、乔大壮、傅抱石逐一签名盖章表示赞同。20世纪中叶，郭沫若、黄苗子、丰子恺、戴念慈、吴良镛、陈之佛、李可染、茅以升等不少中国文化界的名人都乐于使用沈左尧治的印。

沈左尧12岁便开始在报上发表诗文，他一生强学博览、才储八斗，其旧体诗文功力深厚，他的诗既讲求格律又善用比兴，中国美术学院出版社和华宝斋联合出版的《悼师集》是他的代表作，此书是以沈左尧为悼念他的老师傅抱石所作诗词的手迹影印而成，师母罗时慧读后认为，如此深厚师生之情，古今绝无仅有。沈左尧幼年丧父，事师如父，追随一生，学习一生，研究一生，傅抱石亦待之如亲子。沈左尧悼师诗词38首，字字血泪，黄苗子读罢赋词曰："此情千古难有。"

此外，沈左尧还在散文、翻译、摄影方面造诣颇深，他的文章很漂亮，风格雄健，立意典雅旷达，文气沉稳酣畅，有韩柳遗风；沈左尧懂多国语言，能饱含激情地用俄语和德语朗诵诗歌；沈左尧数十年如一日地痴迷摄影，早在新中国成立之际，沈左尧从江南奔赴北京，沿路看到人民为新中国成立而欢庆的景象，拍了许多照片，在大连举办了个人摄影展。在近80年的艺术生涯中，他的藏品颇多，其中有徐悲鸿、傅抱石、陈之佛、吴作人、谢稚柳、黄苗子、刘开渠等大家作品一千余件，可谓价值连城。

沈左尧墓

耄耋之年的沈左尧老先生，在湖州朋友徐重庆的帮助下，倾其所有，将自己收藏的作品无偿捐献给国家，并选择在湖州师院建成沈行楒联艺术馆。2007年3月26日上午，位于湖州师院沈左尧图书馆8—9楼的沈行楒联艺术馆隆重开馆。沈左尧与夫人封圣华女士，他们的儿子香港思维集团总经理沈龙先生，省委教育工委、浙江省教育厅、浙江省省社科联、湖州市政府有关领导，及著名画家傅二石先生、著名画家叶宗镐先生及夫人傅益玉女士，中国美术馆、中央宣传部网络中心、中国科普研究所、上海音乐学院、浙江教育学院、中国科普出版社、中宣部精神文明办、湖州市委宣传部、湖州市统战部有关负责人，和来自北京、黑龙江、广州、深圳、江苏、上海、江西、安徽、台湾等地的著名书画家与沈老的亲友等百余人参加了开馆仪式。沈左尧说："把我的藏品捐给国家是我早有的夙愿，今天沈行楒联艺术馆开馆，我感到非常荣幸，非常高兴！湖州文化像苕溪水源远流长，我只是在苕溪里加了一滴水，今天这滴水激起了水花。"但这滴水却激起了浪花无数，惠泽万千学子。

　　沈左尧于2007年逝世，2013年10月23日，根据沈老生前嘱咐，一代才子沈左尧的塑像揭幕和骨灰安放仪式在湖州枫树岭陵园隆重举行。

李钢整理

抗战老兵、书法家金传世

金传世，1916 年 12 月出生，于 2020 年 2 月 14 日仙逝，祖籍浙江安吉县，享年 105 岁。金传世老人是文武全才，于 1936 年入伍，参加抗战，毕业于黄埔军校第 15 期。他又是著名的书法家，能写得一手蝇头小楷，曾获颁"中国人民抗日战争胜利 70 周年纪念章"。

一腔热血，报效家国

1937 年抗日战争全面爆发，日寇侵入安吉。金传世主动报名参加自卫军，拿起手中简陋的武器开展抵抗斗争，与日寇周旋。斗争失利后，他克服困难，寻找到了正规部队，成为国民革命军 207 师的一名军人，英勇抗日。

他一腔热血报家国，多次参与一线战斗，屡屡涉险，因表现突出而获得火线提拔任用，并带职受训完成黄埔军校十五期的全部学业。

抗战胜利后，他即解甲归田。1949 年，他被政府录用，逐步进入公务及政务领域，长期在芜湖工作，并在芜湖退休养老直至去世。

2015 年，金老获得由中共中央、国务院、中央军委颁发的"中国人民抗日战争胜利 70 周年纪念章"。这是国家和人民对他在反抗外敌斗争中所做贡献的承认和肯定。

于无声处，另辟蹊径

金老内心一直保留着对书法艺术的热爱。他童年即父母双亡，但立志高远，自学书法、文学。后有幸师从苏景由、于右任两位书法大师，深受教诲。在大师们的关照与提携下，撷取艺术养分。从艺生涯中，与诸多出身故乡安吉的艺术家如吴昌硕大师之子吴东迈等相互唱和，传为一时美谈。

金传世（中）

在长期临池不辍后，金老的楷书自成一家，称之"金体"。书法大师于右任先生曾经评述道："金传世君楷书圆润遒劲、骨力内藏，妍媚极致、神韵俱全，入古创新，独树一帜。"金老的艺术成就已得到社会的广泛承认，中国书法艺术家协会和吴昌硕书画研究会均聘他为顾问。

20世纪70年代起，金老决定用书法艺术的形式为社会做出贡献。1975—1977年，他利用业余时间呕心沥血，以蝇头小楷抄录了141万字的《毛泽东选集》1—5卷，现被毛主席纪念堂收藏。对此全国宣传媒体纷纷报道，1993年11月6日新华社曾发专稿报道。

1983年7月至9月，他又用43天时间，精心抄录26.5万多字的《邓小平文选》共8册。军中才子肖华上将赞其创新楷书可"传之于世"，并呈送中央。小平同志深为赞赏，亲嘱中共中央办公厅代为复函致谢。书现存中办秘书局。

手书《毛选》《邓选》，在书法史上是两大壮举，工程浩瀚。据不完全统计，金老苦心孤诣，抄录人民领袖和老一辈无产阶级革命家的著作和作品达280多万字，写秃毛笔250余支，用去四尺宣纸1700余张，耗费墨水150余瓶。手抄本全文蝇头正楷书写，抄录十分工整，字体别具风格，具有很强的观赏性。迟浩田将军曾为其手书"一生两壮举，美誉扬京华"的对联，以示褒奖。

2000年11月，"全球华人反独促统联盟大会"在美国华盛顿召开，因当代书法大师、著名文学家、诗人金传世先生一生祈盼祖国统一，特发专函邀请他参加，在大会上他发表演讲，力斥台独丑形，并介绍了祖国改革开放以来飞速发展的美景，博得全场一片欢呼。2001年2月中央统战部颁赠他一座华表及《肝胆千秋》大型画册，表扬为其祖国的繁荣昌盛和统一大业做出的贡献。

2019年7月28日，庆祝中华人民共和国成立七十周年暨芜湖心连心爱心协会第七届"向老兵致敬"公益活动举行，已经104岁高龄的金老亲临现场挥毫泼墨，书写"抗战已胜"。

2017年，安吉龙山源着手规划营造艺术雕塑园，旨在通过历史名人奋斗的经历、感人的事迹、忘我的精神等，弘扬爱国主义情怀和名人文化。金老参观后，对园区的营造理念、优美的景观环境、浓厚的文化氛围等都大为认可，遂和家人一致同意在此建立衣冠冢和雕像，并将平生事迹公开展示，以此供后人瞻仰、学习、感悟。雕像采用花岗岩雕刻，以金老半身像为主体。身着西服，右手握于胸前，眼望前方，目光如炬，眼神坚毅，体现了金老文武兼备的人物形象。

安吉龙山源公墓供稿

金传世墓

出自赵氏名门的天才学者赵萝蕤、赵景德姐弟

我国近代颇具影响力的神学家、教育家、诗人赵紫宸先生，一生从事教育和神学思想研究，硕果累累，其子女在父亲的影响下学有所专，成就不凡，姐姐赵萝蕤成为我国著名的翻译家和比较文学家，弟弟赵景德是著名的美籍华人地质学家。

赵萝蕤生于1912年，从小在苏州长大。赵萝蕤是个很美的名字，父亲赵紫宸虽以神学著名，但深受中国传统文化熏陶，故为其女以李白《古风其四十四》中"绿萝纷葳蕤，缭绕松柏枝"之意取名。她在苏州圣约翰堂附近的幼稚园玩了3年，7岁进入景海女子师范学校就读，同年开始学习英语和钢琴，受的完全是美国式的教育。赵紫宸是个中国传统文化修养极深的学者，他生怕教会学校不注重中文的培养，就亲自在家里为女儿教授《唐诗三百首》和《古文观止》。赵萝蕤天生聪慧，读书十分用功，成绩优异，连跳数级。1926年因为父亲赵紫宸接任了燕京大学宗教学院院长一职，他们全家迁往北京。这一年赵萝蕤14岁，当年她就考上了燕京大学附属中学高三。1928年，赵萝蕤直接升入燕大中文系，受业于郭绍虞、马鉴、周作人、顾随、谢冰心等名教授。翌年，美国老师包贵思女士劝她改学外国文学，理由是既然酷爱文学，就应扩大眼界，不应只学中文。中国文学可以自修，外国文学学好了，能使中文更上层楼。她遂征得父亲同意，转系攻读英国文学。这一改变决定了她一生的事业与西方文学的建树。1932年燕大毕业时，赵萝蕤年仅20岁。父亲说："怎么办呢？还是上学吧。清华大学就在隔壁，去试试考一考。那里有个外国文学研究所。"当时清华的外国文学研究所除了英语外，还要考两门外语。结果，赵萝蕤法语及格了，德语却吃了零分。不过，她的英语确实过硬，考了100分。吴宓老师说："行。德语等入学后再补吧。"就这样，赵萝蕤被录取了。进入清华第3年，应戴望舒之约开始翻译艾略特的长诗《荒原》，使赵萝蕤一举成名。当时邢光祖先生评论说："艾略特这首长诗是近代诗的'荒原'上的灵芝，而赵女士的这册译本则是我国翻译界的'荒原'

赵萝蕤

上的奇葩。"作为《荒原》的第一位中译者，赵萝蕤在 1940 年受重庆《时事新报》
"学灯"版主编宗白华先生之约，写了一篇题为《艾略特与〈荒原〉》的文章，全面
评析了《荒原》这首无一字无来历的艰涩长诗的艺术特色。这篇文章是国内评论
艾略特的先驱，开了把西方现代派文学译介到我国的先河，对我国不少新诗人
（如"九叶诗派"）产生了很大的影响。

赵萝蕤的江南丽质和才情赢得了当时还在读研究生的陈梦家的心。陈梦家
（1911—1966），曾用笔名陈慢哉，浙江上虞人，生于南京，中国现代著名古文字
学家、考古学家、诗人。陈梦家的老师钱穆先生在回忆录中说到赵萝蕤："乃燕
大有名校花，追逐有人，而独赏梦家长衫落拓有中国文学家气味。"1936 年，陈
梦家和赵萝蕤在燕京大学的办公室里举行了简单的婚礼。

1944 年美国哈佛大学的费正清先生给陈梦家联系了到芝加哥大学东方学院
教授古文字学的工作，赵萝蕤因此有了在美国第一流的芝大英语系学习的机会。
20 世纪 40 年代的芝大英语系正是它的全盛时代，聚集了不少世界知名的一流学
者。文艺理论与 18 世纪英国文学的专家是克莱恩教授，莎士比亚与玄学派诗人
的专家是乔治·威廉森教授。当年祖父曾问她：你将来想得一个什么学位？赵萝
蕤说：我只想当一个什么学位也没有的第一流学者。1946 年和 1948 年先后获美
国芝加哥大学文学硕士、哲学博士学位。曾任云南大学讲师。1949 年后，历任
燕京大学教授、西方语言文学系主任，北京大学教授。赵萝蕤是我国少数几位有
幸与出生于美国、后加入英籍的诗人艾略特面晤畅谈的学者之一。1946 年 7 月 9
日晚上，艾略特请赵萝蕤在哈佛俱乐部晚餐，诗人即席朗诵了《四个四重奏》的

片段，并且在她带去的两本书《1909—1935年诗歌集》和《四个四重奏》上签名留念，还在前者的扉页上题写了"为赵萝蕤签署，感谢她翻译了《荒原》"的英文题词。

1957年陈梦家被打成右派，"文革"初又因不堪忍受凌辱而自缢身亡。赵萝蕤遭此沉重打击，一度精神分裂，住进了安定医院。她的学生梅绍武、屠珍夫妇去探望时感到"其情甚为凄惨，令人潸然泪下"。剪除四凶之后，她继续执教，并任博士生导师。她读了近十余年来美国出版的有关惠特曼的著作，又借赴美探亲的机会到国会图书馆查阅惠特曼的手稿，终以惊人的毅力花费12年工夫完成了带有大量注释的《草叶集》全译本，1991年由上海译文出版社出版。这一成就震惊了学术界。《纽约时报》评论说："一位中国学者竟能如此执着而雄心勃勃地移译我们这位主张人人平等的伟大民族诗人的作品，真使我们惊讶不已。"芝加哥大学为此在建校百年时向她颁发了"专业成就奖"。赵萝蕤于1998年元旦病逝，享年86岁。

赵萝蕤的弟弟赵景德先生，生于1919年11月30日，毕业于西南联大，曾师从中国著名地质学家王烈，1945年移居到美国，1948于芝加哥大学取得地质学博士学位。1949年起，一直在美国内政部美国地质勘探局工作，直至1994年退休，是冲击变质作用奠基人之一，阿波罗11—17研究项目的首席研究员。1965年获富兰克林学会维特瑞尔奖章，1992年美国陨石学会巴林格奖章，是撞击变质岩学科创始人。德国贝洛哀特大学宇宙化学教授AhmedElGoresy说："他创立了撞击变质学科——这是他自己的孩子——已经成为科学界极大的事业。"

赵景德先生与其说是一个理论家，不如说是一个实践科学家，他以野外工作和精心收集证据与提供文献著称，为表彰赵景德先生的贡献，国际专业组织以

陈梦家（左）、赵萝蕤（中）、赵景德（右）

他的名字命名了一颗小行星。1972 年赵景德先生领导了中美政府间第一次科学交流，促进了两国恢复外交关系。20 世纪 80 年代，他在地质调查所一系列午餐会上，开了非正式的普通话对话课。赵景德先生退休后一直追求他的许多其他兴趣，包括头脑和意识研究、中国书法和音乐研究。2002 至 2003 年陈鸣在美国做科研期间，赵景德两次托人邀请素不相识的陈鸣来家里做客，并力劝他为中国陨石坑探索做出贡献，建议他暂停过去的研究而转向中国陨石坑探索。作为参与了"阿波罗计划"的科学家，赵景德十分清楚地认识到，如果中国今后的行星科学发展不填补地球陨石坑这个研究空白，一定会有遗憾。后来人们戏称"坑王"把陈鸣拉下了坑。陈鸣等人证实了我国第一个陨石撞击坑——岫岩陨石坑的发现，2009 年在《科学通报》上发表，填补了中国领土上此类独特地质构造形迹的空白。2009 年 2 月 3 日，赵景德先生因充血性心力衰竭逝世。

赵萝蕤与赵景德姐弟俩，逝世后终于回到了自己的家乡湖州，与父亲一起安葬在景色秀美的枫树岭陵园内。

李钢

赵萝蕤墓

赵景德墓

湖州文脉的守望者徐重庆

2017年2月13日上午，一场隆重而庄严的告别仪式正在湖州殡仪馆举行，告别仪式由时任湖州市文广新局党委书记、局长宋捷主持，湖州市政府、湖州市政协、湖州师范学院领导和社会各界，以及来自杭州的领导和文化界人士参加了遗体告别仪式，为一位特殊的人物送行。一副挽联准确地概括了他的学术人生和文化成就："一介布衣满腹经纶道德文章闻遐迩，四座场馆琳琅瑰宝老城新彩烁古今。"他就是湖州知名的文化人士、现代文学研究专家徐重庆先生。

徐重庆，于1945年9月23日生于重庆，由此得名，后随父母定居湖州。幼年就生活在湖州，并以湖州为自己的家乡。他喜欢读书，对湖州的历史人物十分敬仰，因生活困难，年仅16岁就进入湖州电影公司工作。因工作的便利，经常利用业余时间读书和结交读书人。虽然仅有初中学历，但徐重庆曾师从赵景

徐重庆

深、孙席珍、黄源等现代文学大家。他一直单身,时间和精力都用在了钻研学问上,并通过自学成为一个关注湖州近现代文化的研究者。他在国内外报纸杂志上发表了大量研究文章,出版了专著,成为在国内有一定影响的现代文学研究学者,中国鲁迅研究学会的创会会员。徐重庆发表的《郁达夫移家杭州的原因》《我所知道的诗人刘延陵》《新发现的徐志摩佚文〈阿嘤〉》等都有独特见解,自成一说。"文革"期间以莫须有的罪名被打成"裴多菲俱乐部"成员,受到批判。

徐重庆是一个痴迷历史的史料挖掘者,对湖州感情深厚,凡有关湖州的文史内容,他都不遗余力地挖掘。徐重庆为繁荣湖州文化做了大量工作,譬如他与国内外文化名人有着广泛的联系,茅盾、刘海粟、章克标等名人都因徐重庆的关系为湖州题词。徐重庆与茅盾、俞平伯、叶圣陶、钱君匋等社会名流交往频繁,彼此非常信任,他因此有机会获得别人无法获得的史料,如与郁达夫妻子王映霞通信逾千封。王映霞写《阔别星洲四十年》一书,缺资料写信求援,徐重庆不但自己提供资料,还联系郁达夫的同事、友人,使王映霞获得许多有用的资料。日本横滨国立大学文学部教授、郁达夫研究专家铃木正夫通过王映霞认识徐重庆。1985年郁达夫殉难四十周年纪念活动在浙江富阳举行,铃木未获邀请,遂向徐重庆求援,徐重庆多方联系,最后通过浙江省文联主席黄源发出邀请。铃木在活动中做了报告《郁达夫被害真相》,揭开了郁达夫被日本宪兵杀害的真相,引起震动。

徐重庆治学严谨、考据扎实,多方求证,为了在研究中获得准确的史料,在与文化名人的交往中注重对原始材料的收集,倾其家财,不遗余力。他珍藏有刘延陵、赵元任等名人的信札手迹,有徐志摩亲手设计的拜年片、艺术家钱君匋订婚的请柬、戏剧家李健吾在法国祝贺朋友结婚的明信片,有茅盾、李何林、黄源、赵萝蕤、胡道静、汪静之、王瑶、郑逸梅、范用、刘海粟、姜东舒等国内外知名人士近千种签名赠本,这些藏品为研究现代文学史提供了珍贵的史料。而他对湖州最大的贡献是凭着一己之力,为湖州引进了"赵紫宸·赵萝蕤父女纪念馆""沈行楹联艺术馆""包畹蓉京剧服饰艺术馆""赵紫宸·赵萝蕤·赵景德家族纪念馆"。

赵紫宸是出生在湖州的一位影响了中国近现代的神学大家和著名教育家,赵萝蕤是赵紫宸的女儿,著名翻译家、比较文学家。20世纪80年代,从事现代文学研究的徐重庆就和赵萝蕤有通信往来。赵萝蕤虽然未出生在湖州,但从小曾在古镇新市生活。她对故乡情有独钟,在她的散文中,不仅对新市有情意满满的描述,而且对善琏、菱湖、德清等也记忆深刻。她从徐重庆来信的字里行间读出了故乡的忘年交是一位知音,非常信赖徐重庆。在20世纪80年代,徐重庆就向赵萝蕤提出用故乡故居建一所赵紫宸纪念馆的设想。徐重庆觉得自己虽只是一名普通市民，能力有限，但湖州名人资源能回到家乡，对湖州的文脉是最好的传承。古道热肠的徐重庆，面对重重困难，四处联系，不言放弃，经多年的努力，利用自己的人脉，最后得到了湖州师范学院的接纳。为建造"赵紫宸·赵萝蕤父女纪念馆"，赵紫宸的长子赵景心与校方决定在校园合资建造红楼，赵景心还无偿捐赠了大量的文物。2006年春天，"赵紫宸·赵萝蕤父女纪念馆"终于在湖州师范学院开馆，赵景心和来自国内外的学者们聚集纪念馆红楼前，参加了开馆仪式。赵景心终于放下心石，告慰父亲和姐姐的在天之灵。

徐重庆为搞学术研究而购置的超万册图书挤满了整整4个房间，而他自己只能被书挤得睡在客厅一角的70厘米宽的钢丝床上。就是凭着治学精神、发表的学术文章和为人的亲和力，他在近半个世纪的现代文学研究道路上，与不少名人的家属、子女保持经常的联系，通过交往的文化名人和学者，无意中认识了更多的湖州籍名人，已故的沈左尧就是其中一位。沈左尧出生在海宁，之前并不知道自己是湖州人。20世纪90年代，中央电视台拍摄《百家姓》，沈先生才知道自己的沈姓来自湖州。2004年，徐重庆安排沈先生到湖州寻根。家乡的诚意，温暖着游子的心，故乡的山水，让沈老找到了归属感。沈先生多才多艺，不仅精于美术、书法、楹联，而且他的篆刻更受到徐悲鸿、李可染、傅抱石等书画大师的赞扬，郭沫若、黄苗子、丰子恺、吴作人、陈之拂等不少中国文化界的名人都乐于使用沈左尧治的印。沈左尧收藏了徐悲鸿、傅抱石、吴作人等大师的美术作品及青铜器等文物，藏品数量有1000余件，徐重庆多次劝说沈老将藏品捐给湖州，同时将沈先生的心愿传递给湖师院。经过3年的磨合，沈先生无偿捐献藏品之事终于圆梦。2007年春天，沈行楹联艺术馆在湖师院开馆，沈老高兴地亲临开馆现场，他说："我是苕溪里的一滴水，终于汇入了母亲河。"

包畹蓉出生于湖州衣裳街包家弄包氏望族，3岁随父母移居上海，是中国京剧四大名旦之一荀慧生的入室弟子，20世纪50年代包畹蓉自己创办京剧团，出于对京剧服饰文化的痴迷，变卖家产，收藏了梅兰芳、荀慧生、俞振飞、黄桂秋等名家的戏服，还和夫人马丽一起研制京剧服饰30多年，收藏和制作的京剧服饰近千件，曾获得"上海非遗项目京剧服饰制作技艺代表人物""薪火相传——中国文化遗产保护年度贡献奖"等。2006年秋天，徐重庆陪同湖州职业技术学院时任校长杨柳、书记陈松源一起到奉贤看望包畹蓉夫妇。在徐重庆的帮助下，2012年9月，湖州举行的国际湖笔文化节期间，包畹蓉的凤愿终于实现。在1000多平方米的展馆中，展出了300余件京剧服饰，其中有荀慧生的梅红袄、俞振飞的粉大靠、黄桂秋的粉红宫装与大红旗袍等；还有包畹蓉花巨资历时3年

徐重庆墓

制作的金蟒袍、包家祖传的"百佛袈裟"等等，许多藏品为稀世珍宝。如今，该馆不仅是湖职院学生专业的实验区，也是高校特色校园文化品牌项目。

陈梦家是我国著名历史学家、古文字学家、考古学家和收藏家，早在20世纪40年代开始就收藏了一批"开门见山"的标准器。1985年王世襄著录《明式家具珍赏》一书中有38幅彩版，就是陈梦家和赵萝蕤的收藏。徐重庆向赵景心建议，将藏品捐给湖州市人民政府入藏湖州市博物馆是最好的归宿，这不仅是其父亲、姐夫和姐姐收藏时的初衷——所有的收藏今后都要捐给国家，而且有利于文物的整体安全保护和传承赵氏一门情系桑梓的情怀。赵景心先和夫人黄哲商量后表示赞同，并全权委托徐重庆代为向湖州市政府部门联系，决定将家具悉数无偿捐给故乡政府。2013年1月7日和21日，赵先生在北京与湖州市文广新局的领导办理了捐赠移交手续，在场的"北京赵紫宸、赵萝蕤公益基金会"的副理事张所先生和秘书长黄宗英教授，目睹了捐赠移交手续过程。他们认为，无偿捐赠给故乡博物馆，无论从意义上或保管条件上都是最为理想的选择，并乐意以见证人的身份，在移交清单上签字。1月24日，23件明清家具从北京安全运抵湖州市博物馆入库，并建立了"赵紫宸·赵萝蕤·赵景德纪念馆"。

在完成建立四个馆的同时，徐重庆也热心地积极促成把赵紫宸、赵萝蕤和赵景德的骨灰安放在湖州的枫树岭陵园，使他们在家乡的故土上永享安宁。有人称他是精神洁癖者，也有人说他是布衣文人，但他始终是一位湖州的文化人，一位湖州文脉的守望者。徐重庆先生于2017年1月3日病逝于湖州，享年73岁。

遵照先生的遗嘱，安葬于枫树岭陵园。

　　2020年4月20日，徐重庆藏品馆在湖州师范学院开馆。2016年8月，经徐重庆先生首肯，其收藏的全部图书、书信、书画及其他资料无偿捐赠给国家，并由湖州师院代为典藏。其中包括图书万余册、字画147幅、印章39枚和一批书信、杂志等，较为珍贵的有茅盾的亲笔书信和书法作品，陈立夫、章克标的书法作品，赵景深的日记和信札，以及部分当代名家的书信、手稿和签名著作等。

李钢整理

近代中国画学校教育的奠基人诸闻韵纪事

先父诸闻韵（1895—1939），字汶隐，号天目山民，别署文蕴、汶蕴、闻均等。馆名鹤溪仙馆，又名汶庐。浙江孝丰（今属安吉）鹤鹿溪村人，是我国近代杰出的国画家和美术教育家。因英年早逝及其他各种因素，其艺术地位和作品如今并不广为人知。我虽曾随侍十年，但当时年幼，所忆有限。幸有文献存世，在此略作介绍。

诸家为书香门第，世代耕读传家。祖先诸尚为北宋尚书，我祖父诸锡荣乃清末秀才，家中设私塾义教，除亲自讲授外又请名师梁漱石等执教。先父因此自小就得到相当正规的传统教育，后又毕业于孝丰县立高小和湖州公立吴兴中学，在新旧两方面文化上都有深厚的根基。

我祖父不求仕进，却善诗文和金石书画。受此环境熏陶，先父幼年就显露出在书画方面的兴趣和才能，闻名乡里，从吴兴中学毕业后即被本县的高等小学聘为图画老师。当时，他的同乡及姻亲长辈、著名金石书画家吴昌硕（号缶庐，人尊称为缶老）是上海画坛的领袖，在家乡留有许多画作。先父时能观赏，对昌硕大师的艺术十分敬仰，萌生了到上海随其学艺的想法。终于在1915年他21岁时，经介绍被缶老聘至上海，担任吴府孙辈的塾师和首位入室弟子。

在吴府的几年学习，先父博受熏陶。缶老平时作画时不喜有人旁观，唯独允许先父在一边观摩学习，还主动要求观看先父画作，加以批评指点。先父就此得窥吴氏书画艺术真谛，加上他勤奋自学，进步神速，渐入书画艺术之堂奥。诗、书、画、印全精，潇洒清逸，更具格调，引证古典，内涵深远。擅长花卉、翎毛、走兽、山水、人物、博古，尤喜画竹。其名作有《松色不肯秋》《南瓜国》《扫愁图》《灵石雄鹰图》《看尔横行到几时》《一天风雨欲飞鸣》《无量寿佛》《露气》《度一切苦厄》等，饮誉海上。时人赞曰"大聋以后君代兴"，视他为传缶老衣钵者。缶老对先父的成就十分高兴，评价说"闻韵聪敏，画得绝妙"，多次给先父作品作题跋，不吝赞赏。1923年春，缶老在先父所作《晓露》上题："闻均写竹，涉笔成趣。家法流传，于此益见。曦庵有知，必大笑曰'我道大行矣'。"缶老还常与先父诗书唱和，多次赠送先父字画和为其治印。1920 年夏，缶老赠予先父《墨梅图》中堂，最后款曰"闻均诗人笑笑。庚申六月朔，跛叟吴昌硕年七十七"，是年秋又赠手书猎碣文对联一副"橐有弓矢简猎户，盘迪鳏鲤识渔舟"，上题"闻均先生法家正伪"。1922 年赠泥金扇子，上书古风长诗一首，并题款"闻韵老兄属录，幸教我"（缶老不但是先父之师，论亲戚关系更比先父长两辈。但在晚年时将弟子视为忘年之交）。治印有"虚心""学心听""文蕴之印"等。

缶老又在多方面提携先父。出于对先父的器重和信赖，吴府送往迎来的事务，往往交他承担，使其得到许多与艺界名流接触的机会。随先父画艺日进，缶老遂将他引介给同行和社会。1916 年引荐先父加入"海上题襟馆书画会"，该会旨在切磋画艺，以文会友，会员中有大批前辈名士，与他们的交往使先父获益匪浅。由于先父为人随和又乐于助人，缶老的朋友和弟子如蔡元培、梁启超、黄炎培、于右任、黄宾虹、经亨颐、丰子恺、吴湖帆、钱君匋等也都与先父交好。1922 年春，先父回乡省亲，见到以前结识的潘天寿在孝丰县小任图画老师，就建议他到上海发展，两人后成为一生挚友。

随着先父的画作被时人认可，求画者也越来越多。1920 年冬，缶老专门为先父制定了《鹤溪仙馆润例》，款曰：

闻韵诸兄，家倚鹤溪，把天目之灵秀。所作书画虽袭复堂之芬，迹白阳之轨，而纯乎天籁。间作古篆刻，亦饶有秦汉隽趣。来沪访道，同好求之纷沓，苦无祸酬。为订例于左，将以赝所求也，更以限所求也！

横直整张：三尺十八元，四尺二十八元，五尺三十六元，六尺四十八元，八尺六十四元。

屏条：视整张减半。

册叶：每握六元，纨折扇同。

人物山水：视花卉加半，点景加半，金笺加半。

篆隶行书减半。

刻印：每字一元，砚墨费一成。

庚申冬仲安吉吴昌硕老缶。

以上价位均以银圆计，比同期的齐白石要高出一倍。

先父对缶老的知遇之恩深怀感激。1923 年是缶老的八十大寿，先父特邀潘天寿合作《吴昌硕八十寿像图》（今浙江省博物馆藏）祝之。其中先父先画脸部，再顺势画头部和袈裟。潘天寿后画蒲团并题左上："缶庐先生八十大庆为合作寿者相祝之。时癸亥新秋，孝丰诸文蕴、宁海潘天寿同客海上。"二人合作参用中西肖像画的不同技法，将写实与写意相结合，对比强烈，为近代罕见，反映了作者大胆探索的精神。缶老欣然接受了这件生日礼物，并题诗右上角："闻韵气韵出谈笑，阿寿颂寿恒吉祥。画二难并古白壁，酒千日醉今红桑。榻穿敢学幼安坐，壁移安用愚公狂。一蒲团外尘不著，学佛还许仙人刚。癸亥凉秋老缶小诗补空，时年八十"。体现了这位耄耋老者所怀有的一种开放心态和对诸、潘两人的鼎力推赞。

1927年缶老仙逝，为纪念这位开一代风气的大师，先父提议共同出资建立一所专门传播吴派艺术的学校，得到缶老众亲友弟子的响应。次年杭州国立艺术院（今中国美院）开始创办，蔡元培先生推荐聘先父到院筹办国画系。国立学校的条件优越，但先父出于光大缶老艺术的使命感，婉辞邀请，另荐潘天寿担此重任。在共同努力下，1930年昌明艺专终于在上海建立，先父出任教务长，为此付出了大量心血。

先父虽出自吴门，但缶老从来都鼓励弟子要大胆创新，形成自家面貌。当时上海美术界门派林立，主要分为中西两派。先父不囿成见，为能中西贯通、知己知彼，于1919年考入上海美术学校（即后来的上海美术专科学校，简称"上海美专"）西画系学习，受业于刘海粟校长。因为有素描基础，所以在《吴昌硕八十寿像图》上能用西方技法以炭条、朱砂画像。

自进吴府至1925年辞去塾师这段时间，是先父艺术的成长和成熟期。随着他的影响日大，为同行和社会广泛认可，他开始积极参加和组织各种同人团体，

诸闻韵（中）与白社同人

为扩大艺术事业的影响而努力。1932 年"一·二八事变"后，何香凝约老友经亨颐、于右任、柳亚子等组成研究金石书画的"寒之友"社。先父不久就加入其中，社友们互赠画作，共同提高。同年 4 月，先父与潘天寿、张振铎、张书旂、吴茀之五位同仁成立国画研究会"白社"，被公推为社长。1933 年又与王济远、黄宾虹等人创立"百川书画会"，被公推为理事。这些都是在当时颇有影响的书画团体。尤其是白社，社约严格，主张以革新精神从事国画研究创作。"白"字五画，象征发起五人，又寓意单纯朴素，白手起家。后又发展郭沫文、梁凯世、诸乐三、姜丹书、朱屺瞻、潘韫华共 11 位社员，均为美术史上的名家。该社刚成立即组织了支援抗战救亡的义展、义卖，后在上海、南京、杭州、苏州各地举办四次画展，出版过两期《白社画册》。

先父在其艺术生涯中，曾多次在国内外参加各种画展和举办个展，其中不少是为筹款进行救灾、救难、抗战、建校等。如 1924 年以《墨竹》《雁来红》《白荷》参加江苏省第一届美展，1929 年以《蕉荫睡猫》《古屋松筠》等参加教育

诸闻韵画作

部首届全国美展，1932 年参加何香凝主办救济国难书画展，1933 年参加在法国巴黎举办的中国画展。1934 年 2 月参加德国中国近代画展，其中《秋壑飞瀑》，现为德国国家博物馆收藏。该展后又移往瑞典、奥地利、荷兰、意大利举办。1935 年 2 月，以颇多佳作如《雪竹》《墨梅》《墨荷》《墨菊》等参加在菲律宾举办的中国现代名家书画展览会，次月又在南京举行画展。

这些都说明先父当时在社会上特别是艺术界已是有重大影响的画家。他虽英年早逝，但在中国画的继承和发展上独树一帜，形成了鲜明的风格。其艺术成就已载入《闻韵花卉画册（第一集）》《白社画册（第一、二集）》《闻韵近墨》《墨君》《中国画家作品精选·诸闻韵集》《湖州十家·诸闻韵专辑》《诸闻韵画竹》《艺术大师之路丛书·诸闻韵》《诸闻韵画集》《书画名家年谱大系·诸闻韵年谱》等。此外他在绘画理论上也颇有见解，著有《画竹法理》《论画》《国画漫谈》等理论著作。

先父的另一贡献，是在中国画的近现代正规学校教育上起了开辟性的作用。

1920 年先父由缶老推荐，被刘海粟校长聘为上海美专函授部教师，不久即任国画教授、艺教系主任，开始从事美术教育工作。1922 年秋，他受刘校长之托赴日本进行美术教育考察，次年春回国即向刘校长汇报，主张要发扬本国优秀艺术传统，希望在美专成立中国画系，以加速培育国画人才。这一建议得到刘校长的鼎力支持，授命先父筹建组阁。6 月 11 日经教务会议通过，美专开始筹办我国第一个中国画科（系）。先父被聘为主任兼教授，许醉侯、潘天寿为教授，王一亭为导师，首期学生为李可染等 20 多人。从此，中国美术教育上开创了自己独有的完整教育体系，打破了当时美专西洋画占统治地位的格局。这是近代以来中国画高等教育的开始，而先父则是其首创者和主持者。《20 世纪中国书画艺坛湖州十家》一书介绍先父时，赞誉道："诸闻韵虽英年早逝，但被书画教育界公认为中国画教育的奠基人。"中国美院教授、西泠印社副社长刘江先生也挥毫为笔者题字"中国画教育的奠基人诸闻韵"。

除长期在上海美专任教外，先父还先后执教过许多艺术学校。1926 年先父参与创办新华艺专，为首任国画系主任。1929 年任中华艺术大学国画系主任。1930 年参与创办昌明艺专并任教务长。1936 年担任南京中央大学艺教系客座教授，等等。在教育中他十分强调继承中国画的优秀传统，注重诗书画印的全面培养，常教诲学生："人生有涯，而学业无涯，以有涯之人生，攻无涯之学业，所得能有几何？你们年届弱冠，艺海茫茫，前途正在发轫。吾愿其努力精进，无负青年，幸甚盼甚！"希望他们努力学习，快速成材。其学生众多，后成为名家者有吴茀之、张书旗、张振铎、梁凯书、肖龙士、顾坤伯、李可染、赵丹、王兰若、邱英杰、黄曦、黄葆芳、来楚生、陆飞、孙禄卿、郭沫文、潘韫华等。

1937年冬先父经潘天寿介绍受聘于杭州国立艺专（现中国美院前身），随校经浙江诸暨吴墅、江西贵溪，在湖南长沙开课，半年后至湘西沅陵。当时我胞兄诸頵于长沙高级中学毕业，受父命考入黄埔军校15期，为抗战切实出力。由于日军进逼，敌机骚扰，学校不得不辗转西迁贵阳。途中劳顿，先父肺疾严重恶化。1938年冬，他无奈中途折返孝丰故里。父亲在家养病初期精神尚好，还能和兄弟们吟诗、绘画、钤印不辍。但终因乡村医疗条件有限，难回膏肓之疾。在病情不断加重之际，父亲仍以国事为重，强打精神给正在黄埔军校学习的长子写信："松儿：想不到树欲静而风不宁，子欲孝而亲不在，惟有望吾儿重祝身体，努力学业为重，至嘱之。父示二、九。"在他病殁前，坚强索纸起作画稿，绘就《枯梅残月》图交与四弟乐三。翌日，父亲病情急剧恶化，仍念念不忘再三嘱托乐三四叔要"将其作品出版画册"，以供教育之用。四叔含泪答应，父亲含笑瞑目，逝于1939年三月初十（阳历4月29日），享年仅45岁。

哲人其萎，让他的同仁异常悲痛和惋惜，潘天寿等朋友纷纷寄来挽联哀悼，为失去这样一位一生献身艺术创作和教育事业的杰出画家而痛心。我三叔天北诗人诸文艺和四叔诸乐三也各作长诗表达他们的哀思。可告慰的是，他的作品和为艺术事业做出的贡献至今还常常被人念及，得到了应有的评价。

先父去世后，初葬于孝丰鹤鹿溪村杨婆墩。1977年因先母去世，故迁至鹤鹿溪村坟山上，两人合葬。2021年再迁于安吉龙山源人文公园的名人墓区。新墓主体为先父西装形象的全身塑像，最大限度还原了他的真实人物形象，黑色花岗岩基座则象征他热爱的讲台。环境优美肃穆，供后人缅怀凭吊。

诸天觉

诸闻韵墓

职业教育带头人彭明才

彭明才，1955年12月30日出生于长兴县吴山公社王村大队朱家湾（今属虹星桥镇观音桥村），在兄弟姐妹6人中排行第二。父母都是勤劳朴实的农民，他从小耳濡目染，也养成了吃苦耐劳、果敢坚毅的优秀品质。

1962年9月入长兴县港口中心小学求学，1973年2月毕业于长兴县港口中学。读书期间，勤奋好学，成绩优异。次年2月起在港口红心小学任教，从此将自己的一生献给了教育事业，先后在长兴县港口中学、港口红心学校、观音桥中学、虹星桥中学担任教职，从普通教师做起，历任观音桥中学教导主任、校长，虹星桥中学校长。其间，不断加强学习，努力提高自身水平，先后取得大专和本科学历，1985年4月加入中国共产党。每到一任，他都厉行改革、狠抓教育教学，使得观音桥中学和虹星桥中学这两所乡村中学面貌一新，教学质量居于全县前茅，赢得上级领导的赞誉和学生及家长的信任，成为同行学习的榜样。

1993年，彭明才受命出任长兴县职业技术学校校长。当时的长兴职技校已经到了发展的最低谷，全校仅有一个班级20多名在校生、20余名教师，教职工

彭明才（右二）与学生谈心

人心涣散，学校濒临倒闭。县教育局领导慧眼识珠，让彭明才担任救火队长。他不负领导重托和师生厚望，凭着非凡的能力和胆识，提出了"一年一个样，三年大变样"的奋斗目标，团结带领全体教职工，创新克难、拼搏进取，仅用3年时间，就使学校面貌发生了翻天覆地的变化。办学规模迅速扩大，硬件设施日趋完善，师生人数急剧增加，教学质量和管理水平大幅度提升，学校跻身浙江省一级重点职业技术学校的行列，成为全县乃至全市职教界的一面旗帜。长兴职技校的学校改革经验，被省内同行学习和推广。

2000年8月，长兴县委县政府高瞻远瞩，组建成立长兴职教中心，彭明才出任副校长。第二年，又调任长兴技工学校校长，他服从组织安排，在新的工作岗位上大展拳脚，干得风生水起。2002年初，由于种种原因，新组建的长兴职教中心发展进入低谷，彭明才再次临危受命，出任长兴职教中心校长，他挽狂澜于既倒，坚持以改革创新谋求学校发展。他积极倡导德育创新，提出了"亲情化、个性化、规范化、社会化"德育管理模式，开创性实施"寝室德育导师制""道德实践周"，全面提升了学校德育管理水平；他推行了"AB分班教学""小导生制""第三学期制""错时休息"等一系列大胆的教学改革举措；他力主推行招生就业等一系列改革，使长兴职教中心实现了跨越式发展，从成立之初的占地100余亩、在校学生800余人、教职工不足百人，一跃而成占地431亩，学生5528人，教职工300多人，建筑面积10万多平方米，集校园、花园、家园于一体的职教"航母"，2003年，学校顺利通过了国家级重点中等职业学校的评估验收，2005年，学校被评为全国职业教育先进单位。他再一次以非凡的魄力，创造了在许多人看来不可思议的奇迹。

他提出职业学校教学活动要突出"技能为先"，坚持"教学"与"实训"相结合；奉行开放办学的理念，坚持"立足市场，接轨企业，服务经济"的办学宗旨，积极推行"合纵连横"的办学模式，实现了校企、校校、东西部多方合作；他充分发挥职教为地方经济和新农村建设服务功能，为企业员工进行技术培训，为农村劳动力转移开设技能培训，为下岗工人、退伍军人等实行免费培训……实现了职教办学方向的新突破。学校累计为社会输送了三万多名技术人才，已成为长三角的"蓝领"培养基地。通过实施专业教学改革，极大地提高了学生的专业技能，学生参加全国、省市各级各类竞赛，屡屡创造佳绩。

彭明才同志一生勤勤恳恳，任劳任怨。他始终怀着一颗忠诚党的教育事业的赤子之心，无论是在教师岗位，还是在领导岗位，总是一心扑在工作上，勤勤恳恳、兢兢业业、默默奉献。他有一句格言："有作为，才有地位。"他也以实际行动，践行了这句人生格言。在他生前，赢得了无数的荣誉：

1983 年，他被评为长兴县级先进班主任；

1984—1987 年两次被评为学校先进工作者；

1988 年被评为虹溪区先进工作者；

1989 年被评为湖州市先进工作者、湖州市德育先进工作者；

1991 年被评为湖州市优秀共产党员；

1992 年被评为长兴县级先进德育工作者；

2001—2002 年度被评为湖州市劳动模范；

2004 年被评为长兴县名校长、长兴县人才工作先进个人、湖州市中小学第一批名校长；

2005 年被评为第四批长兴县级"拔尖专业技术人才"、长兴县人才工作先进个人、"浙江省职教十大风云人物"；

2006 年度被评为湖州市省级社会主义新农村实验示范区建设市校合作先进个人、长兴县第二届名校长、浙江教育 2006 年度新闻人物；

2007 年被推荐为湖州市第六次党代会代表、浙江省劳动模范、全国五一劳动奖章获得者；

……

彭明才同志为人朴实、襟怀坦荡、谦虚谨慎、平易近人，他几十年如一日，鞠躬尽瘁、忘我工作，终因积劳成疾，2009 年 5 月 25 日，因病医治无效，倒在了他为之奋斗一生的教育岗位上，年仅 54 岁。噩耗传来，社会各界为之震惊、叹惋；职教中心的师生，更是痛惜、悲伤，大家纷纷前去送别，并以各种方式向老校长表达哀悼和思念。

时至今日，每年清明节，许多师生和朋友，还是会到观音山陵园，去缅怀这位为教育事业奉献了一生的朋友、师长。

长兴观音山陵园供稿

彭明才夫妇合墓

金华

金华地处浙江中部，因其"地处金星与婺女两星争华之处"得名，古属越国地，秦入会稽郡，三国吴宝鼎元年（266）置东阳郡，隋开皇九年（593）废郡设婺州，具有2000多年的历史和灿烂文化。后历名金华、婺州，或设郡、州、路、府、道，或设专区和地区。1985年金华撤地设市。现辖婺城区、金东区、兰溪市、东阳市、义乌市、永康市、浦江县、武义县、磐安县，土地面积为10942平方千米，2020年常住人口705.07万人。交通便捷，民风醇厚，物产丰富，"金华火腿"驰名中外。

金华属丘陵盆地地貌和亚热带季风气候区，境内山川秀丽，河谷纵横，丘陵连绵，峰峦挺拔，自然风景资源十分丰富。"山有仙华灵洞之奇，水自双溪渤水之胜。"特别是金华北山，自古有"郡制之祖山"之称。层峦叠嶂，岩洞奇特，以"一水穿开岩底石，片槎引入洞中天"的双龙洞，"一瀑垂空下，洞中冰雪飞"的冰壶洞和"洞落千寻通地脉，光生一线透天门"的朝真洞尤为著名，传说中的黄大仙叱石成羊、得道升仙之地。还有人称浙中"第一山"的永康方岩、拥有千米地下长河的兰溪六洞山、古称"天地间秀绝之区"浦江仙华山和以"山秀水幽石奇"的武义龙潭郭洞。以"峭壁悬崖、飞瀑流泉"著称的东阳三都屏岩等风景区都蜚声中外。

金华的奇秀山水吸引了无数文人雅士，留下了许多名篇佳作。南宋女词人李清照登八咏楼赋诗："千古风流八咏楼，江山留与后人愁。水通南国三千里，气压江城十四州。"易安居士的慷慨之歌堪称八咏楼之绝唱。袁吉《登金华山》，以"金华山色与天齐，一径盘纡尽石梯。步步前登清汉近，时时回首白云低"来描述当年北山风光。陈子昂的《登金华观》、孟浩然的《寄赤松道士》、苏轼的《卧羊山》、王安石的《山桥》等，更为金华之山光水色增辉添彩。明代旅行家徐霞客在《游金华山记》中生动地描述了北山三洞诸景。及至近代，郁达夫的《金华北山》、叶圣陶的《记金华的两个岩洞》，写得娓娓动人，饶有情趣。

新中国成立后，毛泽东、朱德、宋庆龄、彭德怀等党和国家领导人都曾先后到过双龙。1996年12月，费孝通登八咏楼欣然赋诗："婺水悠悠江上楼，易安漂泊不胜愁。万里江水今胜昔，八咏声韵倾神州。"

金华钟灵毓秀，名人辈出，有初唐"四杰之一"的骆宾王，宋代抗金名将宗泽，南宋"浙东学派"的代表人物吕祖谦、陈亮，金元四大名医之一的朱丹溪，明朝"开国文臣之首"宋濂，清初戏剧家、"中国莎士比亚"李渔，国画大师黄宾虹、张书旗、吴茀之、张振铎，新闻学家一代报人邵飘萍，史学家、教育家何炳松，现代思想家、教育家——翻译《共产党宣言》第一人陈望道，文坛理论家冯雪峰，历史学家吴晗，著名诗人潘漠华、艾青，当代摄影大师郎静山，著名作曲、作词家施光南，杰出科学家严济慈、蔡希陶等。

金华富有悠久的历史潮流和深厚的民族文化底蕴，地方特色民间艺术丰富多彩，有婺剧、龙灯、斗牛、炼火、道情、剪纸、十八蝴蝶等。举办的文化节有金华"文化遗产日"活动、中国义乌文化产品交易博览会、中国·浦江书画节、永康庙会等。浦江剪纸被联合国教科文组织列入人类非物质文化遗产代表作名录。婺剧、金华道情、黄初平传说、永康十八蝴蝶、永康九狮图、东阳木雕、东阳竹编、浦江乱弹、浦江迎会、浦江麦秆剪贴、浦江板凳龙、兰溪断头龙、兰溪滩簧、磐安赶茶场等28项传统民间艺术被列入国家非物质文化遗产代表性项目名录。东阳市陆光正创作室（东阳木雕）被命名为国家级非物质文化遗产生产性保护基地。2004年，永康十八蝴蝶、义乌商鼓、磐安先锋等7个节目参加第七届中国艺术节《风从东海来》开幕式演出，获得金奖。2005年在浙江省民族民间艺术普查成果展暨首届工艺美术博览会，兰溪贝雕等3件作品获"天工精品奖"。

近年来金华在加快经济高质量发展的同时，高度重视殡葬改革工作，积极践行"绿水青山就是金山银山"理念，以满足人民群众殡葬需求为导向，大力倡导和推行节地生态安葬，建成一批节地生态安葬设施，有效推广骨灰存放、海葬、花葬、树葬等多种安葬方式，群众认可度不断提高。近两年全市各级累计投入资金7.4亿，建设骨灰堂420个，草坪生态公墓198个，节约殡葬用地3800余亩。

全市坚持统筹兼顾、合理布局、节约资源、保护生态的原则，科学、合理地确定殡葬设施规模和空间布局。坚持节地生态优先，大力推进乡村公益性生态公墓建设。生态公墓都采用骨灰存放堂、树葬、花葬、草坪葬等生态葬式为主，节约了大量土地。义乌市出台的《义乌市殡葬设施布局规划（2014—2030年）》明确规定，普遍推行以骨灰格位存放为主的节地葬式。永康市坚持统一规划，共建成骨灰堂384个，实现全市657个行政村骨灰堂全覆盖。2017年永康市获民政部批准为全国殡葬改革综合改革试点县市。武义县全域推行村级公益性草坪生态葬法，制订了建设与管理规范的地方标准，并将其上升为市级标准。婺城区申请到政府专项债券 5600 万元，计划于 2020 年完成 12 个乡镇的 17 个节地生态安葬点建设，建成骨灰存放格位 88500 个。

加强硬件基础设施建设的同时，金华大力弘扬先进殡葬文化，倡导文明节俭、生态环保的殡葬新风，积极在清明节等开展海葬、节地生态安葬公祭、生命教育等活动，推动绿色文明理念厚植人心。作为一个不靠海的内陆城市，金华共组织了 13 次集体海葬活动，278 位逝者入海为安。

一生不悔的舞美教育家丁加生

我的父亲丁加生，又名春根，生于1933年农历六月十二日，浙江宁波人。青少年时期在浙江金华度过。自幼喜欢画画，无师自通，1952年以优异成绩考入浙江省美术学院。因为新中国刚刚成立，国家急需培养各方面专业人才，所以当时父亲被转入上海戏剧学院，成为新中国培育的第一批舞台美术设计专业的本科生。

在上戏四年的学习期间，父亲是班里年龄最小但学习最用功的学生。他出色的成绩和超强的悟性深得当时的俄罗斯教授的喜爱。一天，教授问他："马克思、恩格斯的巨幅画像敢不敢画？""为什么不敢？"父亲说完就开始画，并出色地完成学院布置的任务。教授回国前有意带这位很有绘画天赋又十分刻苦努力的学生去俄国继续深造。父亲通过书信与祖父、祖母仔细商量，还是决定留下，要用自己学到的知识报效祖国。1956年，父亲以优异的成绩毕业，并留院任教。

丁加生夫人郑兰香表演剧照

曾任上戏舞台美术系设计教研室主任，舞美系副主任，直至退休。

1959年，上戏来了位新书记，杨进，温州人，爱好婺剧。在杨进的安排下，父亲去金华参与浙江婺剧团《双阳公主》剧组，任舞台总设计。经过一个多月的紧张工作，《双阳公主》以全新面貌轰动全国，周恩来总理先后五次看戏，并亲自陪同朝鲜副首相李周渊看专场演出。成功的合作让父亲和婺剧结下了不解之缘，更让我的父亲母亲有了一世旷世情缘。

母亲郑兰香当时是省内的一颗耀眼的新星，领导用心明确，要她心无旁骛，把心思用在戏剧上，除了组织安排，不允许谈恋爱。于是由杨进书记亲自牵线搭桥，让这一对郎才女貌的年轻人相知相遇并相恋。两年后的一个初夏，父亲收到母亲的来信，被告知省里将批准他俩的婚事，并让父亲带好证明，买好糖果。婚礼简单而隆重。婺剧团腾出一间办公室，把两张单人床一拼，贴上大红喜字就成了婚房。地区领导和宣传部的领导都来参加婚礼。从此这对牛郎织女正式开始了他们两地分居的命运。

扫四旧时期的一天，书记带着另一位党员骨干来找父亲，指着几个衣箱告诉我父亲，这些都是婺剧的珍宝，无任如何想办法保护好。父亲把这几个箱子秘密藏在阁楼深处，用旧木板钉死。十年"文革"，无人知晓。80年代初，马彦祥、王朝闻等人找婺剧资料，当他们发现眼前保存得这么完好的服装和婺剧脚本，包括老艺人江和义口述记下的那些本子，高兴得惊叫起来，无不感叹父亲为民族遗产的保存做了件天大的好事。

"文革"后期，大学恢复招生，父亲重新当上班主任。"文革"结束，母亲被推上领导岗位，任浙江婺剧团团长。这时家里已经有了我和妹妹。为了支持母亲的事业，父亲义无反顾地把我们姐妹俩接到上海，承担下了既当爹又当娘的责任。两地分居，除了工作，一个男人默默地扛起了一家子的重任。学院里常常可以看到他急匆匆赶路的身影。急匆匆赶去教课，又急匆匆赶回接送我们姐妹俩，那时我们一个上小学，一个上幼儿园。

我们俩在父亲的呵护下成长，一年与母亲相聚也就两三次。即使现实条件这么艰难，父亲也从没有抱怨。不久，父亲担任系教研室主任的工作，更忙了，也从不向领导提任何要求，一生就兢兢业业地工作在教学第一线。就像他的学生们所说：丁老师是一位严师，又是一位挚爱学生、至诚的慈父。他培育的学生中有不少已经是在国内外有重要成就和影响的艺术家，可谓门生遍宇内，桃李满天下。父亲生前每年他的学子们都会组织学生会，一起问候他，谈学术、聊生活，其乐融融。

丁加生、郑兰香夫妇与大女儿

除了舞美理论讲学工作，父亲长年从事话剧戏曲舞美设计，作品有《罗慕路斯大地》《威尼斯商人》《挂在墙上的老 B》等 60 余台话剧剧目；以及《双阳公主》《玉镯记》《红枫祭》等 70 余台戏曲剧目，在国内外多次获奖。其中《玉镯记》入选 1987 年布拉格国际舞台美术展，获"传统与现代舞美设计荣誉奖"；《威尼斯商人》入选 1992 年上海—大阪国际交流展，获优秀作品奖。

在戏剧影视美术教育方面，那时我国的基础理论比较薄弱，父亲为此辛勤耕耘了几十年，根据自己的教学经验和艺术实践体会，撰写了专著《戏剧空间构成》，评论和专题性论文 60 多万字，其中《主题人物总体形象》《观众启示录》《时空的意识流动》等，曾获得田汉戏剧评论奖、哲学社会科学优秀论文奖和上海首届戏剧文化评论奖。鉴于这些成就，他还担任了《中国大百科全书·戏剧卷》舞台美术条目撰稿人，《上海话剧志》编委和特约撰稿人。特别是在他人生的最后时间，还在为《中国舞台美术史》项目的整体规划和框架设计整理资料。

2016 年底，父亲因体检发现肌酐指标过高，被送进上海华东医院。其间由于血色素急剧向下，医院血库存量不足，上戏院领导曾发动舞美系师生排队为父亲献血。2017 年 3 月，病情急剧恶化，经过一天一夜的抢救，于 2017 年 3 月 28 日晚永远地离开了我们，享年 84 岁。

父亲生前曾写下思念故里的诗句：

寻寻觅觅，儿时里巷无踪迹。
看青山依旧，乡音犹悉，婺江水竭几番梦里重回——
去江头戏水，江边摸蛤，螺蛳巷里争先捷。
春游北麓，夏日捕蝉，秋捉秋虫冬情雪。

往事如烟风吹去，

偏留残梦依稀，

唤不回流金岁月。

晚来独步江滨，

不闻昔日海儿声，

不忘慈母依门立。

望穿秋水，

伊人远去，

众里寻她终无觅。

思悠悠，风习习，

无语望天空，

深沉处，隐含星月，

知我乡恋情结。

    2017 年 6 月 3 日，家人以及父亲生前学生一行护送父亲骨灰回到故里金华，安葬于龙山公墓。

丁一熳

丁加生、郑兰香夫妇合墓

掇撷遗珠惠后人的徽商传人方念裕

～

　　方念裕（1925—2016），兰溪市政协诗书画社社员。曾任金华市、兰溪市政协委员、兰溪市政协工商经济工作组长、兰溪市工商联副秘书长，并被聘任北京《中华工商时报社》专家评报员和中国民主建国会兰溪市基层委员会顾问。系《兰溪市商业志》主编、《兰溪市政协志》编辑。个人专著有《兰溪市文史资料》第一辑、《兰溪徽商人文志》、《兰溪商会百年》，篆刻作品入选国家文化部国际老年人年《中华老人诗文书画大赛作品集》，生平事迹收录《浙江古今人物大辞典》（续集）。

　　方念裕的祖父在清咸丰年间，便从徽州故乡来到兰溪经商。他的父亲也从之驰骋商场，挣下一份产业后遂定居兰溪。抗战胜利那年，方念裕子承父业，21岁就任恒大有布店经理。50年代，曾出任老字号祝裕隆布店副经理和公私合营庆安布店经理，也担任过兰溪县棉布同业公会副主委，是兰溪最后一代徽商的代表人物，是当年曾经铸造过兰溪商业辉煌的徽商传人。

92 岁的方念裕，参加中国民主建国会兰溪市
基层委员会换届选举会议

方念裕是个有浓烈家国情怀的儒商，是有不菲家族产业的商人，是受过系统教育、喜欢独立思考的商人，是个热爱国家、关心政治、敢说真话的商人。

1957 年 5 月，方念裕应邀列席政协兰溪县委员会一届三次全会，"大放大鸣，帮助中共整风"，提出"十条意见"，结果"十条意见"被贬为"十支毒箭"，他成为"兰溪的章乃器"，于 1958 年 3 月被划为"资产阶级右派分子"，撤级降薪、下放劳动，背压千钧、头低半世，直到 1980 年才得到平反，这一年他已经 55 岁。

党的十一届三中全会后，春风吹来，拨乱反正。方念裕不计个人荣辱得失，全身心投入他深深热爱的工作中，研究文史报效桑梓、建言献策助力发展，是方念裕最在乎、最喜欢、最开心的事。凤兴夜寐，苦心耕耘，自有丰收的金秋，1984 年方念裕写成《兰溪市文史资料》第一辑《工商史料专辑》，开金华市各县市政协编撰文史资料之先河，也是兰溪市编写专业志书的前奏。自此，方念裕先生一发不可收拾，1990 年由他执笔主编的《兰溪市商业志》出版。史料翔实，文笔精悍，一问世，即受到工商界同仁一致好评，之后，又为 1989 年版《兰溪市志》商业篇提供了丰富文稿。1998 年 3 月，方念裕参与撰写的《兰溪市政协志》出版。2001 年 8 月，耗去其不少心血、数易寒暑的《兰溪商会百年·兰溪工商联志》手稿终于杀青，全国政协副主席、全国工商联主席经叔平，浙江省工商联会长钮守章，欣然为这部不可多见的县市地域商会志书题签并作序。

80 大寿时，方念裕主编，更多是单兵作战写出了《兰溪文史资料》《兰溪市场信息》《兰溪市工商业联合会史略》《兰溪商业四十年》《兰溪市商业经济论文（四）后记集》《兰溪徽学研究资料》《兰溪商会百年》《兰溪徽商人文志》等。

正因为有了这些著作，兰溪辉煌的民国商业才能历历在目，如果没有方念裕，兰溪的商业史很可能就是一片空白。2016 年 11 月初时任兰溪市档案局局长的蔡志华，给方老遗著《兰溪商会百年》写的后记中说："这 10 多年中，兰溪出了数不清的书，我觉得没有一本书可与《兰溪商会百年》比肩。民国 20 年兰溪县南货商业同业公会委员名册、民国 22 年兰溪县油业公会选举公函、民国 18 年《商会法》全文、民国 34 年兰溪县新药商业同业公会章程、民国 35 年兰溪县水果商业同业公会业规、民国 26 年兰溪古城南门大街市肆一瞥制图及制图撰文追忆、民国 37 年兰溪县城区各行业分布情况表、民国 35 年兰溪县商会章程……当我们看到这些目录时，会感叹这是多么珍贵的史料，有了这些史料，民国时期的兰溪老城完全能活过来。"

除了商业史方面，方念裕还写了很多的古诗词。七八十岁时，依然才思敏捷，经常现场"口占一绝"，有的抒发重归工作岗位、有幸报效家国的欣喜之情，

掇撷遗珠惠后人的徽商传人方念裕

方念裕夫妇合墓

有的记述他参加的较为重大的政事活动，有的是老朋友间的唱和。最让我们惊奇的是方念裕跟叶庆宜、郑秋兔等老友之间大量的酬答唱和之作，上一代之间这种友情的表达方式既让我们陌生，又让我们仰慕。

至于方念裕的人格力量，看看对方念裕最为熟悉、了解的原老工商业者、中国民主建国会兰溪总支主任叶庆宜老先生的赠诗就足够了："到处逢人赞誉君，锦心绣口性温文。襟怀磊落人中凤，霁月光风岭上云。"

方念裕默默无闻、焚膏续晷地耕耘，他已发表的百多万文字，是其毕生"亲历、亲闻"弥足珍贵的史料。人们赞誉方念裕先生，说他是兰溪的"活字典"，他不仅是兰溪最后一代徽商的代表人物，也是兰溪商业史的见证人。方念裕先生的著述为后人追念与品味历史上兰溪商埠文化的成败得失，探究经济发展的律动规则做出了一定的贡献。

方念裕先生，徽商、儒商、诗人、词人也。诗词尚自然，宗婉约，心目所及，文情赴之，清新平易，意境深远。其诗词多纪事，品之犹如读兰溪之商史，可等论而齐观也。

方念裕老先生过世当年，亲自汇集整理留下了一本珍贵的《耋翁方念裕纪念文集》，兰溪市档案局将其《祝裕隆布店回顾》《兰溪之第一》等四篇文章收入"兰溪记忆"丛书第二册《兰溪拾遗》。逝世后兰溪市政协、市商会、民主建国会兰溪市基层委员会、市商务局等组织领导均前去进行了悼念和追思。

　　老先生于 2016 年 10 月 9 日与世长辞，享年 92 岁，安息在兰溪市向阳公墓B 四区四十排八号墓穴。

方百宁

掇撷遗珠惠后人的徽商传人方念裕

诗心造印尊者寿的著名篆刻艺术家叶一苇

坐落于浙江省金华市的武义县，山川秀美，峰峦连绵，为浙江著名的仙霞山和括苍山环抱，素有"萤石之乡，温泉之城"美誉。武义历史悠久，文化丰厚，民风淳朴，是新文化运动先驱湖畔诗人潘漠华、著名经济学家千家驹、著名工笔画大师潘洁兹的故乡。武义城中，有熟溪穿过，上有南宋时建的廊桥，被称为"中国廊桥之祖"。浙江省著名篆刻家、文史学家叶一苇老先生就出生在武义，先生对家乡十分眷恋，他自起别名就叫"熟溪子"。叶一苇先生晚年从杭州回到家乡，住在熟溪边一座简朴的老房子里，每日听着熟溪潺潺流水声，伴着山间的朗朗清风，读书撰文，静思默想。2008年我专程拜访先生，闲聊之余，叶一苇老先生一定要陪我去看看这座古桥，我们一路缓步走去，一边聆听先生讲述家乡的人文历史。几年后得到先生去世的消息，无法送他最后一程，不由悲从心起。

叶一苇先生生前是西泠印社理事、浙江省书法家协会顾问、浙江省文史研究馆馆员、杭州市政协诗社副社长、武义县书法家协会名义主席。1918年4月13日出生在武义，字航之，号纵如，别署熟溪子、龙马山人。叶一苇出生6个月父亲就病逝，3岁时母亲也离开了人世，幼小的叶一苇就在外婆的抚养下成长。壶山小学毕业，入私塾读古文及诗。后自学中国文学、古汉语，并广泛涉猎其他学科，打下深厚的国学基础。叶一苇先后在部队和政府部门做秘书、文员，后经推荐到杭州第十一中学任高中语文教师。

叶一苇先生在学习传统国学的过程中，对古老的篆刻艺术情有独钟，并一发而不可收。1982年从杭州市第十一中学退休后，在杭州枝头巷28号的小小斗室里，几平方米的阳台和一张三斗写字台就成了他"纵一苇之所如，凌万顷之茫然"的文江艺海，他深入研究篆刻艺术和印学思想，成果累累，心造笔耕，多有新意。叶一苇先生自学篆刻艺术，广取博收，尤对临摹吴昌硕、赵之谦、吴让之等篆刻大家的作品用功特深，并由此形成自己的风格。叶一苇先生在自由的艺术天地奔驰，不受法则拘谨，而又思法则之所以，故能兼收并蓄，为我所用，独创一番气象。

　　叶一苇先生对篆刻艺术研究有自己新的见解，如提出"篆刻宗清"论，认为在"印宗秦汉"的基础上，应该以清代（特别是晚清时期）的篆刻为宗，取其精华加以发展。篆刻艺术要充分发挥社会功能，有助于社会主义精神文明建设，强调篆刻艺术创作的独立性，摆脱附庸书画的位置；在创作上要以表现境界为上，不受技法的束缚。篆刻艺术的创作是依循"奇正相生"的规律发展的，篆刻家要提高自身的文学艺术和道德的修养。因此他的篆刻给艺术界带来一股新气象，使中国文字的历史演变，在他的刀下转变为一种审美趣味，给人以内心的享受。叶一苇学篆刻，实践与理论并进，有自我见解，把学习分为两个过程：先学秦汉继承传统，打好基础；然后研究清代篆刻进行创新发展。着重研究流派名家的篆刻艺术思想，不单纯追求形式，力求篆刻与文学接轨，形式与内容尽可能结合，做了许多探索，不拘一格。印坛上称他为"诗心造印"。篆刻与文学接轨，艺术内涵更为丰富，展示形式更新，不只为书画服务。但这样做难度较大，要求须深进学养，不易普及，有人称他为"孤琴自弹"，自立一门户。

　　叶一苇先生理论与实践并举，相互作用，相互促进，相互借鉴，既体现了中国文字的刀斧匠心，又在视觉上给人以形式美的冲击力，使得叶一苇先生的文学功底、国学基础和诗词韵律，通过印的特有美感，有机融合与创新，故而又与传统的篆刻拉开距离，形成叶家风格而深受各界赞赏，他的这种开拓与勇于弄潮的精神，也为后辈所敬重。先生精于篆刻、诗词、文学，创作颇丰，著有《篆刻丛谈》《篆刻丛谈续集》《中国篆刻艺术与技巧》《雕虫札记》《篆刻学》《中国篆刻史》《篆刻欣赏》《一苇印踪》《一苇诗词选》《武义历代诗词选》《叶一苇篆刻书法诗词选》《叶一苇篆刻论文选》等等，并在各类刊物、报刊上发表文章百余篇，现在很多活跃在印坛的中青年篆刻家都得益于其篆刻理论。

　　鉴于叶一苇先生的艺术成就和卓越贡献，2001 年他被浙江省人民政府授予"有突出贡献的老文艺家"金质奖章。晚年回到家乡后，将自己的书法篆刻作品、图书资料等 1482 件，其中书画作品 213 件、印章 258 方、篆刻印屏 281 件；图书资料 730 件，包括学术著作（含手稿）20 余部、论文 90 余篇，悉数捐赠给家乡，2003 年武义县政府为其建立了"叶一苇艺术馆"。2008 年在叶一苇艺术馆开馆五周年庆典暨《寻找明招文化》首发座谈会上，众专家一致认为，叶一苇先生对明招文化的深入挖掘独树一帜，所撰写的《寻找明招文化》一书，填补了中国魏晋文化研究和南宋吕祖谦史学文化研究的部分空白。著名篆刻家、西泠印社执行社长、中国美术学院教授刘江先生说："叶一苇是令人尊敬的长者，诗、印、书、文诸艺造诣之精深，做人立德风神之超迈、虚心谦和、老不辍学，是真正的德艺双馨的大家。"

2013 年 2 月 26 日，叶一苇先生告别了人生，与世长辞，享年 94 岁，其艺其文与时俱进，其人其德与天同寿。叶一苇先生安葬于武义壶山陵园，终与家乡的沃土合为一体。

李钢

叶一苇墓

潇洒银幕真情在的著名演员刘冠雄

"大江东去浪淘沙，革命的洪流冲天下，打碎镣铐和锁链，建设富强新国家。同志们哎，拿起枪，向着那旧世界勇猛冲杀。"这是 1965 年由珠江电影制片厂拍摄的革命历史题材的电影《大浪淘沙》主题曲《大江东去浪淘沙》的歌词，当年由伊琳导演，著名演员于洋、王蓓、史进、刘冠雄等主演的电影，于 1973 年 3 月上映时引起了巨大的轰动，激励了一代人。片中反派人物余宏奎，把一个叛徒演绎得惟妙惟肖，让观众恨之入骨。余宏奎的扮演者，就是潇湘电影制片厂的国家一级演员刘冠雄先生。

1933 年 5 月 23 日，刘冠雄先生出生在浙江省金华市，1946 年 2 月，刘冠雄考入当时的作新中学（金华五中前身），读初中期间，正值抗战结束，学校的办学条件十分艰苦，仅 3 年时间就先后搬了 3 个地方。在作新中学求学的 3 年中，受当时教他的邓辅丞老师的影响，他对戏曲有了兴趣，特别喜欢家乡的婺剧，一有空就会去金师附小附近的长乐戏院看戏。一来二去，就对婺剧产生了浓厚的

刘冠雄

|443|

刘冠雄（中）

兴趣。看戏看得久了，就自然而然地产生了要到舞台上去表演的心愿。那时，只有十二三岁的刘冠雄，经常望着戏台子上的人，痴痴地想：若有一天，我也扮上妆，成为其中的一个演员，该多好。他看戏不像其他的孩子只是看故事，而是静心地跟着演员的表演，去捕捉人物的内心。这样慢慢地在他的心中激起了表演的欲望，所以对学校举办的演讲比赛，他总是积极、主动地报名参加，随着自己台上的阅历不断增加，他的普通话说得比其他的学生标准，这在南方的乡下小城镇中尤为难得。而学校组织的话剧演出，他自然也是其中的主要演员。他在初中阶段，就演了人生第一个舞台话剧。

那时，他已经给自己定下目标，那就是长大后学表演。与刘冠雄同一批的学生绝大多数都考上了金一中，后来也都考上了大学。1956 年，刘冠雄顺理成章地考入了上海戏剧学院，成了表演系的一分子，在学校读书期间，他异常刻苦，十分珍惜这来之不易的学习机会，并经常和同学们一起到基层进行锻炼。1960 年，他以优异成绩毕业，并被分配到了湖南艺术学院表演系任教，后来又成为湖南省话剧团的演员。刘冠雄初登银幕，是在 1965 年。32 岁的他所拍的第一部电影就是《大浪淘沙》。他在其中扮演四兄弟当中的老三余宏奎，是一个反派，后来成为可耻的叛徒。话剧与电影在表演风格和角色的处理上完全不同，因此话剧演员能够演电影，在当时还并不是一件十分容易的事情，所以刘冠雄格外看重这次机会。尽管他所塑造的人物是反派，但他并没有按照惯常的套路，简单地将余宏奎这个人物脸谱化，而是从人物的性格特征和内心出发，来为角色设计合理的行为方式。所以他所扮演的余宏奎，很是真实可信。《大浪淘沙》这部电影汇聚了于洋、王蓓、杜熊文等众多电影明星，于 1966 年拍摄完成。但真正与观众见面，却已经是十几年之后的 1978 年。也就是说，当观众在银幕上看到刘冠雄所扮演的余宏奎这个人物时，他已经 45 岁了。影片播出后，他因这部影片的成功一炮而红。

刘冠雄的表演恰到好处又富有层次，而且他面容清秀、帅气，扮相也很儒雅有风度，所以给观众留下的印象十分深刻。正是因为他在《大浪淘沙》中的出色表现，1982 年，他由湖南省话剧团调入潇湘电影制片厂做电影演员，并先后参演了大量电影。在 20 世纪 80 年代，他是我们在银幕上所看到的最熟悉的面孔之一。以后又相继演出了电影《子夜》中那个温文尔雅却又态度专横的证券交易所经理人韩孟翔、《海望》中那个迷茫彷徨的张斌、《特殊身份的警官》中的张谦、《毕昇》中的皮子龙、《陈奂生上城》中的王厂长、《你以为你是谁》中的李老师以及《第三个被谋杀者》中的地下工作者陆一夫等，都是观众非常熟悉的人物形象。他在《第三个被谋杀者》中所扮演的陆一夫这个形象，让我们看到其炉火纯青的演技。他的表演不温不火，但对人物分寸却拿捏得相当准确，把陆一夫的沉着、冷静和勇敢机智都体现得淋漓尽致。另外，刘冠雄还参演了《儒商》《梦幻天使》《江山为重》《猎狐》《天骄》《虎啸苍穹》等电视剧，塑造了各种各样不同的人物。

作为国家一级演员，他不仅在影视剧中留下众多经典角色，而且还担任了潇湘电影制片厂演员剧团团长、中国电影表演艺术学会副会长的职务。同时作为导演还参与执导了《加州来客》《特区姑娘》等电影，可以说是硕果累累。由于他在电影表演艺术上的特殊贡献，2011 年他获第十三届中国电影表演学会奖金凤

金瑞芳、刘冠雄墓

凰奖评委会特别荣誉奖。

在第 17 届中国电影"金鸡奖"评奖时，谢晋携《鸦片战争》参赛，刘冠雄正是电影节评委。谢晋的豁达、超脱，给刘冠雄先生留下了深刻的影响。刘冠雄先生说："《鸦片战争》当时获得最佳故事片奖、最佳摄影奖、最佳录音奖、最佳道具奖和最佳男配角奖，独独没有最佳导演奖，我们都觉得有些遗憾。颁奖晚会后有自助餐，我与谢晋碰到，于是一起聊天。我祝贺他，开玩笑说，《鸦片战争》该得的奖都得了，虽然你没拿到最佳导演奖，但片子还是电影节上最大的赢家，没拿导演奖就当是给后辈机会提携新人吧。谢晋听了什么都没说，只是一笑置之。他很大度超脱，拿不拿奖，当时对他真的已经不太重要了。"谢晋老师的豁达，对刘冠雄先生影响很大，也鞭策着刘冠雄先生在电影表演艺术上不断地追求。

这位表演艺术家为电影事业奋斗了一辈子，他那精湛的表演功力和对人物的内心刻画永远地留在屏幕上。先生于 2018 年 1 月 29 日因病去世，享年 85 岁。

逝世后安葬于老家金华的龙山公墓。

李钢整理

书坛一兵陈永源

踏上兰溪街头，人们就会被一块块招牌上笔力挺健、刚柔相济、浑厚质朴的字体所吸引。这些机关、学校、商场、宾馆的招牌字，大多出自一人之手，他就是中国书法家协会浙江分会理事、金华市书协副主席、金华市书法篆刻研究会会长、兰溪市政协诗词书画社社长、著名书法家陈永源先生。

陈永源，原籍浙江萧山，1931 年 11 月出生于兰溪。字琴斋、可宁，号非闲居者，别号含冰室主，陈老虽非出自书香门第，但他自幼酷爱书画，尤好书法。习书始从颜字入手兼临《张玄墓志》，隶学《石门颂》《礼器碑》，行书宗二王，致力于《兰亭》《圣教》二序及李邕《李思训》《麓山寺》诸碑。并得兰溪书坛前辈柳屏山、郑止斋等先生悉心惠教，直师古法，临池不懈。读小学及初中期间，每每毛笔在手，须臾不离。因家境贫寒，没有纸，就在方砖上"涂鸦"，书艺日进。15 岁读初二那年，家境日贫，父母无力为其支付学费，准备让他休学劳作。但他初生牛犊不怕虎，凭着自己一股少年盛气，毅然斗胆在当时的金华商会大厅举办个人书展。出人意料的是，观者云集，购买者踊跃，所得颇丰，除能为自己交足读完初中的全部学费，还有所余以资家庭，并被当地人士襃为"神童"和"未来的艺坛巨子"。此后，他对书艺更趋神往，并兼涉绘画，不使一日空闲，技艺进展神速。

陈永源

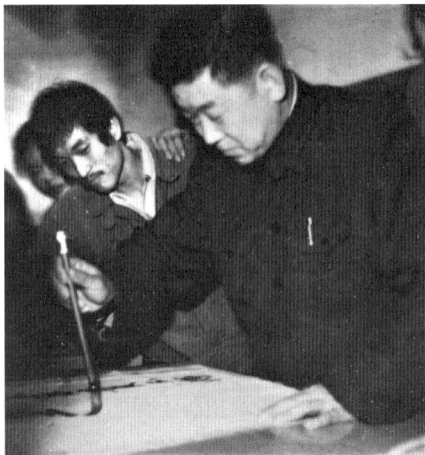

陈永源

新中国成立后，19岁的陈永源先后担任教员和小学校长，1962年到婺剧团任编剧，1979年调到县文化局，后任副局长、文联副主席等职。尽管工作十分繁忙，分去了他不少精力，但他对书画乐此不疲，锲而不舍，以"贵在虚心苦学"要求自己。哪怕是寒冬腊月，用余暇时间，每天早晚必挤出一小时以上时间坚持练习，自称"非闲居者"。同时，他又能师古不泥古，采百花以酿蜜，逐渐形成了自己的书风，从而使他的书艺达到了出神入化的境界。

自1992年起，陈永源先生的书法作品多次在北京、成都、杭州、安徽、广州、黑龙江等地展出。1988年四五月间，在一次日本东京城田山新胜寺大本营的展览中，其一帧作品被该馆永久陈列，并被收入《当代墨宝集》。他有不少佳作发表于《当代中国书法作品集》等刊物。他的名字被列入《中国当代文艺家名人录》《中国古今书家辞典》《中国美术年鉴》。

永源先生为人诚恳、坦率，不仅在国内有众多的交往，在海内外也有不少知音，许多人向他索字求画，无论同事、属下，还是冒昧求索者，他都热情接待，一一满足。

在陈老刚从工作岗位上退下来时，感到自己"可宁"了，可安下心来潜心钻研书艺。但社会对他的厚望及自己感到在有生之年应多为社会做点贡献，他便放弃了原先的想法。他不顾年高体弱，主动参与社会各项公益活动，没有把更多的时间与精力倾注于自己热衷的事业。除了组织文艺会演、举办书法讲座等工作外，他用极大的热情，把精力倾注在奖掖书法新秀上。对慕名而来的求教者，即使忙得不可开交，他必耐心点拨，给对方以满意的答复，直接或间接受他教诲者，遍及全国各地。

在兰溪，虽他的书艺甚高，他仍以"书坛一兵"自称。"朝临圣教暮兰亭，二序如亲伴书生。溯本穷源探究竟，非求媚丽但寻真。"这是陈永源先生数十年来执着追求、刻苦自律的真实写照。2010 年，陈永源先生在金华逝世，安葬于兰溪向阳公墓。

金华殡葬协会供稿

陈永源墓

急公好施的一代廉吏吴品珩

吴品珩生于咸丰六年（1856）丙辰九月十一日酉时，浙江金华东阳巍山白坦人，谱名世箬，乳名祖俭，字韵玲，号佩蒽，一号纬苍，又号亦园，晚号定农，品珩为庠名。

吴品珩自幼身体强健，姿禀颖异，六岁入私塾，时值太平军进入东阳，吴品珩随其祖父母避乱于山中，其时邻村西田太学生金国镛一家同避一处，吴品珩之祖父锡畴见金国镛之女端庄静穆，有大家风范，于是为其定了娃娃亲。因遭离乱，长吴品珩五岁的金氏自幼即至吴家，吴品珩曾被太平军所掳，后赎还，时为1862年。1863年局势渐趋稳定，吴父志澄为吴品珩延师课读。

吴品珩17岁入庠，18岁完婚。20岁时负笈杭城，就读于紫阳书院，1876年中浙江乡试副榜第11名，中副榜后，例为副贡生，候选入学教谕，仍留杭城肄业，工苦益力，名声大噪。1882年，中光绪八年壬午科第66名举人。此年考取觉罗官学（为宗室子弟设立的官学）教习第99名，任镶白旗觉罗学汉教习。1886年，光绪十二年丙戌会试中试第81名贡士，保和殿复试一等第43名。殿试赵以炯榜二甲第3名进士。殿试总名次为第16名，系东阳人在元、明、清三朝300余年中殿试名次最高者。朝考二等第十名，钦定主事，签分刑部贵州司行走。

中进士之次年，即1887年，携眷入京。在刑部任职5年，历任主稿帮办、现审案件秋审处总办，鞫疑定谳，廉明公正。派充大清会典馆协修。1890年，永定河决口，京郊许多村落被淹，吴品珩与在京同乡筹办义赈，并亲赴灾区，按名册发放钱米，力求灾民都能受益。赈灾事竣，顺天府尹叙功上奏，诏加四品衔。1892年，又因办理山东赈务得力，赏戴花翎。补总理各国事务衙门章京，专管英股，凡通商各埠关税均在其管辖之内。

1894年，甲午战败，京畿震动。吴品珩让长子昌鼎送二老回东阳。次年冬，吴品珩因其父十一月初三去世回乡丁忧。1896年，丧事毕，受浙江巡抚廖寿丰之聘作其幕僚，依据《马关条约》实施杭州中日通商事宜，反复筹商，与日本总

吴品珩与夫人合墓

领事订立《杭州商埠章程》，尽最大努力保证中方利益。其间，与同乡宦官李福简、龚启芝陈请革除东阳钱粮浮收点解费三千数百串。因1867年时，东阳县令胡日宣以收税以制钱（铜币）为多，运至兰溪，兑成银圆从水路解送藩库。点解费为以钱折银过程中的损耗及运费，由于吴品珩等人的努力，得以革除，此举为减轻东阳百姓负担贡献良多。

同治初年，左宗棠任浙江巡抚时减收浮粮，东阳比其他七县所收数量少，金华知府继良想统一所属八县的浮粮定额，东阳则名减实增，吴品珩得知此事，援引文档据实反映，得上认可，从而减轻了东阳的负担。

1898年，服阕还京任原职，当时正值维新期间，大量奏稿交译署（外交部之别称）核议，吴品珩日夜操劳，心无旁骛。不久兼任路矿局帮办提调，补刑部江西司主事，次年擢江苏司员外郎。1900年，译署奏保其为道员加三品衔。1903年，为母亲守孝后回京，总理各国事务衙门已改为外务部，吴品珩调补和会司员，由刑部转入外交部，1906年，设立税务处管理各海关，吴品珩任帮办提调。1907年，升任外务部和会司郎中，充榷算司掌印。1908年，简放署外务部左参议，加二品衔，任湖北荆宜道道员。1911年七月，升安徽布政使，总司全省之钱谷出纳，并承宣政令，考核所属州县。时辛亥革命爆发，吴品珩以病喘而力辞，交卸回籍。1914年，浙江巡按使屈映光邀吴品珩出山，乃任浙江省政务厅厅长年余。

归乡后任县志总纂，性爱菊，集佳种600余棵，亲自浇灌侍弄，自得其乐。吴品珩急公好义，热心公益，多年捐俸助赈，获钦赐"乐善好施"匾额。回籍后捐款抚养族中孤儿，捐助东城南门外育婴堂经费。1922年，东阳遭遇百年不遇的壬戌特大洪灾，吴品珩不顾年老体衰，四处求赈，缓解灾情，乡绅赠送"泽沾桑梓"匾额表达谢忱。

吴品珩以书法名，其行楷遒正劲雅，东阳多有其遗墨，著有《亦园日记》，于民国十七年（1928）闰二月十九日申时逝世，终年 72 岁。他生前曾对家人说："为家乡尽义务，就是为国家效力。如果力能胜任，就义不容辞。"其爱国之心贯于一生。吴品珩在去世前三天还在书写，可谓笔耕不辍。

吴品珩先生现安葬于东阳西甋山公墓。

李钢整理

艺苑谱曲独的婺剧作曲和绘画名家吴一峰

一个人走了，可以被很多人记住：他的书与画，为人所欣赏；谱的曲子，为人所传唱；编的书，成为婺剧标杆；他做的笛子教的学生，他的言行举止，还有他的勤勉、平和、简单、纯洁……都说明他还在，他的精神依旧温润。

10 月 31 日上午，在秀美的兰溪青湖公园，在雅致的方增先艺术馆内，由兰溪市文联、兰溪市委宣传部等组织，吴山明题款的"吴一峰文化艺术展"引来众多知音，成了兰溪近年人气最旺的艺展之一。人们相聚怀念那个和蔼可亲的"吴老师"，唱他的曲，看他的画，听他的故事……感怀一个让人思念、音容犹在的"兰溪才子"。

吴一峰离世 3 年多了，办展寄思，更是勉励，"传承他的文化，更学习他的精神"。

吴一峰生于 1939 年，艺名吴山，兰溪上华街道上樟村人。他是浙江省著名作曲家、戏曲理论家、书画家，兰溪滩簧非遗传承人，中国戏剧家协会会员。先后担任兰溪婺剧团作曲、团长，兰溪市文联主席，兰溪市政协副主席。

据兰溪市政协相关负责人说，吴一峰出身于兰溪文化世家，与其父亲吴志道、长兄吴奇峰并称为"兰溪三吴"。他的两位姐姐也都是高端人才，大姐吴绛

吴一峰

云是颇有成就的农学家，二姐吴绮云是原浙江话剧院著名演员，周总理生前看过她的演出。

吴一峰14岁在杭州一吹成名，人称"少年笛王"，16岁演浙婺小生，扮相清秀，他的音乐特长与作曲天赋很快便崭露头角。吴一峰没有进过音乐专业学校，甚至连普通中学都没毕业，却能自学成才，由剧团演员转行编曲。他1955年考入浙江婺剧团，1961年调入兰溪婺剧团任作曲，1978年任兰溪婺剧团团长，与婺剧结下了不解之缘。

从艺60年，婺剧作曲80余首，吴一峰是《中国戏曲音乐集成·浙江卷》婺剧主编之一，《中国婺剧史》音乐部分主要撰稿人，《中国婺剧音乐》副主编，《婺剧唱段选萃》的撰文者。与人合作编著的《兰溪滩簧》一书，列入"浙江省非物质文化遗产代表作丛书"。他先后荣获浙江戏剧节优秀作曲奖、浙江省群众歌曲作曲奖、中国婺剧社会热心人等荣誉。

在兰溪婺剧团团长刘建晖的印象中，吴老师永远是边学边做，在吃透传统的同时敢于改良、创新，从婺剧音乐的创作实践到理论研究都"玩"得风生水起，甚至能变"糟粕"为神奇。有时灵感来了，他就会半夜起来作曲，哪怕是在寒冷的冬夜；20多年编曲生涯，《李渔别传》《东海魂》《君子亭》《西施泪》是他最难忘也最得意的作品。吴一峰为许多剧目所作的曲，总让演员易上口、能发挥，便于乐队演奏，适合导演处理、演员表演，也深受观众喜爱。

在金华周边婺剧界，吴一峰是圈内出了名的热心人。1986年调入文联，包括退休后，兰溪当地以及义乌、江山等地的婺剧团还是会不时地请他帮忙。他有时出门不便，有些剧团就会搬一套人马过来，配合他的作曲工作，有的剧团甚至专门派人过来跟他学习编曲。与他接触过的人都说："只要你有需要，吴老师都会毫无保留地教给你。"

吴一峰为人低调，极少接受媒体采访。2010年3月，记者曾到他的家中采访过他——家人说是这么多年来殊为难得的一次。

当时，吴一峰就告诉记者，一个地方剧种区别于另一个地方剧种的标志是什么？不是表演程式，不是服饰化妆，也不是传统剧目，而是戏曲音乐。为什么电影看了一遍已经足够，戏曲"看你千遍也不厌倦"？因为戏曲音乐对特定的观众具有恒久的魅力，与其说看戏，不如说听戏。音乐，既是戏曲的标志，也是戏曲的根基、戏曲的灵魂，更是戏曲的魅力所在。

吴一峰是婺剧音乐和编剧方面的专家，自称"一辈子吃婺剧饭"的人。他的婺剧音乐，与陈永源的书法、吴绌的画、凌成澜的诗词，并称"兰溪四绝"，四人获誉"兰溪四大才子"。

但吴一峰的才情绝不仅仅限于此。他是文艺多面手：他画的虎形态各异，纤毫毕现，栩栩如生；他的书法苍劲俊秀，他的文章布局合理、语言流畅、功力精准，他笛子吹得好，还会制作笛子送给弟子，绣花、刻章、园艺、摄影、烹饪……这些掩盖于他婺剧音乐"声名"之下的"业余爱好"，素日不太为人所知，却堪称做一样精一样。

吴一峰文化艺术展作为一年一度的李渔文化节系列活动之一，引来兰溪及金华众多文艺界名家到场，当天还举行了吴一峰文化艺术座谈会。他的多才多艺、德艺双馨，他的亲切随和、与人为善，在熟识他的老朋友口中，一个让人敬爱的"吴老师""好大哥"的形象跃然而出。

友人萧家林感叹，与他合作时吴一峰作曲一气呵成，哪怕外面发洪水，他们也能躲在旅馆里，流水线般赶任务，默契而高效；哪怕在机床轰鸣的机床边，吴一峰也能静心完成小戏编曲。李建明说，吴一峰在艺术上这么丰富的一个人，生活中却是一个很简单的人，安静、纯洁的"大哥"。与吴一峰相识 50 来年、共事 16 年的朱根富说，吴老师首先是一个好人，然后才是一个艺术家，他淡泊名利，以他的成绩与地位，完全可以去评国家一级作曲家，吴一峰却总是说"国家二级已经可以了"……

陈兴兵、杨丽萍、朱位清等人，甚至妻子阎庆花，都称吴一峰是亦师亦友的大哥、爱才如命的伯乐。大家聊到较多的，是他还喜欢打游戏，很多年轻人都没他顺溜。甚至他在任兰溪市政协副主席时，还会跟着剧团下乡，坐在角落里吹他喜爱的笛子……

金华市婺剧促进会会长杨守春表示，"兰溪出李渔，戏曲名天下。一本《芥

吴一峰

子园》，启蒙千万人"。吴一峰是全省婺剧界公认的专家型长辈，也是书画界德艺双馨的前辈。他离去3年，人们记忆犹新，思念日切，为什么？就在于他艺术精湛，从未恃才傲物，为人谦和，爱才惜才，一生淡泊自守。他在唯成分、轻知识的年代，怀才不遇，打铁为生，下放农机修造厂，但吴一峰就如"风中飞舞的蝴蝶"，是个"含泪奔跑"的人，始终乐观向上，忍辱负重，弘毅致远。

"千年涌雪洞，深处隐长龙。不嫌沉寂苦，愿负万山重。虽有穿岩力，无意逞威风。心血化清泉，滋润千葱茏。"兰溪市政协副主席陈兴兵在整理资料时，发现了一首吴一峰早年写的《地下长河赞》的诗，堪称他自己一生的写照：有志向有抱负，能吃苦隐忍，平淡从容、善良慈悲，乐于助人。"吴老师写诗不多，这一首诗却颇见功力，值得回味。"2015年，吴一峰先生在兰溪逝世，享年76岁，安葬于兰溪向阳公墓。

叶骏

以画为生的吴湘先生

在兰溪城区有许多古巷，但有一条小巷的名称却取得特别别致，叫作养砚巷。砚是文房四宝之一，文人对砚十分重视，认为砚是有生命、有活力的，同样也需要关爱和养护。兰溪城区"养砚"这条巷名的来历无从查考，但有一点是肯定的，这是舞文弄墨者的杰作。或许冥冥之中与先贤有了这个约定，画家吴湘大部分时间都居住在这条小巷中。也因为吴湘的到来，使得"养砚巷"的名称更加确切，巷与人相融相洽，以致有后人认为巷为吴湘而生。

吴湘（1927—2011），字楚竹，号百溪翁，艺室名养研斋，浙江省兰溪市永昌镇社峰村人。少时即研习任伯年、吴昌硕、石涛等历代名家技法，后入杭州国立艺专（现中国美术学院）进修西画。擅长花鸟，兼工山水、人物。生前为中华诗词学会会员，浙江省美术家协会会员，金华市第一、二、三届政协委员，金华书画院名誉院长，兰溪市美术家协会名誉主席。从幼年时即受乡贤影响，喜好吟诗习画，早年临摹《芥子园画谱》，后研习任伯年、吴昌硕等大师的绘画技法，融汇诸家之长，吸收了西画的速写、设色诸法，形成自己丰富多彩、新颖生动的独特画风。他的作品沉稳劲健，笔墨点画粗重。他的花鸟画构图奇肆多变，雅俗共赏，无论是疏落的山花野卉，还是浓密的老树，和那些栖止飞鸣的禽鸟，变化无穷，时出新意。注意物象间的内在联系，取舍得当，露藏自然。对花鸟画中的出枝，他留心于体势的安排，既具有外在舞姿，又具有内在的弹性，显得劲健而富有生命力。这主要是作者平时对生活有过深入的观察，善于捕捉对象最生动的情态，并巧妙运用布局的虚实、疏密关系和形象动与静的对比变化。此时，他的花鸟画还有用笔轻快、活泼，设色悦丽秀雅，善于处理色彩的对比与调和的关系等特点。

吴湘擅长画花鸟、人物、山水、鱼虫、翎毛，无所不能，无所不精。吴湘之所以涉及面如此之广，主要还是与他的坎坷人生有关。20世纪50年代，为了养活四个子女，他背上画夹四处奔波，跋山涉水、进村入户，为村民画像，只为换回几个鸡蛋……但也是在这样的日子里，他有时间掏出速写簿速写人物、家畜、花草、山乡情境等，丰富了他的视野。所以后来在他的创作中，许多题材信手拈来，充满了生活的气息。难怪西泠印社出版社编辑彭德先生看了他的几幅反映劳动人民的人物画时，惊叹不已："当时人物画名家的水平也不过如此啊！"并评价吴湘的水平可与李苦禅等大师相提并论。

中国书画历来讲究"诗、书、画、印"，吴湘除了绘画，还工于格律，爱好诗词，使诗、书、画三者之美极为巧妙地结合起来，增强了作品的形式美感，构成了中国画的艺术特色。他的画使人在读诗看画、看画赏诗之中，充分享受艺术美。

20世纪60年代初，吴湘与夏家丞、吴文质等兰溪知名画家被聘为兰溪工艺品厂裱画部画师。既为公职，画的基本又是有出口任务的仿古国画与一些商业画，能够与书画界老前辈和画友在一起，又从事画画的职业，在这个环境中，吴湘先生更是全身心沉浸在书画中，对书画艺术如痴如醉，他的作品墨韵更生动，画面更盈润。

1978年，吴湘先生被落实了政策，调到县文化馆，当上了一名文化干部。个人命运的转机激发了吴湘先生极大的热忱，投入新的艺术创作中。20世纪70年代末至90年代是他创作的旺盛时期，他埋头作画，组织美术爱好者出外学习、写生，联系知名画家来兰讲座。他本人不仅出了许多作品，如国画《江南清夏》《雨中春树万人家》《柏林秋艳》《春晨》《几行归雁云边断》等，还带出了兰溪一批美术骨干，其中有的成了当前美术界颇有名气的青年画家。

吴湘夫妇合墓

吴湘先生的国画艺术无疑是雅俗共赏的，其诗其画，落笔大气，素朴生动，欣赏吴湘的画，让人有种宁静宜人的感觉。确实，吴湘先生一生淡泊宁静，洁身自好，性情耿直，不善炒作，但是他的艺术成就受到许多著名画家与专家的赞誉。吴湘先生虽已离开我们，但他留下的艺术遗产和精神财富，让人敬仰，让人怀念！

金华殡葬协会供稿

以画为生的吴湘先生

冲出武义、挑战自我的中国赛车名将徐浪

2008年6月16日，2008年穿越东方马拉松越野拉力赛在俄罗斯正如火如荼地紧张进行中，此时已是本次赛事的第五天了。根据组委会的安排，这个赛段全长630千米，从马拉科夫出发，终点设在波哥泽。中间包括295千米的特殊赛段，从马拉科夫到奥斯克，是俄罗斯境内的最后一个赛段。

这几天正碰到俄罗斯境内的大面积雨天，这使得整个赛道泥泞艰难。特别不巧的是代表中国东风—郑州日产的赛车手徐浪的锐骐皮卡赛车也陷入了泥泞之中。于是只能等待救援车辆前来施救，然而在紧急施救过程中，拖车钩突然脱落，不幸击中了徐浪的额头，徐浪倒地昏迷，血溅异国。

徐浪被紧急送往俄罗斯奥伦堡州州立医院接受救治，赛事组委会也马上向中汽联通报徐浪受伤的情况。中汽联对此高度关注，双方一直保持着紧密的联系。

徐浪，中国国内知名赛车手，曾经跑过全国汽车拉力锦标赛、亚太汽车拉力锦标赛、达喀尔拉力赛，并取得过不错的战绩。来自山清水秀的武义的徐浪，出生于1976年11月11日，是浙江金华武义县白洋街道白溪口村人。父亲在家乡做生意，家境也还不错，父亲见徐浪喜欢玩车，上初中时，老爸一高兴就在生日那天给他买了一辆摩托车，这是小徐浪第一次接触车。但后来由于骑摩托车经常出事故，所以家里开始让他改开汽车。据徐浪说，1993年接触的第一辆汽车是北京吉普。虽然父亲对他的兴趣很支持，但是家里的其他成员和邻里却大多不能理解，很多人都骂他是个玩车的"败家子"，然而徐浪却一如故往地继续沉湎在速度的快感中，并且终于冲出了大山，驰骋在高手如林、黄土飞扬的越野赛道上。2000年，为了证明自己，徐浪开始投身于职业车手行列，没想到，第一次参赛就获得了全国拉力赛的第二名，从此家里人就不再反对他做车手了。虽然在6年的职业车手生涯中，徐浪多次翻车，但他凭着武义人特有的坚韧，均化险为夷。

赛车是现代一项极具挑战性的运动，分为方程式汽车赛、直线竞速赛、耐久赛、卡丁车赛、拉力赛、越野赛等几大项，它融竞技和商业为一体，并且通过

挑战性的激情，集力量、技术、战术、毅力和机智熔于一炉，冲击着现代人的视觉，成为现代时尚的一大热门。徐浪位居马拉松越野拉力赛总成绩第八，是参赛的四名中国车手中成绩最好的。在 2008 年 6 月 16 日的第四赛段比赛中，他还拿到了赛段第五的好成绩，这是迄今为止，在国际越野汽车拉力赛中，中国车手所取得的赛段总成绩和单日赛段最好成绩。

截至北京时间 6 月 16 日 20：51，医院正在抢救并拒绝探视，但是东风—郑州日产奥丁·锐骐车队经理胡学军一行 3 人正在依靠 GPS 赶赴医院，距离医院还有 150 千米；同时，车队的主赞助商郑州日产派高层 17 日启程前往俄罗斯。中汽联官员也将与徐浪的家人及郑州日产第 2 批工作人员以最快速度赶往俄罗斯医治现场探望徐浪。但遗憾的是，最终治疗无效，徐浪于 2008 年 6 月 17 日下午不幸身亡，时年 32 岁。

2008 年 7 月 3 日上午 7：20，年仅 32 岁的徐浪把自己的短暂人生奉献给自己视之为生命的赛车事业。在家乡武义为他举行的告别仪式上，来自北京、上海、昆明、贵阳、山西、广州、深圳、郑州等全国各地的朋友、中国赛车界人士，以及徐浪的家乡父老上万人齐聚武义，为中国飞车王徐浪送行。在仪式上，徐浪的生前好友、青年作家韩寒代表各界与徐浪话别，武义也准备为他建立纪念馆。

徐浪的一生用自己的一份执着超越了生死，把热爱留给了后人。多年来很多赛车爱好者和被徐浪的悲壮所感染的社会人士，络绎不绝地来到徐浪的家乡，来到武义壶山陵园的徐浪墓前，默默地缅怀这位逝去的赛道英灵。

李钢

徐浪墓

唯知是真的史学家龚剑锋教授

龚剑锋老师走了，2017年5月13日上午8点32分，这位浙江师范大学历史系中国史硕士研究生导师在被胰腺癌折磨了8个月后，终于闭上了眼，他的体重还不到发病前的一半。也许对于这样一位历史研究者来说，能够成为金华历史的一部分，才是最高的褒奖。一位《钱江晚报》的记者深情地缅怀道："这是龚剑锋第67次出现在《钱江晚报》的版面上，应该也是最后一次了，我们特意为龚老师写下这篇文章。"

龚剑锋老师是浙江师范大学人文学院副教授，专门史硕士导师、教育硕士导师，浙江省历史学会理事、浙江省越国文化研究会常务理事、中国辛亥革命研究会理事、民革中央孙中山研究学会理事，主要研究方向为地方史、文化史、历史地理、文物鉴赏。龚剑锋老师生于1963年，浙江嵊州市人。1980年考入浙江师范大学中文系汉语言文学专业，1984年本科毕业留校担任著名历史学家孙正容教授专职助手，并在历史系任教。1990年晋升讲师，1995年晋升副教授，任历史系中国史专业硕士生导师，兼任教育、公共管理硕士生导师。其间，曾于上海师范大学攻读硕士，师从王育民教授；于北京师范大学攻读博士，导师为瞿林东教授。主讲课程有"中国史学史""中国历史地理""江南区域史""浙江历史研究"等，在《中国史研究》《文献》《中国边疆史地研究》《中国历史地理论丛》《史学史研究》《教育史研究》《历史文献研究》《东南文化》《北京师大学报》等期刊发表论文200多篇，出版《婺学纵横》等著作40多部，5次担任浙江省教育厅、浙江社科联重点科研项目负责人，6次参加国家级、省部级社会科学重点项目研究，16次荣获浙江省政府、省教育厅、金华市政府等科研奖励。在浙师大科研量化排名榜上，2次位居前3名，1次位居第9名。与美国等地的学术界有着广泛的交往。

1998年以来，与美国哈佛大学东亚语言文明系主任包弼德（PeterK.Bol）教授开展"浙江地方历史文化"的合作研究，并作为中方学术负责人全程指导2002

龚剑锋

年和 2004 年在金华各县市进行的由哈佛大学教授、博士等数十人参加的为期各一个月的大型学术考察活动。美国哈佛大学东亚语言文明系曾多次发邀请函并承担所有费用邀请其讲学、访问。中央电视台四台（国际）和中央电视台九台（英语）、香港阳光卫视等曾多次对其作过学术专访。主要学术兼职有浙江省历史学会理事、浙江省越文化研究会常务理事、浙江省孙中山研究会常务理事、浙江省台湾研究会理事、中国辛亥革命研究会理事、民革中央中华中山文化交流协会理事等。

　　除了学术研究外，还积极参加社会活动，1989 年加入中国国民党革命委员会，1990 年起担任金华市政协委员，多次被评为金华市优秀政协委员。先后任民革浙江省委委员、民革浙江师范大学基层委员会主委、民革金华市委副主委、金华市政协文史委副主任等职。2000 年被民革中央评为全国先进个人。龚剑锋屡屡称自己追求的学问是司马迁所说的"究天人之际，通古今之变，成一家之言"，所以以"文史地、儒释道兼攻"作为座右铭与奋斗目标，这绝非一己的狂妄之语。龚剑锋 32 岁时就评上了副教授，可后来始终是副教授。他对他的学生说，他心目中的教授，是如王驾吾、孙正容一类的诗文艺俱长的大家。他认为自己与这一标准相距甚远，因此多年未参评。

　　由于龚剑锋老师学问深厚，知识广博，经常为报社撰稿解惑，被人们称之为"金华季羡林"。而"金华季羡林"这样的称呼，对于他来说，也许是他最后也是最好的安慰了吧。

　　金华龙山公墓坐落于风景秀丽的龙山附近，环境优美，并在全省的殡葬业享有盛誉。龙山公墓的总经理余小华先生，是一位热心公益、严于律己、精益求精的负责人，听说龚剑锋先生的事迹后，亲自安排设计人员为龚剑锋的墓地精心设计，并以最好的服务告慰其亲人。

墓碑采用黑色花岗岩制作，以流线造型凸显逝者风采的人生。墓碑上刻着友人对他的缅怀之情，刻骨铭心："龚师剑锋，籍属嵊州。负笈浙师，执教芙峰。修博读硕，京沪留踪。杏坛卅载，天地兼攻。情衷婺史，议政为公。痛兮英年，殂落不永。"以及龚剑锋老师的自题对联："治学文史地，惟知求真求是。修身真善美，总是有义有节。"把龚剑锋老师的学术追求和社会责任心永恒地传递给后人。

李钢整理

龚剑锋墓

衢州

衢州，古为姑蔑国、大末县、信安县，唐初因境内三衢山而得名"衢"。地处浙江西部、钱塘江上游、金（华）衢（州）盆地西端，"控鄱阳之肘腋，扼瓯闽之咽喉，连宣歙之声势"，历来为兵家必争之地，是浙、闽、赣、皖四省交通之门户，有"四省通衢"之称。全市总面积 8844 平方千米。下辖柯城、衢江 2 个区，龙游、常山、开化 3 个县和江山市，人口 227.6 万。

衢州生态宜居，因山得名、因水而兴，仙霞岭山脉、怀玉山脉、千里岗山脉将衢州三面合抱，常山江、江山江、乌溪江等九条江在城中汇聚一体。独特的地理位置，秀丽的一方山水，勤劳而智慧的劳动人民，孕育出灿烂的历史文化。

始建于东汉初平三年（192），衢州有六千多年的文明史、一千八百多年的建城史，文脉绵延流长，有江南地区保存最好的古代州级城池衢州府城、全国重点文物保护单位衢州府城墙，有天生石梁、如虹凌飞的围棋仙境烂柯山，有阙里气象、邹鲁流韵的南宗孔氏家庙，有蒲松龄《聊斋志异》中记载的"衢州三怪"出没的遗迹。从距今六千年的葱洞遗址到东华山汉墓群，从姑蔑族的南迁到孔氏大宗的南渡，从绵延七百里的仙霞古道到连绵不绝的衢江水运，从两宋时期的群星荟萃到明清之际的天涯贾客，一处处史迹、一件件文物、一个个名人都在述说着衢州的历史文明。

衢州是圣人孔子后裔的世居地和第二故乡，是儒学文化在江南的传播中心，历史上儒风浩荡、人才辈出，素有"东南阙里、南孔圣地"的美誉，位于市区的衢州孔氏南宗家庙是全国仅有的两座孔氏家庙之一。衢州是伟人毛泽东的祖居地，江山清漾村被中央党史研究室、国家档案局以及毛泽东嫡孙一致确认为毛泽东祖居地和"江南毛氏发祥地"，《清漾毛氏族谱》被列入首批《中国档案文献遗产名录》。衢州还是围棋文化发源地，早在东晋时期就有樵夫王质在烂柯山遇神仙下围棋的故事，这是我国围棋起源最早的文字记载，烂柯山也被誉为"围棋仙地"。2016 年，以柯城九华立春祭为代表的中国 24 节气，被列入联合国教科文组织人类非物质文化遗产代表作名录。

殡葬事业关系人民群众切身利益，事关精神文明和生态文明建设。1979 年成立了衢州第一家江山火葬场，后名为"万寿园"。1988 年建设了衢州市殡仪馆第一公墓。衢州目前有五家殡仪馆，八座经营性公墓。全市从 80 年代开始推行火化，到 2000 年实行火化全覆盖，变土葬为火化，变分散安葬为公墓集中安葬。但传统墓葬占地面积大，大量使用水泥等不可降解材料，对土地造成永久破坏，同时造成了活人和死人争地的矛盾。为了集约利用土地资源，衢州从 2019 年起大力推行生态殡葬，提供骨灰撒散、树葬、骨灰堂格位存放等生态葬法，让逝者安息、生者减负。

书画传承供人仰的衢州画家周一云

周一云 1917 年生于衢城下营街十四号周氏柴行。家境殷实的他自小便入私塾学习，熟读"四书五经"，打下了良好的国学基础。先生早慧，学习之余对于音乐和绘画有着天然的兴趣和极好的天赋，无师自通学成了古琴、琵琶的弹奏，绘画更是名噪乡里，被时人称为神童。

其国画主要受乡贤王梦白的影响。王梦白是海派绘画自任伯年以后的又一位大家，其籍贯虽为江西丰城，却生于衢城，长于衢城。所以"第一口奶"对于周一云绘画的影响是巨大的，其一生的绘画风格即为海上画派。

需要解释的是，所谓海上画派即晚清民国时期聚集于上海的一批以画画、卖画为生的职业画家。因为上海是受西方文化影响较早、中西文化交融、市民社会发达的地区，在绘画上自然受到西画的影响，加上要迎合市民的需求，所以就形成了注重形象色彩、画面绚烂、笔墨精湛、变化万端、清新雅致、雅俗共赏的绘画流派。周一云绘画正是承袭了这一流派。

周一云画作

周一云画作

成年后的周一云从事金融信托，来往于杭州、宁波、上海等地，但从未放弃对古琴、琵琶的弹奏和对国画的热爱。其间曾拜识了当时的名家查阜西、李庭松等，颇得赞誉。尤其是张书旂，是当时名震中国花鸟画坛的大家，周一云与其一见如故，相谈甚欢，张书旂甚至打算让周一云出任他的秘书，教他的子女们习书画，但由于当时周一云正饱受失眠之苦，未能成事。张书旂先生则谓："如果不是神经衰弱，怎能将画画到如此地步。"其赞赏之情，自不待言。

与张书旂的交往无疑提升了周一云的格局和眼界，在后来的绘画中，其用色、用粉的技法传承了张书旂的衣钵。

新中国成立后周一云回到衢州，供职于私营的烟草公司，从事绘画广告的宣传工作，收入丰厚，工作稳定，绘画上进入了成熟期。但好景不长，工商业改造后实行公私合营，周一云成了给顾客打酱油的"店小二"，使他很难适应，加上他醉心于绘画，常常走神，以至差错连连，同事、领导讥笑他："一个连酒都不会打的人还有什么出息！"加上收入也大不如前，因此周一云愤而辞职，以为靠绘画可以谋生。

但那段时间的中国社会，对于绘画是没有什么需求的，他的画一块、两块一张也卖不出去，只好"上山下乡"，走街串巷，以给人画像谋生。由于家庭子女多，负担沉重，生活相当窘迫。

　　直到 60 年代末，他的画在金华地区展览，引起轰动，也受到专家和领导的关注。当时的地委书记李学智非常欣赏他的画，敦促衢县董炳宇书记查找作者，发现竟然出自一位民间流浪画家。出于怜才之心，董书记把周一云安排到县文化馆当临时工，在县文化馆工作直至退休。

　　改革开放后，周一云的艺术迎来了春天，经过几十年的苦心磨砺，终于形成了自己章法严谨、意境高雅、神态生动、绚烂清新的花鸟画风格，其对禽鸟的形象有着深入骨髓的理解，所以他笔下的禽鸟鲜活灵动、呼之欲出，但无不是在笔精墨妙的基础上实现的，其构图之考究，笔墨之湿润圆厚，独步于画坛，继承和发展了任伯年、王梦白、张书旂的艺术，开拓了自己的天地。

　　70 年代末 80 年代初，每年文化馆举办的新春书画展，笔者都能看到周一云的作品，其画作也得到了那时物质条件匮乏的人们的青睐，出价收藏周一云的绘画作品蔚为风气，同时也吸引了一大批艺术追随者，周一云总是和蔼可亲，耐心传授。笔者也曾有幸得先生指授。

　　1994 年，周一云先生辞世，享年 78 岁，葬于鹿鸣山，2002 年迁入三山公墓安息。

　　由于周一云长期困厄于浙西一隅，其所取得的艺术成就，与他应得的社会认同度是极不相称的。

周一云墓

事实上，从周一云逝世以后到现在，他的绘画艺术成就正在逐步为世人所认识、所肯定、所推崇。

1997 年，著名作家兼画家峻青先生回忆道："1989 年在上海一个浙沪八位画家的联展上，在近百幅书画作品中，十多幅花鸟画特别引起了我的注意和赞赏，那扎实而灵动的线条，明丽而淡雅的设色，形神兼备的造型，新颖而严谨的构图，功力深厚的笔墨技法，构成了一种别具风格的、引人瞩目的艺术佳品，辐射着强烈的、荡人神魄的艺术魅力，令我受到极大的美的享受，致使我伫立画前，久久不忍离去，然而看看画家的名字：周一云，却是闻所未闻，十分陌生。我不由得内心又一次涌出一个往日曾经有过多次的感慨，又一个被埋没的俊才。"

著名美术评论家徐建融先生直白地指出："周一云的海派小写意花鸟画，水平完全不在同时期的海上四家——唐云、王个簃、江寒汀、张大壮之下。"以笔者之见，周一云的花鸟就是放在全国视野，也是一流水平。

石涛画论有云："画事有彼时轰雷震耳，而后世绝不闻问者。"反之，当然也有"生前寂寞冷落，身后人所共仰者"这样的情况在历史中不断出现。安息于衢州第三公墓的周一云，就是这样一位"生前寂寞冷落，身后人所共仰"的，在中国画史上熠熠生辉的明星。

张至孝

跋

历史是一面明镜，它让我们不忘走过的艰难历程；历史是一座灯塔，它为我们指明了前行的方向。一座座墓碑，就是一部凝固的历史，当我们面对着它们，使我们深切地感受到生命的顽强与精彩，并从中体味到先人们的血脉在生生不息地流淌，并向我们传递着人类的亲情、对先祖的敬仰、心灵的洗涤和文化的延续，从而使我们获得直面人生的精神力量。

殡葬这一古老的形式，历经数千年的风尘扬沙和沧海桑田，让我们看到一条因血缘而延绵不绝的文化脉络，在国人的内心深处激荡着民族坚韧卓绝的文化基因，充实着文化的自信。为此，浙江省殡葬协会与浙江省历史学会发起编撰的《尘封的文脉——浙江文化名人墓追踪》一书，以此向社会昭示文化的回归和精神的守望。在编辑该书的过程中，我们得到浙江省民政厅、浙江大学离退休工作处、浙江省社科院、浙江大学历史系、宁波大学历史系、温州大学历史系、浙江师范大学历史系、浙江大学出版社，以及浙江省各地殡葬协会、浙江省各地陵园和名人家属的大力支持和通力协助，使本书得以付梓，在此谨代表浙江省殡葬协会、浙江省历史学会向他们表达衷心的感谢！

经考古发现，华夏民族的公共墓地早在良渚文化和仰韶文化遗址中就有发现，并在历史的发展中逐步完善，形成了一整套具有严格规制和礼仪，并传续至今的文化形式。殡葬成为人类生活中一个不可忽视的部分，它开启了文明的曙光，并不断注入强大的生命力。一个民族对生命的敬仰、对先祖的追崇、对心灵的教化，正是文化的内在，并通过殡、葬、祭的礼仪使人文的精神得以传承。纵观整个殡葬历史，从早期的贵族和平民的公共墓地的"不封不树"，到地面陵墓和墓碑形制的确立，到魏晋时期具有厚养薄葬观念的《禁碑令》和宋代开始的义葬，再到 1956 年党中央的火化倡议和今天推行节地生态安葬的殡葬新理念，无不体现对生命价值的彰显和推动着社会的文明进程，而不同形态的安葬方式，归根结底就是对生命文化的张扬和传承。我们出版这本书的目的，也正是当代殡葬人和史学界对民族历史的回望和对人文精神的追踪。

碑铭作为一种永恒的纪念，在今天仍然具有其社会的价值和功效，而碑的起源、成熟、发展和变革，则历经了一个漫长的演变。早期碑的作用主要是象征"天道"循环，如汉代郑玄说："宫必有碑，所以识日影，引阴阳也。"进而演变为对"地道"的标识，成为官殿庭院中举行典礼的标记，再发展到体现丧葬、纪念和教育的"人道"精神的昭示，从而作用于墓地的社会意义。今天，我们从一个个风格各异、艺术多样的墓碑中，感受到一个个凝固的生命和绚丽的人生，由此形成一条文化的精神脉络。无论是过去散落在乡野山林中的老墓，还是今天集中统一管理的公墓（陵园），这条文化的精神脉络从未中断，从而一直凝聚着族群的精神情感，使我们即使身在异乡，依然胸藏着一颗中国心。我们编辑这本书，也就是向人们展现出这一脉络，并指引我们走向未来。

在我国具有现代意义的公共墓地，最早是 1846 年由英国人在上海建立的山东路公墓，以及由浙江商人经润山在徐家汇于 1913 年建成的取名为"薤露园"的公墓（后改为万国公墓），在北京则是在 1928 年由曾任北洋政府交通部司长的浙江人蒋彬侯，在地处香山南麓余脉万安山正阳建立的万安公墓。万安公墓为此还制定了章程，其中所言："惟公墓之组织，其制创自欧西，实较吾华族葬为完备。"杭州市政府于 1936 年创办浙江最早的公墓——三家公墓，并布告全体市民禁止在市区内公墓以外各地营葬，杭州殡仪馆始建于 1951 年。为区别于古代的"公墓"，多将这种近现代以来出现的面向大众经营，并实行统一管理的公墓称之为"现代公墓"。现代公墓与社会发展密切联系，随着时代的变化，社会文明和生活方式已走进现代，公墓从过去的土葬发展到骨灰安葬，则是中华民族延续几千年旧有观念的一个重大突破，这只有在中国共产党领导下的新中国才能实现。自改革开放后，殡葬成为国人走进新时代的一个晴雨表。为此，浙江在推行殡葬改革的路子上，不断推陈出新，开创了新局面。20 世纪 80 年代杭州南山公墓建设了杭州第一个壁葬，1989年在杭州举行骨灰撒江活动，2000年在浙江安贤园举行了浙江省首届骨灰植树活动，2009年嘉兴首开海葬形式，并在2001年实现全省100%的火化率。如今小型化、艺术化、生态化的节地环保设计理念，树葬、花葬、草坪葬、竹林葬、撒江、撒海等多种安葬方式蔚然成风，随之带动了祭扫方式从传统祭扫转变到文明祭扫和文化祭扫，从焚香点烛到鲜花、网络、真情卡、黄丝带和多种形式的纪念活动等与时代相契合的文明方式。

文化的传承需要全社会的共同努力，更需要殡葬行业在观念、思想、理论、管理、设计、科技和服务意识等诸多方面具有时代创新思维和高素质的经营团队，真正使道路自信、理论自信、制度自信、文化自信在殡葬领域落实到实处，指引殡葬行业走在社会文明的前列，这也是我们编辑本书的一大任务，希望社会各界关心和支持浙江省进一步深化殡葬改革，营造一个可持续发展的经营环境。

为编辑这本书，浙江省殡葬协会与浙江省历史学会合作，并成立了由专家组成的编辑委员会，广泛征求各界意见，寻找相关资料，确定文化名人标准，并合理、科学地编排，从数百个安葬在浙江省各个由民政部门批准的经营性陵园中，征集在浙江省具有一定文化地位、不同文化领域和较高专业水平的知名人士。鉴于篇幅有限，经专家精选，首期确定了100余位文化名人，作为浙江殡葬文化系列丛书的第一本出版发行。本书以地区为单位，按姓氏笔画排列，采用文字配插图的形式，立体和多侧面地反映逝者的人生意义和卓越贡献。他们当中有爱国学者、文史专家、书画名家、科教精英和工艺传人等，可谓群星璀璨，熠熠生辉。希望能通过这种方式，回顾他们跟随中国共产党走过的激荡岁月，讲述他们的精彩故事，从他们的身上看到一个时代的变迁，并由此彰显生命的珍贵。我们今后将对浙江省殡葬文化开展全方位的研究，让每一个生命都能留下启迪后人的印迹，其成果将待条件成熟后结集出版，以此为构建我省现代殡葬管理模式和殡葬文化体系，提供参考。

在本书编辑过程中，各级领导、专家学者、行业中坚、家属和各界朋友们都给予了支持、帮助，保障了这本书的丰富性和严谨性，并能在浙江大学出版社顺利出版。特别是杨树标教授、计翔翔教授和方新德教授等，

跋

整个春节都全身心地投入本书的编辑中，为本书审稿和撰写前言，令我们万分感动，在此表达我们的敬意！

浙江省殡葬协会执行会长　陈景莲

2021 年 2 月